21世纪应用型本科会计系列规划教材

Practice of
Advanced Financial Accounting

高级财务会计实务

（第二版）

李　华　阳正发　主　编
王　娜　谭　捷　副主编

东北财经大学出版社
Dongbei University of Finance & Economics Press
大连

图书在版编目（CIP）数据

高级财务会计实务 / 李华，阳正发主编. —2版 .—大连 ：东北财经大学出版社，2019.2（2020.2重印）

（21世纪应用型本科会计系列规划教材）

ISBN 978-7-5654-3442-6

Ⅰ. 高… Ⅱ. ①李… ②阳… Ⅲ. 财务会计-高等学校-教材 Ⅳ. F234.4

中国版本图书馆CIP数据核字（2019）第020978号

东北财经大学出版社出版

（大连市黑石礁尖山街217号 邮政编码 116025）

网 址：http：//www.dufep.cn

读者信箱：dufep@dufe.edu.cn

大连永盛印业有限公司印刷 东北财经大学出版社发行

幅面尺寸：185mm×260mm 字数：585千字 印张：24.5

2019年2月第2版 2020年2月第5次印刷

责任编辑：孙 平 章北蓓 责任校对：蓝 海

封面设计：冀贵收 版式设计：钟福建

定价：58.00元

教学支持 售后服务 联系电话：（0411）84710309

如有印装质量问题，请联系营销部：（0411）84710711

第二版前言

为适应教学改革的需要，在吸收国内外财务会计理论、分析立信会计师事务所企业案例实践的基础上，我们编写了本书。本书主要包括外币折算，所得税会计，股份支付，租赁，或有事项，非货币性资产交换，债务重组，会计政策、会计估计变更和差错更正，资产负债表日后事项，企业合并，清算会计等内容。

在教学中，我们发现目前国内同类教材或多或少地存在一些无法很好地满足我们教学需要的地方：

1. 教材版本虽多，但编写框架大体相同。大多数教材都有通货膨胀会计、生物资产会计和合伙企业会计等，这些内容与企业实践存在一定差距，并且工作中运用也较少，与培养“应用型”本科人才目标偏离较远。

2. 有些教材没有及时按照新的企业会计准则更新或更新速度缓慢。企业会计准则于2006年2月15日发布，自2007年1月1日起施行，并且企业会计准则自2007年实施以来，每年都有变动和修订。

3. 有些教材重理论轻实践。其对于理论的阐述太过于学术，不太适合学生自学，并且整体编排上对各国主要财务会计理论都进行了叙述，而例题数量较少，课后配备的习题也偏少。学习会计的学生必须要有大量的习题作为辅助，这样才能做到熟能生巧。

4. 教材内容与会计类的考证和运用不太相符。会计专业的学生是“专业+应用型”人才，而很多教材没有突出考证的重点与难点，在具体运用上学生也较迷惑。

本书以最新企业会计准则和注册会计师审计准则为编写基础，突出应用性、可操作性、实用性和通俗性，具有以下特点：

1. 整体框架按照注册会计师考试和实际工作运用的框架构建。从培养“应用型”本科人才的目标出发，教材在整体编排上既考虑了学生们的考证需求，又充分结合了实际工作中的具体运用，为以后的就业甚或创业打下扎实的基础。

2. 内容新颖，更新及时。本书第二版以最新的会计法律法规和已发布的具体会计准则为依据修订，同时更新了例题和习题，将注册会计师考试真题，全部更换为最近三年的。

3. 实用性强。教材增加了较多的实践运用内容，力求理论联系实际、学以致用；章后配备较多的习题，增加近三年注册会计师考试真题，为会计专业学生在大四的时候备考注册会计师做好铺垫，同时方便学生及时巩固所学知识，做到精讲精练，有效实现教学目标。

4. 强调思维开放式教学。本书在编排上对传统的理论教学进行了改革，内容上更加适应课堂上的教学方法调整，课堂上“以学生为主导地位，以老师为辅导地位”，跳出“多”讲总比“少”讲好、讲“难”总比讲“易”好的传统思维，重视学生思维的开放性、探索性，激励学生寻找适合自己的学习方式。

5. 以校企合作方式编写教材。本书的编写人员既有高校教学经验丰富的一线老师，又有企业现任财务总监，使本书更能体现“应用型”特色，满足会计实际工作岗位的需求，也为“创新与创业”做好必要的知识储备。

本书编写分工如下：李华负责编写第一章、第十三章和第十四章；阳正发负责编写第四章、第五章、第七章和第十一章；谭捷负责编写第六章、第八章、第九章和第十二章；王娜负责编写第二章、第三章和第十章；周良平为企业案例顾问和注册会计师习题指导人员。

本书主要适合应用型本科会计、财务管理专业学生使用，也可供企业相关人员参考。

编　者

2018年12月

目　录

第一章

总 论

案例导入

在某大学"高级财务会计"理论课上，学生们对高级财务会计理论进行着激烈的争论。一位来自外资企业的学生撰写的论文吸引了大家关注。现摘录其论文要点如下：

1.关于会计目标问题

会计目标是企业制定会计制度所依据的最基础的概念，主要解决会计信息向哪些方面提供和起什么作用问题。我国《企业会计准则——基本准则》第四条规定，企业应当编制财务会计报告。财务会计报告的目标是向财务会计报告使用者提供与企业财务状况、经营成果和现金流量等有关的会计信息，反映企业管理层受托责任履行情况，有助于财务会计报告使用者作出经济决策。财务会计报告使用者包括投资者、债权人、政府及其有关部门和社会公众等。会计受制于会计环境，在特殊情况下高级财务会计的目标应有别于一般会计环境，这并不仅仅是出于"稳健"态度。

2.关于会计假设问题

会计假设被会计界认为是自我证明的会计环境命题，在会计理论中通常被认为是会计原则赖以存在的基本假定前提条件。按照词典中的解释，前提是指在推理上可以推出另一个判断的判断，是事物发生或发展的先决条件。按照我国著名会计学家葛家澍教授的论点，会计前提是建立会计信息系统所依据的前提条件。多少年来，会计假设与会计环境基本一致，因而使得会计主体、持续经营、会计分期和货币计量成为传统会计理论的坚实根据。

3.关于会计概念问题

在会计理论中会计概念是指对会计要素所下的定义，其目的是解决会计要素的确认与计量和报告。在诸多会计概念中，收益是最为重要的一个，会计界常用净利润替代，被称为会计收益，以与经济学上的收益概念相区别，实际上涉及资本和收益的划分。人们认为只有在资本得以维护或回收以后，才应确认收益，因此采用什么样的资本概念直接影响收益的确认与计量。国际会计准则委员会在《关于编制和提供财务报表的框架》中认为选择什么样的资本概念要以财务报表使用者的需要为基础。如果使用者主要关心名义上的投入资本或投入资本的购买力，采用的是资本的财务概念；如果关心的是企业营运能力，采用的是资本的实物概念；按照财务资本概念，在扣除本期的所有者分配和所有者出资后，期末净资产的财务（或货币）金额，才算赚得利润，会计界称之为财务资本保全。按照实物资本概念，在扣除本期的所有者分配和所有者出资后，企业的期末实物生产能力（或营运能力）必须大于期初实物生产能力（或营运能力），才算赚得利润。同时该文认为，资本概念的运用会有一些计量上的困难，但所选择的资本概念都指出了在确定利润时所要达到的目的。一直以来，人们强调会计收益概念，是指会计人员仅负责企业财务成果的报告，并不担负维护企业的实物资本保全的任务。而越来越多的会计学家基于某些特殊情况主张采纳经济收益概念……

由以上观点引发如下思考：高级财务会计目标与中级财务会计目标相比是否有所不同？为什么会计基本假设的松动会直接导致高级财务会计的产生与发展？什么是资本保全观念？为什么会产生两种不同的资本保全观念和收益观念？高级财务会计理论的架构体系是什么？本章将解答上述问题。

学习目标

了解高级财务会计的产生和发展规律，掌握高级财务会计的含义及特征；明确高级财务会计的学习对象，掌握学习、研究高级财务会计的方法。

第一节 高级财务会计的含义、特征及地位

一、高级财务会计的含义

“高级财务会计”一词源于英文“advanced financial accounting”，在国内的会计教材体系中，有关这一概念，既有谢诗芬教授所著的《高级财务会计问题研究》等专门论著，也可散见于一般财务会计书刊之中。但是，国外教材没有对高级财务会计的定义性描述。通过深入分析，我们认为，从最基础的角度给高级财务会计下一个切合实际的定义是很有必要的。

根据我国当前会计工作的实际情况，并考虑到今后的发展，我们将高级财务会计的概念定义为：高级财务会计是随着社会经济的发展，对原有的财务会计内容进行补充、延伸和拓展的一种会计，即利用财务会计的固有方法，对现有财务会计未包括的业务，或者需要深入进行论述的业务以及随着客观经济环境变化而产生的一些特殊业务进行核算和监督的会计。高级财务会计包括特殊业务会计和特殊行业会计两部分。特殊业务会计主要是针对一些特殊的、比较深奥的会计课题展开探讨，如合并财务报表、所得税会计、套期会计、资产减值会计等；特殊行业会计是指有着鲜明行业特点的企业、事业单位的会计问题，如房地产会计、石油天然气会计、原保险会计、再保险会计等。

为适应和促进社会经济的不断发展，核算和监督在新的社会经济条件下出现的“特殊经济业务”，向企业的投资者、债权人和政府有关主管部门提供更为真实有用的相关会计信息，就必然会促使一批会计学者和实际工作者去研究原有的财务会计理论和方法以及所应创建的新的会计理论和方法。这种研究、应用和修正原有的财务会计理论和方法以及创建新的会计理论和方法，用以核算和监督在新的社会经济条件下出现的“特殊经济业

务”，向外部与企业有利害关系者提供更为真实有用和相关经济信息的会计学科，我们称之为“高级财务会计”。

高级财务会计与中级财务会计互相补充，共同构成了财务会计的完整体系。深入理解高级财务会计这一概念，还需要进行以下几个方面的说明：

（1）高级财务会计属于财务会计系列，这是因为：①它以货币为主要计量单位进行核算和监督。②它以合法的会计凭证为记录经济业务的依据。③它依据会计凭证登记账簿，依据账簿编制对外报出的财务会计报告。④从本质上看，它也是以记录经济业务为手段而全面介入企业经营的一种管理活动。总之，高级财务会计在采用会计方法上与中级财务会计完全一致，也符合财务会计的确认、计量和报告的要求，即高级财务会计核算和监督的内容有一些是中级财务会计所没有的，或者是不经常发生的交易或事项，主要表现为一些特殊的交易或事项和特殊经营方式企业的特殊会计事项，一般来说，将这些交易或事项单独归入高级财务会计，而将企业单位经常、普遍存在的符合会计一般特征的交易或事项安排在中级财务会计课程中加以阐述。

（2）高级财务会计与中级财务会计的分野，主要表现在将一般的会计业务划归为中级财务会计的内容，将不经常、不普遍存在的会计业务划归为高级财务会计的内容，从而将两者关系描述为财务会计中的一般与特殊的关系。这样划分中级财务会计和高级财务会计，能够与国际会计惯例基本保持一致。当然，在高级财务会计中还包括对中级财务会计内容需要深入论述的部分。这些内容有一定的深度，远非中级财务会计业务所能涉及的。

（3）高级财务会计与中级财务会计的区别还可表现在对会计业务反映的连续性、系统性和全面性三个方面。高级财务会计所反映的业务有些只发生于某一特定时期，且既可能发生于所有企业，也可能发生于部分企业，总之属于中级财务会计所不能完全包括的业务事项。将这些业务事项归为高级财务会计的内容，可以给中级财务会计以完整的外延补充，使其有更为完整、清晰的体系，也可使高级财务会计在核算范围、内容的特殊性方面得以明确体现。高级财务会计是专门研究高级会计业务形成与发展的一门学科。西方国家是在20世纪中期以后对高级财务会计开展研究的，我国对高级财务会计的研究起步较晚，近几年来在我国会计理论界及会计学科建设中，已经开始重视高级财务会计的研究。总之，高级财务会计的产生与发展，确实对中级财务会计形成了很大的冲击。其结果是：专门对一些特殊会计业务进行研究、表述的高级财务会计弥补了中级财务会计的不足，两者互为补充、相得益彰，共同构成了财务会计学的完整体系。

二、高级财务会计的特征

高级财务会计具有以下特征：

（1）探讨问题的视角新颖。高级财务会计探讨的问题多半是国际和国内会计学科发展过程中出现的新问题，带有一定的前瞻性，探讨问题的视角独特。

（2）研究对象新、奇、特。高级财务会计的研究对象是那些随着会计学科的拓宽而出现的更新、更复杂的交易或事项。财务会计领域中的高、精、尖问题，不仅涉及会计核算方法，还应有一定深度的理论探讨，如人们经常提及的财务会计三大难题等。

（3）涉及领域宽泛。高级财务会计涉及的领域不囿于特定的假设和原则，只要财务会计信息使用者需要的信息，原则上都应该提供；从财务会计报告主体看，不仅要提供反映几个单一公司组成企业集团情况的合并财务报表，还应提供和反映一个公司不同部门情况的分部报告。从报告的地域看，不仅要提供包括同一境内、同一币种的合并财务报表，还应提供包括跨国的不同币种的外币报表的折算；从财务会计报告内容的时间看，不仅要包括事后的财务会计报告，还应包括提供具有前瞻性信息的财务会计报告。

三、高级财务会计在会计学科体系中的地位

在会计学科体系中，属于财务会计领域的有“财务会计三论”：财务会计初论（基础会计、会计学原理）、财务会计通论（中级财务会计）和财务会计专论（高级财务会计）。基础会计主要阐述会计确认、计量、报告的基本理论与方法，属于入门课程。中级财务会计着重阐述企业一般会计事项，如货币资金、应收款项、固定资产、无形资产、投资、流动负债及长期负债、收入、费用、损益、所有者权益、财务会计报告等的会计处理，是财务会计一般理论与方法的运用。高级财务会计着重研究某一行业或企业因各种原因所面临的特殊的交易或事项的会计处理。高级财务会计之所以“高级”，是它对特殊行业会计事项和特殊会计事项的会计处理，无论是在假设和原则方面，还是在程序和方法方面，都是对中级财务会计的突破，属于财务会计的高级层次。只有在掌握基础会计和中级财务会计之后，学习和研究了高级财务会计，才能对财务会计有一个比较系统的了解。

问题与思考

会计学专业大三学生李新在选修特种业务会计课时，他认为特种业务会计与大四时将要学习的高级财务会计课程的内容有些重复，请问他这种认识是否正确？为什么？

第二节　高级财务会计的研究对象

高级财务会计与中级财务会计的分界线是：在传统的会计理论框架基础上建立的是中级财务会计，在再次协调了的会计理论框架基础上建立的是高级财务会计。高级财务会计的研究对象主要包括对会计要素及其确认和计量的拓展与延伸及对会计基本假设的拓展与延伸。高级财务会计的研究对象具体包括以下五个方面：

一、跨越单一会计主体的会计业务

中级财务会计一般只讨论以一个企业为主体的会计业务，具有会计主体单一化的特点。而高级财务会计则注重论述由于会计主体假设松动而产生的多层次、多系统的会计主体及其业务。这样的业务主要包括大型企业的分支机构会计，企业集团或跨国公司的合并财务报表、分部报告和外币报表折算会计，也可以包括国外非营利组织会计中的基金会计。

这样归类需要说明的是：大型企业、企业集团和跨国公司有很多超越中级财务会计的特殊业务，需要高级财务会计处理与解释，如总部与分部之间、母公司与子公司之间、各分部与各子公司之间的往来业务等。然后进一步的提示是：在大型企业、企业集团和跨国公司会计业务中，单一会计主体的会计业务一般是在中级财务会计中讲述的，而跨越单一会计主体的会计主体之间、法人与法人之间的会计业务，应当属于高级财务会计的内容。将高级财务会计业务范围作如此划分，既有利于高级财务会计业务的具体实施，也有利于对高级财务会计的深入研究。

二、仅在某类企业中存在的特殊会计业务

在会计实践中有些业务，如期汇、外币和租赁业务，仅在某些企业中发生，不具有普遍性，因此，将此类超越中级财务会计内容的特殊业务也归为高级财务会计。之所以进行这样的划分，其着眼点在于中级财务会计主要是讲述所有企业普遍存在且内容相对稳定的会计业务和事项，这样可以使中级财务会计的内容更加稳定、规范，易于深入论述，便于从具体业务中推导和归纳其基本理论、基本原则和基本方法；而对企业因经营上需要而从事的非一般会计业务，也就是较有特色的会计业务，就有必要另设课程，分开阐述。

三、在某一特定时期发生的会计业务

特定时期发生的会计业务是专指诸如企业解体、破产清算及企业合并和改组时，或者是社会发生较大的物价变动时所产生的会计业务。这类业务的特征是：虽然企业清算只是个别企业的事情，但应将这种业务在会计期间上作特殊处理，即将清算的起止日期专门作为一个特殊的会计期间处理；而物价变动虽然涉及的企业多、范围广，但在会计处理上还有“反映价格变动影响的资料”和“恶性通货膨胀经济中的财务报告”之分，因此根据此类会计业务在时期方面的特征，将其划分为特定时期发生的会计业务。总之，此类会计业务具有时间性的特点，即只是在某个时期内才会发生的会计业务，处理此类业务的时间概念特别重要，这也可以看成是会计环境在时间上的表现。

四、与特种经营方式企业紧密相关的特有会计业务

特种经营方式企业主要指公司制企业，同时也包括独资企业和合伙企业。这类企业的特有会计业务主要是指公司制企业在组建和经营期间的信息披露和中期财务报告，并要紧密结合我国现行的法律、法规，突出我国公司制企业的特色，当然也应包括独资企业会计和合伙企业会计在所有者权益方面的特有内容。

五、一些特殊经营行业的会计业务

特殊经营行业并不是我国一般提及的工业、农业、商业等，而是指诸如租赁公司、期货公司及与之相类似的经纪人公司等在业务经营上有独特之处的行业。对于这些行业，我国的会计制度有的已经作出规范，如租赁业务；有的尚未深入涉及，如期货业务。但由于这样的会计业务与承租企业、期货投资企业等的会计业务相对应而存在，双方有着相互依存、互为补充的关系，因此也将其纳入高级财务会计的内容。

所以，根据高级财务会计的内容要求，我们在本书里设置了14章，并且尽可能地根据我国的具体实际，结合财政部颁布的最新的企业会计准则内容以及此后财政部发布的企业会计准则应用指南等其他相关内容规定，结合我国的会计实务和高等会计教育的现实情况，从理论与实务两个方面来探讨这些具体内容。

问题与思考

在某高校会计专业毕业实习汇报会上，不少同学都提到中级财务会计和高级财务会计的特点和重要性。最后大家得出如下的共识：中级财务会计课程的实用性强，高级财务会

计课程的理论性强。你认为上述看法是否合适？为什么？

第三节 学习和研究高级财务会计的方法

由于按上述理论基础与研究范围建立的高级财务会计涉及领域较广，而且难度很大，因此，确定或者选择科学的学习、研究方法就显得十分必要。在学习和研究高级财务会计时，应采用以下方法：

一、以中级财务会计为起点，进行深层次的研究

由于高级财务会计是为会计专业高年级本科生、研究生或高层次的研讨班开设的课程，因此高级财务会计所述内容既要与中级财务会计相区别，又要对其进行补充深化，使两者共同形成一个完整的理论方法体系。这一点不仅要表现在各章节内容的安排设置上，也要体现于各章节的具体内容之中；对每一章的内容进行必要的、更深层次的理论探讨，并按不同于中级财务会计的方式，从不同的角度进行范围更为广泛的例题演示。

二、以各个有特色的交易或事项为核心，进行专题研究

与中级财务会计不同，高级财务会计体系是由一系列专题组成的。在对每一专题进行探讨时应遵循的原则是：问题一经提出就要尽可能将其交代清楚，既不回避难点，又不故弄玄虚；如果所阐述的问题会涉及另外的交易或事项，如租赁业务的承租人与出租人，则尽量在说清一个方面的同时也把另一方面的相关内容介绍清楚；对一些内容相近但又有区别的会计业务，如企业解散清算与破产清算、外币业务与外币报表折算等，则尽量分析它们之间的相互关系，从相同与相异两个方面说清楚，探讨实际业务处理中的特殊之处。

三、理论与实务紧密结合，重视业务分析和实例演示

与中级财务会计相比，高级财务会计在理论阐述与应用业务举例之间的关系结合方面也有其独特的一面。中级财务会计的理论大都集中于会计假设与会计原则的解释、各会计要素的说明，以及对各会计要素的确认和计量方面，由此也就形成了中级财务会计理论部分相对集中。但是，高级财务会计不仅有着不同于中级财务会计的理论基础，而且各个专题中还有其各自的基础理论和与各专题事项相关的会计理论、特有的处理方法等。可以说，高级财务会计各专题的内容在与之相关的确认和计量等方面既有理论上的独特之处，也有与其实际业务联系紧密的、各具特色的业务处理程序和方法等。这样，各个专题就形成了一个个与传统会计理论大相径庭的专门系列。为此，恰当处理高级财务会计各专题中理论阐述与业务处理之间的关系非常重要；而以业务分析为中心，侧重于实例演示应是正确的选择。

四、进行多方位比较，坚持“洋为中用”，着重分析我国的实际情况

多方位比较主要是对国外经济法规、国际会计准则、国外的其他习惯性做法与我国相关法律、法规、准则、制度进行的比较，目的是通过比较，认清各个专题的规律性和已取得共识的问题的处理程序和方法，并以此为基础进一步分析我国现行做法与国际通行做法

的异同及其原因。"洋为中用"强调对国外的做法加以介绍，并在基础条件相似的情况下，尽可能吸收国外方法的优点，为我所用。按此要求，我国的高级财务会计不应是国外教材的编译本，而应是经过加工、处理后，基本上符合我国实际情况的教材。

为了更好地实现上述目的，进行高级财务会计研究时应注意以下几点：

（1）对于国内国外都有、差异不大的业务，主要按我国的法规和制度加以解释。

（2）对于国内国外都有、差异较大的业务，在阐述基本做法的同时进行国内国外的比较说明。

（3）尽量按我国企业会计准则应用指南的要求设置、使用各个会计科目，按我国会计人员的习惯使用会计术语，使内容易读易懂。

（4）对一些与我国现实经济生活结合紧密且我国急需引进的业务处理方式，需说透说细，并要深入、全面地阐述有关确认、计量和报告交易或事项的看法。

第四节　高级财务会计的核算内容

从高级财务会计的产生可以看出，它主要是核算和监督那些在新的社会经济条件下出现的，传统财务会计中不予涉及或未广泛深入的各种"特殊经济业务"。对这些"特殊经济业务"所进行的会计核算和监督可以按照不同标志归为以下几类：

一、各类企业均可能发生的特殊会计业务

这是指处于新的社会经济条件下，各类企业只要具备或达到相应条件，即均有可能发生的特殊经济业务的会计核算。该类业务主要有：

（一）外币交易与折算的会计业务

外币交易与折算的会计业务是指企业发生的商品进出口和对国外的劳务供应业务与接受国外劳务、外币信贷业务、外币投资业务，以及由此产生的以外币结算的保险、管理咨询和发生的外币远期合同套期保值与外币融资等业务的会计核算。当企业取得商品的进出口权或向国外提供劳务的经营权，即会发生外币会计业务。由于企业发生上述外币业务必须以规定的某种货币为记账本位币，收付非本位币以外的货币必须按照一定比价折算为记账本位币。由于折算比价的变动会给企业带来收益或损失，对于企业拥有的外币资产或负债，也可能因货币市场兑换比价前后变动产生折算为记账本位币数额的增减而发生收益或损失。对这些特殊业务的会计核算与监督被称为外币会计业务。进一步讲，在某一国家可以用某种国外货币作为记账本位币，这样，以所定记账本位币的某国货币以外的其他国家货币及所在国货币计价的业务核算均属于外币会计。

（二）企业所得税的会计业务

任何企业在经营过程中必须依据税法向税务部门进行税务申报和缴纳所得税，其计税的依据之一是企业的纳税所得额。税法的改变导致对会计程序和概念的修正与发展，使得税务会计与财务会计逐步分离，朝各自学科的方向发展，因而最终出现按税法计算的应纳税所得额与按会计准则计算的企业会计应纳税所得额的不一致。为此，会计计算应纳税所得额时需将会计所得额按税法规定进行特殊计算调整和账务处理，因而出现企业所得税会计。这也是在当前新的社会经济条件下任何企业都会发生的特殊会计业务。

（三）会计政策、会计估计变更和差错更正的会计业务

会计政策，是指企业在会计确认、计量和报告中所采用的原则、基础和会计处理方法。企业采用的会计计量基础也属于会计政策；会计估计，是指企业对其结果不确定的交易或事项以最近可利用的信息为基础所作的判断；前期差错，是指由于没有运用或错误运用下列两种信息，而对前期财务报表造成省略或错报。任何企业在符合上述条件时，均可能产生会计政策、会计估计和差错更正等的会计业务，按照《企业会计准则第28号——会计政策、会计估计变更和差错更正》的规定，会计政策的变更采用追溯调整法，会计估计的变更采用未来适用法。对于进一步规范企业会计政策变更、会计估计变更和会计差错更正的会计核算和相关信息的披露、提高会计信息的相关性和可靠性，推动市场经济的发展，有着非常重要的意义。

（四）资产负债表日后事项的会计业务

资产负债表日后事项是指自年度资产负债表日至财务会计报告批准报告日之间发生的需要调整或说明的事项。资产负债表日后事项，是指资产负债表日至财务报告批准报出日之间发生的有利或不利事项。它包括资产负债表日后调整事项和资产负债表日后非调整事项。对于其中的调整事项，应按本准则对调整事项的要求，进行相关的账务处理，并调整资产负债表日已编制的财务会计报表；对于其中的非调整事项，应按本准则对非调整事项的要求，在财务会计报表附注中披露。所有上市公司均要按照企业会计准则的规定，对资产负债表日后事项进行相关账务处理和披露。

（五）或有事项的会计业务

或有事项是指由过去的交易或事项形成的潜在义务，其存在须通过未来不确定事项的发生或不发生予以证实；或过去的交易或事项形成的现时义务，履行该义务不是很可能导致经济利益流出企业或该义务的金额不能可靠地计量。或有事项作为一种潜在因素直接影响着企业的持续经营和发展，它的不确定性也影响了投资者对企业的财务质量、财务状况以及企业会计信息可靠性的正确判断。当前，绝大部分上市公司在或有事项相关信息的处理、披露上是不明确、不完整的。上市公司必须分清引起或有事项的业务类别，加强或有事项的管理，严格控制可能带来损失的或有事项的发生，降低企业财务风险和经营风险，并根据企业会计准则，对或有事项应予以充分的披露和揭示。

（六）股份支付

股份支付，是“以股份为基础的支付”的简称，是指企业为获取职工和其他方提供服务而授予权益工具或者承担以权益工具为基础确定的负债的交易。股份支付分为以权益结算的股份支付和以现金结算的股份支付。对于可行权日在首次执行日或之后的股份支付，应当根据《企业会计准则第11号——股份支付》的规定，按照权益工具、其他方服务或承担的以权益工具为基础计算确定的负债的公允价值，将应计入首次执行日之前等待期的成本费用金额调整留存收益，相应增加所有者权益或负债。在新企业会计准则颁布以前，没有专门的会计制度对股份支付进行专门的规范，我国实施股票期权计划的公司只需调整公司的权益结构，整个会计处理过程不会影响现金流量表和利润表，唯一变化的是原有股东的每股收益会被摊薄。而新企业会计准则规定，上市公司通过股权激励所形成的股份支付，应计入股权激励期间的费用。因此，存在股权激励方案的上市公司，管理费用可能会有较大幅度的增加。在我国，以股份为基础的支付业务现行主要包括股权激励。近年来各地政府和国有资产管理部门以及部分民营企业都推出了期权激励的机制，但未有全国性的政策法规进行规范。

二、特种经营行业的特殊会计业务

在市场经济日益昌盛的情况下，一些新的专门从事某种特殊业务的行业不断涌现。为提供此类特种经营行业企业财务状况和盈利能力的会计信息，也必须进行一些特殊的会计业务。现列举如下：

（一）现代租赁经营的会计业务

租赁业务本是一项存在久远的经营业务，但长期以来也只是进行着一种对不动产的传统租赁，业务形式比较单一。可是自20世纪50年代以来，由于第二次世界大战结束，西方工业处于由军用品生产转为民用品生产的阶段，设备亟待更新，急需大量资金的时期。由于传统的信贷方式无法满足旺盛的投资需求，因而在银行和企业的共同参与下，现代租赁业务应运而生，开始出现专营租赁业务的公司，大量开展新形式的融资租赁业务，并在以后的一个时期获得迅速发展。以融资租赁业务为代表的现代租赁业务与传统租赁业务有着很大的差别，因此也就必然产生了不同于传统租赁会计的有关现代租赁的特殊会计业务。

（二）复合会计主体的特殊会计业务

传统财务会计一般都是以单一的独立核算单位为会计主体，它所核算的内容一般是由其所属各不独立核算单位构成的不可分割的统一整体的种种经济活动。但是随着各国经济的不断发展壮大，不断发生企业合并，使得一些集团公司、跨国公司和设有分支机构的大公司等复合型的会计主体不断出现。这些集团公司、跨国公司所属的各子公司中以及大公司所属的各分支机构大多为一些会计独立核算单位。它们之间以及与母公司或总公司之间往往有着一些特殊的经济业务。为反映这类复合会计主体中的特殊经济业务及复合会计主体范围的财务状况和经营状况，各集团公司、总公司及所属子公司或分支机构必然要进行一些特殊的会计业务处理。这些特殊的会计业务处理主要有：

1.企业合并的会计业务

企业合并是指两个或两个以上彼此独立的具有法人资格的企业相互联合组成一个统一经营管理的企业，或一家企业通过一定购并方式取得对另一家或几家企业的控制权而形成的一些会计主体变更的经济活动。企业合并可采用多种方式进行，但均需进行产权合并、债务重组、权益确定、合并费用的支付等一系列特殊会计业务，包括企业合并的账务处理和企业合并后，作为一个报告主体如何编制反映其合并日财务状况、经营成果及现金流量的合并财务报表等。

2.集团公司的母公司与子公司、总公司与所属分支机构及各所属企业间内部往来的会计业务

集团公司的母公司与子公司、子公司之间，以及总公司与所属分支机构和各分支机构之间，往往会发生各种经济往来业务，其中有的单纯是内部资金的转移，有的则是内部商品的购销和非流动资产销售。由于各个集团公司和总公司对所属企业规定的会计政策不同，日常账务处理的方法不同，因此，对这些内部往来业务必须进行特殊的会计账务处理。

3.企业合并和集团公司建立后的报告主体合并会计报表编制的会计业务

为反映企业合并后的财务状况和盈利能力，合并企业除作为报告主体在合并日要编制

反映合并企业整体的财务状况的合并会计报表外，作为报告主体，一个集团公司建立以后还要定期编制反映集团整体盈利能力的合并会计报表。虽然原企业、集团公司的母公司和子公司作为独立核算单位均编制各自的通用会计报表，但在编制反映集团公司中整体实务的报告主体合并会计报表时，不能将合并的原企业、母公司与子公司个别会计报表中的相同会计数据简单加总，而是要在加总过程中将这些个别会计报表中因会计政策和账务处理方法不同而影响合并报表真实性的因素加以消除，以便与企业集团有利害关系者全面掌握合并企业、集团公司建立后的财务状况和盈利能力。因此，在编制合并会计报表时必然存在特殊会计业务。

三、特殊经济时期的特殊会计业务

传统财务会计长期以来是处于特定的、统一的会计假设环境之中，但由于经济环境的某些变化，会破坏传统财务会计特定的、统一的经济环境，形成一个特殊经济时期，产生一些不符合传统会计假设的特殊会计业务，如企业债务重组、破产与倒闭清算会计等。这些在特殊经济时期发生的特殊会计业务也是高级财务会计的核算内容。

（一）企业债务重组的会计业务

在市场经济高速发展的今天，有些企业迫于竞争的压力，进行债务重组。由于现有的竞争力不强，生产效率低下，包袱较重，企业为追求利润从而进行重组。企业重组的目的其实是实现资本优化组合，这样也就提高了企业的经营效益和增强企业的竞争力。债务重组的目标有二：一是承担损失；二是盘活资产。其中盘活资产是企业起死回生的关键，企业经营困难和亏损的根本原因并不在于债务负担沉重本身，更多的是不良资产或者低效资产影响了企业的获利能力。当企业的收入不足、缺乏足够的现金流量来维持经营资金的正常周转，最终导致企业进入“资金不足—经营恶化—资金进一步短缺”的恶性循环，从而陷入困境。另外，已经造成的损失是盘活资产的前提，按照主要承担损失的对象不同，可以将债务重组分为外部重组和内部重组。所谓外部重组就是主要利用政府或者大股东等外部力量对债务进行重组，而内部重组则主要依靠企业自身的力量清偿债务。无论是外部重组还是内部重组，只有债务重组中每个参与者进行一定让步，才能使得债务重组顺利进行，每一个参与者的损失才会减少到最低限度。这也是企业处于特殊经济时期的特殊会计业务。

（二）企业停业与破产清算的会计业务

在瞬息万变的激烈市场竞争中，一些企业崛起，一些企业衰落，或一些合营企业协议期满解散，因而就会出现一些企业的停业、破产与倒闭。企业的停业、破产与倒闭是原会计主体处于一种不再持续经营，不再按原会计分期进行核算的特殊时期。在企业进行停业、破产与倒闭的终止经营的过程中所需进行的资产、负债及权益清算的会计业务，是企业处于特殊经济时期的特殊会计业务。

四、高级财务会计对传统财务会计的基本理论的发展和变化

高级财务会计的产生是由于与传统财务会计密切联系的社会经济环境发生了变化，所需要核算和监督的是前所未有的特殊经济业务，它虽然在很大程度上继承着传统财务会计的基本理论，但为了适应对新的社会经济条件产生的前所未有的新的特殊经济业务的核算与监督，所依据的会计理论和应用的会计方法必然有所发展和变化，并且根据研究具体提

出了高级财务会计对传统财务会计的基本理论在以下诸方面有所发展和变化：

（一）在会计假设方面的发展和变化

高级财务会计在会计假设的不少方面有所变化，如在会计主体上，编报合并财务报表的企业集团已从传统财务会计进行日常核算和定期报告的个别会计核算主体发展为进行定期报告的集团会计报告主体，使会计主体由单一型的会计主体变化为复合型的会计主体；又如在会计分期上，清算会计突破了传统财务会计以公历年度为基础编制的会计分期；再如，在持续经营假设上，企业清算会计也废止了持续经营假设而代之以终止经营假设。

（二）在会计概念方面的发展和变化

随着大量特殊经济业务的发生及特殊会计业务的出现，必然出现大量新的会计概念，如租赁业务中的融资租赁，外币会计中的远期外汇、外币折算等。

（三）在会计原则方面的发展和变化

高级财务会计在继续遵循传统财务会计原则的同时，也使传统财务会计一般原则的含义得到进一步拓展和强化。如在贯彻重要性原则方面，要求对报表使用者经济决策有着重要意义的“特殊会计业务”均应在会计报表中设专项给予披露；又如传统财务会计贯彻的配比原则是按权责发生制原则将以公历年度会计分期的同一会计期间的收入和成本费用进行配比，以确定该期收益。

应当说明，以本书作为教材，将主要介绍其中取得共识以及在我国应用较为广泛的内容，对于正在研讨但尚未取得共识的高级财务会计内容，特别是一些理论问题，在教材中只作一些提示，而不进行过多和深入介绍与探讨。

精讲练习题

一、单选题

1.企业将融资租入的设备作为固定资产核算所体现的会计信息质量要求是（　　）。

A.可比性　　B.谨慎性　　C.实质重于形式　　D.重要性

2.下列各项中，不符合资产会计要素定义的是（　　）。

A.委托代销商品　　B.委托加工物资

C.待处理财产损失　　D.尚待加工的半成品

3.下列经济业务中，会引起公司股东权益增减变动的是（　　）。

A.用资本公积转增股本　　B.向投资者分配股票股利

C.向投资者分配现金股利　　D.用盈余公积弥补亏损

4.某企业发生的下列经济业务，不影响其营业利润的是（　　）。

A.销售材料的收入　　B.存货跌价损失

C.出租无形资产的收入　　D.处置固定资产净损失

5.下列各项中，能够引起资产总额和所有者权益总额同时变动的是（　　）。

A.根据经过批准的利润分配方案向股东实际发放现金股利

B.为企业福利部门购置医疗设备一台

C.以低于债务账面价值的现金清偿债务

D.按规定将应付可转换公司债券转换成股份

6.对所有会计事项不分轻重主次，采取完全相同的处理方法，不符合（　　）原则。

A.可比性　　B.谨慎性　　C.相关性　　D.重要性

7.财务会计核算所遵循的8项原则，是建立在（　　）基础之上的。

A.会计主体前提　　B.持续经营前提　　C.会计分期前提　　D.货币计量前提

8.资产取得时的入账价值，按照（　　）原则确定。

A.权责发生制　　B.配比　　C.实际成本　　D.谨慎性

9.企业对融资租入固定资产采用与自有固定资产一样的方法进行会计核算，所体现的会计核算原则是（　　）。

A.可比性原则　　B.重要性原则

C.历史成本原则　　D.实质重于形式原则

10.下列项目中，不属于流动资产的是（　　）。

A.应收账款　　B.应收利息　　C.预付账款　　D.预收账款

二、多选题

1.根据会计基本准则的规定，所有者权益的来源包括（　　）。

A.所有者投入的资本　　B.直接计入所有者权益的利得

C.直接计入所有者权益的损失　　D.留存收益

2.下列各项中，可以作为资产要素特征的有（　　）。

A.必须是过去的交易或事项所产生的

B.必须是以实物形式存在的

C.必须是企业拥有或实际控制的

D.必须是经济资源并能以货币进行可靠计量的

3.下列项目中，能同时引起资产和利润减少的项目有（　　）。

A.计提发行债券的利息　　B.计提固定资产折旧

C.存货发生盘盈　　D.无形资产价值摊销

4.根据会计基本准则的规定，下列表述中，符合会计信息质量要求的有（　　）。

A.会计核算方法一经确定不得随意变更

B.会计核算应及时进行，不得提前或延后

C.会计核算应当仅反映交易或事项的法律形式

D.会计核算应当以实际发生的交易或事项为依据

5.根据企业会计准则的规定，下列各项中，仅影响所有者权益内部结构发生增减变动的有（　　）。

A.分配现金股利　　B.分配股票股利

C.提取法定盈余公积　　D.用盈余公积弥补亏损

6.按照我国企业会计准则的规定，会计核算的基本前提包括（　　）。

A.会计主体　　B.持续经营

C.复式记账　　D.会计分期

E.货币计量

7.资产负债表要素包括（　　）。

A.资产　　B.所有者权益　　C.成本　　D.收入

8.对企业资产享有要求权的有（　　）。

A.投资者　　B.债权人　　C.企业员工　　D.财政部门

9.下列各项中，属于资本性支出的有（　　）。

A.购置固定资产支付的增值税　　B.购入某项专利权发生的支出

C.支付给工程项目建设人员的工资　　D.支付固定资产的日常修理费

E.专利技术研制过程中发生的人员工资

10.我国所有者权益核算的内容由（　　）构成。

A.实收资本　　B.留存收益　　C.盈余公积　　D.资本公积

三、判断题

1.财务会计也称对外报告会计。（　　）

2.高级财务会计也称专用财务会计。（　　）

3.财务会计以货币作为主要计量单位。（　　）

4.会计基本假设包括：会计分期、会计主体、货币计量和持续经营。（　　）

5.管理会计和财务会计是会计的两大分支。（　　）

6.中级财务会计依赖大量的估计，所以，中级财务会计在某种程度上是不精确的。（　　）

7.资产是指由过去的交易或事项引起的企业拥有或控制的经济资源。（　　）

8.某一会计事项是否具有重要性，在很大程度上取决于会计人员的职业判断。对于同一会计事项，在某一企业具有重要性，而在另一企业则不一定具有重要性。（　　）

9.企业发生亏损，则其所有者权益必定减少。（　　）

10.法律主体必定是会计主体，会计主体也必定是法律主体。（　　）

四、简述题

1.简述高级财务会计的产生和发展过程。

2.应如何定义高级财务会计？

3.高级财务会计形成的理论基础是什么？

4.高级财务会计的研究范围包括哪些？

5.高级财务会计的研究方法包括哪些？

6.如何认识高级财务会计与国际会计之间的关系？

7.如何正确处理好保持中国特色与深化会计改革的关系？

8.如何理解中国会计与国际会计惯例趋同？

9.简述企业会计准则的创新之处。

10.简述企业会计准则与高级财务会计的关系。

第一章精讲练习题参考答案

第二章

外币折算

案例导入

QW国际商贸公司是一家外商投资企业，成立于1998年，主要从事跨国商品贸易。该公司采用人民币为记账本位币。该公司2016年按照财政部《企业会计准则第19号——外币折算》的规定，外币业务采用两项业务观点，对外币交易业务汇兑损益采用月末集中结转法处理。

2016年10月1日按规定允许开立外币现汇账户，对本月发生的外币业务按月初的汇率折合为人民币，2016年10月1日国家公布的汇率为1美元=6.67元人民币。该企业2016年10月1日有关科目余额如表2-1所示。该企业对外币业务采用业务发生当日的市场汇率进行核算。

表2-1　　QW国际商贸公司2016年10月1日有关科目余额

科目名称	美元	元人民币	科目名称	美元	元人民币
银行存款	200 000	1 334 000	应付账款	50 000	333 500
应收账款	100 000	667 000	长期借款（未完工）	50 000	333 500
			短期借款	10 000	66 700
合计	300 000	2 001 000	合计	1 100 000	733 700

该企业2016年10月发生下列经济业务：

1.5日对外赊销产品一批，取得销售收入20 000美元，当日汇率1美元=6.67元人民币；

2.10日从银行借入短期借款180 000美元，当日汇率1美元=6.70元人民币；

3.12日从国外进口原材料一批，共计220 000美元，款项用外币存款支付，当日汇率1美元=6.72元人民币；

4.18日购进原料一批，价款总额160 000美元，款项尚未支付，当日汇率1美元=6.73元人民币；

5.20日收到5日赊销款100 000美元，当日汇率1美元=6.74元人民币；

6.31日偿还外币短期借款30 000美元，当日汇率1美元=6.76元人民币。

2016年10月31日国家公布的汇率为1美元=6.76元人民币。

通过案例，思考以下几个问题：

1.什么是单项交易观和两项交易观？

2.汇兑损益的处理原则有哪些？

3.外币交易会计的记账方法——外汇统账制是怎样的？

4.汇兑损益的计算方法是怎样的？

学习目标

熟悉记账本位币的确定；掌握外币交易的会计处理；掌握境外经营机构处置的处理；掌握非恶性通货膨胀经济中外币财务报表的折算方法。

第一节 记账本位币的确定

一、记账本位币的定义

会计以货币作为统一的计量尺度，但由于企业的经济活动往往涉及多种货币，这就要求会计核算选择某一种具体的货币来统一反映企业的财务状况与经营成果，综合披露企业的各项信息。会计主体确定记账本位币后，其他的货币币种为非记账本位币，即会计概念上的外币。凡以记账本位币计量的各项经济业务，均可在会计处理时根据其实际发生额直接记入账户，对于各项以非记账本位币计量的业务，在会计处理时则要通过货币换算，将非记账本位币换算成记账本位币金额后记入账户。

记账本位币是指用于日常登记账簿时用以表示计量的货币。《中华人民共和国会计法》（以下简称《会计法》）规定，会计核算以人民币为记账本位币。业务收支以外币为主的企业也可以选定某种外币作为记账本位币，但编制的会计报表应当折算为人民币反映。境外企业向中国有关部门编报会计报表，应当折算为人民币反映。

随着中国对外开放的进一步扩大，外商投资企业不断增多，对外贸易与合作发展迅速，人民币以外的其他币种在一些单位的日常会计核算中明显增多，有的占据了支付的主导地位，如果要求这些单位平时的每笔外币核算业务都折算为人民币计算，不仅影响其经济业务往来，而且会加大会计工作量。因此，《会计法》作出了业务收支以人民币以外的货币为主的单位，可以选定其中一种货币作为记账本位币的规定，体现了适应性原则。

二、企业记账本位币的确定

企业通常应选择人民币作为记账本位币。业务收支以人民币以外的货币为主的企业，可以按规定选定其中一种货币作为记账本位币。但是，编报的财务会计报告应当折算为人民币。

企业选定记账本位币，应当考虑下列因素：

（1）该货币主要影响商品和劳务的销售价格，通常以该货币进行商品和劳务的计价及结算；

（2）该货币主要影响商品和劳务所需人工、材料和其他费用，通常以该货币进行上述费用的计价和结算；

（3）融资活动获得的货币以及保存从经营活动中收取款项所使用的货币。

企业记账本位币一经确定，不得随意变更，除非与确定企业记账本位币相关的经营所处的主要经济环境发生重大变化。

三、境外经营记账本位币的确定

（一）境外经营的含义

境外经营，通常是指企业在境外的子公司、合营企业、联营企业、分支机构。当企业在境内的子公司、联营企业、合营企业、分支机构，采用不同于企业记账本位币的，也视同境外经营。

（二）境外经营记账本位币的确定

企业选定境外经营的记账本位币，还应当考虑下列因素：

（1）境外经营对其所从事的活动是否拥有很强的自主性；

（2）境外经营活动中与企业的交易是否在境外经营活动中占有较大比重；

（3）境外经营活动产生的现金流量是否直接影响企业的现金流量、是否可以随时汇回；

（4）境外经营活动产生的现金流量是否足以偿还其现有债务和可预期的债务。

【例 2-1·分析题】甲公司为外贸自营出口企业，超过80%的营业收入来自对美国的出口，其商品销售价格主要受美元的影响，以美元计价。因此，从影响商品和劳务销售价格的角度看，甲公司应选择美元作为记账本位币。

如果甲公司除厂房设施、30%的人工成本在国内以人民币采购或支付外，生产所需原材料、机器设备及70%以上的人工成本都以美元采购或支付，则可确定甲公司的记账本位币是美元。

但是，如果甲公司95%以上的人工成本、原材料及相应的厂房设施、机器设备等在国内采购并以人民币计价，甲公司取得的美元营业收入在汇回国内时直接兑换成了人民币存款，且甲公司对美元汇率波动产生的外币风险进行了套期保值，降低了汇率波动对企业取得的外币销售收入的影响，那么，甲公司可以选择人民币作为记账本位币。

四、记账本位币变更的会计处理

记账本位币一经选定，不得随意变更。企业因经营所处的主要经济环境发生重大变化，确需变更记账本位币的，应当采用变更当日的即期汇率将所有项目折算为变更后的记账本位币；一般应在新的会计年度开始时变更，并在变更年度的会计报告中作出必要的说明。

（一）记账本位币变更的原因

记账本位币一经确定，就应当一贯地使用，不得随意变更。但如果出现一些特殊情况.企业也可以变更记账本位币。概括地说，企业变更记账本位币的原因主要有两种：

第一，由于当初对企业经营的特点缺乏正确的判断而错选了记账本位币，予以更正。

第二，企业根据当时企业经营的特点正确地选择了记账本位币，但当前企业的经营特点和经营环境发生了重大变化，这些变化明确表明原选择的记账本位币不再适用，而应以新的记账本位币取而代之。

变更记账本位币的原因不同，其会计处理就不一样。第一种原因导致的记账本位币变更，应视为一种会计差错的更正，对于会计差错的更正，企业应以新的记账本位币重述原来所编制的会计报表。第二种原因导致的记账本位币的变更，属于会计变更的一种特殊类型，它是因发生的交易或事件与以前发生的交易或事件有实质的不同而采用新的会计原则，这种变更不属于会计政策的变更，故它应采用未来适用法进行会计处理而不必以新的记账本位币重述以前年度编制的会计报表。

（二）记账本位币变更的折算方法

记账本位币变更，涉及两种货币之间的折算。众所周知，外币折算的方法有4种：（1）区分流动与非流动项目法；（2）区分货币与非货币项目法；（3）时态法；（4）现行汇率法（具体内容见本章第三节外币财务报表折算，此处不再赘述）。

（三）折算损益的会计处理

在记账本位币变更的折算中，由于各项目的折算汇率不同，必然产生折算损益。折算损益的处理一般有两种方法：其一是将它直接计入当期损益；其二是采用递延的方法。记账本位币的变更只是重述原有账项的价值，由此发生的折算损益是一种未实现的汇兑损益，将其计入当期损益，会使报表的使用者误解报表中的净收益信息，使投资者无法评价企业正常的经营业绩。再者，当前的汇兑收益也可能因为汇率发生逆转而为后来的汇兑损失所抵销，故对记账本位币变更过程中形成的折算损益采用递延法处理是比较恰当的，而这正是现行汇率法的要求。

第二节　外币交易的会计处理

一、外币交易的核算程序

（一）外币交易的概念

外币是企业记账本位币以外的货币。

外币交易，是指以外币计价或者结算的交易，包括买入或者卖出以外币计价的商品或者劳务、借入或者借出外币资金和其他以外币计价或者结算的交易。

（二）外币核算的基本程序

企业发生外币交易时，其会计核算的基本程序为：

（1）设置外币账户。

企业应设置的外币账户主要包括外币现金、外币银行存款等货币资金账户，以及应收账款、应收票据、预付账款、短期借款、长期借款、应付账款、应付票据、应付职工薪酬、应付股利、预收账款等债权债务外币账户。注意，应付职工薪酬是可以设置外币账户的，但是应交税费不能设置外币账户。在外币业务核算中涉及的如原材料、固定资产、实收资本等账户，属于非外币账户。企业应在涉及外币业务的账户中按外币种类分别设置明细账户，详细反映外币账款的收付结存情况。

不允许开立现汇账户的企业，可以设置外币现金和外币银行存款以外的其他外币账户。

统账制下外币账户要双重币值记录。

（2）企业对于发生的外币交易，应当将外币金额折算为记账本位币金额。外币交易应当在初始确认时，采用交易发生日的即期汇率将外币金额折算为记账本位币金额，也可以采用按照系统合理的方法确定的与交易发生日即期汇率近似的汇率折算。

即期汇率通常是指当日中国人民银行公布的人民币外汇牌价的中间价。

企业发生的外币兑换业务或涉及外币兑换的交易事项，应当以交易实际采用的汇率，即银行买入价或卖出价折算。

（3）汇兑差额的会计处理，企业应在资产负债表日，按照下列规定对外币货币性项目和外币非货币性项目进行处理：

①外币货币性项目。

货币性项目，是指企业持有的货币资金和将以固定或可确定的金额收取的资产或者偿付的负债。货币性项目分为货币性资产和货币性负债。货币性资产包括现金、银行存款、应收账款、其他应收款、长期应收款等，货币性负债包括应付账款、其他应付款、长期应付款等。对于外币货币性项目，应当采用资产负债表日的即期汇率折算，因汇率波动而产生的汇兑差额作为财务费用，计入当期损益，同时调增或调减外币货币性项目的记账本位币金额；需要计提减值准备的，应当按资产负债表日的即期汇率折算后，再计提减值准备。

注：期末调整汇兑差额的计算思路：

外币账户的期末外币余额=期初外币余额+本期增加的外币发生额-本期减少的外币发生额

调整后记账本位币余额=期末外币余额×期末即期汇率

汇兑差额=调整后记账本位币余额-调整前记账本位币余额

【例2-2·单选题】甲公司外币业务采用业务发生时的即期汇率进行折算，按月计算汇兑损益。5月20日对外销售产品发生应收账款500万欧元，当日的市场汇率为1欧元=10.30元人民币。5月31日的市场汇率为1欧元=10.28元人民币；6月1日的市场汇率为1欧元=10.32元人民币；6月30日的市场汇率为1欧元=10.35元人民币。7月10日收到该应收账款，当日市场汇率为1欧元=10.34元人民币。该应收账款6月份应当确认的汇兑收益为（　　）万元人民币。

A.-10　　B.15　　C.25　　D.35

【答案】D

【解析】该应收账款6月份应当确认的汇兑收益=500×（10.35-10.28）=35（万元人民币）。

②外币非货币性项目。

非货币性项目，是货币性项目以外的项目，包括存货、长期股权投资、固定资产、无形资产、实收资本、资本公积等。

对于以历史成本计量的外币非货币性项目，除其外币价值发生变动外，已在交易发生日按当日即期汇率折算，资产负债表日不应改变其原记账本位币金额，不产生汇兑差额。

对于交易性金融资产等外币非货币性项目，其公允价值变动计入当期损益的，相应的汇率变动的影响也应当计入当期损益，但是可供出售外币非货币性金融资产形成的汇兑差额，应当计入其他综合收益。

【例 2-3·单选题】某中外合资经营企业注册资本为400万美元，合同约定分两次投入，约定折算汇率为1∶6.50。中外投资者分别于2015年1月1日和3月1日投入300万美元和100万美元。2015年1月1日、3月1日、3月31日和12月31日美元对人民币的汇率分别为1∶6.20、1∶6.25、1∶6.24和1∶6.30。假定该企业采用人民币作为记账本位币，外币业务采用业务发生日的汇率折算。该企业2015年年末资产负债表中“实收资本”项目的金额为（　　）万元人民币。

A.2 600　　B.2 485　　C.2 480　　D.2 520

【答案】B

【解析】该企业2015年年末资产负债表中“实收资本”项目的金额=300×6.20+100×6.25=2 485（万元人民币）。

【例 2-4·实务题】P上市公司以人民币为记账本位币。2015年11月2日，从英国W公司采购国内市场尚无的A商品10 000件，每件价格为1 000英镑，当日即期汇率为1英镑=15.00元人民币。2015年12月31日，尚有1 000件A商品未销售出去，国内市场仍无A商品供应，A商品在国际市场的价格降至900英镑。12月31日的即期汇率是1英镑=15.50元人民币。假定不考虑增值税等相关税费。

本例中，由于存货在资产负债表日采用成本与可变现净值孰低计量，因此，在以外币购入存货并且该存货在资产负债表日确定的可变现净值以外币反映时，计提存货跌价准备应当考虑汇率变动的影响。因此，该公司应作会计分录如下：

11月2日，购入A商品：

借：库存商品——A　　150 000 000

　贷：银行存款——英镑（10 000×1 000×15.00）　　150 000 000

12月31日，计提存货跌价准备：

借：资产减值损失　　1 050 000

　贷：存货跌价准备　　1 050 000

【例 2-5·实务题】国内甲公司的记账本位币为人民币。2015年12月10日以每股1.5美元的价格购入乙公司B股10 000股作为交易性金融资产，当日汇率为1美元=6.60元人民币，款项已付。2015年12月31日，由于市价变动，当月购入的乙公司B股的市价变为每股1美元，当日汇率为1美元=6.65元人民币。假定不考虑相关税费的影响。

2015年12月10日，该公司对上述交易应作以下处理：

借：交易性金融资产　　99 000

　贷：银行存款——美元（1.5×10 000×6.60）　　99 000

根据《企业会计准则第22号——金融工具确认和计量》的规定，交易性金融资产以公允价值计量。由于该项交易性金融资产是以外币计价，在资产负债表日，不仅应考虑股票市价的变动，还应一并考虑美元与人民币之间汇率变动的影响。上述交易性金融资产在资产负债表日的人民币金额为66 500元（1×10 000×6.65）入账，与原账面价值99 000元人民币的差额为32 500元人民币，计入公允价值变动损益。相应的会计分录为：

借：公允价值变动损益　　32 500

　贷：交易性金融资产　　32 500

32 500元人民币既包含甲公司所购乙公司B股股票公允价值变动的影响，又包含人民币与美元之间汇率变动的影响。

2016年1月10日，甲公司将所购乙公司B股股票按当日市价每股1.2美元全部售出，所得价款为12 000美元，按当日汇率1美元=6.70元人民币折算为人民币金额为80 400元，与其原账面价值人民币金额66 500元的差额为13 900元人民币。对于汇率的变动和股票市价的变动不进行区分，均作为投资收益进行处理。因此，售出当日，甲公司应作会计分录如下：

借：银行存款——美元（1.2×10 000×6.70）	80 400	
贷：交易性金融资产（99 000−32 500）		66 500
投资收益		13 900

同时：

借：投资收益	32 500	
贷：公允价值变动损益		32 500

二、即期汇率和即期汇率的近似汇率

即期汇率，通常是指中国人民银行公布的当日人民币外汇牌价的中间价。企业发生的外币兑换业务或涉及外币兑换的交易事项，应当按照交易实际采用的汇率（即银行买入价或卖出价）折算。

外币	人民币	
	买入价	卖出价
$100	610	620

中间价 $1=￥6.15（即期汇率）

即期汇率的近似汇率，是指按照系统合理的方法确定的、与交易发生日即期汇率近似的汇率，通常采用当期平均汇率或加权平均汇率等。

企业通常应当采用即期汇率进行折算。汇率变动不大的，也可以采用即期汇率的近似汇率进行折算。

三、外币交易的会计处理

外币交易类型

1.外币兑换业务

外币兑换业务，包括企业把外币卖给银行、向银行结汇、购汇以及用一种外币向银行兑换成另一种外币等。

（1）企业把外币卖给银行。

企业把持有的外币卖给银行，银行按买入价将人民币兑付给企业。企业按实得人民币金额借记“银行存款（人民币户）”科目，按实际兑出的外币额与按企业选定的折算汇率折算的人民币金额贷记“银行存款（外币户）”科目，因银行买入价与折算汇率不一致而产生的汇兑损益，记入“财务费用”科目。

【例2-6·实务题】乙股份有限公司以人民币为记账本位币，对外币交易采用交易日的即期汇率折算。2015年6月1日，将50 000美元到银行兑换为人民币，银行当日的美元买入价为1美元=6.55元人民币，中间价为1美元=6.60元人民币。

本例中，企业与银行发生货币兑换，兑换所用汇率为银行的买入价或卖出价，而通常记账所用的即期汇率为中间价，由于汇率变动而产生的汇兑差额计入当期财务费用。有关会计分录如下：

借：银行存款——人民币（50 000×6.55） 327 500

财务费用——汇兑差额 2 500

贷：银行存款——美元（50 000×6.60） 330 000

（2）向银行购汇。

企业向银行购入外汇时，银行按卖出价向企业收取人民币。企业实际支付的人民币金额与按企业选定的折算汇率折合的人民币之间的差额计入财务费用。

【例2-7·实务题】甲股份有限公司以人民币为记账本位币，对外币交易采用交易日的即期汇率折算。20×5年6月1日，因外币支付需要，从银行购入10 000欧元，银行当日的欧元卖出价为1欧元=11.00元人民币，当日的中间价为1欧元=10.70元人民币。

有关会计分录如下：

借：银行存款——欧元（10 000×10.70） 107 000

财务费用——汇兑差额 3 000

贷：银行存款——人民币（10 000×11.00） 110 000

2.借入或借出外币资金业务

企业借入外币资金时，按照借入外币时的市场汇率折算为记账本位币入账，同时按照借入外币的金额登记相关的外币账户。

【例2-8·实务题】甲公司的记账本位币为人民币，其外币交易采用交易日即期汇率折算。20×6年2月4日，从银行借入200 000英镑，期限为6个月，年利率为5%（等于实际利率），借入的英镑暂存银行。借入当日的即期汇率为1英镑=9.83元人民币。

甲公司账务处理为：

借：银行存款——××银行（英镑）（200 000×9.83） 1 966 000

贷：短期借款——××银行（英镑） 1 966 000

沿用上例，假定20×6年2月28日即期汇率为1英镑=9.75元人民币，则对该笔交易产生的外币货币性项目“短期借款——××银行（英镑）”采用期末即期汇率进行折算，折算为记账本位币1 950 000元人民币（200 000×9.75），与其原记账本位币之差额16 000元人民币计入当期损益。

甲公司账务处理为：

借：短期借款——××银行（英镑） 16 000

贷：财务费用——汇兑差额 16 000

20×6年8月4日以人民币归还所借英镑，当日银行的英镑卖出价为1英镑=11.27元人民币，假定价款利息在到期归还本金时一并支付，则当日应归还银行借款利息5 000英镑（200 000×5%÷12×6），按当日英镑卖出价折算为人民币为56 350元（5 000×11.27）。假定20×6年7月31日的即期汇率为1英镑=9.75元人民币。甲公司账务处理为：

借：短期借款——××银行（英镑） 1 950 000

财务费用——汇兑差额 304 000

贷：银行存款——××银行（人民币）（200 000×11.27） 2 254 000

借：财务费用——利息费用（5 000×11.27）　　56 350

　贷：银行存款——××银行（人民币）　　56 350

3.买入或者卖出以外币计价的商品或者劳务

企业发生买入或者卖出以外币计价的商品或者劳务时，应按企业选定的折算汇率将外币金额折合为记账本位币入账。期末（月末、季末、年末），对所有外币账户余额按期末市场汇率进行调整，调整后的差额记入“财务费用”科目。

【例2-9·实务题】甲公司属于增值税一般纳税人，记账本位币为人民币，其外币交易采用交易日即期汇率折算。20×5年3月2日，甲公司从国外乙公司购入某原材料，货款为300 000美元，当日的即期汇率为1美元=6.83元人民币，按照规定应缴纳的进口关税为204 900元人民币，支付进口增值税为348 330元人民币，货款尚未支付，进口关税及增值税已由银行存款支付。

甲公司账务处理为：

借：原材料——××材料　　2 253 900

　　应交税费——应交增值税（进项税额）　　348 330

　贷：应付账款——乙公司（美元）（300 000 ×6.83）　　2 049 000

　　　银行存款（204 900 + 348 330）　　553 230

沿用上例，20×5年3月31日，甲公司尚未向乙公司支付所欠货款，当日即期汇率为1美元=6.80元人民币，则对该笔交易产生的外币货币性项目“应付账款”采用期末即期汇率进行折算，折算为记账本位币2 040 000元人民币（300 000×6.8），与其原记账本位币之差额9 000元人民币计入当期损益。

甲公司账务处理为：

借：应付账款——乙公司（美元）（300 000×（6.83−6.80））　　9 000

　贷：财务费用——汇兑差额　　9 000

【例2-10·实务题】甲公司记账本位币为人民币，外币交易采用交易日即期汇率折算。20×5年4月10日，向国外丙公司出口销售商品一批，根据销售合同，货款共计800 000欧元，当日的即期汇率为1欧元=8.87元人民币。假定不考虑增值税等相关税费，货款尚未收到。

甲公司账务处理为：

借：应收账款——丙公司（欧元）（800 000×8.87）　　7 096 000

　贷：主营业务收入——出口××商品　　7 096 000

沿用上例，20×5年4月30日，甲公司仍未收到丙公司购货款，当日的即期汇率为1欧元=9.08元人民币，则对该笔交易产生的外币货币性项目“应收账款”采用期末即期汇率进行折算，折算为记账本位币7 264 000元人民币（800 000×9.08），与其原记账本位币之差额168 000元人民币计入当期损益。

甲公司账务处理为：

借：应收账款——丙公司（欧元）（800 000×（9.08 − 8.87））　　168 000

　贷：财务费用——汇兑差额　　168 000

假定20×5年5月20日收到上述货款，兑换成人民币直接存入银行，当日银行的欧元买入价为1欧元=9.28元人民币。

甲公司账务处理为：

借：银行存款——××银行（人民币）（800 000×9.28）　　7 424 000

　贷：应收账款——丙公司（欧元）　　7 264 000

　　　财务费用——汇兑差额　　160 000

4.外币投入资本

外币投入资本属于外币非货币性项目，企业收到投资者以外币投入的资本，应当采用交易日即期汇率折算，不得采用合同约定汇率和即期汇率的近似汇率折算，外币投入资本与相应的货币性项目的记账本位币金额之间不产生外币资本折算差额。

【例2-11·实务题】甲公司的记账本位币为人民币，其外币交易采用交易日即期汇率折算。20×5年2月25日，甲公司为增资扩股与某外商签订投资合同，当日收到外商投资资本2 000 000美元，当日的即期汇率为1美元=6.82元人民币，其中，13 000 000元人民币作为注册资本的组成部分。假定投资合同约定的汇率为1美元=6.85元人民币。

甲公司账务处理为：

借：银行存款——××银行（美元）（2 000 000×6.82）　　13 640 000

　贷：实收资本——××　　13 000 000

　　　资本公积——资本溢价　　640 000

【例2-12·多选题】对于企业发生的汇兑差额，下列说法中正确的有（　　）。

A.外币交易性金融资产发生的汇兑差额计入财务费用

B.外币专门借款发生的汇兑差额，应计入购建固定资产期间的财务费用

C.企业因外币交易业务所形成的应收应付款发生的汇兑差额，应计入当期财务费用

D.企业的外币银行存款发生的汇兑差额，应计入当期财务费用

E.企业的外币兑换业务所发生的汇兑差额，应计入当期营业外支出

【答案】CD

【解析】外币交易性金融资产发生的汇兑差额计入公允价值变动损益；外币专门借款发生的汇兑差额，符合资本化条件的应计入相关资产成本，不符合资本化条件的计入当期损益（财务费用）；企业的外币兑换业务所发生的汇兑差额，应计入财务费用。

【例2-13·综合题】甲公司以人民币作为记账本位币，其外币交易采用交易日即期汇率折算，按月计算汇兑损益。甲公司在银行开设有欧元账户（见表2-2）。

表2-2　**甲公司有关外币账户20×9年5月31日的余额**

项　目	外币账户余额（欧元）	汇　率	人民币账户余额（元人民币）
银行存款	800 000	9.55	7 640 000
应收账款	400 000	9.55	3 820 000
应付账款	200 000	9.55	1 910 000

（1）甲公司20×9年6月份发生的有关外币交易或事项如下：

①6月5日，以人民币向银行买入200 000欧元。当日即期汇率为1欧元=9.69元人民币，当日银行卖出价为1欧元=9.75元人民币。

②6月12日，从国外购入一批原材料，总价款为400 000欧元。该原材料已验收入

库，货款尚未支付。当日即期汇率为1欧元=9.64元人民币。另外，以银行存款支付该原材料的进口关税644 000元人民币，增值税为765 000元人民币。

③ 6月16日，出口销售一批商品，销售价款为600 000欧元，货款尚未收到。当日即期汇率为1欧元=9.41元人民币。假设不考虑相关税费。

④ 6月25日，收到应收账款300 000欧元，款项已存入银行。当日即期汇率为1欧元=9.54元人民币。该应收账款系2月份出口销售发生的。

⑤ 6月30日，即期汇率为1欧元=9.64元人民币。

甲公司相关账务处理为：

①借：银行存款——××银行（欧元）（200 000×9.69）	1 938 000	
财务费用——汇兑差额	12 000	
贷：银行存款——××银行（人民币）（200 000×9.75）		1 950 000
②借：原材料——××材料（400 000×9.64 + 644 000）	4 500 000	
应交税费——应交增值税（进项税额）	765 000	
贷：应付账款——××单位（欧元）（400 000×9.64）		3 856 000
银行存款——××银行（人民币）		1 409 000
③借：应收账款——××单位（欧元）（600 000×9.41）	5 646 000	
贷：主营业务收入——出口××商品		5 646 000
④借：银行存款——××银行（欧元）（300 000×9.54）	2 862 000	
财务费用	3 000	
贷：应收账款——××单位（欧元）（300 000×9.55）		2 865 000

（2） 20×9年6月30日，计算期末产生的汇兑差额：

①银行存款欧元户余额=800 000 + 200 000 + 300 000=1 300 000（欧元）

按当日即期汇率折算为人民币金额=1 300 000×9.64=12 532 000（元人民币）

汇兑差额=12 532 000 −（7 640 000 + 1 938 000 + 2 862 000）=92 000（元人民币）（汇兑收益）

②应收账款欧元户余额=400 000 + 600 000 − 300 000=700 000（欧元）

按当日即期汇率折算为人民币金额=700 000×9.64=6 748 000（元人民币）

汇兑差额=6 748 000 −（3 820 000 + 5 646 000 − 2 865 000）=147 000（元人民币）（汇兑收益）

③应付账款欧元户余额=200 000 + 400 000=600 000（欧元）

按当日即期汇率折算为人民币金额=600 000×9.64=5 784 000（元人民币）

汇兑差额=5 784 000 −（1 910 000 + 3 856 000）=18 000（元人民币）（汇兑损失）

④应计入当期损益的汇兑差额=−92 000 − 147 000 + 18 000=−221 000（元人民币）（汇兑收益）

借：银行存款——××银行（欧元）	92 000	
应收账款——××单位（欧元）	147 000	
贷：应付账款——××单位（欧元）		18 000
财务费用——汇兑差额		221 000

知识拓展

与外币交易有关的所得税的处理

在税务处理上，企业在计算应纳税所得额时，应当注重以下几个方面：

第一，根据《中华人民共和国企业所得税法》（以下简称《企业所得税法》第六条和《中华人民共和国企业所得税法实施条例》(以下简称《实施条例》)第二十二条的规定，企业的汇兑收益，应计入收入总额中的其他收入，作为应税收入计算应纳税所得额。

第二，根据《实施条例》第三十九条的规定，企业在货币交易中产生的汇兑损失，在计算应纳税所得额时准予扣除。这些交易活动包括：企业买入或者卖出以外币计价的商品或者劳务，通常情况下指以外币买卖商品，或者以外币结算劳务合同，如以人民币为记账本位币的居民企业向国外出售商品，以美元结算货款；借入或者借出外币资金，如企业借入记账本位币以外的货币表示的资金、发行以外币计价或结算的债券；其他以外币计价或者结算的交易，如接受外币现金捐赠等。在这些交易活动中，由于交易发生与确认实现时的汇率变化，将会产生汇率差，可能产生的汇兑损失允许在税前扣除。

第三，根据《实施条例》第三十九条的规定，纳税年度终了时将人民币以外的货币性资产、负债按照期末即期人民币汇率中间价折算为人民币时产生的汇兑损失，在计算应纳税所得额时准予扣除。企业所拥有的货币性资产、负债可能是以记账本位币以外的货币计量的，在纳税年度终了时，需要按照期末即期人民币汇率中间价为标准，折算为人民币计算纳税，此时期末即期人民币汇率中间价，若不同于企业取得货币性资产、负债的汇率，就可能产生汇兑损失。这属于企业生产经营活动中发生的正常的、必要的支出，准予在税前扣除。

但《企业所得税法》只规定货币性资产、负债的汇兑损失允许在税前扣除，外币非货币性项目的汇兑损失没有规定允许在税前扣除，应作纳税调整。

第四，根据《实施条例》第三十九条的规定，已经计入有关资产成本以及与向所有者进行利润分配相关部分的汇兑损失，不允许在税前扣除。企业发生的汇兑损失，如果已经计入有关资产成本，那么这部分汇兑损失可以通过资产的折旧或者摊销等方式予以税前扣除，假如直接作为汇兑损失在税前扣除，就违背了税前扣除不得重复扣除的原则；如果发生的汇兑损失，是由向所有者进行利润分配相关部分所产生的，这部分损失应由所有者负担，属于税后利润分配问题，故不允许在税前扣除。

第三节 外币财务报表折算

一、境外经营财务报表的折算

外币财务报表折算是指为了特定目的将以某一货币表示的财务报表换用为另一种货币表述。一般来讲，外币财务报表折算只是改变表述的货币单位，并不改变报表项目之间的关系。

(一) 外币财务报表折算的意义

(1) 编制跨国公司的合并会计报表的需要。由于编制合并报表的主要目的是满足母公司股东和债权人等的需要，因而合并报表通常应以母公司报表所用货币来表述。

(2) 母(总公司)公司为了考核、评价国外子公司(分支机构)的财务状况、经营成果以及现金流量情况，也需要将国外子公司用外币表述的报表转换为按母公司(总公司)所用货币表述的报表。

（3）在国外资本市场有证券上市交易的公司，必须按上市地区的货币对外报告，或有义务向其他国家的投资者和债权人报告财务信息。

注意：

第一，在折算之前，应当统一母公司与国外子公司的会计报表决算日和会计期间，使子公司会计报表决算日和会计期间与母公司的会计报表决算日和会计期间保持一致。两者不一致时，应当按照母公司本身会计报表决算日和会计期间，对子公司会计报表进行调整，根据调整后的会计报表进行折算，或者要求国外子公司按照母公司的要求编报相同会计期间的会计报表。

第二，母公司应当尽可能统一母公司与国外子公司所采用的会计政策和会计处理方法，使国外子公司所采用的会计政策和会计处理方法与母公司保持一致。当国外子公司所采用的会计政策和会计处理方法与母公司不一致时，母公司应当按照本身规定的会计政策和会计处理方法对子公司的会计报表进行必要的调整，根据调整后的会计报表进行折算。

依据重要性原则，如果国外子公司所采用的会计政策和会计处理方法与母公司的要求差异不大，母公司也可直接根据该会计报表进行折算。

（二）外币财务报表折算需解决的问题

外币报表折算问题作为财务会计的三大难题之一，其困难源于汇率的变动。如果汇率固定不变，则外币报表的折算就是轻而易举的事情。在浮动汇率制度下，由于汇率经常变动，外币报表的折算面临以下两个问题：

1.折算汇率的选择

外币报表各个项目的折算，可供选择的汇率有三种：

（1）现行汇率；

（2）历史汇率；

（3）平均汇率。

外币报表折算首先要明确选择何种汇率进行折算。在实务中，进行报表折算时，并非对所有报表项目的折算均采用上述某种折算汇率，而往往是对不同的报表项目运用不同汇率折算。

2.折算损益（折算差额）的处理

从理论上有四种观点：

（1）折算损益全部计入当期损益；

（2）折算损益全部递延；

（3）折算损失计入当期损益，折算利得作递延项目处理；

（4）作为所有者权益的调整额。

具体情况在下面分别进行论述：

（1）折算损益全部计入当期损益。主张采用这种方法的人认为，利润可以定义为净资产的增加，因此，在进行外币报表折算时，如果某项资产或负债现在的折算价值不同于原先的折算价值，则其差额自然应记入当年的利润表。

（2）折算损益全部递延，也就是将折算损益按照人为的标准在若干会计期间分摊。

（3）折算损失计入当期损益，折算利得递延。这是一种介于前两种方法之间的方法。采用这种方法主要是基于稳健性的考虑。

（4）作为所有者权益的调整额，也就是将折算损益列入资产负债表中的所有者权益部分，被称为“折算调整额”。

（三）外币报表折算方法

1.现行汇率法

现行汇率法是一种以现行汇率为主要折算汇率的外币报表折算方法。

这种方法的基本内容是：

（1）资产负债表上各资产与负债项目均按资产负债表日现行汇率进行折算。

（2）净资产项目中除留存利润或未分配利润项目外，均按发生时的当日汇率折算。

（3）折算差额作为所有者权益的调整额成为资产负债表上的留存利润或未分配利润项目的平衡数，可倒挤确定，在留存利润或未分配利润后单独列示。

（4）折算后资产负债表上的未分配利润项目直接从折算后利润表上的未分配利润转入。

（5）利润表上的收入和费用项目，按现行汇率折算，或者按编表期内的平均汇率折算。

特例是，股利按照实际发放时的汇率进行折算。

2.流动与非流动项目法

流动与非流动项目法是将资产与负债项目区分为流动性项目与非流动性项目两大类，将流动性项目按现行汇率折算、非流动性项目按历史汇率折算的一种外币报表折算方法。

这种方法的基本内容是：

（1）流动资产与流动负债各项目按资产负债表日现行汇率折算。

（2）其他资产负债表项目，除未分配利润项目之外，均按历史汇率折算。

（3）资产负债表上的未分配利润属于平衡数，不必按特定汇率折算，可倒挤确定或从折算利润表转入。具体确定方法见第（5）条。

（4）利润表上的折旧费用、摊销费用项目，按有关资产取得时的历史汇率折算；其他项目，按编表期的平均汇率折算。

（5）折算损失作为当期损益，以“折算损益”项目列入折算后利润表税前收益项目之前，其金额由折算利润表其他项目金额挤算求得。此时，资产负债表上的未分配利润项目由资产负债表其他项目折算后金额倒挤得出，并转入作为折算后利润表（期末）未分配利润金额。

折算利得作为递延项目，以“折算差额”项目列入资产负债表未分配利润项目之后。此时，折算后资产负债表上的未分配利润项目以及折算差额的确定方法同现行汇率法（见现行汇率法第（3）和（4）条）。

3.货币与非货币项目法

货币与非货币项目法是将资产与负债项目分为货币性项目与非货币性项目，将货币性项目按现行汇率折算，非货币性项目按历史汇率折算的一种外币报表折算方法。这种方法和流动与非流动法的区别在于对存货项目、投资项目的处理上有差异。

这种方法的基本内容是：

（1）资产负债表上的货币性项目，包括货币性资产与货币性负债（如库存现金、应收账款、应付账款、长期负债等），都按现行汇率折算。

（2）资产负债表上的非货币性资产与负债项目（如存货、固定资产、短期和长期投资等），都按其取得时的历史汇率折算。

（3）净资产项目中除未分配利润项目外，均按历史汇率折算。

（4）未分配利润项目属于平衡数，由资产负债表其他项目折算后金额倒挤得到，并转入作为折算后利润表（期末）未分配利润金额。

（5）折算损益作为当期损益项目列入折算利润表的税前利润项目前。其金额由折算利润表其他项目金额挤算求得。

（6）利润表上的折旧费用与摊销费用项目，同流动与非流动法一样，按有关资产取得时的历史汇率折算。

（7）由于存货按历史汇率，因而销售成本实际上也是按发生时的历史汇率折算的，在实际折算时，销售成本一般按倒挤法确定：

销售成本=期初存货+本期购货-期末存货

其中期初存货按上年年末汇率折算，本期购货按本期平均汇率折算，期末存货按期末现行汇率或取得时的平均汇率折算

（8）利润表上的其他项目均按业务发生时的汇率或编表期的平均汇率折算。

4.时态法

时态法又称为时间度量法是一种以资产、负债项目的计量属性作为选择折算汇率依据的一种外币报表折算方法。

这种方法的理论依据是，外币的折算实际上是将外币报表按一种新的货币单位重新表述的一个过程，其改变的只是被计量项目的计量单位，而不是计量属性。因此，各个外币报表项目应按其计量日期的实际汇率折算，这样才能保证不改变各外币报表项目的计量基础。

时态法和货币与非货币项目法相比较，绝大部分内容相同，不同之处表现如下：

（1）资产负债表上按历史成本计价的各项非货币性资产（如按成本计价的存货及投资、固定资产、无形资产等），按取得这些资产时的历史汇率折算。

（2）资产负债表上按现行市价计价的非货币性资产项目（如按市价计价的存货、投资等），按编表日的现行汇率折算。

通过上述四种方法的介绍可以看出，从流动与非流动项目法到货币与非货币项目法，再到时间度量法是外币报表折算理论不断发展、不断完善的结果。而现行汇率法相对于上述三种折算方法具有其独特性，虽然其主要选择单一汇率进行外币报表折算缺乏足够理论支持，但其突出优点在于保持了报表折算前后大多数财务指标的一致性。我们一般也称现行汇率法为单一汇率法，其他三种方法为多种汇率法。

知识拓展

国际惯例

2010年有个外币报表折算方法选择的分布统计数据如下：

现行汇率法：美国、英国、德国、法国、加拿大、澳大利亚等23个国家和地区；

流动与非流动项目法：新西兰、南非等7个国家和地区；

货币与非货币项目法：芬兰、韩国、新西兰等10个国家和地区；

时态法：美国、英国、加拿大、阿根廷等13个国家和地区。

从此可以看出，现行汇率法和时态法在国际通行选择上处于主导地位。

通行的国际惯例是：对境外经营进行了分类——“属于报告企业经营有机组成部分的国外经营”和“国外实体”两类。在此基础上选择折算方法，即“属于报告企业经营有机组成部分的国外经营”选择时态法进行折算；“国外实体”选择现行汇率法进行折算。

如国际财务报告准则IFRS（原为国际会计准则IAS）规定：

属于报告企业经营有机组成部分的国外经营所从事的业务，如同报告企业经营业务的扩展。例如，这种国外经营可能只限于销售从报告企业进口的商品，并将收入汇回给报告企业。在这种情况下，报告货币和国外经营所在国的货币之间的汇率变动，几乎立即影响报告企业的现金流量。因此，汇率变动影响的是国外经营所持有的货币性项目，而不是报告企业对国外经营的投资净额。

相反，国外实体在积累现金和其他货币性项目、发生费用、创造收益，甚至安排借款时，主要使用当地货币。它也可能进行外币交易，包括以报告货币进行的交易。如果报告货币与当地货币之间的汇率发生变动，无论对国外实体还是对报告企业的经营所形成的现在或将来的现金流量，几乎都不会产生直接影响。汇率的变动只影响报告企业对国外实体中的投资净额，却不会影响国外实体所持有的货币性或非货币性项目。

美国、英国等国家和地区也与IFRS的规定近似。

我国新会计制度改革以来，一直选取单一方法的策略，外币折算准则的颁布和实施也延续了这一特点。

（四）我国外币财务报表折算方法

（1）资产负债表中的资产和负债项目，采用资产负债表日的即期汇率折算，所有者权益项目除“未分配利润”项目外，其他项目采用发生时的即期汇率折算。

（2）利润表中的收入和费用项目，采用交易发生日的即期汇率折算，也可以采用按照系统合理的方法确定的、与交易发生日即期汇率近似的汇率折算。

（3）按照上述规定折算产生的外币财务报表折算差额，在合并资产负债表中所有者权益项目下的“其他综合收益”项目列示。

【例2-14·单选题】甲公司出于长期战略考虑，20×5年1月1日以1 200万美元购买了在美国注册的乙公司发行在外的80%股份，并自当日起能够控制乙公司的财务和经营政策。20×5年1月1日，乙公司可辨认净资产公允价值为1 250万美元；美元与人民币之间的即期汇率为：1美元=6.20元人民币。20×5年度，乙公司以购买日可辨认净资产公允价值为基础计算实现的净利润为200万美元。乙公司的利润表在折算为母公司记账本位币时，按照平均汇率折算。其他相关汇率信息如下：20×5年12月31日，1美元=6.10元人民币；20×5年度平均汇率，1美元=6.15元人民币。

乙公司20×5年度财务报表折算为母公司记账本位币时的外币报表折算差额为（　　）万元人民币。

A.-135　　B.-72.5　　C.-145　　D.0

【答案】A

【解析】外币报表折算差额=（1 250+200）×6.10-（1 250×6.2+200×6.15）=-135（万元人民币）。

【补充】实质上构成对境外经营净投资的外币货币性项目产生的汇兑差额的处理。

母公司含有实质上构成对子公司（境外经营）净投资的外币货币性项目的情况下，在编制合并财务报表时，应分别以下两种情况编制抵销分录：

（1）实质上构成对子公司净投资的外币货币性项目以母公司或子公司的记账本位币反映，则在抵销长期应收应付项目的同时，将其产生的汇兑差额转入“其他综合收益”项目，即借记或贷记“财务费用——汇兑差额”科目，贷记或借记“其他综合收益”科目。

（2）实质上构成对子公司净投资的外币货币性项目以母、子公司的记账本位币以外的货币反映，则应将母、子公司此项外币货币项目产生的汇兑差额相互抵销，差额转入“其他综合收益”。

简单来说，在编制合并财务报表时，如有实质上构成对境外经营净投资的外币货币性项目，因汇率变动而产生的汇兑差额，也应列入所有者权益“其他综合收益”；处置境外经营时，计入处置当期损益。

【例 2-15 · 综合题】我国某企业拥有一家境外子公司，为了编制合并会计报表，需要将该子公司外币会计报表折算为人民币表示的会计报表。该子公司以美元表示的会计报表及资料如下：

①子公司以美元表示的会计报表如表 2-3、表 2-4 所示。

表 2-3　　利润表及利润分配表

编制单位：××有限公司　　20×6 年 12 月 31 日

项　目	美　元	折算汇率	元人民币
一、主营业务收入	30 000		
减：主营业务成本	24 500		
主营业务税金及附加	500		
二、主营业务利润	5 000		
减：（一）销售费用	600		
（二）管理费用	400		
（三）财务费用	200		
三、营业利润	3 800		
加：（一）投资收益	300		
（二）营业外收入	200		
减：营业外支出	300		
四、利润总额	4 000		
减：所得税费用	1 200		
五、净利润	2 800		
加：年初未分配利润	200		
六、可供分配的利润	3 000		
减：提取盈余公积	600		
应付利润	1 700		
七、未分配利润	700		

表 2-4

资产负债表

编制单位：××有限公司　　20×6 年 12 月 31 日　　单位：美元

流动资产：				流动负债：			
货币资金	400			短期借款	1 400		
应收账款	1 600			应付账款	1 300		
存货	1 700			其他应付款	300		
其他流动资金	100			流动负债合计	3 000		
流动资产合计	3 800			长期负债：			
非流动资产：				长期借款	400		
长期投资	700			应付债券	1 000		
固定资产原价	3 600			其他长期负债	600		
减：累计折旧	600			长期负债合计	2 000		
固定资产净值	3 000			负债合计	5 000		
在建工程	500			递延贷项			
固定资产合计	3 500			所有者权益：			
无形资产及其他资产：				实收资本	2 000		
无形资产	500			资本公积	400		
其他资产	500			盈余公积	900		
无形资产及其他资产合计	1 000			未分配利润	700		
递延借项				所有者权益合计	4 000		
流动及非流动资产合计	9 000			负债及所有者权益合计	9 000		
资产总计				报表折算差额			

②本期期初市场汇率为 1 美元=8.10 元人民币；期末市场汇率为 1 美元=8.30 元人民币；本期平均市场汇率为 1 美元=8.20 元人民币。

③该子公司接受投资时的市场汇率为 1 美元=8.00 元人民币，资本公积全部为接受投资时的资本溢价。

④上期折算后的会计报表中“未分配利润”的数额为 1 610 元人民币；“盈余公积”的数额为 2 415 元人民币。

要求：将上述外币会计报表折算为人民币表示的会计报表。

解析：折算后会计报表如表 2-5、表 2-6 所示。

表 2–5　　　　折算后利润表及利润分配表

编制单位：××有限公司　　　　20×6 年 12 月 31 日

项　　目	美　元	折算汇率	元人民币
一、主营业务收入	30 000	8.2	246 000
减：主营业务成本	24 500	8.2	200 900
主营业务税金及附加	500	8.2	4 100
二、主营业务利润	5 000		41 000
减：（一）销售费用	600	8.2	49 200
（二）管理费用	400	8.2	32 800
（三）财务费用	200	8.2	1 640
加：投资收益	300	8.2	2 460
三、营业利润	4 100		33 620
营业外收入	200	8.2	1 640
减：营业外支出	300	8.2	2 640
四、利润总额	4 000		32 800
减：所得税费用	1 220	8.2	9 840
五、净利润	2 800		22 960
加：年初未分配利润	200		1 610
六、可供分配的利润	3 000		24 570
减：提取盈余公积	600		4 920
应付利润	1 700		13 940
七、未分配利润	700		5 710

表 2-6　　　　折算后资产负债表

编制单位：××有限公司　　　　20×6 年 12 月 31 日

资　产	美元	折算汇率	元人民币	负债及所有者权益	美元	折算汇率	元人民币
流动资产：				流动负债：			
货币资金	400	8.30	3 320	短期借款	1 400	8.30	11 620
应收账款	1 600	8.30	13 280	应付账款	1 300	8.30	10 790
存货	1 700	8.30	14 110	其他应付款	300	8.30	2 490
其他流动资金	100	8.30	830	流动负债合计	3 000		24 900
流动资产合计	3 800		31 540	长期负债：			
非流动资产：				长期借款	400	8.30	3 320
长期投资	700	8.30	5 810	应付债券	1 000	8.30	8 300
固定资产原价	3 600	8.30	29 880	其他长期负债	600	8.30	4 980
减：累计折旧	600	8.30	4 980	长期负债合计	2 000		16 600
固定资产净值	3 000		24 900	负债合计	5 000		41 500
在建工程	500	8.30	4 150	递延贷项			
固定资产合计	3 500			所有者权益：			
无形资产及其他资产：				实收资本	2 000	8.00	16 000
无形资产	500	8.30	4 150	资本公积	400	8.00	3 200
其他资产	500	8.30		盈余公积	900		7 335
无形资产及其他资产合计	1 000		8 300	未分配利润	700		5 710
递延借项				其他综合收益			955
非流动资产合计	5 200		43 160	所有者权益合计	4 000		33 200
资产总计	9 000		74 700	负债及所有者权益总计	9 000		74 700

注：本例所取案例年份较早，目前会计报表科目有较大变化，读者只需掌握其原理和方法。

二、境外经营的处置

企业在处置境外经营时，应当将资产负债表中所有者权益项目下列示的与该境外经营相关的外币报表折算差额，自所有者权益项目转入处置当期损益；部分处置境外经营的，应当按处置的比例计算处置部分的外币报表折算差额，转入处置当期损益。

【例 2-16·单选题】甲公司持有在境外注册的乙公司 100% 股权，能够对乙公司的财务和经营政策实施控制。甲公司以人民币为记账本位币，乙公司以港币为记账本位币，发生外币交易时甲公司和乙公司均采用交易日的即期汇率进行折算。

20×9 年 12 月 31 日，甲公司有关资产、负债项目的期末余额如表 2-7 所示。

表 2-7　　甲公司有关资产、负债项目的期末余额

20×9 年 12 月 31 日

项　目	外币金额	按照20×9年12月31日年末汇率调整前的人民币账面余额
银行存款	600万美元	4 102万元人民币
应收账款	300万美元	2 051万元人民币
预付款项	100万美元	683万元人民币
长期应收款	1 500万港元	1 323万元人民币
持有至到期投资	50万美元	342万元人民币
短期借款	450万美元	3 075万元人民币
应付账款	256万美元	1 753万元人民币
预收款项	82万美元	560万元人民币

上述长期应收款实质上构成了甲公司对乙公司境外经营的净投资，除长期应收款外，其他资产、负债均与关联方无关。20×9 年 12 月 31 日，即期汇率为 1 美元=6.82 元人民币，1 港元=0.88 元人民币。甲公司在 20×9 年度个别财务报表中因外币货币性项目期末汇率调整应当确认的汇兑损失是（　　）。

A.5.92 万元人民币　B.6.16 万元人民币　C.6.72 万元人民币　D.6.96 万元人民币

【答案】A

【解析】甲公司在 20×9 年度个别财务报表中因外币货币性项目期末汇率调整应当确认的汇兑损失=（4 102−600×6.82）+（2 051−300×6.82）+（1 323−1 500×0.88）+（342−50×6.82）+（450×6.82−3 075）+（256 ×6.82−1 753）=5.92（万元人民币）。

注册会计师考试真题

【2018 年考题 · 单选题】下列各项关于外币财务报表折算的会计处理中，正确的是（　　）。

A. 合并财务报表中各子公司之间存在实质上构成对另一子公司净投资的外币货币性项目，其产生的汇兑差额应由少数股东承担

B. 以母公司记账本位币反映的实质上构成对境外经营子公司净投资的外币货币性项目，其产生的汇兑差额在合并财务报表中应转入其他综合收益

C. 在合并财务报表中对境外经营子公司产生的外币报表折算差额应在归属于母公司的所有者权益中单列外币报表折算差额项目反映

D. 以母、子公司记账本位币以外的货币反映的实质上构成对境外经营子公司净投资的外币货币性项目，其产生的汇兑差额在合并财务报表中转入当期财务费用

【答案】B

【解析】选项 A，如果合并财务报表中各子公司之间也存在实质上对另一子公司净投资的外币货币性项目，编制合并财务报表时，比照母公司对子公司的净投资原则处理；选项 C，合并财务报表中对境外经营子公司产生的外币报表折算差额应归属于母公司的部分

在其他综合收益项目反映，并非单列“外币报表折算差额”项目反映；选项D，实质上构成对子公司净投资的外币货币性项目以母、子公司记账本位币以外的货币反映的，应当将母、子公司此项外币货币性项目产生的汇兑差额相互抵销，差额转入“其他综合收益”项目。

【2017年考题·单选题】M公司的记账本位币为人民币，其境外子公司编制报表的货币为美元。本期期末汇率为1美元=6.40元人民币，平均汇率为1美元=6.30元人民币，利润表和所有者权益变动表采用平均汇率折算。该子公司资产负债表中“盈余公积”期初数为150万美元，折合人民币为1 215万元，本期所有者权益变动表“提取盈余公积”为155万美元。经折算后，该子公司资产负债表“盈余公积”的本期期末数应为（　　）。

A.2 191.5万元　　B.346.50万元　　C.147.90万元　　D.1 276.50万元

【答案】A

【解析】本期该子公司资产负债表“盈余公积”的期末数=1 215+155×6.30=2 191.5（万元）

【2017年考题·单选题】乙公司以人民币为记账本位币，对外币交易采用交易发生日的即期汇率折算。20×5年6月1日，以人民币购入外汇100万美元，当日银行的买入价为1美元=6.15元人民币，中间价为1美元=6.16元人民币，卖出价为1美元=6.17元人民币。6月30日，应付账款美元户账面余额为100万美元，按月末汇率调整前的人民币账面余额为600万元，当日即期汇率为1美元=6.15元人民币。不考虑其他因素，上述交易或事项对甲公司6月份营业利润的影响金额为（　　）。

A.1万元　　B.–2万元　　C.–13万元　　D.–17万元

【答案】D

【解析】银行存款汇兑损失=100×（6.17–6.16）+100×（6.16–6.15）=2（万元）；应付账款汇兑差额=100×6.15–600=15（万元）（汇兑损失）；合计为汇兑损失17万元，因此影响营业利润的金额为–17万元。

【2016年考题·单选题】甲公司出于长期战略考虑，2015年1月1日以1 200万美元购买了在美国注册的乙公司发行在外的80%股份，并自当日起能够控制乙公司的财务和经营政策。2015年1月1日，乙公司可辨认净资产公允价值为1 250万美元；美元与人民币之间的即期汇率为1美元=6.2元人民币。2015年度，乙公司以购买日可辨认净资产公允价值为基础计算实现的净利润为200万美元。乙公司的利润表在折算为母公司记账本位币时，按照平均汇率折算。其他相关汇率信息如下：2015年12月31日，1美元=6.10元人民币；2015年度平均汇率，1美元=6.15元人民币。

乙公司2015年度财务报表折算为母公司记账本位币时的外币报表折算差额为（　　）万元。

A.–135　　B.–72.5　　C.–145　　D.0

【答案】A

【解析】外币报表折算差额=（1 250+200）×6.10–（1 250×6.2+200×6.15）=–135（万元人民币）。

【2016年考题·单选题】关于外币财务报表价值的会计处理正确的是（　　）。

A.合并报表中各子公司之间实质上构成对另一子公司投资的外币货币性项目，产生的汇兑差额应由少数股东承担

B.以母公司记账本位币反映的实质上构成对境外经营子公司净投资的外币货币性项

目，其产生的汇兑差额在合并财务报表中应转入其他综合收益

C. 在合并财务报表中对境外经营子公司产生的外币报表折算差额应在归属于母公司的所有者权益中单列外币报表折算差额项目反映

D. 以母、子公司记账本位币以外的货币反映的实质上构成对境外经营子公司净投资的外币货币性项目，其产生的汇兑差额在合并财务报表中转入当期财务费用

【答案】B

【2017年考题·综合题】大海公司是我国境内注册的一家股份有限公司，其80%的收入来自于国内销售，其余收入来自于出口销售；生产产品所用原材料有70%需要从国内购买，出口产品和进口原材料通常以美元结算。外币业务采用交易发生时的即期汇率折算。

2016年12月31日注册会计师在对大海公司2016年度的财务报表进行审计时，对大海公司的下列会计事项提出疑问：

（1）大海公司选定的记账本位币为人民币。

（2）3月10日大海公司签订合同，接受国外某投资者的投资，合同约定汇率为1美元=6.60元人民币。3月18日实际收到投资款5 000万美元，当日的即期汇率为1美元=6.65元人民币。大海公司进行的账务处理是：

借：银行存款——美元（5 000×6.65）	33 250	
贷：实收资本（5 000×6.60）		33 000
财务费用		250

（3）12月1日，大海公司将200万美元兑换成人民币存入银行，当日的即期汇率是1美元=6.65元人民币，银行的买入价是1美元=6.62元人民币。大海公司进行的会计处理是：

借：银行存款——人民币（200×6.62）	1 324	
贷：银行存款——美元（200×6.62）		1 324

（4）12月5日，大海公司购入A公司发行的股票1 000万股作为可供出售金融资产，每股支付价款8美元，另支付交易费用50万元人民币，当日的即期汇率是1美元=6.70元人民币。12月31日，A公司的股票的市场价格为每股11美元，当日的即期汇率为1美元=6.80元人民币。大海公司在2016年12月31日进行的账务处理是：

借：可供出售金融资产——公允价值变动（1 000×11×6.8-（6.7×1 000×8+50））	21 150	
贷：其他综合收益（1 000×11×6.7-（6.7×1 000×11+50））		20 050
财务费用——汇兑损益		1 100

要求：根据上述资料，不考虑其他因素的影响，判断大海公司的处理是否正确，如果不正确请说明理由，并编制正确的会计分录。（答案中的金额单位用万元人民币表示）

【答案】（1）大海公司选择人民币为记账本位币的做法是正确的。

记账本位币，是指企业经营所处的主要经济环境中的货币。企业选定记账本位币，应当考虑下列因素：

①该货币主要影响商品和劳务的销售价格，通常以该货币进行商品和劳务销售价格的计价和结算；

②该货币主要影响商品和劳务所需人工、材料和其他费用，通常以该货币进行上述费用的计价和结算；

③融资活动获得的资金以及保存从经营活动中收取款项时所使用的货币。

(2) 大海公司接受投资者以外币投资的会计处理不正确。

理由：企业接受投资者以外币投入的资本，无论是否有合同利率，均不采用合同约定的利率折算实际收到的外币金额，而是应当采用交易发生日的即期汇率折算，不产生汇兑差额。

正确的做法：

借：银行存款——美元（5 000×6.65）　　33 250

　贷：实收资本　　33 250

解题思路：企业收到投资者以外币投入的资本，无论是否有合同约定汇率，均不采用合同约定汇率和即期汇率的近似汇率折算，而是采用交易日即期汇率折算，这样，外币投入资本与相应的货币性项目的记账本位币金额相等，不产生外币资本折算差额。

所以本题采用实际收到日的即期汇率1美元=6.65元人民币进行计算。

(3) 大海公司的货币兑换业务的会计处理不正确。

理由：发生货币兑换时，银行存款（美元户）的贷方发生额应当以当日的即期汇率计算，银行存款（人民币）的借方发生额应以当日的银行买入价计算，两者之间的差额作为汇兑差额计入财务费用。

正确的做法：

借：银行存款——人民币（200×6.62）　　1 324

　　财务费用——汇兑差额　　6

　贷：银行存款——美元（200×6.65）　　1 330

解题思路：企业发生外币兑换业务的，应以发生兑换时实际的卖出价或买入价为基础计算。与即期汇率的差额作为发生外币兑换业务的汇兑差额，计入财务费用。

大海公司将美元兑换为人民币，站在银行角度为买入美元卖出人民币，故银行存款——人民币账户应以买入价折算，银行存款——美元账户以当日即期汇率折算。

(4) 大海公司可供出售金融资产期末处理不正确。

理由：对以公允价值计量的股票等可供出售非货币性项目，如果期末的公允价值是以外币反映的，那么应当先将该外币金额按照公允价值确定当日的即期汇率折算为记账本位币金额，再与原记账本位币金额进行比较，差额全部确认为其他综合收益，不确认汇兑损益。

正确的做法：

借：可供出售金融资产——公允价值变动（1 000×11×6.8-（6.7×1 000×8+50））

　　21 150

　贷：其他综合收益　　21 150

解题思路：对于外币可供出售非货币性项目，期末发生的正常公允价值变动部分与产生的汇率变动部分均计入其他综合收益，无须单独区分。

【提示】购入股票、债券作为可供出售金融资产核算的，购入时发生的相关交易费用计入可供出售金融资产的初始入账价值。

精讲练习题

一、单选题

1.下列各项外币资产因汇率变动产生的影响中，不应计入当期损益的是（　　）。

A.应收账款　　B.交易性金融资产

C.持有至到期投资　　D.可供出售权益工具投资

2.某中外合资经营企业采用人民币作为记账本位币，外币业务采用交易发生日的即期汇率折算。其注册资本为600万美元，按投资合同约定分两次投入。投资者于4月1日投入450万美元，收到美元存入银行。投资者于7月1日投入150万美元，收到美元存入银行。4月1日、6月30日、7月1日和12月31日美元对人民币的汇率分别为1∶6.20、1∶6.24、1∶6.25和1∶6.30。假定年初资产负债表中"实收资本"项目余额为0，则该业务相关会计处理表述不正确的是（　　）。

A.企业收到投资者以外币投入的资本，无论是否有合同约定汇率，均不得采用合同约定汇率和即期汇率的近似汇率折算，而应采用交易日的即期汇率折算

B.实收资本项目属于外币非货币性项目

C.实收资本项目年末不需要计算汇兑差额

D.年末资产负债表中"实收资本"项目的金额为3 720万元

3.国内甲公司的记账本位币为人民币，采用交易发生日的即期汇率折算外币业务。20×4年1月1日，甲公司支付价款1 000万美元购入美国A公司发行的3年期公司债券，甲公司将其划分为可供出售金融资产，该债券面值为1 000万美元，票面利率为6%，于年末支付本年利息，实际利率为6%，当日汇率为1美元＝6.13元人民币。12月31日，公允价值为1 100万美元，当日汇率为1美元＝6.14元人民币。就购买A公司债券业务而言，甲公司期末产生的汇兑差额为（　　）。

A.0　　B.10万元　　C.614万元　　D.624万元

4.国内甲公司的记账本位币为人民币，采用交易发生日的即期汇率折算外币业务。甲公司20×4年10月5日以每股4美元的价格购入B公司10万股股票作为交易性金融资产核算，当日汇率为1美元＝6.16元人民币，款项已经支付；12月31日，B公司股票市价为每股4.2美元，当日汇率为1美元＝6.14元人民币。就购买B公司股票而言，甲公司期末应计入当期损益的金额为（　　）。

A.11.48万元　　B.12.28万元　　C.12.32万元　　D.13.12万元

5.国内甲公司的记账本位币为人民币，采用交易发生日的即期汇率折算外币业务。甲公司20×4年12月8日以每股10港元的价格购入1 000万股C公司股票作为可供出售金融资产核算，当日汇率为1港元＝0.9元人民币，款项已经支付；12月31日，C公司股票市价为每股15港元，当日汇率为1港元＝0.98元人民币。就购买C公司股票而言，甲公司期末应计入其他综合收益的金额为（　　）。

A.5 900万元　　B.8 000万元　　C.5 700万元　　D.12 000万元

6.企业对境外经营的财务报表进行折算时，产生的外币财务报表折算差额应当（　　）。

A.在所有者权益项目下单独列示（其他综合收益）

B.作为递延收益列示

C.在相关资产类项目下列示

D.无须在资产负债表中反映

7.下列关于外币财务报表折算的表述中，不正确的是（　　）。

A.资产和负债项目应当采用资产负债表日的即期汇率进行折算

B.所有者权益项目，除“未分配利润”项目外，其他项目均应采用交易发生时的即期汇率进行折算

C.利润表中的收入和费用项目，应当采用交易发生日的即期汇率折算，也可以采用与交易发生日即期汇率近似的汇率进行折算

D.在部分处置境外经营时，应将资产负债表中所有者权益项目下列示的与境外经营相关的全部外币财务报表折算差额转入当期损益

8.M公司的记账本位币为人民币，其境外子公司编制报表的货币为美元。本期期末汇率为1美元＝6.40元人民币，平均汇率为1美元＝6.30元人民币，利润表和所有者权益变动表采用平均汇率折算。该子公司资产负债表中“盈余公积”期初数为150万美元，折合人民币为1 215万元，本期所有者权益变动表“提取盈余公积”为155万美元。经折算后，该子公司资产负债表“盈余公积”的本期期末数应为（　　）。

A.2 191.5万元　　B.346.50万元　　C.147.90万元　　D.1 276.50万元

9.甲股份有限公司以人民币为记账本位币，对外币业务采用交易发生日的即期汇率折算，按月计算汇兑损益。20×4年3月6日自银行购入外汇150万美元，银行当日的美元卖出价为1美元＝6.20元人民币，当日市场汇率为1美元＝6.15元人民币。3月31日的市场汇率为1美元＝6.16元人民币。甲股份有限公司购入的该150万美元于2014年3月所产生的汇兑损失为（　　）。

A.6万元　　B.1.5万元　　C.7.5万元　　D.9万元

10.乙公司以人民币为记账本位币，对外币交易采用交易发生日的即期汇率折算。20×4年6月1日，以人民币购入外汇100万美元，当日银行的买入价为1美元＝6.15元人民币，中间价为1美元＝6.16元人民币，卖出价为1美元＝6.17元人民币。6月30日，应付账款美元户账面余额为100万美元，按月末汇率调整前的人民币账面余额为600万元，当日即期汇率为1美元＝6.15元人民币。不考虑其他因素，上述交易或事项对甲公司6月份营业利润的影响金额为（　　）。

A.1万元　　B.−2万元　　C.−13万元　　D.−17万元

11.国内A公司的记账本位币为人民币。A公司对外币交易采用交易发生日的即期汇率折算，按月计算汇兑损益。8月24日，从国外B公司购入固定资产（生产设备，不需安装），根据双方供货合同，货款共计100万美元，货到后10日内A公司付清所有货款。当日即期汇率为1美元＝6.8元人民币，增值税税额115.6万元当日以人民币支付。8月31日的即期汇率为1美元＝6.9元人民币。9月3日，A公司根据供货合同已付清所有货款（即结算日），当日的即期汇率为1美元＝6.85元人民币，当日的银行卖出价为1美元＝6.87元人民币。下列有关A公司8月份外币业务的会计处理，不正确的是（　　）。

A.8月24日固定资产入账价值为680万元

B.8月24日“应付账款——美元”科目发生额为680万元

C.8月31日应付账款汇兑收益为10万元

D.8月31日“应付账款——美元”科目余额为690万元

12.资料同上。下列有关9月3日（结算日）的会计处理，不正确的是（　　）。

A.如果以美元存款付清所有货款，应冲减“应付账款——美元”余额690万元

B.如果以美元存款付清所有货款，应确认汇兑收益5万元

C.如果以人民币存款付清所有货款，应冲减“应付账款——美元”余额687万元

D.如果以人民币存款付清所有货款，应确认汇兑收益3万元

二、多选题

1.对外币财务报表进行折算时，下列项目中，应当采用期末资产负债表日的即期汇率进行折算的有（　　）。

A.盈余公积　　B.未分配利润

C.长期股权投资　　D.交易性金融资产

2.企业选定境外经营的记账本位币除了考虑一般企业确定记账本位币的因素，还应当考虑的因素有（　　）。

A.境外经营对其所从事的活动是否拥有很强的自主性

B.境外经营活动中与企业的交易是否在境外经营活动中占有较大比重

C.境外经营活动产生的现金流量是否直接影响企业的现金流量、是否可以随时汇回

D.境外经营活动产生的现金流量是否足以偿还其现有债务和可预期的债务

3.下列各项中，不属于外币货币性项目的有（　　）。

A.预付款项　　B.持有至到期投资　　C.长期应收款　　D.预收款项

4.企业发生各类外币业务因汇率的变动而产生的影响，根据不同业务可能计入的科目有（　　）。

A.“公允价值变动损益”　　B.“财务费用”

C.“在建工程”　　D.“管理费用”

5.在进行外币财务报表折算时，应按照交易发生时的即期汇率折算的报表项目有（　　）。

A.长期借款　　B.实收资本　　C.固定资产　　D.其他综合收益

6.乙公司的记账本位币是人民币，对外币交易采用交易发生日的即期汇率折算，按季计算汇兑损益。7月18日，从中国银行借入1 000万港元，年利率为5%，期限为3个月，借入的港元暂存银行。借入当日的即期汇率为1港元 = 0.90元人民币。9月30日的即期汇率为1港元 = 0.85元人民币。3个月后，即10月18日，乙公司以人民币向中国银行归还借入的1 000万港元和利息12.5万港元。归还借款时的港元卖出价为1港元 = 0.88元人民币，港元即期汇率为1港元 = 0.84元人民币。下列有关外币业务的会计处理，正确的有（　　）。

A.7月18日取得借款时贷记“短期借款——港元”科目的金额为900万元

B.9月30日短期借款形成汇兑收益为50万元

C.9月30日“短期借款——港元”科目的余额为850万元

D.10月18日如果以人民币还本付息，则确认财务费用41万元

7.下列关于记账本位币的选择和变更的说法中，正确的有（　　）。

A.我国企业选择人民币以外的货币作为记账本位币的，在编制财务报表时应折算为人民币

B.企业应以人民币为记账本位币

C.只有当企业所处的主要经济环境发生重大变化时，企业才可以变更记账本位币

D.企业经批准变更记账本位币的，应采用变更当日的即期汇率将所有项目折算为变更后的记账本位币

8.A公司持有在境外注册的B公司80%的股权，能够对B公司的财务和经营政策实施控制。A公司以人民币为记账本位币，B公司以港币为记账本位币，发生外币交易时A公司和B公司均采用交易发生日的即期汇率进行折算。

（1）20×4年10月20日，A公司以每股4美元的价格购入C公司股票100万股，支付价款400万美元，另支付交易费用1万美元。A公司将购入的上述股票作为交易性金融资产核算，当日即期汇率为1美元＝6.82元人民币。20×4年12月31日，C公司股票的市价为每股5美元。

（2）20×4年12月31日，除上述交易性金融资产外，A公司其他有关资产、负债项目的期末余额如表2–8所示。

表2–8　**A公司其他有关资产、负债项目的期末余额**

20×4年12月31日

项　目	外币金额	按照20×4年12月31日即期汇率调整前的人民币账面余额
银行存款	3 000万美元	20 360万元
应收账款	1 500万美元	10 225万元
预付款项	500万美元	3 415万元
长期应收款	7 500万港元	6 465万元
持有至到期投资	200万美元	1 365万元
短期借款	100万美元	710万元
应付账款	1 200万美元	8 144万元
预收款项	400万美元	2 800万元

上述长期应收款实质上构成了A公司对B公司境外经营的净投资，除长期应收款外，其他资产、负债均与关联方无关。20×4年12月31日，即期汇率为1美元＝6.80元人民币，1港元＝0.86元人民币。

（3）因对B公司外币报表折算产生“外币报表折算差额”100万元。

下列关于A公司在20×4年度个别财务报表中因外币货币性项目产生的汇兑损益的说法中，正确的有（　　）。

A.银行存款汇兑收益为40万元　　B.应收账款汇兑损失为25万元

C.长期应收款汇兑损失为15万元　　D.持有至到期投资汇兑损失为5万元

9. 资料同上。关于上述交易或事项对A公司20×4年度合并营业利润影响的表述中，正确的有（　　）。

A. 个别报表产生的汇兑收益导致合并营业利润减少9万元

B. 交易性金融资产的公允价值变动及汇率变动增加合并营业利润672万元

C. 长期应收款产生的汇兑损失转入“其他综合收益——外币报表折算差额”科目时，增加合并营业利润15万元

D. 因对B公司外币报表折算产生差额增加合并营业利润120万元

三、综合题

1.AS上市公司以人民币为记账本位币，属于增值税一般纳税人，适用的增值税税率为17%，采用交易发生日的即期汇率将外币金额折算为记账本位币。AS公司发生如下业务。

要求：编制20×4年相关的会计分录。

（1）20×4年10月20日，当日即期汇率为1美元＝6.83元人民币，以0.2万美元/台的价格从美国购入国际最新型号的健身器材500台（该健身器材在国内市场尚无供应），并于当日以美元存款支付相关货款。购入的健身器材作为库存商品核算。甲公司另以人民币支付进口关税70万元人民币，支付进口增值税128.01万元人民币。

（2）20×4年10月25日以每股6.5港元的价格购入乙公司的H股500万股，准备随时出售，另支付交易费用10万港元，当日即期汇率为1港元＝0.88元人民币，款项已用港元支付。

（3）20×4年11月26日以每股7港元的价格购入丙公司的H股800万股，不准备近期出售，将其作为可供出售金融资产核算，当日即期汇率为1港元＝0.87元人民币，款项已用港元支付。

（4）20×4年12月1日以1 000万美元的价格购入美国丁公司分期付息、到期一次还本的债券，AS公司不准备近期出售，但也不准备持有至到期，债券的面值为1 000万美元，票面利率为12%。当日即期汇率为1美元＝6.80元人民币，款项已用美元支付。

（5）20×4年12月31日，健身器材库存尚有100台，但预计售价已降至0.18万美元/台。12月31日的即期汇率为1美元＝6.75元人民币。假定不考虑相关销售税费。

（6）20×4年12月31日，乙公司H股的市价为每股6港元，丙公司H股的市价为每股8港元，当日汇率为1港元＝0.86元人民币。

（7）20×4年12月31日，美国丁公司债券的公允价值为990万美元，当日即期汇率为1美元＝6.75元人民币。

（8）20×5年3月6日，甲公司将所购乙公司H股按当日市价每股7港元全部售出，所得港元价款存入银行，当日即期汇率为1港元＝0.75元人民币。假定不考虑相关税费的影响。

2.A公司以人民币作为记账本位币，对外币业务采用交易发生日的即期汇率折算，并按月计算汇兑损益，A公司的合并财务报表于年末编制。20×4年6月30日有关外币账户期末余额如表2-9所示。

上述持有至到期投资和应收利息，系20×4年1月1日按面值1 200万欧元购入的，按月计提利息，按年付息，票面利率为8%，已确认应收利息48万欧元。

表2-9　　20×4年6月30日有关外币账户期末余额

项　目	外币金额	折算汇率	折合人民币金额
银行存款	1 000万美元	6.25	6 250万元
	1 500万港元	0.85	1 275万元
应收账款	5 000万美元	6.25	31 250万元
——甲公司	3 000万美元		
——乙公司	1 000万美元		
——丙公司	1 000万美元		
预付账款	3 150万欧元	7.65	24 097.5万元
持有至到期投资	1 200万欧元	7.65	9 180万元
应收利息	1 200×8%÷2＝48（万欧元）	7.65	367.2万元
应付账款	2 000万美元	6.25	12 500万元
——C公司	1 000万美元		
——D公司	1 000万美元		
长期借款	10 000万美元	6.25	62 500万元
应付利息	10 000×6%÷2＝300（万美元）	6.25	1 875万元

上述长期借款，系20×4年1月1日专门借入用于建造某生产线，借入后即存入银行美元账户。该笔借款本金为10 000万美元，期限为3年，年利率为6%，按月计提利息，每年年末支付利息，已确认应付利息300万美元。闲置专门美元借款资金用于短期投资，年收益率为4%，假定投资收益月末收取存入银行。工程于20×4年1月1日开工建设，满足借款费用资本化条件。

至20×4年6月30日，该生产线仍在建造过程之中，已使用外币借款4 800万美元，预计将于20×4年12月完工。

A公司20×4年7月份发生以下外币业务：

（1）A公司20×4年7月1日以1 000万港元购买了在香港注册的B公司发行在外的80%股份，并自当日起能够控制B公司的财务和经营政策。为实现此项合并，A公司另以人民币支付相关审计、法律等费用60万元。B公司所有客户都位于香港，以港元作为主要结算货币，且与当地的银行保持长期良好的合作关系，其借款主要从当地银行借入。20×4年7月1日，B公司可辨认净资产公允价值为1 100万港元（含一项管理用无形资产评估增值100万港元，预计剩余使用年限为10年，采用直线法摊销）；当日港元与人民币之间的即期汇率为1港元＝0.80元人民币。

自购买日至20×4年12月31日，B公司以购买日可辨认净资产账面价值为基础计算实现的净利润为300万港元。假定未发生其他引起所有者权益变动的事项。

B公司的利润表在折算为母公司记账本位币时，按照平均汇率折算。其他相关汇率信息如下：20×4年7月31日，1港元＝0.90元人民币；20×4年12月31日，1港元＝0.90元人民币；20×4年度平均汇率，1港元 = 0.85元人民币。

【要求1】计算20×4年7月1日A公司购入B公司的合并成本，说明审计、法律咨询费的处理原则，计算A公司购入B公司合并报表应确认的商誉以及12月31日将B公司报表折算为A公司记账本位币时产生的外币报表折算差额。

【要求2】根据资料（2）—（8），编制相关会计分录。

（2）7月1日收到某外商投入的外币资本5 000万美元，交易日即期汇率为1美元 = 6.24元人民币。款项已存入银行。

（3）7月1日，为建造上述生产线从国外购买需安装的机器设备一台，设备价款为4 000万美元，货款已用美元支付。购入后即投入安装。交易日即期汇率为1美元 = 6.24元人民币。（不考虑增值税等相关税费）

（4）7月26日，向国外乙公司销售产品一批，价款共计2 000万美元，交易日即期汇率为1美元 = 6.22元人民币，款项尚未收到。（不考虑产品成本以及增值税等相关税费）

（5）7月28日，以外币存款偿还上月份发生的应付C公司账款1 000万美元，交易日即期汇率为1美元 = 6.21元人民币。

（6）7月29日，以人民币偿还上月份发生的应付D公司账款1 000万美元，交易日银行卖出价为1美元 = 6.23元人民币。

（7）7月31日，收到6月份发生的应收甲公司账款3 000万美元存入银行美元账户，交易日即期汇率为1美元 = 6.20元人民币。

（8）7月31日，收到6月份发生的应收乙公司账款1 000万美元直接兑换为人民币，交易日银行买入价为1美元 = 6.22元人民币。

【要求3】计算7月31日持有至到期投资的利息（1欧元 = 7.66元人民币）。

【要求4】分别计算7月31日除长期借款外其他外币货币性账户的汇兑损益并编制会计分录。

【要求5】计算7月31日有关借款费用的资本化金额，并编制会计分录。

第二章精讲练习题参考答案

第三章

所得税会计

案例导入

大方股份有限公司为境内上市公司，所得税税率为25%。大方公司2018年度实现会计利润2 300万元，以前年度不存在未弥补的亏损，暂时性差异在可预见的未来很可能转回，以后年度很可能获得用来抵扣可抵扣暂时性差异的应纳税所得额。2018年发生了如下与所得税有关的事项：

（1）2018年12月31日，大方公司根据企业会计准则的规定，确认了已售商品产品保修费用200万元，作为预计负债。按照《企业所得税法》规定，产品保修费用在实际支付时可以在税前抵扣。大方公司对此在年末资产负债表中确认递延所得税负债200万元。

（2）2018年12月大方公司销售一批货物给丁公司，含税收入为1 170万元，款项未收，形成一项应收账款。由于该笔应收账款很可能全部收回，大方公司未计提坏账准备。

（3）大方公司2014年6月从母公司购入一台大型设备作为固定资产，其入账价值为1 550万元，母公司中该设备的成本为1 200万元。大方公司按年数总和法计提折旧，预计使用年限为5年，预计净残值为50万元。假定税法规定，该设备采用直线法计提折旧可以在所得税前扣除。大方公司对此事项在年末资产负债表中确认了递延所得税资产15万元。

（4）2018年12月31日，大方公司库存商品1 000万元中，有部分存货价值发生严重减损，大方公司对该存货计提了300万元存货跌价准备。按照《企业所得税法》规定，计提的减值准备不允许税前扣除，但在实际发生损失时可税前扣除。

（5）2018年10月15日，大方公司购入股票600万元作为交易性金融资产，2018年12月31日，该股票的公允价值为640万元。大方公司按照企业会计准则的规定，将该股票以公允价值计量且将其变动计入了当期损益。按照《企业所得税法》规定，成本在持有期间保持不变。

要求：

（1）分析判断大方公司计提产品保修费产生的预计负债是否形成暂时性差异，并说明理由；指出大方公司对此确认递延所得税负债200万元是否正确。

（2）分析判断大方公司上述应收账款是否形成暂时性差异，并指出对资产负债表中递延所得税资产或递延所得税负债的影响额。

（3）分析判断大方公司对上述固定资产事项确认递延所得税资产是否正确，并说明理由。

（4）分析判断计提存货跌价准备是否形成暂时性差异；请说明是否应确认递延所得税资产或递延所得税负债。

（5）分析判断交易性金融资产是否形成暂时性差异，并说明其对所得税的影响。

学习目标

掌握所得税核算一般程序；掌握资产计税基础和负债计税基础；掌握应纳税暂时性差异和可抵扣暂时性差异；掌握递延所得税负债和递延所得税资产的确认和计量；掌握所得税费用的确认和计量。

第一节 所得税会计概述

中国的所得税制度是伴随着中国经济体制改革的不断进行确立和发展起来的。随着经济体制改革的进行，中国原有的税制已不适应市场经济的要求，影响税收作用的发挥。因此，中国对税制进行了改革和调整。中国自1992年颁布《中华人民共和国税收征收管理法》和1993年颁布《中华人民共和国企业所得税暂行条例》开始，就确立了会计制度服从税法的计税原则，1994年财政部下发的《财政部关于企业所得税会计处理的暂行规定》是中国企业所得税会计处理的主要依据。新税法的颁布，使税法标准与会计准则的差异不断扩大，中国会计和税法的改革正朝着各自独立的方向发展。

所得税会计产生的原因主要是会计收益与应税收益存在差异。会计收益和应税收益是经济领域中两个不同的经济概念，分别遵循不同的原则，规范不同的对象，体现不同的要求。因此，同一企业在同一会计期间按照会计准则计算的会计收益与按照国家税法计算的应税收益之间的差异是不可避免的，故在计算所得税时，不可能直接以会计收益为依据，而要以《企业所得税法》规定对会计收益进行调整后，才能正确地计算出应税收益，因而就产生了调整这一复杂过程的专门的所得税会计。

利润确定与资产计价是会计学中的两大中心内容。在企业生产经营过程中，特定时点的资产、负债和所有者权益的数额是一定时期企业经营活动和其他事项的结果。前后两期所有者权益净额相比之差，反映企业的损益。同时在生产经营过程中，企业不断地取得营业收入，为此要设置一些收入费用类账户，定期地总结账簿的记录，将营业收入和相关的成本、费用配合起来，加以比较，确定企业在一个时期内的经营活动是盈是亏，这就是“利润确定”过程。资产计价和利润确定从不同角度反映了企业的生产经营活动的成果，是一个问题的两个方面。

因此，确定利润可采用两种方法，即资产负债表法和利润表法。两者的方法不同，但结果应当一致。

一、资产负债表债务法的理论基础

资产负债表债务法的理论基础是资本维持观，即只有在原资本已得到维持或成本已经弥补之后，才能确认损益。企业在一定期间所实现的盈利或亏损，必然表现为资产和负债的变动，收入增加资产或减少负债，成本费用减少企业资产或增加负债。资产和负债变动引起利润的情况不外于以下4种：

（1）资产增加，负债不变，表明企业取得了利润；

（2）资产不变，负债减少，同样表明企业获得了利润；

（3）资产和负债都增加，但资产增量大于负债增量，表明企业获得了利润；

（4）资产和负债同减，但资产减量小于负债减量，同样表明企业获利。

如企业在一个期间的资产和负债发生了与上述相反的变化，则企业当期的成果为亏损。因此，可通过计算和比较期初和期末净资产来确定一个会计期的利润。在确定资产变动时，所有者在此期间的追加投资和派给所有者的款项必须除外。所以资产负债表法也称净资产法，其利润计算公式可表示如下：

$$\text{利润总额}=\text{期末净资产}-\text{期初净资产}+\text{本期派给所有者的款项（减资和付给所有者的利润）}-\text{本期所有者投资（增资）}$$

在会计实务中，此法只在流行单式记账法时为人们所采用。随着复式记账法的盛行，设置收入费用类账户并用以计算利润，此法已被废止，但其核对损益的作用依然不变。

所得税会计采用资产负债表债务法核算所得税，资产负债表债务法是从资产负债表出发，通过比较资产负债表上列示的资产、负债按照企业会计准则规定确定的账面价值与按照税法规定确定的计税基础，对于两者之间的差异分别应纳税暂时性差异与可抵扣暂时性差异，确认相关的递延所得税负债与递延所得税资产，并在此基础上确定每一会计期间利润表中的所得税费用。

资产负债表债务法是从暂时性差异产生的本质出发，分析暂时性差异产生的原因及对期末资产负债表的影响。其特点是：当税率变动或税基变动时，必须按预期税率对“递延所得税负债”和“递延所得税资产”账户余额进行调整。也就是说，首先确定资产负债表上期末递延所得税资产（负债），然后，倒挤出利润表项目当期所得税费用。计算公式表示如下：

$$\text{本期所得税费用}=\text{本期应交所得税}+(\text{期末递延所得税负债}-\text{期初递延所得税负债})-(\text{期末递延所得税资产}-\text{期初递延所得税资产})$$

二、所得税会计的一般程序

（1）按照相关企业会计准则的规定，确定资产负债表中除递延所得税资产和递延所得税负债以外的其他资产和负债项目的账面价值。

（2）按照企业会计准则中对于资产和负债计税基础的确定方法，以适用的税收法规为基础，确定资产负债表中有关资产、负债项目的计税基础。

（3）比较资产、负债的账面价值与其计税基础，对于两者之间的差额形成的暂时性差异，按其不同种类，分为应纳税暂时性差异与可抵扣暂时性差异。应纳税暂时性差异是应该纳税而未纳税，形成企业的一项负债，被称为递延所得税负债；可抵扣暂时性差异是可抵扣企业的所得税费用，形成企业的一项资产，被称为递延所得税资产。

（4）有了递延所得税负债与递延所得税资产，又知道当期的所得税的数额（税法规定的应纳税所得额与适用的所得税税率相乘计算出的结果），然后用当期的所得税的数额与递延所得税负债、递延所得税资产加减计算就得出利润表中的所得税费用。

所得税核算一般程序如图 3-1 所示。

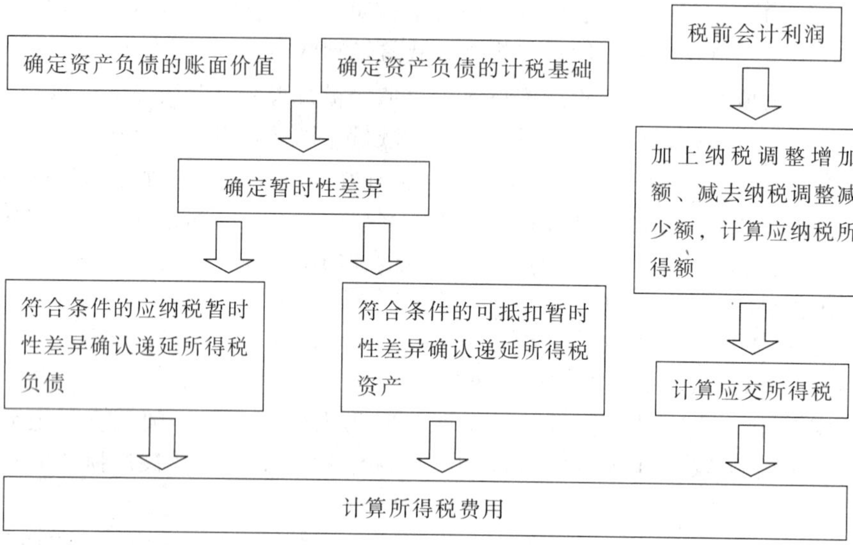

图 3-1　所得税核算一般程序

第二节　资产、负债的计税基础及暂时性差异

所得税会计核算的关键在于确定资产、负债的计税基础。资产、负债的计税基础的确定，与税收法规的规定密切关联。企业在取得资产、负债时，应当确定其计税基础。

一、资产的计税基础

资产的计税基础，指企业收回资产账面价值的过程中，计算应纳税所得额时按照税法可以自应税经济利益中抵扣的金额。

资产的计税基础=未来可税前列支的金额

某一资产负债表日的计税基础=成本-以前期间已税前列支的金额

（一）固定资产

账面价值=实际成本-会计累计折旧-固定资产减值准备

计税基础=实际成本-税法累计折旧

【例 3-1 · 计算题】A 企业于 20×6 年 12 月 20 日取得的某项固定资产，原价为 750 万元，使用年限为 10 年，会计上采用年限平均法计提折旧，净残值为零。税法规定该类（由于技术进步、产品更新换代较快的）固定资产采用加速折旧法计提的折旧可予税前扣除，该企业在计税时采用双倍余额递减法计列折旧，净残值为零。20×8 年 12 月 31 日，企业估计该项固定资产的可收回金额为 550 万元。

分析：20×8 年 12 月 31 日，该项固定资产的账面净值=750-75×2=600（万元），该账面净值大于其可收回金额 550 万元，两者之间的差额应计提 50 万元的固定资产减值准备。

20×8 年 12 月 31 日：

该项固定资产的账面价值=750-75×2-50=550（万元）

其计税基础=750−750×20%−600×20%=480（万元）

该项固定资产的账面价值550万元与其计税基础480万元之间的70万元差额，将于未来期间计入企业的应纳税所得额。

【例3−2·计算题】B企业于20×6年年末以750万元购入一项生产用固定资产，按照该项固定资产的预计使用情况，B企业在会计核算时估计其使用寿命为5年；计税时，按照适用税法规定，其最低折旧年限为10年，该企业计税时按照10年计算确定可税前扣除的折旧额。假定会计与税收均按年限平均法计列折旧，净残值均为零。20×7年该项固定资产按照12个月计提折旧。本例中假定固定资产未发生减值。

该项固定资产在20×7年12月31日的账面价值=750−750÷5=600（万元）

该项固定资产在20×7年12月31日的计税基础=750−750÷10=675（万元）

该项固定资产的账面价值600万元与其计税基础675万元之间产生的75万元差额，在未来期间会减少企业的应纳税所得额。

【例3−3·单选题】大海公司2016年12月31日取得某项机器设备，原价为2 000万元，预计使用年限为10年，预计净残值为0，会计处理时按照年限平均法计提折旧；税法处理时允许采用加速折旧法计提折旧，大海公司在计税时对该项资产采用双倍余额递减法计提折旧，税法和会计估计的预计使用年限、净残值相等。计提了两年的折旧后，2018年12月31日，大海公司对该项固定资产计提了160万元的固定资产减值准备。2018年12月31日，该项固定资产的计税基础为（　　）万元。

A.1 280　　B.1 440　　C.160　　D.0

【答案】A

【解析】2018年12月31日该项固定资产的计税基础=2 000−2 000×2÷10−（2 000−2 000×2÷10）×2÷10=1 280（万元）。

（二）无形资产

（1）对于内部研究开发形成的无形资产，企业会计准则规定有关研究开发支出区分两个阶段，研究阶段的支出应当费用化计入当期损益，而开发阶段符合资本化条件以后发生的支出应当资本化作为无形资产的成本；税法规定，企业为开发新技术、新产品、新工艺发生的研究开发费用，未形成无形资产计入当期损益的，在按照规定据实扣除的基础上，按照研究开发费用的50%加计扣除；形成无形资产的，按照无形资产成本的150%摊销。

【提示】如果会计摊销方法、摊销年限和预计净残值均符合税法规定，那么每期纳税调减的金额均为会计计入费用（研究阶段的支出、开发阶段不符合资本化条件的支出及形成无形资产后的摊销额）的50%，形成无形资产的计税基础=账面价值×150%。

【例3−4·分析题】A企业当期为开发新技术发生研究开发支出计2 000万元，其中研究阶段支出400万元，开发阶段符合资本化条件前发生的支出为400万元，符合资本化条件后至达到预定用途前发生的支出为1 200万元。税法规定，企业为开发新技术、新产品、新工艺发生的研究开发费用，未形成无形资产计入当期损益的，按照研究开发费用的50%加计扣除；形成无形资产的，按照无形资产成本的150%摊销。假定开发形成的无形资产在当期期末已达到预定用途（尚未开始摊销）。

A企业当期发生的研究开发支出中，按照会计准则规定应予费用化的金额为800万元，形成无形资产的成本为1 200万元，即期末所形成无形资产的账面价值为1 200万元。

A企业当期发生的2 000万元研究开发支出，按照税法规定可在当期税前扣除的金额为1 200万元。所形成的无形资产在未来期间可予税前扣除的金额为1 800万元，其计税基础为1 800万元，形成暂时性差异600万元。

【例3-5·单选题】大海公司当期发生研究开发支出共计500万元，其中研究阶段支出100万元，开发阶段不符合资本化条件的支出120万元，开发阶段符合资本化条件的支出280万元，假定大海公司研发形成的无形资产在当期达到预定用途，并在当期摊销20万元。假定会计摊销方法、摊销年限和净残值均符合税法规定，大海公司当期期末该无形资产的计税基础为（　　）万元。

A.0　　B.260　　C.130　　D.390

【答案】D

【解析】大海公司当期期末该无形资产的账面价值=280-20=260（万元），计税基础=260×150%=390（万元）。

（2）无形资产在后续计量时，会计与税法的差异主要产生于对无形资产是否需要摊销、无形资产摊销方法、摊销年限、预计净残值的不同以及无形资产减值准备的计提。

①对于使用寿命有限的无形资产：

账面价值=实际成本-会计累计摊销-无形资产减值准备

计税基础=实际成本-税法累计摊销

②对于使用寿命不确定的无形资产：

账面价值=实际成本-无形资产减值准备

计税基础=实际成本-税法累计摊销

【例3-6·分析题】乙企业于20×7年1月1日取得的某项无形资产，取得成本为1 500万元，取得该项无形资产后，根据各方面情况判断，乙企业无法合理预计其使用期限，将其作为使用寿命不确定的无形资产。20×7年12月31日，对该项无形资产进行减值测试表明其未发生减值。企业在计税时，对该项无形资产按照10年的期限采用直线法摊销，摊销金额允许税前扣除。

会计上将该项无形资产作为使用寿命不确定的无形资产，因未发生减值，其在20×7年12月31日的账面价值为取得成本1 500万元。

该项无形资产在20×7年12月31日的计税基础为1 350万元（成本1 500万元-按照税法规定可予税前扣除的摊销额150万元）。

该项无形资产的账面价值1 500万元与其计税基础1 350万元之间的差额150万元将计入未来期间企业的应纳税所得额。

（三）以公允价值计量的金融资产

1.以公允价值计量且其变动计入当期损益的金融资产

账面价值：期末按公允价值计量，公允价值变动计入当期损益（公允价值变动损益）。

计税基础：取得时的成本。

【例3-7·分析题】20×7年10月20日，甲公司自公开市场取得一项权益性投资，支付价款2 000万元，作为交易性金融资产核算。20×7年12月31日，该投资的市价为2 200万元。

该项交易性金融资产的期末市价为2 200万元，其按照会计准则规定进行核算的在20×7年资产负债表日的账面价值为2 200万元。

因税法规定以公允价值计量的金融资产在持有期间公允价值的变动不计入应纳税所得额，其在20×7年资产负债表日的计税基础应维持原取得成本不变，为2 000万元。

该交易性金融资产的账面价值2 200万元与其计税基础2 000万元之间产生了200万元的暂时性差异，该暂时性差异在未来期间转回时会增加未来期间的应纳税所得额。

2.可供出售金融资产

账面价值：期末按公允价值计量，公允价值变动（非减值损失）计入其他综合收益，减值损失计入资产减值损失。

计税基础：取得时的成本。

【例3-8·分析题】20×5年11月8日，甲公司自公开的市场上取得一项基金投资，作为可供出售金融资产核算。该投资的成本为1 500万元。20×5年12月31日，其市价为1 575万元。

按照会计准则的规定，该项金融资产在会计期末应以公允价值计量，其账面价值应为期末公允价值1 575万元。

因税法规定资产在持有期间公允价值变动不计入应纳税所得额，则该项可供出售金融资产的期末计税基础应维持其原取得成本不变，为1 500万元。

该金融资产在20×5年资产负债表日的账面价值1 575万元与其计税基础1 500万元之间产生的75万元暂时性差异，将会增加未来该资产处置期间的应纳税所得额。

（四）其他资产

因企业会计准则规定与税收法规规定不同，企业持有的其他资产，可能造成其账面价值与计税基础之间存在差异。

1.采用公允价值模式进行后续计量的投资性房地产

账面价值：期末按公允价值计量。

计税基础：以历史成本为基础确定（与固定资产或无形资产相同）。

【例3-9·分析题】A公司于20×7年1月1日将其某自用房屋用于对外出租，该房屋的成本为750万元，预计使用年限为20年。转为投资性房地产之前，已使用4年，企业按照年限平均法计提折旧，预计净残值为零。转为投资性房地产核算后，预计能够持续可靠取得该投资性房地产的公允价值，A公司采用公允价值对该投资性房地产进行后续计量。假定税法规定的折旧方法、折旧年限及净残值与会计规定相同。同时，税法规定资产在持有期间公允价值的变动不计入应纳税所得额，待处置时一并计算确定应计入应纳税所得额的金额。该项投资性房地产在20×7年12月31日的公允价值为900万元。

该投资性房地产在20×7年12月31日的账面价值为其公允价值900万元，其计税基础为取得成本扣除按照税法规定允许税前扣除的折旧额后的金额，即其计税基础=750-750÷20×5=562.5（万元）。

该项投资性房地产的账面价值900万元与其计税基础562.5万元之间产生了337.5万元的暂时性差异，会增加企业在未来期间的应纳税所得额。

【例 3-10・单选题】甲企业与乙企业签订了租赁协议，将其原先自用的一栋写字楼出租给乙企业使用，租赁期开始日为2017年12月31日。甲企业对投资性房地产采用公允价值模式进行后续计量。2017年12月31日，该写字楼的账面余额50 000万元，已计提累计折旧5 000万元，未计提减值准备，公允价值为47 000万元。假定转换前该写字楼的计税基础与账面价值相等，税法规定，该写字楼预计尚可使用年限为20年，采用年限平均法计提折旧，无残值。2018年12月31日，该写字楼的公允价值为48 000万元。该写字楼2018年12月31日的计税基础为（　　）万元。

A.45 000　　B.42 750　　C.47 000　　D.48 000

【答案】B

【解析】该写字楼2018年12月31日的计税基础=（50 000−5 000）−（50 000−5 000）÷20=42 750（万元）。

2.将国债作为持有至到期投资

账面价值：期末摊余成本=期初摊余成本+本期计提利息+期初摊余成本×实际利率−本期收回本金和利息−本期计提的减值准备

计税基础：在不计提减值情况下与账面价值相等。

【例 3-11・单选题】2018年1月1日，甲公司以1 019.33万元购入财政部于当日发行的3年期到期还本付息的国债一批。该批国债票面金额为1 000万元，票面年利率为6%，实际年利率为5%。甲公司将该批国债作为持有至到期投资核算。不考虑其他因素，2018年12月31日，该持有至到期投资的计税基础为（　　）万元。

A.1 019.33　　B.1 070.30　　C.0　　D.1 000

【答案】B

【解析】2018年12月31日该持有至到期投资账面价值=1 019.33×（1+5%）=1 070.30（万元），计税基础与账面价值相等。

3.其他各种资产减值准备

【例 3-12・分析题】A公司20×7年购入原材料成本为5 000万元，因部分生产线停工，当年未领用任何原材料，20×7年资产负债表日估计该原材料的可变现净值为4 000万元。假定该原材料在20×7年的期初余额为零。

该项原材料因期末可变现净值低于成本，应计提的存货跌价准备=5 000−4 000=1 000（万元）。计提该存货跌价准备后，该项原材料的账面价值为4 000万元。

该项原材料的计税基础不会因存货跌价准备的提取而发生变化，其计税基础为5 000万元不变。

该存货的账面价值4 000万元与其计税基础5 000万元之间产生了1 000万元的暂时性差异，该差异会减少企业在未来期间的应纳税所得额。

【例 3-13・分析题】A公司20×7年12月31日应收账款余额为6 000万元，该公司期末对应收账款计提了600万元的坏账准备。税法规定，不符合国务院财政、税务主管部门规定的各项资产减值准备不允许税前扣除。假定该公司应收账款及坏账准备的期初余额均为零。

该项应收账款在20×7年资产负债表日的账面价值为 5 400万元（6 000−600）。因有关的坏账准备不允许税前扣除，其计税基础为6 000万元，该计税基础与其账面价值之间产生600万元暂时性差异，在应收账款发生实质性损失时，会减少未来期间的应纳税所得额和应交所得税。

二、负债的计税基础

负债的计税基础，是指负债的账面价值减去未来期间计算应纳税所得额时按照税法规定可予抵扣的金额。

负债的计税基础=账面价值-未来期间按照税法规定可予税前扣除的金额

（一）企业因销售商品、提供售后服务等原因确认的预计负债

按照《企业会计准则第13号——或有事项》的规定，企业应将预计提供售后服务发生的支出满足有关确认条件时，在销售当期确认为费用，同时确认预计负债。但税法规定，销售产品有关的支出可于实际发生时税前扣除。由于该类事项产生的预计负债在期末的计税基础为其账面价值与未来期间可税前扣除的金额之间的差额，因此其计税基础为0。

【例3-14·分析题】甲企业20×7年因销售产品承诺提供3年的保修服务，在当年度利润表中确认了500万元的销售费用，同时确认为预计负债，当年度未发生任何保修支出。假定按照税法规定，与产品售后服务相关的费用在实际发生时允许税前扣除。

该项预计负债在甲企业20×7年12月31日资产负债表中的账面价值为500万元。

该项预计负债的计税基础=账面价值-未来期间计算应纳税所得额时按照税法规定可予抵扣的金额

=500-500=0

【例3-15·单选题】A公司于2017年12月31日“预计负债——产品质量保证费用”科目贷方余额为100万元，2018年实际发生产品质量保证费用90万元，2018年12月31日预提产品质量保证费用110万元，2018年12月31日该项负债的计税基础为（　　）万元。

A.0　　B.120　　C.90　　D.110

【答案】A

【解析】2018年12月31日该项负债的余额在未来期间计算应纳税所得额时按照税法规定可予税前扣除，因此计税基础为0。

因其他事项确认的预计负债，应按照税法规定的计税原则确定其计税基础。某些情况下，因有些事项确认的预计负债，如果税法规定无论是否实际发生均不允许税前扣除，即未来期间按照税法规定可予抵扣的金额为0，其账面价值与计税基础相同。

（二）预收账款

（1）预收款项计入当期应纳税所得额（如房地产开发企业），计税基础为0。

（2）预收款项未计入当期应纳税所得额，计税基础与账面价值相等。

【例3-16·分析题】大海公司2018年12月31日收到客户预付的款项100万元。

（1）若预收的款项计入当期应纳税所得额。

2018年12月31日预收账款的账面价值为100万元；因按税法规定预收的款项已计入当期应纳税所得额，所以在以后年度减少预收账款确认收入时，由税前会计利润计算应纳税所得额时应将其扣除。

2018年12月31日预收账款的计税基础=账面价值100万元-可从未来经济利益中扣除

的金额100万元=0。

（2）若预收的款项不计入当期应纳税所得额。

2018年12月31日预收账款的账面价值为100万元；2018年12月31日预收账款的计税基础=账面价值100万元−可从未来经济利益中扣除的金额0=100万元。

（三）应付职工薪酬

企业会计准则规定，企业为获得职工提供的服务给予的各种形式的报酬以及其他相关支出均应作为企业的成本费用，在未支付之前确认为负债。税法中对于合理的职工薪酬基本允许税前扣除，但税法中如果规定了税前扣除标准的，按照会计准则规定计入成本费用的金额超过规定标准部分，应进行纳税调整。因超过部分在发生当期不允许税前扣除，在以后期间也不允许税前扣除，即该部分差额对未来期间计税不产生影响，所产生应付职工薪酬的账面价值等于计税基础。

【例3−17·分析题】甲企业20×7年12月计入成本费用的职工工资总额为4 000万元，至20×7年12月31日尚未支付。按照适用税法规定，当期计入成本费用的4 000万元工资支出中，可予税前扣除的合理部分为3 000万元。

该项应付职工薪酬负债于20×7年12月31日的账面价值为4 000万元。

该项应付职工薪酬负债于20×7年12月31日的计税基础=账面价值4 000万元−未来期间计算应纳税所得额时按照税法规定可予抵扣的金额0=4 000万元

该项负债的账面价值4 000万元与其计税基础4 000万元相同，不形成暂时性差异。

【例3−18·分析题】某企业2018年12月计入成本费用的职工工资总额为3 200万元，至2018年12月31日尚未支付，体现为资产负债表中的应付职工薪酬。

（1）若考试题目中给定的条件是，假定按照适用税法规定，当期计入成本费用的3 200万元工资支出中，可予税前扣除的合理部分为2 400万元（这是准则讲解的表述，按此处理，2 400万元的支出可以在2018年税前扣除）。

应付职工薪酬账面价值为3 200万元，企业实际发生的工资支出3 200万元与允许税前扣除的金额2 400万元之间所产生的800万元差额在发生当期即应进行纳税调增，并且在以后期间不能再税前扣除，该项应付职工薪酬的计税基础=账面价值3 200万元−未来期间计算应纳税所得额时按照税法规定可予抵扣的金额0=3 200万元。该项负债的账面价值3 200万元与其计税基础3 200万元相同，不形成暂时性差异。

（2）若考试题目中给定的条件是，假定按照适用税法规定，工资总额中合理部分在实际支付的当期可予税前扣除，当期计入成本费用的3 200万元工资支出中的合理部分为2 400万元（该假定符合税法的规定）。

应付职工薪酬账面价值为3 200万元，该项应付职工薪酬负债的计税基础=账面价值3 200万元−未来期间计算应纳税所得额时按照税法规定可予抵扣的金额2 400万元=800万元。该项负债的账面价值3 200万元与其计税基础800万元产生可抵扣暂时性差异为2 400万元。

【提示】以现金结算的股份支付形成的应付职工薪酬，在未来实际支付时可予税前扣除，其计税基础为0。

【例3−19·单选题】2018年1月1日，B公司为其100名中层以上管理人员每人授予100份现金股票增值权。这些人员从2018年1月1日起必须在该公司连续服务3年，则可自2020年12月31日起根据股价的增长幅度获得现金，且该增值权应在2021年12月31日之前行使完毕。B公司2018年12月31日计算确定的应付职工薪酬的余额为200万元。税法规定，以现金结算的股份支付形成的应付职工薪酬，实际支付时可计入应纳税所得额。2018年12月31日，该应付职工薪酬的计税基础为（　　）万元。

A.200　　B.0　　C.100　　D.-200

【答案】B

【解析】该应付职工薪酬的计税基础=账面价值200万元-可从未来经济利益中扣除的金额200万元=0。

（四）递延收益

（1）对于确认为递延收益的政府补助，如果按税法规定，该政府补助为免税收入，则并不构成收到当期的应纳税所得额，未来期间会计上确认为收益时，也同样不作为应纳税所得额，因此，不会产生递延所得税影响。

（2）对于确认为递延收益的政府补助，如果按税法规定，应作为收到当期的应纳税所得额计缴企业所得税，则该递延收益的计税基础为0。资产负债表日，该递延收益的账面价值与其计税基础0之间将产生可抵扣暂时性差异。如期末递延收益账面价值为100万元，则产生100万元的可抵扣暂时性差异。

（五）其他负债

其他负债如企业应交的罚款和滞纳金等，在尚未支付之前按照会计规定确认为费用，同时作为负债反映。税法规定，行政性的罚款和滞纳金不得税前扣除，其计税基础为账面价值减去未来期间计税时可予税前扣除的金额0之间的差额，即计税基础等于账面价值。

【例3-20·分析题】A公司20×7年12月因违反当地有关环保法规的规定，接到环保部门的处罚通知，要求其支付罚款500万元。税法规定，企业因违反国家有关法律法规支付的罚款和滞纳金，计算应纳税所得额时不允许税前扣除。至20×7年12月31日，该项罚款尚未支付。

应支付罚款产生的负债账面价值为500万元。

该项负债的计税基础=账面价值500万元-未来期间计算应纳税所得额时按照税法规定可予抵扣的金额0
=500万元

该项负债的账面价值500万元与其计税基础500万元相同，不形成暂时性差异。

三、特殊交易或事项中产生的资产、负债计税基础的确定

除企业在正常生产经营活动过程中取得的资产和负债以外，对于某些特殊交易中产生的资产、负债，其计税基础的确定应遵从税法规定，如企业合并过程中取得的资产、负债计税基础的确定。

由于会计与税法法规对企业合并的划分标准不同，处理原则不同，某些情况下，会造成企业合并中取得的有关资产、负债的入账价值与其计税基础的差异。

【例3-21·单选题】下列各项负债中，其计税基础为0的是（　　）。

A.赊购商品

B.从银行取得的短期借款

C.因确认保修费用形成的预计负债

D.因各项税收滞纳金和罚款确认的其他应付款

【答案】C

【解析】选项A和B不影响损益，计税基础与账面价值相等；选项C，税法允许在以后实际发生时可以税前列支，即其计税基础=账面价值-未来期间可以税前扣除的金额=0；选项D，税法不允许在以后实际发生时税前扣除，即其计税基础=账面价值-未来期间可以税前扣除的金额0=账面价值。

四、暂时性差异

暂时性差异，是指资产或负债的账面价值与其计税基础之间的差额。根据暂时性差异对未来期间应纳税所得额影响的不同，分为应纳税暂时性差异和可抵扣暂时性差异。

某些不符合资产、负债的确认条件，未作为财务报告中资产、负债列示的项目，如果按照税法规定可以确定其计税基础，该计税基础与其账面价值之间的差额也构成暂时性差异。

（一）应纳税暂时性差异

应纳税暂时性差异，是指在确定未来收回资产或清偿负债期间的应纳税所得额时，将导致产生应税金额的暂时性差异。

应纳税暂时性差异通常产生于以下情况：

（1）资产的账面价值大于其计税基础；

（2）负债的账面价值小于其计税基础。

【例3-22·单选题】A公司于2018年3月20日购入一台不需安装的设备，设备价款为200万元，增值税税额为34万元，购入后投入行政管理部门使用。会计采用年限平均法计提折旧，税法允许采用双倍余额递减法计提折旧，假定预计使用年限为5年（会计与税法规定相同），无残值（会计与税法规定相同），则2018年12月31日该设备产生的应纳税暂时性差异金额为（　　）万元。

A.35.1　　　　B.170　　　　C.30　　　　D.140

【答案】C

【解析】2018年12月31日该设备的账面价值=200-200÷5×9÷12=170（万元），计税基础=200-200×40%×9÷12=140（万元），2018年12月31日该设备的应纳税暂时性差异金额=170-140=30（万元）。

【例3-23·分析题】2017年12月1日甲公司因融券业务发生交易性金融负债100万元，2017年12月31日交易性金融负债的公允价值为80万元，2018年3月1日，甲公司支付款项80万元终止该交易性金融负债。

2017年12月31日交易性金融负债：

账面价值：80万元。

计税基础：100万元。

产生应纳税暂时性差异：20万元。

（二）可抵扣暂时性差异

可抵扣暂时性差异，是指在确定未来收回资产或清偿负债期间的应纳税所得额时，将导致产生可抵扣金额的暂时性差异。

可抵扣暂时性差异一般产生于以下情况：

（1）资产的账面价值小于其计税基础；

（2）负债的账面价值大于其计税基础。

【例3-24·多选题】下列项目中，产生应纳税暂时性差异的有（　　）。

A.期末预提产品质量保证费用

B.税法折旧大于会计折旧形成的差额部分

C.对可供出售金融资产，企业根据期末公允价值大于取得成本的部分进行了调整

D.对以公允价值模式进行后续计量的投资性房地产，企业根据期末公允价值大于账面价值的部分进行了调整

E.对无形资产，企业根据期末可收回金额小于账面价值的部分计提了减值准备

【答案】BCD

【解析】选项A和E属于可抵扣暂时性差异。

（三）特殊项目产生的暂时性差异

1.未作为资产、负债确认的项目产生的暂时性差异

某些交易或事项发生以后，因为不符合资产、负债的确认条件而未体现为资产负债表中的资产或负债，但按照税法规定能够确定其计税基础的，其账面价值与计税基础之间的差异也构成暂时性差异。如企业发生的符合条件的广告费和业务宣传费支出，除另有规定外，不超过当期销售收入15%的部分准予扣除；超过部分准予在以后纳税年度结转扣除。该类费用在发生时按照会计准则规定即计入当期损益，不形成资产负债表中的资产，但按照税法规定可以确定其计税基础的，两者之间的差额也形成暂时性差异（可抵扣暂时性差异）。

【提示】《关于企业职工教育经费税前扣除政策的通知》（财税〔2018〕51号）规定："企业发生的职工教育经费支出，不超过工资薪金总额8%的部分，准予在计算企业所得税应纳税所得额时扣除，超过部分，准予在以后纳税年度结转扣除。"注意这里的工资薪金总额指的是实际发放的工资薪金总额的合理部分。该类费用（职工教育经费支出）与"符合条件的广告费和业务宣传费支出"的会计处理相同，也会产生可抵扣暂时性差异。

【例3-25·分析题】A公司20×7年发生了2 000万元广告费支出，发生时已作为销售费用计入当期损益，税法规定，该类支出不超过当年销售收入15%的部分允许当期税前扣除，超过部分允许向以后年度结转税前扣除。A公司20×7年实现销售收入10 000万元。

该广告费支出因按照会计准则规定在发生时已计入当期损益，不体现为期末资产负债表中的资产，如果将其视为资产，其账面价值为0。

因按照税法规定，该类支出税前列支有一定的标准限制，根据当期A公司销售收入的15%计算，当期可予税前扣除1 500万元（10 000×15%），当期未予税前扣除的500万元可以向以后年度结转，其计税基础为500万元。

该项资产的账面价值0与其计税基础500万元之间产生了500万元的暂时性差异，该

暂时性差异在未来期间可减少企业的应纳税所得额，为可抵扣暂时性差异，符合确认条件时，应确认相关的递延所得税资产。

2.可抵扣亏损及税款抵减产生的暂时性差异

按照税法规定可以结转以后年度的未弥补亏损及税款抵减，虽不是因资产、负债的账面价值与计税基础不同产生的，但与可抵扣暂时性差异具有同样的作用，均能减少未来期间的应纳税所得额和应交所得税，会计处理上视同可抵扣暂时性差异，在符合确认条件的情况下，应确认与其相关的递延所得税资产。

【例3-26·分析题】甲公司于20×7年因政策性原因发生经营亏损2 000万元，按照税法规定，该亏损可用于抵减以后5个年度的应纳税所得额。该公司预计其于未来5年期间能够产生足够的应纳税所得额弥补该亏损。

该经营亏损不是资产、负债的账面价值与其计税基础不同产生的，但从性质上可以减少未来期间企业的应纳税所得额和应交所得税，属于可抵扣暂时性差异。

20×7年税率为33%，从20×8年开始税率为25%。

（1）未来5年有足够的应纳税所得额可利用。

20×7年12月31日应确认递延所得税资产=2 000×25%=500（万元）

以未来暂时性差异转回期间的税率计算递延所得税资产。

（2）未来5年税前会计利润为600万元。

20×7年12月31日应确认递延所得税资产=600×25%=150（万元）

（3）未来5年无利润。

不确认递延所得税资产。

第三节 递延所得税负债及递延所得税资产的确认和计量

一、递延所得税负债的确认和计量

（一）一般原则

除所得税准则中明确规定可不确认递延所得税负债的情况以外，企业对于所有的应纳税暂时性差异均应确认相关的递延所得税负债。除直接计入所有者权益的交易或事项以及企业合并中取得资产、负债相关的以外，在确认递延所得税负债的同时，应增加利润表中的所得税费用。

【例3-27·实务题】A企业于20×7年12月6日购入某项设备，取得成本为500万元，会计上采用年限平均法计提折旧，使用年限为10年，净残值为零，因该资产长年处于强震动状态，计税时按双倍余额递减法计列折旧，使用年限及净残值与会计相同。A企业适用的所得税税率为25%。假定该企业不存在其他会计与税收处理的差异（单位为万元）。

20×8年12月31日：

资产账面价值=500-500÷10=450（万元）

资产计税基础=500-500×20%=400（万元）

递延所得税负债余额=（450-400）×25%=12.5（万元）

借：所得税费用　　12.5

　贷：递延所得税负债　　12.5

20×9年12月31日：

资产账面价值=500-500÷10×2=400（万元）

资产计税基础=500-500×20%-400×20%=320（万元）

递延所得税负债余额=（400-320）×25%=20（万元）

借：所得税费用　　7.5

　贷：递延所得税负债（20-12.5）　　7.5

【例3-28·实务题】甲企业与乙企业签订了一项租赁协议，将其原先自用的一栋写字楼出租给乙企业使用，租赁期开始日为2018年3月31日。2018年3月31日，该写字楼的账面余额为50 000万元，已计提累计折旧10 000万元，未计提减值准备，公允价值为46 000万元，甲企业对该项投资性房地产采用公允价值模式进行后续计量。假定转换前该写字楼的计税基础与账面价值相等，税法规定，该写字楼预计尚可使用年限为20年，采用年限平均法计提折旧，预计净残值为0。2018年12月31日，该项写字楼的公允价值为48 000万元，甲企业适用的所得税税率为25%。

要求：编制2018年12月31日与所得税有关的会计分录。

2018年12月31日，投资性房地产的账面价值为48 000万元，计税基础=（50 000-10 000）-（50 000-10 000）÷20×9÷12=38 500（万元），产生应纳税暂时性差异=48 000-38 500=9 500（万元），应确认递延所得税负债=9 500×25%=2 375（万元）。其中，2018年3月31日写字楼账面价值（按公允价值计量）为46 000万元，计税基础=50 000-10 000=40 000（万元），产生应纳税暂时性差异=46 000-40 000=6 000（万元），应确认递延所得税负债=6 000×25%=1 500（万元）。

因转换时投资性房地产的公允价值大于原非投资性房地产的账面价值的差额计入其他综合收益，所以递延所得税负债的对应科目也为其他综合收益。会计分录如下（单位为万元）：

借：所得税费用（2 375-1 500）　　875

　　其他综合收益　　1 500

　贷：递延所得税负债　　2 375

（二）不确认递延所得税负债的情况

有些情况下，虽然资产、负债的账面价值与其计税基础不同，产生了应纳税暂时性差异，但出于各方面考虑，所得税准则中规定不确认相应的递延所得税负债，主要包括：

（1）商誉的初始确认。

商誉=合并成本-被购买方可辨认净资产公允价值的份额

若确认递延所得税负债，则减少被购买方可辨认净资产公允价值，增加商誉，由此进入不断循环状态。

【例3-29·实务题】A企业以增发市场价值为15 000万元的自身普通股为对价购入B企业100%的净资产，对B企业进行吸收合并，合并前A企业与B企业不存在任何关联方关系。假定该项合并符合税法规定的免税合并条件，交易各方选择进行免税处理，购买日B企业各项可辨认资产、负债的公允价值及其计税基础如表3-1所示。

表 3-1 购买日B企业各项可辨认资产、负债的公允价值及其计税基础 单位：万元

项 目	公允价值	计税基础	暂时性差异
固定资产	6 750	3 875	2 875
应收账款	5 250	5 250	
存货	4 350	3 100	1 250
其他应付款	（750）	0	（750）
应付账款	（3 000）	（3 000）	0
不包括递延所得税的可辨认资产、负债的公允价值	12 600	9 225	3 375

B企业适用的所得税税率为25%，预计在未来期间不会发生变化，该项交易中应确认递延所得税负债及商誉的金额计算如下（单位：万元）：

可辨认净资产公允价值	12 600
递延所得税资产	187.5
递延所得税负债	1 031.25
考虑递延所得税后可辨认资产、负债的公允价值	11 756.25
商誉	3 243.75
企业合并成本	15 000

不考虑递延所得税的商誉=15 000−12 600=2 400（万元）

借：递延所得税资产 187.5

　贷：商誉 187.5

借：商誉 1 031.25

　贷：递延所得税负债 1 031.25

考虑递延所得税后的商誉=2 400−187.5+1 031.25=3 243.75（万元）

因此，企业合并时递延所得税资产和递延所得税负债对应科目为商誉。

因该项合并符合税法规定的免税合并条件，当事各方选择进行免税处理的情况下，购买方在免税合并中取得的被购买方有关资产、负债应维持其原计税基础不变。被购买方原账面上未确认商誉，即商誉的计税基础为0。

该项合并中所确认的商誉金额3 243.75万元与其计税基础0之间产生的应纳税暂时性差异，按照准则规定，不再进一步确认相关的所得税影响。

需要说明的是，非同一控制下的企业合并形成的商誉，并且按照所得税法规定商誉在初始确认时计税基础等于账面价值的（即应税合并形成的商誉），该商誉在后续计量过程中因计提减值准备，使得商誉的账面价值小于计税基础，会产生可抵扣暂时性差异，应确认相关的所得税影响。

（2）除企业合并以外的其他交易或事项中，如果该项交易或事项发生时既不影响会计利润，也不影响应纳税所得额，则所产生的资产、负债的初始确认金额与其计税基础不同，形成应纳税暂时性差异的，交易或事项发生时不确认相应的递延所得税负债。

【提示】若产生暂时性差异影响利润总额，则递延所得税资产、递延所得税负债对应科目为所得税费用；若产生暂时性差异影响其他综合收益，则递延所得税资产、递延所得税负债对应科目为其他综合收益；若产生暂时性差异是由于免税合并形成的，则递延所得税资产、递延所得税负债对应科目为商誉；若产生暂时性差异是由于会计政策变更、前期重要差错更正形成的，则递延所得税资产、递延所得税负债对应科目为留存收益（盈余公积、利润分配——未分配利润）。

因该项交易不是企业合并，递延所得税负债不能对应商誉；因该项交易或事项发生时既不影响会计利润，也不影响应纳税所得额，所以递延所得税负债不能对应“所得税费用”科目，从而不会影响留存收益，交易发生时产生暂时性差异的业务也不会涉及股本（或实收资本）、资本公积和其他综合收益，因此递延所得税负债不能对应所有者权益。若确认递延所得税负债，为使会计等式平衡，则只能增加资产的价值或减少其他负债的价值，这种会计处理违背历史成本计量属性，因此不确认递延所得税负债。

该类交易或事项在我国企业实务中并不多见，一般情况下有关资产、负债的初始确认金额均会为税法所认可，不会产生两者之间的差异。

（3）与子公司、联营企业、合营企业投资等相关的应纳税暂时性差异，一般应确认相应的递延所得税负债，但同时满足以下两个条件的除外：一是投资企业能够控制暂时性差异转回的时间；二是该暂时性差异在可预见的未来很可能不会转回。满足上述条件时，投资企业可以运用自身的影响力决定暂时性差异的转回，如果不希望其转回，则在可预见的未来该项暂时性差异即不会转回，对未来期间的计税不产生影响，从而无须确认相应的递延所得税负债。

对于采用权益法核算的长期股权投资，其计税基础与账面价值产生的有关暂时性差异是否应确认相关的所得税影响，应当考虑该项投资的持有意图：

（1）在准备长期持有的情况下，对于采用权益法核算的长期股权投资账面价值与计税基础之间的差异，投资企业一般不确认相关的所得税影响。

（2）在持有意图由长期持有转变为拟近期出售的情况下，因长期股权投资的账面价值与计税基础不同产生的有关暂时性差异，均应确认相关的所得税影响。

（三）递延所得税负债的计量

递延所得税负债应以相关应纳税暂时性差异转回期间适用的所得税税率计量。无论应纳税暂时性差异的转回期间如何，递延所得税负债的确认不要求折现。

二、递延所得税资产的确认和计量

（一）一般原则

资产、负债的账面价值与其计税基础不同产生可抵扣暂时性差异的，在估计未来期间能够取得足够的应纳税所得额用以利用该可抵扣暂时性差异时，应当以很可能取得用来抵扣可抵扣暂时性差异的应纳税所得额为限，确认相关的递延所得税资产。

（1）递延所得税资产的确认应以未来期间可能取得的应纳税所得额为限。

（2）按照税法规定可以结转以后年度的未弥补亏损和税款抵减，应视同可抵扣暂时性差异处理。在预计可利用未弥补亏损或税款抵减的未来期间内能够取得足够的应纳税所得额时，除准则中规定不予确认的情况外，应当以很可能取得的应纳税所得额为限，确认相应的递延所得税资产，同时减少确认当期的所得税费用。

与可抵扣亏损和税款抵减相关的递延所得税资产，其确认条件与可抵扣暂时性差异产生的递延所得税资产相同。

（3）企业合并中，按照会计准则规定确认的合并中取得各项可辨认资产、负债的入账价值与其计税基础之间形成可抵扣暂时性差异的，应确认相应的递延所得税资产，并调整合并中应予确认的商誉等。

（4）与直接计入所有者权益的交易或事项相关的可抵扣暂时性差异，相应的递延所得税资产应计入所有者权益。

【提示】若产生的可抵扣暂时性差异影响其他综合收益，则递延所得税资产对应科目为其他综合收益。如因可供出售金融资产期末公允价值下降而应确认的递延所得税资产。

【例 3-30 · 分析题】某企业 2017 年 12 月 1 日取得一批存货，成本为 100 万元。2017 年 12 月 31 日，计提存货跌价准备 20 万元。税法规定，企业计提的资产减值损失在发生实质性损失时允许税前扣除。2018 年将上述存货全部对外销售，2018 年由税前会计利润计算应纳税所得额时应纳税调整减少 20 万元，由此 2018 年少交所得税=20×25%=5（万元）。

2017 年 12 月 31 日，由于此项存货的存在，以后会少交所得税 5 万元，应确认递延所得税资产 5 万元，即 2017 年 12 月 31 日，存货的账面价值=100−20=80（万元），存货的计税基础为 100 万元。

由于存货账面价值和计税基础不一致，产生了可抵扣暂时性差异，从而确认了递延所得税资产。

【例 3-31 · 分析题】2017 年 12 月 31 日预提产品质量保证费用 100 万元，2018 年实际发生产品质量保证费用 100 万元。税法规定，企业计提的产品质量保证费在实际发生时允许税前扣除。2018 年由税前会计利润计算应纳税所得额时应纳税调减 100 万元，2018 年少交所得税=100×25%=25（万元）。

2017 年 12 月 31 日，以后会少交所得税 25 万元，应确认递延所得税资产 25 万元，即 2017 年 12 月 31 日，负债（预计负债）账面价值为 100 万元，负债（预计负债）计税基础为 0。

由于预计负债账面价值和计税基础不一致，产生了可抵扣暂时性差异，从而确认了递延所得税资产。

【例 3-32 · 实务题】大海公司 2017 年 12 月 1 日取得一项可供出售金融资产，取得成本为 220 万元，2017 年 12 月 31 日，该项可供出售金融资产的公允价值为 200 万元。大海公司适用的所得税税率为 25%。

要求：编制 2017 年大海公司可供出售金融资产取得、期末公允价值变动及期末确认递延所得税资产的会计分录。（答案中的金额单位用万元表示）

【答案】

（1）2017 年 12 月 1 日：

借：可供出售金融资产——成本　　220

　贷：银行存款　　220

（2）2017年12月31日：

借：其他综合收益　　20

　贷：可供出售金融资产——公允价值变动　　20

（3）2017年12月31日该项可供出售金融资产的账面价值为200万元，计税基础为220万元，产生可抵扣暂时性差异20万元，应确认递延所得税资产为5万元（20×25%）。会计处理如下：

借：递延所得税资产　　5

　贷：其他综合收益　　5

（二）不确认递延所得税资产的特殊情况

某些情况下，如果企业发生的某项交易或事项不是企业合并，并且交易发生时既不影响会计利润也不影响应纳税所得额，且该项交易中产生的资产、负债的初始确认金额与其计税基础不同，产生可抵扣暂时性差异的，所得税准则中规定在交易或事项发生时不确认相应的递延所得税资产。其原因在于，如果确认递延所得税资产，则需调整资产、负债的入账价值，对实际成本进行调整将有违会计核算中的历史成本原则，影响会计信息的可靠性，该种情况下不确认相应的递延所得税资产。其原因是无对应科目。

因该项交易不是企业合并，递延所得税资产不能对应商誉；因该项交易或事项发生时既不影响会计利润，也不影响应纳税所得额，所以递延所得税资产不能对应“所得税费用”科目，从而不会影响留存收益，交易发生时产生暂时性差异的业务也不会涉及股本（或实收资本）、资本公积和其他综合收益，因此递延所得税资产不能对应所有者权益。若确认递延所得税资产，为使会计等式平衡，则只能增加负债的价值或减少其他资产的价值，这种会计处理违背历史成本计量属性，因此不确认递延所得税资产。

【例3-33·分析题】某企业于2017年度发生研发支出共计200万元，其中研究阶段支出20万元，开发阶段不符合资本化条件支出为60万元，符合资本化条件支出为120万元，假定该项研发于2017年7月30日达到预定用途，采用直线法按5年摊销。该企业2017年税前会计利润为1 000万元，适用的所得税税率为25%。不考虑其他纳税调整事项。假定无形资产摊销计入管理费用。

无形资产2017年按准则规定计入管理费用金额=20+60+120÷5÷12×6=92（万元）

2017年纳税调减金额=92×50%=46（万元）

2017年应交所得税=（1 000−46）×25%=238.5（万元）

2017年12月31日无形资产账面价值=120−120÷5÷12×6 =108（万元）

计税基础=108×150%=162（万元）

可抵扣暂时性差异=162−108=54（万元），但不能确认递延所得税资产。

（三）递延所得税资产的计量

1.适用税率的确定

确认递延所得税资产时，应估计相关可抵扣暂时性差异的转回时间，采用转回期间适用的所得税税率为基础计算确定。无论相关的可抵扣暂时性差异转回期间如何，递延所得税资产均不予折现。

2.递延所得税资产的减值

资产负债表日，企业应当对递延所得税资产的账面价值进行复核。如果未来期间很可能无法取得足够的应纳税所得额用以利用可抵扣暂时性差异带来的利益，应当减记递延所得税资产的账面价值。递延所得税资产的账面价值减记以后，继后期间根据新的环境和情况判断能够产生足够的应纳税所得额用以利用可抵扣暂时性差异，使得递延所得税资产包含的经济利益能够实现的，应相应恢复递延所得税资产的账面价值。

【例 3-34・单选题】甲公司适用的所得税税率为25%，2017年12月31日因职工教育经费超过税前扣除限额确认递延所得税资产10万元，2018年度，甲公司工资薪金总额为4 000万元，发生职工教育经费90万元。税法规定，工资按实际发放金额在税前列支，企业发生的职工教育经费支出，不超过工资薪金总额2.5%的部分，准予扣除；超过部分准予在以后纳税年度结转扣除。甲公司2018年12月31日下列会计处理中正确的是（　　）。

A.转回递延所得税资产10万元

B.增加递延所得税资产22.5万元

C.转回递延所得税资产2.5万元

D.增加递延所得税资产25万元

【答案】C

【解析】甲公司2018年按税法规定可税前扣除的职工教育经费=4 000×2.5%=100（万元），实际发生的90万元当期可扣除，2017年超过税前扣除限额的部分本期可扣除10万元，应转回递延所得税资产=10×25% =2.5（万元），选项C正确。

三、特殊交易或事项中涉及递延所得税的确认

（一）与直接计入所有者权益的交易或事项相关的所得税

与当期及以前期间直接计入所有者权益的交易或事项相关的当期所得税及递延所得税应当计入所有者权益。直接计入所有者权益的交易或事项主要有：会计政策变更采用追溯调整法或对前期差错更正采用追溯重述法调整期初留存收益、可供出售金融资产公允价值变动计入所有者权益、同时包含负债及权益成分的金融工具在初始确认时计入所有者权益等。

（二）与企业合并相关的递延所得税

在企业合并中，购买方取得的可抵扣暂时性差异，按照税法规定可以用于抵减以后年度应纳税所得额，但在购买日不符合递延所得税资产确认条件而不予以确认。购买日后12个月内，如取得新的或进一步信息表明购买日的相关情况已经存在，预期被购买方在购买日可抵扣暂时性差异带来的经济利益能够实现的，应当确认相关的递延所得税资产，同时减少商誉，商誉不足冲减的，差额部分确认为当前损益；除上述情况以外，确认与企业合并相关的递延所得税资产，应当计入当期损益。

【提示】此处指的是购买日不符合递延所得税资产确认条件的可抵扣暂时性差异，购买日后符合条件确认递延所得税资产的会计处理。对购买日符合递延所得税资产确认条件的可抵扣暂时性差异，应确认递延所得税资产，同时减少商誉。

【例 3-35・实务题】甲公司于20×8年1月1日购买乙公司80%的股权，形成非同一控制下企业合并。因会计准则规定与适用税法规定的处理方法不同，在购买日产生可抵扣暂时性差异300万元。假定购买日及未来期间企业适用的所得税税率为25%。

购买日，因预计未来期间无法取得足够的应纳税所得额，未确认与可抵扣暂时性差异相关的递延所得税资产75万元。购买日确认的商誉为50万元。

在购买日后6个月，甲公司预计能够产生足够的应纳税所得额用以抵扣企业合并时产生的可抵扣暂时性差异为300万元，且该事实于购买日已经存在，则甲公司应作如下会计处理：

借：递延所得税资产　　750 000

　贷：商誉　　500 000

　　所得税费用　　250 000

假定，在购买日后6个月，甲公司根据新的事实预计能够产生足够的应纳税所得额用以抵扣企业合并时产生的可抵扣暂时性差异300万元，且该新的事实于购买日并不存在，则甲公司应作如下会计处理：

借：递延所得税资产　　750 000

　贷：所得税费用　　750 000

四、适用税率变化对已确认递延所得税资产和递延所得税负债的影响

因税收法规的变化，企业在某一会计期间适用的所得税税率发生变化的，企业应对已确认的递延所得税资产和递延所得税负债按照新的税率重新计量。

递延所得税资产和递延所得税负债的计量如图3-2所示。

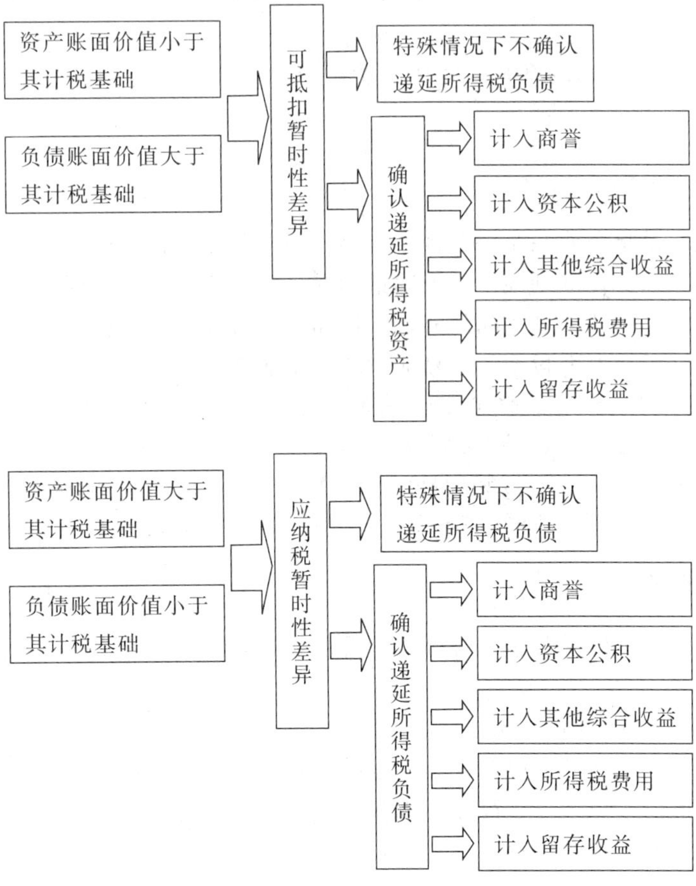

图3-2　递延所得税资产和递延所得税负债的计量

第四节 所得税费用的确认和计量

采用资产负债表债务法核算所得税的情况下，利润表中的所得税费用由两个部分组成：当期所得税和递延所得税。

一、当期所得税

当期所得税，是指企业按照税法规定计算确定的针对当期发生的交易和事项，应缴纳给税务部门的所得税金额，即应交所得税，应以适用的税收法规为基础计算确定。

应交所得税=应纳税所得额×所得税税率

应纳税所得额=税前会计利润+纳税调整增加额−纳税调整减少额

（一）纳税调整增加额

（1）按会计准则规定核算时不作为收益计入财务报表，但在计算应纳税所得额时作为收益需要缴纳所得税。

（2）按会计准则规定核算时确认为费用或损失计入财务报表，但在计算应纳税所得额时则不允许扣减。

（二）纳税调整减少额

（1）按会计准则规定核算时作为收益记入财务报表，但在计算应纳税所得额时不确认为收益。

（2）按会计准则规定核算时不确认为费用或损失，但在计算应纳税所得额时则允许扣减。

二、递延所得税

递延所得税，是指企业在某一会计期间确认的递延所得税资产及递延所得税负债的综合结果。即按照企业会计准则规定应予确认的递延所得税资产和递延所得税负债在期末应有的金额相对于原已确认金额之间的差额，即递延所得税资产及递延所得税负债的当期发生额，但不包括计入所有者权益的交易或事项及企业合并的所得税影响。

$$\text{递延所得税}=\text{当期递延所得税负债的增加}+\text{当期递延所得税资产的减少}-\text{当期递延所得税负债的减少}-\text{当期递延所得税资产的增加}$$

或

$$\text{递延所得税}=(\text{递延所得税负债的期末余额}-\text{递延所得税负债的期初余额})-(\text{递延所得税资产的期末余额}-\text{递延所得税资产的期初余额})$$

三、所得税费用

计算确定了当期所得税及递延所得税以后，利润表中应予确认的所得税费用为两者之和，即：

所得税费用=当期所得税 + 递延所得税费用

计入当期损益的所得税费用或收益不包括企业合并和直接在所有者权益中确认的交易或事项产生的所得税影响。与直接计入所有者权益的交易或者事项相关的当期所得税和递延所得税，应当计入所有者权益。

【例 3-36 · 综合题】A 公司 20×7 年度利润表中利润总额为 3 000 万元，该公司适用的所得税税率为25%。递延所得税资产及递延所得税负债不存在期初余额。资产负债表中有关资产、负债的账面价值与其计税基础相关资料如表3-2所示，与所得税核算有关的情况如下：

表3-2　**资产负债表中有关资产、负债的账面价值与其计税基础**　单位：万元

项　目	账面价值	计税基础	差　异	
			应纳税暂时性差异	可抵扣暂时性差异
存　货	2 000	2 075		75
固定资产：				
固定资产原价	1 500	1 500		
减：累计折旧	300	150		
固定资产减值准备	0	0		
固定资产账面价值	1 200	1 350		150
交易性金融资产	1 200	800	400	
其他应付款	250	250		
总　计			400	225

20×7年发生的有关交易和事项中，会计处理与税收处理存在差别的有：

（1）20×7年1月开始计提折旧的一项固定资产，成本为1 500万元，使用年限为10年，净残值为0，会计处理按双倍余额递减法计提折旧，税收处理按直线法计提折旧。假定税法规定的使用年限及净残值与会计规定相同。

（2）向关联企业捐赠现金500万元。假定按照税法的规定，企业向关联方的捐赠不允许税前扣除。

（3）当期取得作为交易性金融资产核算的股票投资成本为800万元，20×7年12月31日的公允价值为1 200万元。税法规定，以公允价值计量的金融资产持有期间市价变动不计入应纳税所得额。

（4）违反环保法规定应支付罚款250万元。

（5）期末对持有的存货计提了75万元的存货跌价准备。

【答案】（1）20×7年度当期应交所得税：

应纳税所得额=3 000+150+500−400+250+75=3 575（万元）

应交所得税=3 575×25%=893.75（万元）

（2）20×7年度递延所得税：

递延所得税资产=225×25%=56.25（万元）

递延所得税负债=400×25%=100（万元）

递延所得税=100−56.25=43.75（万元）

（3）利润表中应确认的所得税费用：

所得税费用=893.75+43.75=937.50（万元），确认所得税费用的账务处理如下：

借：所得税费用　　9 375 000

　　递延所得税资产　　562 500

　贷：应交税费——应交所得税　　8 937 500

　　　递延所得税负债　　1 000 000

【例 3-37 · 综合题】沿用【例 3-36 · 综合题】中有关资料，假定 A 公司 20×8 年当期应交所得税为 1 155 万元。资产负债表中有关资产、负债的账面价值与其计税基础相关资料如表 3-3 所示，除所列项目外，其他资产、负债项目不存在会计和税收的差异。

表 3-3　　资产负债表中有关资产、负债的账面价值与其计税基础　　单位：万元

项　目	账面价值	计税基础	差　异	
			应纳税暂时性差异	可抵扣暂时性差异
存　货	4 000	4 200		200
固定资产：				
固定资产原价	1 500	1 500		
减：累计折旧	540	300		
固定资产减值准备	50	0		
固定资产账面价值	910	1 200		290
交易性金融资产	1 675	1 000	675	
预计负债	250	0		250
总　计			675	740

（1）当期所得税=当期应交所得税=1 155 万元。

（2）递延所得税：

①期末递延所得税负债（675×25%）　　168.75

期初递延所得税负债　　100

递延所得税负债增加　　68.75

②期末递延所得税资产（740×25%）　　185

期初递延所得税资产　　56.25

递延所得税资产增加　　128.75

递延所得税=68.75−128.75=−60（万元）（收益）

（3）确认所得税费用：

所得税费用=1 155−60=1 095（万元），确认所得税费用的账务处理如下：

借：所得税费用	10 950 000	
递延所得税资产	1 287 500	
贷：递延所得税负债		687 500
应交税费——应交所得税		11 550 000

【例3-38·单选题】2018年，甲公司实现利润总额210万元，包括：2018年收到的国债利息收入10万元、因违反环保法规被环保部门处以罚款20万元。甲公司2018年年初递延所得税负债余额为20万元，年末余额为25万元，上述递延所得税负债均产生于固定资产账面价值与计税基础的差异。甲公司适用的所得税税率为25%。不考虑其他因素，甲公司2018年的所得税费用是（　　）万元。

A.52.5　　B.55　　C.57.5　　D.60

【答案】B

【解析】甲公司2018年应交所得税=（210-10+20）×25%-（25-20）=50（万元），确认递延所得税费用=25-20=5（万元），甲公司2018年确认的所得税费用=应交所得税+递延所得税=50+5=55（万元）。

【例3-39·单选题】甲公司20×8年度会计处理与税务处理存在差异的交易或事项如下：

（1）持有的交易性金融资产公允价值上升60万元。根据税法的规定，交易性金融资产持有期间公允价值的变动金额不计入当期应纳税所得额。

（2）计提与担保事项相关的预计负债600万元。根据税法的规定，与上述担保事项相关的支出不得税前扣除。

（3）持有的可供出售金融资产公允价值上升200万元。根据税法的规定，可供出售金融资产持有期间公允价值的变动金额不计入当期应纳税所得额。

（4）计提固定资产减值准备140万元。根据税法的规定，计提的资产减值准备在未发生实质性损失前不允许税前扣除。

甲公司适用的所得税税率为25%。假定期初递延所得税资产和递延所得税负债的余额均为零，甲公司未来年度能够产生足够的应纳税所得额用以抵扣可抵扣暂时性差异。甲公司20×8年度递延所得税费用是（　　）万元。

A.-35　　B.-20　　C.15　　D.30

【答案】B

【解析】甲公司20×8年度递延所得税费用=递延所得税负债-递延所得税资产=15-35=-20（万元）。

（注：对应科目为其他综合收益的递延所得税不影响所得税费用）

四、所得税的列报

一般情况下，在个别财务报表中，当期所得税资产与负债及递延所得税资产及递延所得税负债可以以抵销后的净额列示。在合并财务报表中，纳入合并范围的企业中，一方的当期所得税资产或递延所得税资产与另一方的当期所得税负债或递延所得税负债一般不能予以抵销，除非所涉及的企业具有以净额结算的法定权利并且意图以净额结算。

知识拓展

企业所得税税前扣除项目一览表（见表3-4）

表3-4　企业所得税税前扣除项目一览表

准予扣除项目	扣除标准、限额比例	说　明
1.取得收入有关的合理支出	准予扣除	包括成本费用、税金、损失（价外费用、免税项目成本费用）
2.公益性捐赠支出	年度利润12%以内	通过公益性社会团体、县级以上政府及其部门
3.固定资产折旧	按规定计算	直线法、最低年限
4.无形资产摊销	按规定计算	直线法、最低10年
5.其他长期待摊费用	按规定摊销	不低于3年
6.投资资产的成本	准予扣除	转让处置
7.按规定计算的存货成本	准予扣除	使用或销售存货
8.转让资产的净值	准予扣除	
9.工资、薪金	准予扣除	合理的工资、薪金
（1）季节工、临时工、实习生、返聘离退休人员、劳务派遣工	支付劳务公司的劳务费，直接支付派遣工的为工资、薪金、福利费	区分工资、薪金和职工福利费支出，计入工资、薪金总额的基数和税前列支
（2）股权激励	实际行权当年扣除	按行权日收盘价与支付价的差额确认工资、薪金支出
（3）残疾人工资	100%加计扣除	汇算清缴时
（4）雇员个税	属于工薪	企业承担职工个税
10.五险一金	准予扣除	养老、医疗、失业、工伤、生育等基本社会、住房公积金依照规定范围和标准
11.补充养老保险费（年金）、补充医疗保险费	工资总额5%以内	缴足基本养老、医疗保险费，且为全体员工支付 补充养老保险费退休后才能享受；补充医疗保险费必须用于治疗
12.职工福利费	工资、薪金总额14%	实际发生
13.工会经费	工资、薪金总额2%	拨缴，工会经费收入专用收据、税务机关委托代收工会经费凭据

续表

准予扣除项目	扣除标准、限额比例	说　明
14.职工教育经费（职工培训费用）	工资、薪金总额2.5%	实际发生，超过部分结转 不含核电厂操纵员培养费
	工资、薪金总额8%	外包示范城市技术先进型服务企业（2010—2018年）、试点地区高新企业，结转
	实际发生额100%	单独核算 集成电路设计企业和软件企业职工培训费用核电厂操纵员培养费
15.手续费、佣金	资产保险保费15% 人身保险保费10% 其他合同金额5%	按限额计算扣除。不得计入其他费用直接扣除
16.准备金	证券、保险、金融、担保	
17.业务招待费	按实60%扣除，且小于等于销售营收合计5‰	可并计筹建期招待费 集团总部、创投特殊政策
18.广告费和业务宣传费	一般企业≤销售营收15% 化妆品、医药、饮料（不含酒）企业≤30% 烟草企业=0，不得扣除	可并计筹建期费用 超过部分结转
19.借款利息	据实扣除100%	向金融企业借款利息；金融企业存款和同业拆借利息、企业债券的利息
	不超过金融企业同期同类贷款利率的部分	向非金融企业借款利息 向非关联的自然人借款
	支付关联方的利息不超过规定比例和规定计算的部分	向关联企业借款，独立交易，税负不高于关联企业； 向关联自然人借款，独立交易
	超出部分不得扣除	从关联方的债权性投资与权益性投资的比例超过规定标准而发生的利息支出
	投资者未缴足资本的资金缺口的利息，不得扣除	不属于企业合理的支出，应由企业投资者负担
	非银行企业内营业机构之间支付利息，不得扣除	

续表

准予扣除项目	扣除标准、限额比例	说　明
20.公益性捐赠	年度会计利润12%以内	通过公益性社会团体或者县级以上政府及其部门
21.环境保护、生态保护等专项资金		
22.财产保险		
23.特殊工种人身险		
24.劳动保护支出		
25.煤矿维简费		
26.交通、住房、通信补贴	福利费，工资、薪金总额14%	税务上归入福利费 财务上对已货币化改革的纳入工资总额，未改革的进福利费
不得扣除项目	说　明	政策依据
1.向投资者支付的股息红利等权益性投资款项 2.企业所得税税款 3.税收滞纳金 4.罚金、罚款和被没收财物 5.第9条规定以外的捐赠 6.赞助支出 7.未经核定的准备金支出 8.与取得收入无关的其他支出		《企业所得税法》第十条
9.资本性支出不得当期直接扣除 10.不征税收入支出所形成的费用或者财产	资本性支出应当分期扣除或计入成本	《实施条例》第二十八条
11.固定资产：房屋、建筑物以外未投入使用的、经营租赁方式租入、融资租赁方式租出、已足额提取折旧仍继续使用、与经营活动无关、单独估价作为固定资产入账的土地		《企业所得税法》第十一条
12.无形资产：自行开发的支出已扣除、自创商誉、与经营活动无关		《企业所得税法》第十二条
13.投资资产的成本（投资期间）		《企业所得税法》第十四条

续表

不得扣除项目	说　明	政策依据
14.以前年度的应扣未扣支出，不得扣除。但准予追补至发生年度计算扣除，追补期限不得超过5年。不足抵扣的，可以向以后年度递延抵扣或申请退税		
15.企业之间支付的管理费、企业内营业机构之间支付的租金和特许权使用费，以及非银行企业内营业机构之间支付的利息，不得扣除		《实施条例》第四十九条
16.商业保险		

注册会计师考试真题

【2016年考题·计算分析题】甲股份有限公司（以下简称“甲公司”）2×15年发生的有关交易或事项中，会计处理与所得税处理存在差异的包括以下几项：

（1）1月1日，甲公司以3 800万元取得对乙公司20%股权，并自取得当日起向乙公司董事会派出1名董事，能够对乙公司财务和经营决策施加重大影响。取得股权时，乙公司可辨认净资产的公允价值与账面价值相同，均为16 000万元。

乙公司2×15年实现净利润500万元，当年取得的作为可供出售金融资产核算的股票投资2×15年年末市价相对于取得成本上升200万元。甲公司与乙公司2×15年未发生交易。

甲公司拟长期持有对乙公司的投资。税法规定，我国境内设立的居民企业间股息、红利免税。

甲公司2×15年发生研发支出1 000万元，其中按照会计准则规定费用化的部分为400万元，资本化形成无形资产的部分为600万元。该研发形成的无形资产于2×15年7月1日达到预定用途，预计可使用5年，采用直线法摊销，预计净残值为零。税法规定，企业为开发新技术、新产品、新工艺发生的研究开发费用，未形成资产计入当期损益的，在据实扣除的基础上，按照研发费用的50%加计扣除；形成资产的，未来期间按照无形资产摊销金额的150%予以税前扣除。该无形资产摊销方法、摊销年限及净残值的税法规定与会计相同。

（2）甲公司2×15年利润总额为5 200万元。其他有关资料：

本题中有关公司均为我国境内居民企业，适用的所得税税率均为25%；预计甲公司未来期间能够产生足够的应纳税所得额用以抵扣可抵扣暂时性差异。

甲公司2×15年年初递延所得税资产与负债的余额均为零，且不存在未确认递延所得税负债或资产的暂时性差异。

要求：

（1）根据资料（1）、资料（2）分别确定各交易或事项截至2×15年12月31日所形成资产的账面价值与计税基础，并说明是否应确认相关的递延所得税资产或负债及其理由。

（2）计算甲公司2×15年应交所得税，编制甲公司2×15年与所得税费用相关的会计分录。

【答案】（1）根据资料（1）、资料（2），分别确定各交易或事项截至2×15年12月31日所形成资产的账面价值与计税基础，并说明是否应确认相关的递延所得税资产或负债及其理由。

事项（1）：甲公司对乙公司长期股权投资2×15年12月31日的账面价值为3 940万元，其计税基础为3 800万元。

该长期股权投资的账面价值与计税基础形成暂时性差异，但不应确认相关递延所得税负债。

理由：在甲公司拟长期持有该投资的情况下，其账面价值与计税基础形成的暂时性差异将通过乙公司向甲公司分配现金股利或利润的方式消除，在两者适用所得税耗率相同的情况下，有关利润在分回甲公司时是免税的，本产生对未来期间的所得税影响。

事项（2）：该项无形资产2×15年12月31日的账面价值为540万元，计税基础为810万元。

该无形资产的账面价值与计税基础之间形成的可抵扣暂时性差异270万元，企业不应确认相关的递延所得税资产。

理由：该差异产生于自行研究开发形成无形资产的初始入账价值与其计税基础之间。会计准则规定，有关暂时性差异在产生时（交易发生时〉既不影响会计利润，也不影响应纳税所得额，同时亦非产生于企业合并的情况下，不应确认相关暂时性差异的所得税影响。相应地，因初始确认差异所带来的后续影响亦不应予以确认。

（2）计算确定甲公司2×15年应交所得税，编制甲公司2×15年与所得税费用相关的会计分录。

应纳税所得额=5 200 −100 −200 −30 =4 870（万元）

应交所得税=4 870 ×2 5 %=1 217.50 （万元）

借：所得税费用　　1 217.50

　贷：应交税费——应交所得税　　1 217.50

【2017年考题·计算分析题】甲公司采用资产负债表债务法核算所得税，适用的所得税税率为25%。2016年6月30日，甲公司将自用房产转作经营性出租且以公允价值模式进行后续计量的投资性房地产。该房产原值为1 000万元，预计使用年限为10年，转换前采用年限平均法计提折旧，预计净残值为0；截至2016年6月30日该房产已经使用3年，使用期间未计提减值准备；转换日，该房产的公允价值为1 000万元。2016年12月31日，其公允价值为1 100万元。假定税法对该房产按期计提折旧，税法规定的折旧年限、方法、净残值与转换前的会计核算相同。

要求：

（1）编制2016年6月30日自用房产转换为投资性房地产的会计分录。

（2）计算该项投资性房地产2016年12月31日的账面价值和计税基础，并确认相应的所得税影响。

（3）编制2016年12月31日确认投资性房地产公允价值变动和相关所得税的会计

分录。

（答案中的金额单位用万元表示）

【答案】(1) 至2016年6月30日该自用房产累计计提的折旧额（包含2016年6月）=1 000÷10×3=300（万元），转换日应确认的其他综合收益=1 000-（1 000-300）=300（万元）。

2016年6月30日：

借：投资性房地产——成本　　1 000

　　累计折旧　　300

　贷：固定资产　　1 000

　　其他综合收益　　300

(2) 2016年12月31日该项投资性房地产的账面价值为1 100万元，其计税基础=1 000-300-1 000÷10×6÷12=650（万元），形成应纳税暂时性差异=1 100-650=450（万元），应确认递延所得税负债=450×25%=112.5（万元）。

(3) 2016年12月31日确认投资性房地产公允价值变动：

借：投资性房地产——公允价值变动　　100

　贷：公允价值变动损益　　100

确认暂时性差异相关的所得税：

借：其他综合收益　　75

　　所得税费用　　37.5

　贷：递延所得税负债　　112.5

【解析】(1) 非投资性房地产转换为公允价值模式计量的投资性房地产，投资性房地产按照转换日的公允价值计量，转换日其公允价值与原账面价值产生的贷方差额计入其他综合收益。

(2) 该项投资性房地产系2016年6月30日形成，采用公允价值模式进行后续计量，由于期末采用公允价值计量，则2016年12月31日其账面价值即公允价值；计税基础以历史成本为基础确定（固定资产相同），即按照税法上对固定资产折旧方法计提折旧，那么账面价值大于计税基础的差额形成应纳税暂时性差异，乘以适用的所得税税率就是确认的递延所得税负债。

(3) 2016年12月31日形成的应纳税暂时性差异450万元，其中300万元是由于转换日公允价值大于原账面价值计入其他综合收益形成的，所以该部分暂时性差异确认相关的递延所得税负债对应其他综合收益的金额=300×25%=75（万元）；2015年下半年会计确认公允价值变动损益100万元和税法按期计提折旧50万元（1 000÷10×6÷12），形成的应纳税暂时性差异150万元是与损益相关的，确认相关的递延所得税负债=150×25%=37.5（万元），对应所得税费用。

精讲练习题

一、单选题

1.下列各项负债中，计税基础为零的是（　　）。

A.因欠税产生的应交税款滞纳金　　B.因购入存货形成的应付账款

C.因确认保修费用形成的预计负债　　D.为职工计提的应付养老保险金

2.甲公司2016年12月31日购入一台价值500万元的设备，预计使用年限为5年，无残值，采用年限平均法计提折旧，税法规定采用双倍余额递减法按5年计提折旧。各年实现的利润总额均为1 000万元，适用的所得税税率为25%。不考虑其他因素，则下列有关甲公司所得税的会计处理表述不正确的是（　　）。

A.2017年年末应确认递延所得税负债25万元

B.2018年年末累计产生的应纳税暂时性差异为120万元

C.2018年确认的递延所得税费用为5万元

D.2018年利润表确认的所得税费用为5万元

3.甲公司2018年有关业务资料如下：(1) 2018年当期发生研发支出1 000万元，其中应予资本化形成无形资产的金额为600万元。2018年7月1日研发的资产达到预定可使用状态，预计使用年限为10年（与税法规定相同），采用直线法摊销（与税法规定相同）。税法规定企业为开发新技术、新产品、新工艺发生的研究开发费用，未形成无形资产计入当期损益的，在按照规定据实扣除的基础上，按照研究开发费用的50%加计扣除；形成无形资产的，按照无形资产成本的150%摊销。(2) 甲公司2018年因债务担保于当期确认了100万元的预计负债。税法规定，因债务担保发生的支出不得税前列支。(3) 甲公司2018年实现税前利润1 000万元。下列有关所得税的会计处理，表述不正确的是（　　）。

A.2018年年末产生可抵扣暂时性差异285万元

B.应确认递延所得税资产71.25万元

C.应交所得税为221.25万元

D.所得税费用为221.25万元

4.AS公司属于高新技术企业，适用的所得税税率为15%，2018年12月31日预计2018年以后不再属于高新技术企业，且所得税税率将变更为25%。(1) 2018年1月1日期初余额资料：递延所得税负债期初余额为30万元（即因上年交易性金融资产产生应纳税暂时性差异200万元而确认的）；递延所得税资产期初余额为13.5万元（即因上年预计负债产生可抵扣暂时性差异90万元而确认的）。(2) 2018年12月31日期末余额资料：交易性金融资产账面价值为1 500万元，计税基础为1 000万元；预计负债账面价值为100万元，计税基础为0。(3) 除上述项目外，AS公司其他资产、负债的账面价值与其计税基础不存在差异。AS公司预计在未来期间能够产生足够的应纳税所得额用来抵扣可抵扣暂时性差异。(4) 2018年税前会计利润为1 000万元。

2018年12月31日，AS公司不正确的会计处理是（　　）。

A.当期所得税费用为106.5万元　　B.递延所得税费用为83.5万元

C.所得税费用为150万元　　D.应交所得税为106.5万元

5.甲公司2017年1月1日递延所得税资产余额为25万元；甲公司预计该暂时性差异将在2018年1月1日以后转回。甲公司2017年适用的所得税税率为25%，自2018年1月1日起，该公司符合高新技术企业的条件，适用的所得税税率变更为15%。(1) 2017年1月1日，自证券市场购入当日发行的一项3年期到期还本付息国债，甲公司将该国债作为持有至到期投资核算。2017年12月31日确认的国债应收利息为100万元，采用实际利率法确认的利息收入为120万元。税法规定，国债利息收入免交所得税。(2) 2017年初购入股票作为可供出售金融资产核算，成本为100万元，2017年末公允价值为120万元。(3)该公司2017年度利润总额为2 000万元。下列有关甲公司2018年的会计处理表述不正确的是（　　）。

A.应交所得税为470万元

B.“递延所得税资产”贷方发生额为10万元

C.利润表确认的所得税费用为470万元

D.资产负债表确认其他综合收益17万元

6.A公司适用的所得税税率为25%。有关房屋对外出租资料如下：A公司于2017年1月1日将其某自用房屋用于对外出租，该房屋的成本为750万元，预计使用年限为20年。转为投资性房地产之前，已使用4年，企业按照年限平均法计提折旧，预计净残值为零。转换日该房屋的公允价值等于账面价值，均为600万元。转为投资性房地产核算后，能够持续可靠取得该投资性房地产的公允价值，A公司采用公允价值模式对该投资性房地产进行后续计量。该项投资性房地产在2017年12月31日的公允价值为900万元。2017年税前会计利润为1 000万元。该项投资性房地产在2018年12月31日的公允价值为850万元。2018年税前会计利润为1 000万元。假定该房屋自用时税法规定的折旧方法、折旧年限及净残值与会计规定相同；企业2017年期初递延所得税负债余额为零。同时，税法规定资产在持有期间公允价值的变动不计入应纳税所得额，待处置时一并计算确定应计入应纳税所得额的金额。假定不存在其他差异。下列有关A公司2018年12月31日所得税的会计处理中，不正确的是（　　）。

A.2017年年末“递延所得税负债”余额为84.375万元

B.2017年应确认的递延所得税费用为84.375万元

C.2017年应交所得税为250万元

D.2017年所得税费用为250万元

7.资料同上。下列有关2018年12月31日所得税的会计处理，不正确的是（　　）。

A.2018年年末“递延所得税负债”发生额为－3.125万元

B.2018年递延所得税费用为3.125万元

C.2018年应交所得税为253.125万元

D.2018年所得税费用为250万元

二、多选题

1.有关企业应在会计利润基础之上进行的纳税调整，下列表述正确的有（　　）。

A.支付违反税收的罚款支出应进行纳税调增

B.国债利息收入应进行纳税调减

C.计提资产减值准备应进行纳税调增

D.长期股权投资采用权益法核算，被投资单位宣告发放现金股利不需要纳税调整

2.下列事项中，按税法规定在计算应纳税所得额时应进行纳税调整的项目有（　　）。

A.已确认公允价值变动的交易性金融资产转让的净收益

B.国债的利息收入

C.作为持有至到期投资的公司债券利息收入

D.已计提减值准备的持有至到期投资转让的净收益

3. 根据《企业会计准则第18号——所得税》计量的规定，下列表述正确的有（　　）。

A. 资产负债表日，对于当期和以前期间形成的当期所得税负债（或资产），应当按照税法规定计算的预期应缴纳（或返还）的所得税金额计量

B. 资产负债表日，对于递延所得税资产和递延所得税负债，应当根据税法规定，按照当期适用的所得税税率计量

C. 适用税率发生变化的，应对已确认的递延所得税资产和递延所得税负债进行重新计量，除直接计入所有者权益的交易或者事项产生的递延所得税资产和递延所得税负债以外，应当将其影响数计入变化当期的所得税费用

D. 递延所得税资产和递延所得税负债的计量，应当反映资产负债表日企业预期收回资产或清偿负债方式的所得税影响，即在计量递延所得税资产和递延所得税负债时，应当采用与收回资产或清偿债务的预期方式相一致的税率和计税基础

4. 有关所得税的列报，表述不正确的有（　　）。

A. 递延所得税资产应当作为非流动资产在资产负债表中列示

B. 递延所得税资产应当作为流动资产在资产负债表中列示

C. 递延所得税负债应当作为非流动负债在资产负债表中列示

D. 递延所得税负债应当作为流动负债在资产负债表中列示

5. 下列关于所得税的表述中，正确的有（　　）。

A. 所得税费用单独列示在利润表中

B. 与直接计入所有者权益的交易或者事项相关的当期所得税和递延所得税，应当计入所得税费用

C. 与直接计入所有者权益的交易或者事项相关的当期所得税和递延所得税，应当计入所有者权益

D. 因企业合并产生的应纳税暂时性差异或可抵扣暂时性差异的影响，在确认递延所得税负债或递延所得税资产的同时，相关的递延所得税一般应调整在合并中应予确认的商誉

6. 下列有关暂时性差异的表述，正确的有（　　）。

A. 暂时性差异从资产和负债看，是一项资产或一项负债的计税基础和其在资产负债表中的账面金额之间的差额，随时间推移将会消除。该项差异在以后年度资产收回或负债清偿时，会产生应税利润或可抵扣税额

B. 负债的账面价值小于其计税基础，产生的是应纳税暂时性差异

C. 企业应以可抵扣暂时性差异转回期间预计将获得的应税所得为限，确认相应的递延所得税资产

D. 可抵扣暂时性差异，将导致在销售或使用资产或偿付负债的未来期间内减少应纳税所得额，应确认为递延所得税资产

7. 甲公司为增值税一般纳税人，适用的增值税税率为16%，所得税税率为25%。2018年年初“预计负债——预计产品保修费用”余额为500万元，“递延所得税资产”余额为125万元。2018年税前会计利润为1 000万元。2018年发生下列业务：(1) 甲公司因销售产品承诺提供保修服务，按照税法规定，与产品售后服务相关的费用在实际发生时允许税

前扣除。甲公司2018年实际发生保修费用400万元，在2018年度利润表中因产品保修承诺确认了600万元的销售费用。（2）甲公司2018年12月31日涉及一项合同违约诉讼案件，甲公司估计败诉的可能性为60%，如败诉，赔偿金额很可能为100万元。假定税法规定合同违约损失实际发生时可以税前扣除。下列关于甲公司2018年会计处理的表述中，正确的有（　　）。

A.与产品售后服务相关的预计负债余额为700万元

B.与产品售后服务相关费用应确认递延所得税资产50万元

C.合同违约诉讼相关的预计负债余额为100万元

D.合同违约诉讼案件应确认递延所得税收益25万元

8.A公司适用的所得税税率为25%，企业期初递延所得税负债和递延所得税资产余额均为0。各年税前会计利润均为1 000万元。（1）2017年12月31日应收账款余额为6 000万元，该公司期末对应收账款计提了600万元的坏账准备。税法规定，不符合国务院财政、税务主管部门规定的各项资产减值准备不允许税前扣除。假定该公司应收账款及坏账准备的期初余额均为0。（2）A公司于2017年1月1日将其某自用房屋用于对外出租，该房屋的成本为1 000万元，预计使用年限为20年。转为投资性房地产之前，已使用6年，企业按照年限平均法计提折旧，预计净残值为0。转换日该房屋的公允价值为1 300万元，账面价值为700万元。转为投资性房地产核算后，A公司采用公允价值模式对该投资性房地产进行后续计量。假定税法规定的折旧方法、折旧年限及净残值与会计规定相同；同时，税法规定资产在持有期间公允价值的变动不计入应纳税所得额，待处置时一并计算确定应计入应纳税所得额的金额。该项投资性房地产在2017年12月31日的公允价值为2 000万元。（3）A公司2018年12月31日应收账款余额为10 000万元，期末对应收账款计提了400万元的坏账准备，累计计提坏账准备1 000万元。（4）A公司2018年12月31日投资性房地产的公允价值为2 600万元。下列有关A公司2017年所得税的会计处理，正确的有（　　）。

A.递延所得税资产发生额为150万元

B.递延所得税负债的期末余额为337.5万元

C.递延所得税费用为46.875万元

D.应交所得税为212.5万元

9.资料同上。下列有关A公司2018年所得税的会计处理，正确的有（　　）。

A.递延所得税资产发生额为100万元

B.递延所得税负债发生额为162.5万元

C.递延所得税费用为62.5万元

D.应交所得税为187.5万元

10.甲公司适用的所得税税率为25%。递延所得税负债和递延所得税资产期初余额均为0，2018年税前会计利润为1 000万元，对取得的长期股权投资均拟长期持有。2018年发生下列有关经济业务：（1）支付违反税收的罚款支出4万元，税法规定不得税前扣除。（2）企业因违反合同规定，支付一笔违约金6万元，税法规定支付时可以税前扣除。（3）国债利息收入10万元，税法规定国债利息收入免税。（4）企业债券利息收入10万元，税法规定公司债券利息收入或金融债券利息收入计入应纳税所得额。（5）计提资产减值准备10万元。税法规定计提资产减值准备不得税前扣除。(6) 固定资产折旧：会计采用直线法当年计提折旧100万元，税法采用加速折旧法当年计提折旧150万元。(7) 长期股权投资采用权益法核算（持股比例为20%），当年被投资单位宣告发放现金股利100万元。税法规定，我国境内居民企业之间取得的股息、红利免税。(8) 长期股权投资采用成本法核算（持股比例为80%），当年被投资单位宣告发放现金股利500万元，已计入税前会计利润。(9) 当年取得一项长期股权投资，采用权益法核算，初始投资成本小于投资时应享有被投资单位可辨认净资产公允价值份额，产生差额为6万元。(10) 长期股权投资采用权益法核算，被投资单位实现净利润，按持股比例调增长期股权投资账面价值，同时确认投资收益90万元。(11) 可供出售金融资产公允价值变动增加100万元。(12) 交易性金融资产持有期间（未超过12个月）取得现金股利2万元，税法规定确认的投资收益计入应纳税所得额。下列有关甲公司2018年所得税的会计处理，正确的有（　　）。

A. 甲公司确认应交所得税为114.5万元

B. 甲公司确认递延所得税资产为2.5万元

C. 甲公司确认递延所得税负债为37.5万元

D. 甲公司确认递延所得税费用为10万元

11. 甲公司2018年度涉及所得税的有关交易或事项如下：

(1) 甲公司持有乙公司40%股权，与丙公司共同控制乙公司的财务和经营政策。甲公司对乙公司的长期股权投资系甲公司2016年2月8日购入，其初始投资成本为3 000万元，初始投资成本小于投资时应享有乙公司可辨认净资产公允价值份额的差额为400万元。甲公司拟长期持有乙公司股权。根据税法规定，甲公司对乙公司长期股权投资的计税基础等于初始投资成本。

(2) 2018年1月1日，甲公司开始对A设备计提折旧。A设备的成本为8 000万元，预计使用10年，预计净残值为零，采用年限平均法计提折旧。根据税法规定，A设备的折旧年限为16年。假定甲公司A设备的折旧方法和净残值符合税法规定。

(3) 2018年7月5日，甲公司自行研究开发的B专利技术达到预定可使用状态，并作为无形资产入账。B专利技术的成本为4 000万元，预计使用10年，预计净残值为零，采用直线法摊销。根据税法规定，B专利技术的计税基础为其成本的150%。假定甲公司B专利技术的摊销方法、摊销年限和净残值符合税法规定。

(4) 2018年12月31日，甲公司对商誉计提减值准备1 000万元。该商誉系2016年12月8日甲公司从丙公司处购买丁公司100%股权并吸收合并丁公司时形成的，初始计量金额为3 500万元，丙公司根据税法规定已经交纳与转让丁公司100%股权相关的所得税及其他税费。根据税法规定，甲公司购买丁公司产生的商誉在整体转让或者清算相关资产、负债时，允许税前扣除。

(5) 甲公司的C建筑物于2016年12月30日投入使用并直接出租，成本为6 800万元。甲公司对投资性房地产采用公允价值模式进行后续计量。2018年12月31日，已出租C建筑物的累计公允价值变动收益为1 200万元，其中本年度公允价值变动收益为500万元。根据税法的规定，已出租C建筑物以历史成本按税法规定扣除折旧后作为其计税基础，折旧年限为20年，净残值为零，自投入使用的次月起采用年限平均法计提折旧。甲公司2018年度实现的利润总额为15 000万元，适用的所得税税率为25%。

假定甲公司未来年度有足够的应纳税所得额用于抵扣可抵扣暂时性差异。下列各项关于甲公司2018年度所得税会计处理的表述中，正确的有（　　）。

A.确认所得税费用3 725万元　　B.确认应交所得税3 840万元

C.确认递延所得税收益115万元　　D.确认递延所得税资产800万元

三、综合题

1.甲公司为上市公司，2018年有关资料如下。

（1）甲公司2018年初的递延所得税资产借方余额为190万元，递延所得税负债贷方余额为10万元，具体构成项目如表3-5所示。

表3-5　**甲公司2018年年初的递延所得税具体构成项目**　单位：万元

项　目	可抵扣暂时性差异	递延所得税资产	应纳税暂时性差异	递延所得税负债
应收账款	60	15		
交易性金融资产			40	10
可供出售金融资产	200	50		
预计负债	80	20		
可税前抵扣的经营亏损	420	105		
合计	760	190	40	10

（2）甲公司2018年度实现的利润总额为1 610万元。2018年度相关交易或事项资料如下：

①年末应收账款的余额为400万元，2018年转回应收账款坏账准备20万元。根据税法的规定，转回的坏账损失不计入应纳税所得额。

②年末交易性金融资产的账面价值为420万元，其中成本360万元、累计公允价值变动60万元（包含本年公允价值变动20万元）。根据税法的规定，交易性金融资产公允价值变动收益不计入应纳税所得额。

③年末可供出售金融资产的账面价值为400万元，其中成本为560万元，累计公允价值变动减少其他综合收益160万元（包含本年增加其他综合收益40万元）。根据税法的规定，可供出售金融资产公允价值变动金额不计入应纳税所得额。

④当年实际支付产品保修费用50万元，冲减前期确认的相关预计负债；当年又确认产品保修费用10万元，增加相关预计负债。根据税法的规定，实际支付的产品保修费用允许税前扣除。但预计的产品保修费用不允许税前扣除。

⑤当年发生研究开发支出100万元，全部费用化计入当期损益。根据税法的规定，计算应纳税所得额时，当年实际发生的费用化研究开发支出可以按50%加计扣除。

（3）甲公司适用的所得税税率为25%，预计未来期间适用的所得税税率不会发生变化，未来期间能够产生足够的应纳税所得额用以抵扣可抵扣暂时性差异；不考虑其他因素。

要求：

（1）根据上述资料，计算甲公司2018年应纳税所得额和应交所得税金额。

（2）根据上述资料，计算甲公司各项目2018年年末的暂时性差异金额，计算结果填列在表3-6中。

表3-6　　甲公司各项目2018年年末的暂时性差异金额　　单位：万元

项　目	账面价值	计税基础	累计可抵扣暂时性差异	累计应纳税暂时性差异
应收账款				
交易性金融资产				
可供出售金融资产				
预计负债				

（3）根据上述资料，编制与递延所得税资产、递延所得税负债相关的会计分录。

（4）根据上述资料，计算甲公司2018年应确认的所得税费用金额。

2. 甲公司为高新技术企业，适用的所得税税率为15%。2018年1月1日递延所得税资产余额（全部为存货项目计提的跌价准备）为15万元；递延所得税负债余额（全部为交易性金融资产项目的公允价值变动）为7.5万元。根据税法的规定，自2019年1月1日起甲公司不再属于高新技术企业，同时该公司适用的所得税税率变更为25%。

该公司2018年利润总额为5 000万元，涉及所得税会计的交易或事项如下。

（1）2018年1月1日，以1 043.27万元自证券市场购入当日发行的一项3年期到期还本每年付息的国债。该国债票面金额为1 000万元，票面年利率为6%，年实际利率为5%。甲公司将该国债作为持有至到期投资核算。税法规定，国债利息收入免交所得税。

（2）2018年1月1日，以2 000万元自证券市场购入当日发行的一项5年期到期还本每年付息的公司债券。该债券票面金额为2 000万元，票面年利率为5%，年实际利率为5%。甲公司将其作为持有至到期投资核算。税法规定，公司债券利息收入需要缴纳所得税。

（3）2017年11月23日，甲公司购入一项管理用设备，支付购买价款等共计1 500万元。12月30日，该设备经安装达到预定可使用状态。甲公司预计该设备使用年限为5年，预计净残值为零，采用年数总和法计提折旧。税法规定采用年限平均法计提折旧。假定甲公司该设备折旧年限、预计净残值，符合税法规定。

（4）2018年6月20日，甲公司因违反税收的规定被税务部门处以10万元罚款，罚款未支付。

税法规定，企业违反国家法规所支付的罚款不允许在税前扣除。

（5）2018年10月5日，甲公司自证券市场购入某股票，支付价款200万元（假定不考虑交易费用）。甲公司将该股票作为可供出售金融资产核算。12月31日，该股票的公允价值为150万元。

假定税法规定，可供出售金融资产持有期间公允价值变动金额及减值损失不计入应纳税所得额，待出售时一并计入应纳税所得额。

（6）2018年12月10日，甲公司被乙公司提起诉讼，要求其赔偿未履行合同造成的经济损失。12月31日，该诉讼尚未审结。甲公司预计很可能支出的金额为100万元。税法规定，该诉讼损失在实际发生时允许在税前扣除。

（7）2018年计提产品质量保证160万元，实际发生保修费用80万元。

（8）2018年没有发生存货跌价准备的变动。

（9）2018年没有发生交易性金融资产项目的公允价值变动。

甲公司预计在未来期间有足够的应纳税所得额用于抵扣可抵扣暂时性差异。

要求：

（1）计算甲公司2018年应纳税所得额和应交所得税。

（2）计算甲公司2018年应确认的递延所得税和所得税费用。

（3）编制甲公司2018年确认所得税费用的相关会计分录。

第三章精讲练习题参考答案

第四章

股份支付

案例导入

20×7年1月，为奖励并激励高管，上市公司A公司与其管理层成员签署股份支付协议，规定如果管理层成员在其后3年中都在公司任职服务，并且公司股价每年均提高10%以上，管理层成员即可以低于市价的价格购买一定数量的本公司股票。

同时作为协议的补充，公司把全体管理层成员的年薪提高了50 000元，但公司将这部分年薪按月存入公司专门建立的内部基金，3年后，管理层成员可用属于其个人的部分抵减未来行权时支付的购买股票款项。如果管理层成员决定退出这项基金，可随时全额提取。

A公司以期权定价模型估计授予的此项期权在授予日的公允价值为6 000 000元。

在授予日，A公司估计3年内管理层离职的比例为每年10%；在第二年年末，A公司调整估计离职率为5%；到第三年年末，公司实际离职率为6%。

在第一年中，公司股价提高了10.5%，第二年提高了11%，第三年提高了6%。公司在第一年、第二年年末均预计下年能实现当年股价增长10%以上的目标。

请问此案例中涉及哪些条款和条件？A公司应如何处理？

学习目标

理解股份支付的概念；正确区分以现金结算的股份支付和以权益结算的股份支付的会计处理差别；熟练掌握等待期的股份支付会计处理、现金结算股份支付的会计处理、应当作为以权益结算的股份支付的项目、集团股份支付的会计处理等。

第一节　股份支付概述

一、股份支付的含义

股份支付，是“以股份为基础的支付”，是指企业为获取职工和其他方提供的服务而授予权益工具或者承担以权益工具为基础确定的负债的交易。

企业向其雇员支付期权等作为薪酬或奖励措施的行为，是目前具有代表性的股份支付交易，我国部分企业目前实行的职工期权激励计划即属于这一范畴。

根据股份支付的定义，其具有以下特征：

一是股份支付是企业与职工或其他方之间发生的交易。以股份为基础的支付可能发生在企业与股东之间、合并交易中的合并方与被合并方之间或者企业与其职工之间。只有发生在企业与其职工或向企业提供服务的其他方之间的交易，才符合股份支付的定义。

二是股份支付是以获取职工或其他方服务为目的的交易。企业在股份支付交易中意在获取其职工或其他方提供的服务（费用）或取得这些服务的权利（资产）。企业获取这些服务或权利的目的是用于其正常生产经营，不是转手获利等。

三是股份支付交易的对价或其定价与企业自身权益工具未来的价值密切相关。股份支付交易与企业与其职工间其他类型交易的最大不同，是交易对价或其定价与企业自身权益工具未来的价值密切相关。在股份支付中，企业要么向职工支付其自身权益工具，要么向职工支付一笔现金，而其金额高低取决于结算时企业自身权益工具的公允价值。对价的特殊性可以说是股份支付定义中最突出的特征。

二、股份支付的主要环节

典型的股份支付通常涉及四个环节：(1) 授予；(2) 可行权；(3) 行权；(4) 出售。

授予日是指股份支付协议获得批准的日期。其中“获得批准”，是指企业与职工或其他方就股份支付的协议条款和条件已达成一致，该协议获得股东大会或类似机构的批准。这里的“达成一致”是指，在双方对该计划或协议内容充分形成一致理解的基础上，均接受其条款和条件。如果按照相关法规的规定，在提交股东大会或类似机构之前存在必要程序或要求，则应履行该程序或满足该要求。

可行权日是指可行权条件得到满足、职工或其他方具有从企业取得权益工具或现金权利的日期。有的股份支付协议是一次性可行权，有的则是分批可行权。只有已经可行权的股票期权，才是职工真正拥有的“财产”，才能去择机行权。从授予日至可行权日的时段，是可行权条件得到满足的期间，因此称为“等待期”，又称“行权限制期”。

行权日是指职工和其他方行使权利、获取现金或权益工具的日期。例如，持有股票期权的职工行使了以特定价格购买一定数量本公司股票的权利，该日期即为行权日。行权是按期权的约定价格实际购买股票，一般是在可行权日之后到期权到期日之前的可选择时段内行权。

出售日是指股票的持有人将行使期权所取得的期权股票出售的日期。按照我国法规规定，用于期权激励的股份支付协议，应在行权日与出售日之间设立禁售期，其中国有控股上市公司的禁售期不得低于两年。

三、股份支付工具的类型

股份支付分为以权益结算的股份支付和以现金结算的股份支付。

(1) 以权益结算的股份支付，是指企业为获取服务而以股份（如限制性股票）或其他权益工具（如股票期权）作为对价进行结算的交易。

限制性股票是指职工或其他方按照股份支付协议规定的条款和条件，从企业获得一定数量的企业股票，在一个确定的等待期内或者在满足特定业绩指标之后，方可出售。

股票期权，是指在未来一定期限内以预先确定的价格和条件给予购买本企业一定数量股票的权利。

（2）以现金结算的股份支付，是指企业为获取服务而承担的以股份或其他权益工具为基础计算的交付现金或其他资产义务的交易，如现金股票增值权等。以现金结算的股份支付包括模拟股票和现金股票增值权。这两者都与股票挂钩，但是不需要实际授予和持有股票。

现金股票增值权的运作原理和股票期权是一样的。

模拟股票的运作原理和限制性股票一样。

【例4-1·单选题】下列各项中，应当作为以现金结算的股份支付进行会计处理的是（　　）。

A.以低于市价向员工出售限制性股票的计划

B.授予高管人员低于市价购买公司股票的期权计划

C.公司承诺达到业绩条件时向员工无对价定向发行股票的计划

D.授予研发人员以预期股价相对于基准日股价的上涨幅度为基础支付奖励款的计划

【答案】D

【解析】选项A、B和C，是企业为获取职工服务而以股份或其他权益工具作为对价进行结算的交易，属于以权益结算的股份支付；选项D，是企业为获取服务而承担的以股份或其他权益工具为基础计算的交付现金义务的交易，属于以现金结算的股份支付。

【例4-2·多选题】甲公司为母公司，其所控制的企业集团内20×3年发生以下与股份支付相关的交易或事项：（1）甲公司与其子公司（乙公司）高管签订协议，授予乙公司高管100万份股票期权，待满足行权条件时，乙公司高管可以每股4元的价格自甲公司购买乙公司股票；（2）乙公司授予其研发人员20万份现金股票增值权，这些研发人员在乙公司连续服务2年，即可按照乙公司股价的增值幅度获得现金；（3）乙公司自市场回购本公司股票100万股，并与销售人员签订协议，如未来3年销售业绩达标，销售人员将无偿取得该部分股票；（4）乙公司向丁公司发行500万股本公司股票，作为支付丁公司为乙公司提供咨询服务的价款。不考虑其他因素，下列各项中，乙公司应当作为以权益结算的股份支付的有（　　）。

A.乙公司高管与甲公司签订的股份支付协议

B.乙公司与本公司销售人员签订的股份支付协议

C.乙公司与本公司研发人员签订的股份支付协议

D.乙公司以定向发行本公司股票取得咨询服务的协议

【答案】ABD

【解析】母公司授予子公司激励对象股票期权，乙公司应当作为以权益结算的股份支付处理，选项A正确；乙公司回购本公司股票授予本公司销售人员和以定向发行本公司股票取得咨询服务，属于以权益结算的股份支付，选项B和D正确；授予本公司研发人员的现金股票增值权属于现金结算的股份支付，选项C错误。

第二节 股份支付的确认和计量

一、股份支付的确认和计量原则

（一）权益结算的股份支付的确认和计量原则

1.换取职工服务的股份支付的确认和计量原则

应按授予日权益工具的公允价值计量，不确认其后续公允价值变动。

对于换取职工服务的股份支付，企业应当以股份支付所授予的权益工具的公允价值计量。企业应在等待期内的每个资产负债表日，以对可行权权益工具数量的最佳估计数为基础，按照权益工具在授予日的公允价值，将当期取得的服务计入相关资产成本或当期费用，同时计入资本公积中的其他资本公积。

对于授予后立即可行权的换取职工提供服务的权益结算的股份支付，应在授予日按照权益工具的公允价值，将取得的服务计入相关资产成本或当期费用，同时计入资本公积中的股本溢价。

2.换取其他方服务的股份支付的确认和计量原则

对于换取其他方服务的股份支付，企业应当以股份支付所换取的服务的公允价值计量。

企业应当按照其他方服务在取得日的公允价值，将取得的服务计入相关资产成本或费用。

如果其他方服务的公允价值不能可靠计量，但权益工具的公允价值能够可靠计量，企业应当按照权益工具在服务取得日的公允价值，将取得的服务计入相关资产成本或费用。

【例4-3·单选题】关于权益结算的股份支付的计量，下列说法中错误的是（　　）。

A.应按授予日权益工具的公允价值计量，不确认其后续公允价值变动

B.对于换取职工服务的股份支付，企业应当按在等待期内的每个资产负债表日的公允价值计量

C.对于授予后立即可行权的换取职工提供服务的权益结算的股份支付，应在授予日按照权益工具的公允价值计量

D.对于换取职工服务的股份支付，企业应当按照权益工具在授予日的公允价值，将当期取得的服务计入相关资产成本或当期费用，同时计入资本公积中的其他资本公积

【答案】B

【解析】对于换取职工服务的股份支付，企业应当以股份支付所授予的权益工具的公允价值计量。企业应在等待期内的每个资产负债表日，以对可行权权益工具数量的最佳估计数为基础，按照权益工具在授予日的公允价值，将当期取得的服务计入相关资产成本或当期费用，同时计入资本公积中的其他资本公积。

3.权益工具公允价值无法可靠确定时的处理

在极少数情况下，授予权益工具的公允价值无法可靠计量。在这种情况下，企业应当在获取对方提供服务的时点、后续的每个资产负债表日和结算日，以内在价值计量该权益

工具，内在价值的变动计入当期损益。同时，企业应当以最终可行权或实际行权的权益工具数量为基础，确认取得服务的金额。内在价值是指交易对方有权认购或取得的股份的公允价值，与其按照股份支付协议应当支付的价格间的差额。

企业对上述以内在价值计量的已授予权益工具进行结算，应当遵循以下要求：

（1）结算发生在等待期内的，企业应当将结算作为加速可行权处理，即立即确认本应于剩余等待期内确认的服务金额。

（2）结算时支付的款项应当作为回购该权益工具处理，即减少所有者权益。结算支付的款项高于该权益工具在回购日内在价值的部分，计入当期损益。

（二）现金结算的股份支付的确认和计量原则

企业应当在等待期内按每个资产负债表日权益工具的公允价值重新计量，确认成本费用和相应的应付职工薪酬；并在结算前的每个资产负债表日和结算日对负债的公允价值重新计量，将其公允价值变动计入当期损益（公允价值变动损益）。

二、可行权条件的种类、处理和修改

可行权条件是指能够确定企业是否得到职工或其他方提供的服务，且该服务使职工或其他方具有获取股份支付协议规定的权益工具或现金等权利的条件；反之，为非可行权条件。

可行权条件包括服务期限条件和业绩条件。企业在确定权益工具在授予日的公允价值时，不考虑非市场条件的影响。但非市场条件是否得到满足，影响企业对预计可行权情况的估计。对于可行权条件为业绩条件的股份支付，只要职工满足了其他所有非市场条件（如利润增长率、服务期限等），企业就应当确认已取得的服务。

（一）市场条件和非市场条件及其处理

市场条件是指行权价格、可行权条件以及行权可能性与权益工具的市场价格相关的业绩条件，如股份支付协议中关于股价上升至何种水平职工可相应取得多少股份的规定。企业在确定权益工具在授予日的公允价值时，应考虑市场条件的影响，而不考虑非市场条件的影响；市场条件是否得到满足，不影响企业对预计可行权情况的估计。

非市场条件是指除市场条件之外的其他业绩条件，如股份支付协议中关于达到最低盈利目标或销售目标才可行权的规定。对于可行权条件为业绩条件的股份支付，在确定权益工具的公允价值时，应考虑市场条件的影响，只要职工满足了其他所有非市场条件，企业就应当确认已取得的服务。

【例 4-4 · 实务题】见本章案例导入。

分析：如果不同时满足服务 3 年和公司股价年增长 10% 以上的要求，管理层成员就无权行使其股票期权，因此两者都属于可行权条件，其中服务满 3 年是一项服务期限条件，10% 的股价增长要求是一项市场业绩条件。虽然公司要求管理层成员将部分薪金存入统一账户保管，但不影响其可行权，因此统一账户条款是非可行权条件。

按照股份支付准则的规定，第一年年末确认的服务费用为：6 000 000×1/3×90%=1 800 000（元）

第二年年末累计确认的服务费用为：6 000 000×2/3×95%=3 800 000（元）

第三年年末累计应确认的服务费用为：6 000 000×94%=5 640 000（元）

由此，第二年应确认的费用为：3 800 000−1 800 000=2 000 000（元）

第三年应确认的费用为：5 640 000-3 800 000=1 840 000（元）

最后，94%的管理层成员满足了市场条件之外的全部可行权条件。尽管股价年增长10%以上的市场条件未得到满足，A公司在3年的年末也均确认了收到的管理层提供的服务，并相应确认了费用。

【例4-5·多选题】股份支付中通常涉及可行权条件，其中业绩条件又可分为市场条件和非市场条件。下列项目中，属于可行权条件中的非市场条件的有（　　）。

A.最低股价增长率

B.营业收入增长率

C.最低利润指标的实现情况

D.将部分年薪存入公司专门建立的内部基金

【答案】BC

【解析】选项A属于市场条件；选项B和C属于非市场条件；选项D不属于可行权条件。

（二）可行权条件的修改

通常情况下，股份支付协议生效后，不应对其条款和条件随意修改。但在某些情况下，可能需要修改授予权益工具的股份支付协议中的条款和条件。如股票除权、除息或其他原因需要调整行权价格或股票期权数量。

在会计核算上，无论已授予的权益工具的条款和条件如何修改，甚至取消权益工具的授予或结算该权益工具，企业都应至少确认按照所授予的权益工具在授予日的公允价值来计量获取的相应服务，除非因不能满足权益工具的可行权条件（除市场条件外）而无法可行权。

1.条款和条件的有利修改

企业应当分别以下情况，确认导致股份支付公允价值总额升高以及其他对职工有利的修改的影响：

（1）如果修改增加了所授予的权益工具的公允价值，企业应按照权益工具公允价值的增加相应地确认取得服务的增加。权益工具公允价值的增加，是指修改前后的权益工具在修改日的公允价值之间的差额。

（2）如果修改增加了所授予的权益工具的数量，企业应将增加的权益工具的公允价值相应地确认为取得服务的增加。

（3）如果企业按照有利于职工的方式修改可行权条件，如缩短等待期、变更或取消业绩条件（非市场条件），企业在处理可行权条件时，应当考虑修改后的可行权条件。

注意：对职工有利的修改均予以考虑。

【例4-6·实务题】甲公司于2015年1月1日向其60名高级管理人员每人授予10万份股票期权，根据股份支付协议的规定，这些高级管理人员必须在公司服务满3年。授予日每份期权的公允价值为5元。2015年年底，甲公司的股价已经大幅下跌，于2016年1月1日，管理层选择降低期权的行权价格。在重新定价的当天，每份期权修改后的公允价值增加2元，即修改后每份期权的公允价值为7元。

2015年12月31日，管理层估计将有10%的职工可能在3年内离职。2016年，实际离职人数明显少于管理层的预期，因此，2016年12月31日管理层将离职率修订为5%。

2017年年底剩余55名高管人员全部行权。

要求：假定甲公司对该项修改采用追溯调整法进行会计处理，计算甲公司2015年、2016年和2017年每期计入管理费用的金额。

【答案】（1）2015年计入管理费用的金额=60×（1−10%）×10×5×1/3=900（万元）

（2）2016年12月31日累计计入管理费用的金额=60×（1−5%）×10×7×2/3=2 660（万元）

2016年计入管理费用的金额=2 660−900=1 760（万元）

（3）2017年12月31日累计计入管理费用的金额=55×10×7=3 850（万元）

2017年计入管理费用的金额=3 850−2 660=1 190（万元）

2.条款和条件的不利修改

如果企业以减少股份支付公允价值总额的方式或其他不利于职工的方式修改条款和条件，企业仍应继续对取得的服务进行会计处理，如同该变更从未发生，除非企业取消了部分或全部已授予的权益工具。具体包括如下几种情况：

（1）如果修改减少了授予的权益工具的公允价值，企业应当继续以权益工具在授予日的公允价值为基础，确认取得服务的金额，而不应考虑权益工具公允价值的减少。

（2）如果修改减少了授予的权益工具的数量，企业应当将减少部分作为已授予的权益工具的取消来进行处理。

（3）如果企业以不利于职工的方式修改了可行权条件，如延长等待期、增加或变更业绩条件（非市场条件），企业在处理可行权条件时，不应考虑修改后的可行权条件。

注意：对职工不利的修改均不予以考虑。

3.取消或结算

如果企业在等待期内取消了所授予的权益工具或结算了所授予的权益工具（因未满足可行权条件而被取消的除外），企业应当：

（1）将取消或结算作为加速可行权处理，立即确认原本应在剩余等待期内确认的金额。

（2）在取消或结算时支付给职工的所有款项均应作为权益的回购处理，回购支付的金额高于该权益工具在回购日公允价值的部分，计入当期费用。

（3）如果向职工授予新的权益工具，并在新权益工具授予日认定所授予的新权益工具是用于替代被取消的权益工具的，企业应以与处理原权益工具条款和条件修改相同的方式，对所授予的替代权益工具进行处理。权益工具公允价值的增加，是指在替代权益工具的授予日，替代权益工具公允价值与被取消的权益工具净公允价值之间的差额。被取消的权益工具的净公允价值，是指其在取消前立即计量的公允价值减去因取消原权益工具而作为权益回购支付给职工的款项。如果企业未将新授予的权益工具认定为替代权益工具，则应将其作为一项新授予的股份支付进行处理。

企业如果回购其职工已可行权的权益工具，应当借记所有者权益，回购支付的金额高于该权益工具在回购日公允价值的部分，计入当期费用。

三、权益工具公允价值的确定

股份支付中权益工具的公允价值的确定，应当以市场价格为基础。

一些股份和股票期权并没有一个活跃的交易市场，在这种情况下，应当考虑估值技术。通常情况下，企业应当按照《企业会计准则第22号——金融工具确认和计量》的有关规定确定权益工具的公允价值，并根据股份支付协议的条款和条件进行调整。

（一）股份

对于授予职工的股份，企业应按照其股份的市场价格计量。如果其股份未公开交易，则应考虑其条款和条件估计其市场价格。例如，如果股份支付协议规定了期权股票的禁售期，则会对可行权日后市场参与者愿意为该股票支付的价格产生影响，并进而影响该股票期权的公允价值。

（二）股票期权

对于授予职工的股票期权，因其通常受到一些不同于交易期权的条款和条件的限制，因而在许多情况下难以获得其市场价格。如果不存在条款和条件相似的交易期权，就应通过期权定价模型来估计所授予的期权的公允价值。

在选择适用的期权定价模型时，企业应考虑熟悉情况和自愿的市场参与者将会考虑的因素。所有适用于估计授予职工期权的定价模型至少应考虑以下因素：（1）期权的行权价格；（2）期权期限；（3）基础股份的现行价格；（4）股价的预计波动率；（5）股份的预计股利；（6）期权期限内的无风险利率。

此外，企业选择的期权定价模型还应考虑熟悉情况和自愿的市场参与者在确定期权价格时会考虑的其他因素，但不包括那些在确定期权公允价值时不考虑的可行权条件和再授予特征因素。确定授予职工的股票期权的公允价值，还需要考虑提早行权的可能性。

注意：对于有再授予特征的股票期权，确定其公允价值时，不考虑再授予特征。

四、股份支付的处理

（一）授予日

除了立即可行权的股份支付外，企业在授予日不做会计处理。

（二）等待期内每个资产负债表日

职工完成约定期内的服务或达到规定业绩条件才可行权的以权益结算的股份支付，在等待期内的每个资产负债表日，应当根据最新取得的可行权数量变动等后续信息作出最佳估计，按照权益工具授予日的公允价值，确定成本费用和相应的资本公积，借记“管理费用”等科目，贷记“资本公积——其他资本公积”科目，不确认权益工具后续公允价值变动。完成约定期内的服务或达到规定业绩条件才可行权的以现金结算的股份支付，在等待期内的每个资产负债表日，应当以对可行权情况的最佳估计为基础，按照当日权益工具的公允价值重新计量，将当期取得的服务计入成本或费用和相应的负债，借记“管理费用”等科目，贷记“应付职工薪酬——股份支付”科目。企业应当在等待期内的每个资产负债表日，将取得职工或其他方提供的服务计入成本费用，同时确认所有者权益或负债。

（1）对于权益结算的涉及职工的股份支付，应当按照授予日权益工具的公允价值计入成本费用和资本公积（其他资本公积），不确认其后续公允价值变动。

借：管理费用等

贷：资本公积——其他资本公积

【例4-7·单选题】2017年1月1日，经股东大会批准，甲公司向50名高管人员每人授予1万份股票期权。根据股份支付协议的规定，这些高管人员自2017年1月1日起在甲公司连续服务3年，即可以每股5元的价格购买1万股甲公司普通股股票。2017年1月1日，每份股票期权的公允价值为15元。2017年没有高管人员离开公司，甲公司预计在未来两年将有5名高管离开公司。2017年12月31日，甲公司授予高管的股票期权每份公允价值为13元。甲公司因该股份支付协议在2017年应确认的管理费用金额为（　　）万元。

A.195　　B.216.67　　C.225　　D.250

【答案】C

【解析】甲公司因该股份支付协议在2017年应确认的管理费用金额=（50−5）×15×1/3=225（万元）。

（2）对于现金结算的涉及职工的股份支付，应当按照每个资产负债表日权益工具的公允价值重新计量，确定成本费用和应付职工薪酬。

借：管理费用等

　贷：应付职工薪酬

（三）可行权日之后

（1）对于权益结算的股份支付，在可行权日之后不再对已确认的成本费用和所有者权益总额进行调整。

（2）对于现金结算的股份支付，企业在可行权日之后不再确认成本费用，负债（应付职工薪酬）公允价值的变动应当计入当期损益（公允价值变动损益）。

（四）回购股份进行职工期权激励

1.回购股份

借：库存股

　贷：银行存款（实际支付的款项）

2.确认成本费用

借：管理费用等

　贷：资本公积——其他资本公积

3.职工行权

借：银行存款（企业收到的股票价款）

　　资本公积——其他资本公积（等待期内资本公积累计确认的金额）

　贷：库存股（交付给职工的库存股成本）

　　资本公积——股本溢价（差额）

实务中，企业实施限制性股票的股份激励安排中，以非公开发行方式向激励对象授予一定数量的公司股票，并规定锁定期和解锁期，在锁定期和解锁期不得上市流通及转让，达到解锁条件，才可以解锁。如果全部或部分股票未被解锁而失效作废，则由企业按照事先约定的价格（较为常见的是按最初的授予价格）进行回购。

对于此类授予限制性股票的股权激励计划，向职工发行的限制性股票按有关规定履行了注册登记等增资手续的，在授予日，企业应当根据收到职工缴纳的认股款确认股本和资本公积（股本溢价或资本溢价）；回购股份作库存股处理；在锁定期和解锁期内，企业应当按照股份支付的相关规定进行会计处理。

【例4-8·多选题】下列关于附等待期的股份支付会计处理的表述中，正确的有（　　）。

A.以权益结算的股份支付，相关权益性工具的公允价值在授予日后不再调整

B.附市场条件的股份支付，应在市场及非市场条件均满足时确认相关成本费用

C.现金结算的股份支付在授予日不作会计处理，权益结算的股份支付应予处理

D.业绩条件为非市场条件的股份支付，等待期内应根据后续信息调整对可行权情况进行估计

【答案】AD

【解析】选项B，只要满足非市场条件，企业就应当确认相关成本费用；选项C，除立即可行权的股份支付外，现金结算的股份支付以及权益结算的股份支付在授予日均不做处理。

【例4-9·单选题】2017年1月1日，甲公司向50名高管人员每人授予2万份股票期权，这些人员从被授予股票期权之日起连续服务满2年，即可按每股6元的价格购买甲公司2万股普通股股票（每股面值1元）。该期权在授予日的公允价值为每股12元。2018年10月20日，甲公司从二级市场以每股15元的价格回购本公司普通股股票100万股，拟用于高管人员股权激励。在等待期内，甲公司没有高管人员离职。2018年12月31日，高管人员全部行权，当日甲公司普通股市场价格为每股16元。2018年12月31日，甲公司因高管人员行权应确认的股本溢价为（　　）万元。

A.200　　B.300　　C.500　　D.1 700

【答案】B

【解析】行权时收到的款项=50×2×6=600（万元），冲减的“资本公积——其他资本公积”=50×2×12=1 200（万元），冲减的库存股=100×15=1 500（万元），行权应确认的股本溢价=600+1 200−1 500=300（万元）。

【例4-10·多选题】关于股份支付的计量，下列说法中正确的有（　　）。

A.以现金结算的股份支付，应按资产负债表日权益工具的公允价值重新计量

B.以现金结算的股份支付，应按授予日权益工具的公允价值计量，不确认其后续公允价值变动

C.以权益结算的股份支付，应按授予日权益工具的公允价值计量，不确认其后续公允价值变动

D.以权益结算的股份支付，应按资产负债表日权益工具的公允价值重新计量

E.无论是以权益结算的股份支付，还是以现金结算的股份支付，均应按资产负债表日当日权益工具的公允价值重新计量

【答案】AC

【解析】以现金结算的股份支付，应按资产负债表日当日权益工具的公允价值重新计量；以权益结算的股份支付，应按授予日权益工具的公允价值计量，不确认其后续公允价值变动。

五、集团股份支付的处理

企业集团（由母公司和其全部子公司构成）内发生的股份支付交易，应当按照以下规

定进行会计处理：

（1）结算企业以其本身权益工具结算的，应当将该股份支付交易作为权益结算的股份支付处理；除此之外，应当作为现金结算的股份支付处理。

结算企业是接受服务企业的投资者的，应当按照授予日权益工具的公允价值或应承担负债的公允价值确认为对接受服务企业的长期股权投资，同时确认资本公积（其他资本公积）或负债。

（2）接受服务企业没有结算义务或授予本企业职工的是其本身权益工具的，应当将该股份支付交易作为权益结算的股份支付处理；接受服务企业具有结算义务且授予本企业职工的是企业集团内其他企业权益工具的，应当将该股份支付交易作为现金结算的股份支付处理。

等待期内具体账务处理如下：

1.结算企业（母公司）以其本身权益工具结算，接受服务企业（子公司）没有结算义务

（1）结算企业

借：长期股权投资

　贷：资本公积（按权益结算股份支付计量原则确认资本公积）

（2）接受服务企业

借：管理费用等

　贷：资本公积（按权益结算股份支付计量原则确认资本公积）

（3）合并财务报表中应编制如下抵销分录

借：资本公积

　贷：长期股权投资

【关键点】合并财务报表中反映的是，相当于母公司授予母公司职工权益结算股份支付的结果。

2.结算企业（母公司）不是以其本身权益工具结算，接受服务企业（子公司）没有结算义务

（1）结算企业

借：长期股权投资

　贷：应付职工薪酬（按现金结算股份支付计量原则确认应付职工薪酬）

（2）接受服务企业

借：管理费用等

　贷：资本公积（按权益结算股份支付计量原则确认资本公积）

（3）合并财务报表中应编制如下抵销分录

借：资本公积

　　管理费用等（差额，也可能在贷方）

　贷：长期股权投资

【关键点】合并财务报表中反映的是，相当于集团会计主体授予集团会计主体职工现金结算股份支付的结果，合并财务报表中最终体现的是按现金结算股份支付计量原则确认的应付职工薪酬和管理费用，因接受服务企业确认的管理费用是按权益结算股

份支付计量原则确定的，所以合并财务报表抵销分录中会出现差额，该差额计入管理费用。

3.结算企业和接受服务企业均为母公司，且授予本公司职工的是其本身权益工具

借：管理费用等

　贷：资本公积（按权益结算股份支付计量原则确认资本公积）

4.结算企业和接受服务企业均为母公司，且不是以其本身权益工具结算

借：管理费用等

　贷：应付职工薪酬（按现金结算股份支付计量原则确认应付职工薪酬）

【例4-11·实务题】A公司为B公司的母公司，2016年1月1日，A公司以其本身权益工具为B公司的100名管理人员每人授予100份股票期权，每份期权在2016年1月1日的公允价值为24元。第1年年末能够行权的条件是B公司净利润增长率要达到20%，第2年年末能够行权的条件是B公司的净利润2年平均增长率达到15%，第3年年末行权条件是B公司3年净利润平均增长率达到10%。

2016年B公司净利润增长率为18%，有8名管理人员离开，预计第2年的净利润增长率为18%，预计2017年12月31日可行权，预计第2年还有8名管理人员离开。

2017年B公司净利润只增长10%，未达到2年平均增长15%，当年又有10名管理人员离开，预计2018年12月31日可行权，预计第3年还将有12名管理人员离开。

2018年B公司净利润增长了8%，3年平均增长了12%，当年有8名管理人员离开。2018年12月31日剩余管理人员全部行权，行权价格为5元。

要求：

（1）编制A公司个别财务报表中2016—2018年与股份支付有关的会计分录。

（2）编制B公司2016—2018年与股份支付有关的会计分录。

（3）计算合并财务报表中2016年和2017年确认增加的“资本公积——其他资本公积”和管理费用的金额。

（4）计算合并财务报表中2018年确认的“资本公积——股本溢价”的金额。

【答案】（1）①2016年1月1日：

授予日不做账务处理。

②2016年12月31日：

因估计第2年年末即可行权，所以应计入长期股权投资和资本公积的金额=（100-8-8）×100×24×1/2=100 800（元）。

借：长期股权投资　　100 800

　贷：资本公积——其他资本公积　　100 800

③2017年12月31日：

预计2018年年末可行权，因此等待期调整为3年，2017年应计入长期股权投资和资本公积的金额=（100-8-10-12）×100×24×2/3-100 800=11 200（元）。

借：长期股权投资　　11 200

　贷：资本公积——其他资本公积　　11 200

④2018年12月31日：

2018年应计入长期股权投资和资本公积的金额=（100-8-10-8）×100×24-（100 800+

11 200）=65 600（元）。

借：长期股权投资　　65 600

　贷：资本公积——其他资本公积　　65 600

借：银行存款（7 400×5）　　37 000

　　资本公积——其他资本公积　　177 600

　贷：股本（74×100）　　7 400

　　　资本公积——股本溢价　　207 200

（2）①2016年1月1日：

授予日不做账务处理。

②2016年12月31日：

因估计第二年即可行权，所以应计入成本费用的金额=（100-8-8）×100×24×1/2=100 800（元）。

借：管理费用　　100 800

　贷：资本公积——其他资本公积　　100 800

③2017年12月31日：

预计2018年年末可行权，因此等待期调整为3年，应计入成本费用的金额=（100-8-10-12）×100×24×2/3-100 800=11 200（元）。

借：管理费用　　11 200

　贷：资本公积——其他资本公积　　11 200

④2018年12月31日：

应计入成本费用的金额=（100-8-10-8）×100×24-（100 800+11 200）=65 600（元）

借：管理费用　　65 600

　贷：资本公积——其他资本公积　　65 600

借：资本公积——其他资本公积　　177 600

　贷：资本公积——股本溢价　　177 600

（3）①因估计第二年即可行权，所以2016年应记入“资本公积——其他资本公积”和“管理费用”科目的金额=（100-8-8）×100×24×1/2=100 800（元）。

②预计2018年年末可行权，因此等待期调整为3年，所以2017年应记入“资本公积——其他资本公积”和“管理费用”科目的金额=（100-8-10-12）×100×24×2/3-100 800=11 200（元）。

（4）2018年12月31日，3年中形成的记入“资本公积——其他资本公积”科目的金额=（100-8-10-8）×100×24=177 600（元），因此，合并财务报表中职工行权时产生的“资本公积——股本溢价”=7 400×5+177 600-7 400×1=207 200（元）。

第三节　股份支付的应用举例

一、附服务年限条件的权益结算股份支付

【例4-12·实务题】A公司为一上市公司。20×6年1月1日，公司向其200名管理人员

每人授予100股股票期权，这些职员从20×6年1月1日起在该公司连续服务3年，即可以5元/股购买100股A公司股票，从而获益。公司估计该期权在授予日的公允价值为18元。

第一年有20名职员离开A公司，A公司估计3年中离开的职员的比例将达到20%；第二年又有10名职员离开公司，公司将估计的职员离开比例修正为15%；第三年又有15名职员离开。

【解析】账务处理如下：

（1）20×6年1月1日：

授予日不做账务处理。

（2）20×6年12月31日：

借：管理费用	96 000	
贷：资本公积——其他资本公积		96 000

（3）20×7年12月31日：

借：管理费用	108 000	
贷：资本公积——其他资本公积		108 000

（4）20×8年12月31日：

借：管理费用	75 000	
贷：资本公积——其他资本公积		75 000

（5）假设全部155名职员都在20×9年12月31日行权，A公司股份面值为1元：

借：银行存款	77 500	
资本公积——其他资本公积	279 000	
贷：股本		15 500
资本公积——股本溢价		341 000

二、附非市场业绩条件的权益结算股份支付

【例4-13·实务题】20×7年1月1日，A公司为其100名管理人员每人授予100份股票期权：第1年年末的可行权条件为企业净利润增长率达到20%；第2年年末的可行权条件为企业净利润两年平均增长15%；第3年年末的可行权条件为企业净利润3年平均增长10%。每份期权在20×7年1月1日的公允价值为24元。

20×7年12月31日，权益净利润增长了18%，同时有8名管理人员离开，公司预计20×8年将以同样速度增长，因此预计将于20×8年12月31日可行权。另外，公司预计20×8年12月31日又将有8名管理人员离开企业。

20×8年12月31日，公司净利润仅增长了10%，因此无法达到可行权状态。另外，实际有10名管理人员离开，预计第3年将有12名管理人员离开企业。

20×9年12月31日，公司净利润增长了8%，3年平均增长率为12%，因此达到可行权状态。当年有8名管理人员离开。

分析：按照股份支付会计准则，本例中的可行权条件是一项非市场业绩条件。

第1年年末，虽然没有实现净利润增长20%的要求，但公司预计下年将以同样速度增长，因此能实现两年平均增长15%的要求。所以公司将其预计等待期调整为2年。由于有8名管理人员离开，公司同时调整了期满（2年）后预计可行权期权的数量（100-8-8）。

第2年年末，虽然两年实现15%增长的目标再次落空，但公司仍然估计能够在第3年取得较理想的业绩，从而实现3年平均增长10%的目标。所以公司将其预计等待期调整为3年。由于第2年有10名管理人员离开，高于预计数字，因此公司相应调增了第3年预计离开的人数（100-8-10-12）。

第3年年末，目标实现，实际离开人数为8人。公司根据实际情况确定累计费用，并据此确认了第3年费用和调整。

【解析】账务处理如下：

（1）20×7年1月1日：

授予日不做账务处理。

（2）20×7年12月31日：

借：管理费用　　100 800

　贷：资本公积——其他资本公积　　100 800

（3）20×8年12月31日：

借：管理费用　　11 200

　贷：资本公积——其他资本公积　　11 200

（4）20×9年12月31日：

借：管理费用　　65 600

　贷：资本公积——其他资本公积　　65 600

（5）假设全部74名职员都在2×10年12月31日行权（免费获得A公司股票），A公司股份面值为1元：

借：资本公积——其他资本公积　　177 600

　贷：股本　　7 400

　　资本公积——股本溢价　　170 200

三、现金结算的股份支付

【例4-14·实务题】20×5年年初，A公司为其200名中层以上职员每人授予100份现金股票增值权，这些职员从20×5年1月1日起在该公司连续服务3年，即可按照当时股价的增长幅度获得现金，该增值权应在20×9年12月31日之前行使。A公司估计，该增值权在负债结算之前的每一资产负债表日以及结算日的公允价值和可行权后的每份增值权现金支出额见表4-1。

表4-1　增值权在负债结算之前的每一资产负债表日以及结算日的公允价值和可行权后的每份增值权现金支出额

单位：元

年份	公允价值	支付现金
20×5	14	
20×6	15	
20×7	18	16
20×8	21	20
20×9		25

第1年有20名职员离开A公司，A公司估计3年中还将有15名职员离开；第2年又有10名职员离开公司，公司估计还将有10名职员离开；第3年又有15名职员离开。第3年年末，有70人行使股份增值权取得了现金。第4年年末，有50人行使了股份增值权。第5年年末，剩余35人也行使了股份增值权。

【解析】账务处理如下：

（1）20×5年12月31日：

借：管理费用　　77 000

　贷：应付职工薪酬——股份支付　　77 000

（2）20×6年12月31日：

借：管理费用　　83 000

　贷：应付职工薪酬——股份支付　　83 000

（3）20×7年12月31日：

借：管理费用　　105 000

　贷：应付职工薪酬——股份支付　　105 000

借：应付职工薪酬——股份支付　　112 000

　贷：银行存款　　112 000

（4）20×8年12月31日：

借：公允价值变动损益　　20 500

　贷：应付职工薪酬——股份支付　　20 500

借：应付职工薪酬——股份支付　　100 000

　贷：银行存款　　100 000

（5）20×9年12月31日：

借：公允价值变动损益　　14 000

　贷：应付职工薪酬——股份支付　　14 000

借：应付职工薪酬——股份支付　　87 500

　贷：银行存款　　87 500

【例4-15·单选题】A公司为一上市公司。2017年1月1日，公司向其200名管理人员每人授予5万份股票期权，这些职员从2017年1月1日起在该公司连续服务3年，即可以4元/股的价格购买5万股A公司股票，从而获益。公司估计每份期权在授予日的公允价值为15元。第1年有20名职员离开A公司，A公司估计3年中离开的职员的比例将达到20%；第2年又有10名职员离开公司，公司将估计的职员离开比例修正为18%；第3年又有15名职员离开公司。A公司2018年应计入管理费用的金额为（　　）万元。

A.5 000　　B.4 000　　C.12 000　　D.4 200

【答案】D

【解析】A公司2018年计入管理费用的金额=200×（1-18%）×5×15×2/3-200×（1-20%）×5×15×1/3=4 200（万元）。

【例4-16·实务题】20×6年1月1日，经股东大会批准，甲上市公司（以下简称甲公司）与50名高级管理人员签署股份支付协议。协议规定：①甲公司向50名高级管理人员每人授予10万股股票期权，行权条件为这些高级管理人员从授予股票期权之日起在该公司连续服务满3年，公司3年平均净利润增长率达到12%；②符合行权条件后，每持有1股股票期权可以自20×9年1月1日起1年内，以每股5元的价格购买甲公司1股普通股股票，在行权期间内未行权的股票期权将失效。甲公司估计授予日每股股票期权的公允价值为15元。20×6年至20×9年，甲公司与股票期权有关的资料如下：

（1）20×6年5月，甲公司自市场回购本公司股票500万股，共支付款项4 025万元，作为库存股待行权时使用。

（2）20×6年，甲公司有1名高级管理人员离开公司，本年净利润增长率为10%。该年末，甲公司预计未来2年将有1名高级管理人员离开公司，预计3年平均净利润增长率将达到12%；每股股票期权的公允价值为16元。

（3）20×7年，甲公司没有高级管理人员离开公司，本年净利润增长率为14%。该年末，甲公司预计未来1年将有2名高级管理人员离开公司，预计3年平均净利润增长率将达到12.5%；每股股票期权的公允价值为18元。

（4）20×8年，甲公司有1名高级管理人员离开公司，本年净利润增长率为15%。该年末，每股股票期权的公允价值为20元。

（5）20×9年3月，48名高级管理人员全部行权，甲公司共收到款项2 400万元，相关股票的变更登记手续已办理完成。

要求：

（1）编制甲公司回购本公司股票时的相关会计分录。

（2）计算甲公司20×6年、20×7年、20×8年因股份支付应确认的费用，并编制相关会计分录。

（3）编制甲公司高级管理人员行权时的相关会计分录（单位：万元）。（2009年原制度考题）

【答案】

（1）借：库存股　　4 025

　　贷：银行存款　　4 025

（2）20×6年应确认的费用=（50−1−1）×10×15×1/3=2 400（万元）

借：管理费用　　2 400

　　贷：资本公积——其他资本公积　　2 400

20×7年应确认的费用=（50−1−2）×10×15×2/3−2 400=2 300（万元）

借：管理费用　　2 300

　　贷：资本公积——其他资本公积　　2 300

20×8年应确认的费用=（50−1−1）×10×15−2 400−2 300=2 500（万元）

借：管理费用　　2 500

　　贷：资本公积——其他资本公积　　2 500

（3）借：银行存款　　2 400

　　　　资本公积——其他资本公积　　7 200

　　贷：库存股（4 025÷500×（48×10））　　3 864

　　　　资本公积——股本溢价　　5 736

注册会计师考试真题

【2017年考题·单选题】2×16年1月1日，甲公司经股东大会批准与其高管人员签订股份支付协议，协议约定：等待期为2×16年1月1日起两年，两年期满有关高管人员仍在甲公司工作且每年净资产收益率不低于15%的，高管人员每人可无偿取得10万股甲公司股票。甲公司普通股按董事会批准该股份支付协议前20天平均市场价格计算的公允价值为20元/股，授予日甲公司普通股的公允价值为18元/股。2×16年12月31日，甲公司普通股的公允价值为15元/股。根据甲公司生产经营情况及市场价格波动等因素综合考虑，甲公司预计该股份支付行权日其普通股的公允价值为24元/股。不考虑其他因素，下列各项中，属于甲公司在计算2×16年因该股份支付确认费用时应使用的普通股的公允价值是（　　）。

A.预计行权日甲公司普通股的公允价值

B.2×16年1月1日甲公司普通股的公允价值

C.2×16年12月31日甲公司普通股的公允价值

D.董事会批准该股份支付协议前20天按甲公司普通股平均市场价格计算的公允价值

【答案】B

【2017年考题·单选题】下列各项中，应当作为以现金结算的股份支付进行会计处理的是（　　）。

A.以低于市价向员工出售限制性股票的计划

B.授予高管人员低于市价购买公司股票的期权计划

C.公司承诺达到业绩条件时向员工无对价定向发行股票的计划

D.授予研发人员以预期股价相对于基准日股价的上涨幅度为基础支付奖励款的计划

【答案】D

【解析】选项A、B和C，是企业为获取职工服务而以股份或其他权益工具作为对价进行结算的交易，属于以权益结算的股份支付；选项D，是企业为获取服务而承担的以股份或其他权益工具为基础计算的交付现金义务的交易，属于以现金结算的股份支付。

【2018年考题·多选题】甲公司为母公司，其所控制的企业集团内20×3年发生以下与股份支付相关的交易或事项：（1）甲公司与其子公司（乙公司）高管签订协议，授予乙公司高管100万份股票期权，待满足行权条件时，乙公司高管可以每股4元的价格自甲公司购买乙公司股票；（2）乙公司授予其研发人员20万份现金股票增值权，这些研发人员在乙公司连续服务2年，即可按照乙公司股价的增值幅度获得现金；（3）乙公司自市场回购本公司股票100万股，并与销售人员签订协议，如未来3年销售业绩达标，销售人员将无偿取得该部分股票；（4）乙公司向丁公司发行500万股本公司股票，作为支付丁公司为乙公司提供咨询服务的价款。不考虑其他因素，下列各项中，乙公司应当作为以权益结算的股份支付的有（　　）。

A.乙公司高管与甲公司签订的股份支付协议

B.乙公司与本公司销售人员签订的股份支付协议

C.乙公司与本公司研发人员签订的股份支付协议

D.乙公司以定向发行本公司股票取得咨询服务的协议

【答案】ABD

【解析】母公司授予子公司激励对象股票期权，乙公司应当作为以权益结算的股份支付处理，选项A正确；乙公司回购本公司股票授予本公司销售人员和以定向发行本公司股票取得咨询服务，属于以权益结算的股份支付，选项B和D正确；授予本公司研发人员的现金股票增值权属于现金结算的股份支付，选项C错误。

【2018年考题·多选题】股份支付中通常涉及可行权条件，其中业绩条件又可分为市场条件和非市场条件。下列项目中，属于可行权条件中的非市场条件的有（　　）。

A.最低股价增长率

B.营业收入增长率

C.最低利润指标的实现情况

D.将部分年薪存入公司专门建立的内部基金

【答案】BC

【解析】选项A属于市场条件；选项B和C属于非市场条件；选项D不属于可行权条件。

【2018年考题·多选题】经股东大会批准，A公司2017年1月1日实施股权激励计划，其主要内容为：A公司向其子公司B公司36名管理人员每人授予1万份股票期权，行权条件为B公司2017年度实现的净利润较前1年增长12%；截至2018年12月31日，两个会计年度平均净利润增长率为14%；从达到上述业绩条件的当年末起，B公司管理人员可以5元/股的价格购买A公司的股票，行权期为2年。

B公司2017年度实现的净利润较前1年增长10%，本年度没有管理人员离职。该年末，A公司预计B公司截至2018年12月31日，两个会计年度平均净利润增长率将达到14%，未来1年将有2名管理人员离职。

股票期权公允价值如下：2017年1月1日为13.5元；2017年12月31日为15元；2018年12月31日为12元。下列有关2017年A、B公司个别财务报表的会计处理及A公司合并财务报表的会计处理，表述正确的有（　　）。

A.A公司个别财务报表应增加长期股权投资229.5万元，同时增加资本公积229.5万元

B.A公司个别财务报表应增加长期股权投资255万元，同时增加资本公积255万元

C.B公司个别财务报表应增加管理费用229.5万元，同时增加应付职工薪酬229.5万元

D.B公司个别财务报表应增加管理费用229.5万元，同时增加资本公积229.5万元

E.A公司合并财务报表应抵销资本公积229.5万元、抵销长期股权投资229.5万元

【答案】ADE

【解析】本题考查的知识点是集团股份支付交易的处理。

A、B公司个别财务报表及A公司合并财务报表的处理如下（分录单位为万元）：

2017年A公司个别报表

借：长期股权投资　229.5
　贷：资本公积——其他资本公积　229.5

2017年B公司个别报表

借：管理费用　229.5
　贷：资本公积——其他资本公积　229.5

A公司合并财务报表：

借：资本公积——其他资本公积　229.5
　贷：长期股权投资　229.5

精讲练习题

一、单选题

1.下列关于以权益结算的股份支付说法中不正确的有（　　）。

A.以权益结算的股份支付换取职工提供服务的，应当以授予职工权益工具的公允价值计量

B.授予后立即可行权的换取职工服务的以权益结算的股份支付，应当在授予日按照权益工具的公允价值计入相关成本或费用

C.在资产负债表日，后续信息表明可行权权益工具的数量与以前估计不同的，应当进行调整，并在可行权日调整至实际可行权的权益工具数量

D.授予后立即可行权的换取职工服务的以权益结算的股份支付，应当在授予日按照权益工具的账面价值计入相关成本或费用

2.下列关于股份支付会计处理的表述中，不正确的是（　　）。

A.股份支付的确认和计量，应以符合相关法规要求、完整有效的股份支付协议为基础

B.对以权益结算的股份支付换取职工提供服务的，应按所授予权益工具在授予日的公允价值计量

C.对以现金结算的股份支付，在可行权日之后应将相关权益的公允价值变动计入当期损益

D.对以权益结算的股份支付，在可行权日之后应将相关的所有者权益按公允价值进行调整

3.20×6年12月20日，经股东大会批准，甲公司向100名高管人员每人授予2万股普通股（每股面值1元）。根据股份支付协议的规定，这些高管人员自20×7年1月1日起在公司连续服务满3年，即可于20×9年12月31日无偿获得授予的普通股。甲公司普通股20×6年12月20日的市场价格为每股12元，20×6年12月31日的市场价格为每股15元。

20×7年2月8日，甲公司从二级市场以每股10元的价格回购本公司普通股200万股，拟用于高管人员股权激励。

在等待期内，甲公司没有高管人员离开公司。20×9年12月31日，高管人员全部行权。当日，甲公司普通股市场价格为每股13.5元。

要求：根据上述资料，不考虑其他因素，回答下列问题。

（1）甲公司在确定与上述股份支付相关的费用时，应当采用的权益性工具的公允价值是（　　）。

A.20×6年12月20日的公允价值　　B.20×6年12月31日的公允价值

C.20×7年2月8日的公允价值　　D.20×9年12月31日的公允价值

（2）甲公司因高管人员行权增加的股本溢价金额是（　　）。

A.－2 000万元　　B.0　　C.400万元　　D.2 400万元

二、多选题

1.下列关于股份支付的表述中，正确的有（　　）。

A.以股份支付换取职工提供的服务，应当按照所授予的权益工具或承担负债的公允

价值计量，计入相关资产成本或当期费用

B.以权益结算的股份支付，应在确认成本费用的同时计入股本

C.以现金结算的股份支付，应在确认成本费用的同时确认应付职工薪酬

D.权益结算和现金结算的股份支付都要确认后续公允价值变动及权益工具数量的影响

2.关于股份支付的计量，下列说法中正确的有（　　）。

A.以现金结算的股份支付，应按资产负债表日当日权益工具的公允价值重新计量

B.以现金结算的股份支付，应按授予日权益工具的公允价值计量，不确认其后续公允价值变动

C.以权益结算的股份支付，应按授予日权益工具的公允价值计量，不确认其后续公允价值变动

D.无论是以权益结算的股份支付，还是以现金结算的股份支付，均应按资产负债表日当日权益工具的公允价值重新计量

3.关于股份支付的计量，下列说法中正确的有（　　）。

A.以现金结算的股份支付，应按资产负债表日权益工具的公允价值重新计量

B.以现金结算的股份支付，应按授予日权益工具的公允价值计量，不确认其后续公允价值变动

C.以权益结算的股份支付，应按授予日权益工具的公允价值计量，不确认其后续公允价值变动

D.以权益结算的股份支付，应按资产负债表日权益工具的公允价值重新计量

三、业务题

20×6年1月1日，经股东大会批准，甲上市公司（以下简称“甲公司”）与50名高级管理人员签署股份支付协议。协议规定：①甲公司向50名高级管理人员每人授予10万股股票期权，行权条件为这些高级管理人员从授予股票期权之日起连续服务满3年，公司3年平均净利润增长率达到12%；②符合行权条件后，每持有1股股票期权可以自20×9年1月1日起1年内，以每股5元的价格购买甲公司1股普通股股票，在行权期间内未行权的股票期权将失效。甲公司估计授予日每股股票期权的公允价值为15元。20×6年至20×9年，甲公司与股票期权有关的资料如下：

（1）20×6年5月，甲公司自市场回购本公司股票500万股，共支付款项4 025万元，作为库存股待行权时使用。

（2）20×6年，甲公司有1名高级管理人员离开公司，本年净利润增长率为10%。该年末，甲公司预计未来2年将有1名高级管理人员离开公司，预计3年平均净利润增长率将达到12%；每股股票期权的公允价值为16元。

（3）20×7年，甲公司没有高级管理人员离开公司，本年净利润增长率为14%。该年末，甲公司预计未来1年将有2名高级管理人员离开公司，预计3年平均净利润增长率将达到12.5%；每股股票期权的公允价值为18元。

（4）20×8年，甲公司有1名高级管理人员离开公司，本年净利润增长率为15%。该年末，每股股票期权的公允价值为20元。

（5）20×9年3月，48名高级管理人员全部行权，甲公司共收到款项2 400万元，相关

股票的变更登记手续已办理完成。

要求：

（1）编制甲公司回购本公司股票时会计分录。

（2）计算甲公司20×6年、20×7年、20×8年因股份支付应确认的费用，并编制相关会计分录。

（3）编制甲公司高级管理人员行权时相关会计分录。

第四章精讲练习题参考答案

第五章

租　赁

案例导入

甲公司20×2年度与租赁相关的交易或事项如下：

（1）甲公司为扩大生产规模，决定从乙公司租入一台专用生产设备。20×1年11月11日双方签订租赁合同，主要条款包括：租赁期自20×2年1月1日起至20×5年12月31日止共4年；自租赁开始日起，甲公司每年年末向乙公司支付租金170万元；租赁期满，甲公司可行使租赁设备优先购买权，购买价为50万元。该设备租赁起始日的公允价值为610万元，合同规定的年利率为8%。

租赁开始日，甲公司支付租赁设备相关的直接费用5万元，另支付设备安装调试费5万元。甲公司该租入设备于20×2年1月20日调试完毕并投入使用。

甲公司采用实际利率法分摊未确认融资费用，采用年限平均法计提折旧，甲公司预计该设备自租赁日起尚可使用5年，预计净残值为零。20×2年12月31日，甲公司支付第一笔租金。

假定甲公司租赁期满时将行使优先购买权。已知：（P/A，8%，4）=3.3121；（P/F，8%，4）=0.7350。

（2）20×2年2月10日，甲公司与丙公司签订一份售后租回合同，甲公司将其拥有的一台大型生产设备出售给丙公司，按市场价格确定的销售价格为886万元；同时，甲公司租赁使用该设备，租赁起始日为20×2年3月1日，租赁期为2年，按市场价格确定的租金总额为192万元；甲公司需在租赁起始日支付第1年租金96万元。假定相关款项均以银行存款支付。

甲公司该生产设备账面原值1 227.50万元，已使用2年，累计折旧245.50万元，未计提资产减值准备；预计剩余使用年限为8年，预计净残值为零。

要求：

（1）根据资料（1），计算该租赁所产生的长期应付款、未确认融资费用及融资租入固定资产的入账价值，并编制融资租入固定资产入账相关会计分录。

（2）根据资料（1），计算20×2年度应计提的折旧、应确认的财务费用。

（3）根据资料（2），判断该租赁的类型，并编制甲公司20×2年相关会计分录。

学习目标

理解租赁的概念，熟悉与租赁相关的定义；了解租赁的分类，正确区分融资租赁和经营租赁的会计处理差别；熟练掌握经营租赁和融资租赁的承租人与出租人的会计处理等。

第一节　租赁概述

一、与租赁相关的定义

（一）租赁

租赁，是指在约定的期间内，出租人将资产使用权让与承租人，以获取租金的协议。租赁的主要特征是转移资产的使用权，而不是转移资产的所有权，这种转移是有偿的，取得使用权以支付租金为代价，从而使租赁有别于资产购置和不把资产的使用权从合同的一方转移给另一方的服务性合同，如劳务合同、运输合同、保管合同、仓储合同等以及无偿提供使用权的借用合同。

（二）租赁期

租赁期，是指租赁协议规定的不可撤销的租赁期间。

（三）租赁开始日

租赁开始日，是指租赁协议日与租赁各方就主要条款作出承诺日中的较早者。在租赁开始日，承租人和出租人应当将租赁认定为融资租赁或经营租赁，并确定在租赁期开始日应确认的金额。

（四）租赁期开始日

租赁期开始日，是指承租人有权行使其使用租赁资产权利的日期，表明租赁行为的开始。在租赁期开始日，承租人应当对租入资产、最低租赁付款额和未确认融资费用进行初始确认；出租人应当对应收融资租赁款、未担保余值和未实现融资收益进行初始确认。

（五）担保余值

担保余值，就承租人而言，是指由承租人或与其有关的第三方担保的资产余值；就出租人而言，是指就承租人而言的担保余值加上独立于承租人和出租人的第三方担保的资产余值。

资产余值是指在租赁开始日估计的租赁期届满时租赁资产的公允价值。

（六）未担保余值

未担保余值，是指租赁资产余值中扣除就出租人而言的担保余值以后的资产余值。

【例5-1·单选题】担保余值，就承租人而言，是指（　　）。

A.由承租人或与其有关的第三方担保的资产余值

B.在租赁开始日估计的租赁期届满时租赁资产的公允价值

C.就出租人而言的担保余值加上独立于承租人和出租人，但在财务上有能力担保的第三方担保的资产余值

D.承租人担保的资产余值加上独立于承租人和出租人，但在财务上有能力担保的第三方担保的资产余值

【答案】A

【解析】担保余值，就承租人而言，是指由承租人或与其有关的第三方担保的资产余值。

（七）最低租赁付款额

最低租赁付款额，是指在租赁期内，承租人应支付或可能被要求支付的款项（不包括或有租金和履约成本），加上由承租人或与其有关的第三方担保的资产余值。

承租人有购买租赁资产选择权，所订立的购买价款预计将远低于行使选择权时租赁资产的公允价值，因而在租赁开始日就可以合理确定承租人将会行使这种选择权的，购买价款应当计入最低租赁付款额。

【提示】在计算最低租赁付款额时，承租人或与其有关的第三方担保的资产余值和承租人行使优惠购买选择权而支付的款项，二者不会同时存在。

租赁合同没有规定优惠购买选择权时：

最低租赁付款额=各期租金之和+承租人或与其有关的第三方担保的资产余值

租赁合同规定有优惠购买选择权时：

最低租赁付款额=各期租金之和+承租人行使优惠购买选择权而支付的款项

或有租金，是指金额不固定、以时间长短以外的其他因素（如销售量、使用量、物价指数等）为依据计算的租金。

履约成本，是指租赁期内为租赁资产支付的各种使用费用，如技术咨询和服务费、人员培训费、维修费、保险费等。

【例5-2·单选题】某项融资租赁合同，租赁期为8年，承租人每年年末支付租金100万元，承租人担保的资产余值为50万元，与承租人有关的A公司担保余值为20万元，租赁期间，履约成本共50万元，或有租金20万元。就承租人而言，最低租赁付款额为（　　）万元。

A.870　　B.940　　C.850　　D.920

【答案】A

【解析】最低租赁付款额=100×8+50+20=870（万元）。

（八）最低租赁收款额

最低租赁收款额，是指最低租赁付款额加上独立于承租人和出租人的第三方对出租人担保的资产余值。

【例5-3·单选题】乙公司2018年1月10日采用融资租赁方式出租一台大型设备。租赁合同规定：(1)该设备租赁期为6年，每年支付租金8万元；(2)或有租金为4万元；(3)履约成本为5万元；(4)承租人提供的租赁资产担保余值为7万元；(5)与承租人和乙公司均无关联关系的第三方提供的租赁资产担保余值为3万元。乙公司2018年1月10日对该租出大型设备确认的应收融资租赁款为（　　）万元。

A.51　　B.55　　C.58　　D.67

【答案】C

【解析】应收融资租赁款=8×6+7+3=58（万元）；或有租金与履约成本不能计算在内。

二、租赁的分类

承租人和出租人应当在租赁开始日将租赁分为融资租赁和经营租赁。

（一）融资租赁

融资租赁是指实质上转移了与资产所有权有关的全部风险和报酬的租赁，其所有权最终可能转移，也可能不转移。满足下列标准之一的，即应认定为融资租赁。

（1）当租赁期届满时，资产的所有权转移给承租人。即如果在租赁协议中已经约定，或者根据其他条件在租赁开始日就可以合理地判断，租赁期届满时出租人会将资产的所有权转移给承租人，那么该项租赁应当认定为融资租赁。

（2）承租人有购买租赁资产的选择权，且所订立的购价预计远低于行使选择权时租赁资产的公允价值，因而在租赁开始日就可合理地确定承租人将会行使这种选择权。

【例5-4·分析题】出租人和承租人签订了一项租赁协议，租赁期限为3年，租赁期届满时承租人有权以10 000元的价格购买租赁资产，而在签订租赁协议时估计该租赁资产租赁期届满时的公允价值为40 000元，由于购买价格仅为公允价值的25%（远低于公允价值40 000元），如果没有特殊情况，承租人在租赁期届满时将会购买该项资产。那么在这种情况下，在租赁开始日即可判断该项租赁应当认定为融资租赁。

（3）租赁期占租赁资产使用寿命的大部分。这里的“大部分”指租赁期占租赁开始日租赁资产使用寿命的75%以上（含75%，下同）。这条标准强调的是租赁期占租赁资产使用寿命的比例，而非租赁期占该项资产全部可使用年限的比例。如果租赁资产是旧资产，在租赁前已使用年限超过资产自全新时起算可使用年限的75%以上时，则这条判断标准不适用，即不能使用这条标准确定租赁的分类。

【例5-5·分析题】某项租赁设备全新时可使用年限为10年，已经使用了3年，从第4年开始租出，租赁期为6年，由于租赁开始时该设备使用寿命为7年，租赁期占使用寿命的85.7%（6年/7年），符合第（3）条标准，因此，该项租赁应当归类为融资租赁；如果从第4年开始，租赁期为3年，租赁期占使用寿命的42.9%，则不符合第（3）条标准，因此该项租赁不应认定为融资租赁（假定也不符合其他判断标准）。假如该项设备已经使用了8年，从第9年开始租赁，租赁期为2年，此时，该设备使用寿命为2年，虽然租赁期为使用寿命的100%（2年/2年），但由于在租赁前该设备的已使用年限超过了可使用年限（10年）的75%（8年/10年=80%>75%），因此，也不能采用第（3）条标准来判断租赁的分类。

（4）就承租人而言，租赁开始日最低租赁付款额的现值几乎相当于租赁开始日租赁资产的公允价值；就出租人而言，租赁开始日最低租赁收款额的现值几乎相当于租赁开始日租赁资产的公允价值。这里的“几乎相当于”是指在90%以上。

（5）租赁资产性质特殊，如果不作较大修整，只有承租人才能使用。这条标准是指租赁资产是由出租人根据承租人对资产型号、规格等方面的特殊要求专门购买或建造的，具有专购、专用性质。这些租赁资产如果不作较大的重新改制，其他企业通常难以使用。在这种情况下，该项租赁也应当认定为融资租赁。

融资租赁又可分为直接租赁、销售式租赁、售后租回、杠杆租赁、转租赁及委托租赁等。

（1）直接租赁。直接租赁是指出租人垫付全部资金购入资产，租与承租人并收取租金的租赁业务。出租人垫付的资金可以是自有资金，也可以是借入资金。由于这种租赁实质上是出租人直接为承租人提供了购置财产的全部资金，因此，称为直接租赁或直接融资租赁。

（2）销售式租赁。销售式租赁是指具有销售性质的租赁，出租人通过这种租赁方式既可赚取销售财产的收益，也可赚取融资收益。从事销售式租赁的一般是资产的制造厂家或经销商，他们将所生产或经销的商品以融资租赁的方式租出，同时实现销售的目的。

（3）售后租回。售后租回是指资产的所有者将自己拥有的资产先卖给租赁公司，然后再从租赁公司租回的租赁活动。从事售后租回的承租人，主要是在企业资金短缺时，为了筹集经营活动所需的资金，先将所拥有的资产变现，但为继续使用该资产而再从租赁公司将其租回。这种租赁活动对承租人来讲，并没有改变资产的使用权，改变的只是资产的所有权；通过让渡资产的所有权，获得了资金，但通过租赁又取得了资产的使用权。

（4）杠杆租赁。杠杆租赁又称为举债融资租赁，是指租赁公司在购置大型的资产时，自己承担资产购置成本的小部分，然后以租赁资产作为抵押，大部分资产的购置成本则通过银行等金融机构的贷款来融通。杠杆租赁涉及三方当事人：承租人、出租人和贷款人。

在这种租赁活动中出租人具有双重身份，既是出租人又是借款人。

（5）转租赁。转租赁又称租进租出式租赁，是指出租人从一家租赁公司或制造厂商租进一项资产后转租给承租人的租赁业务。在转租赁业务中，出租人在资产的原始出租人和最终承租人之间主要起中介作用。

（6）委托租赁。委托租赁是出租人在直接租赁的基础上，因承租人在异地而委托他人或其他租赁公司代办有关租赁手续的一种租赁。与委托租赁相反的是代理租赁，它是一种由租赁公司接受其他租赁公司或制造厂商的委托，代办租赁手续的租赁方式。

（二）经营租赁

经营租赁是指除融资租赁以外的其他租赁，是承租人为了经营活动中的短期性、临时性及季节性需要而向出租人租用某种资产的行为。经营租赁具有如下几个特点：

（1）经营性租赁是承租人单纯为了满足生产经营上短期的临时性需要而租入资产的方式，承租人只需要某种资产的使用权而不是所有权。

（2）租赁的期限比较短。经营性租赁只是为了满足企业季节性、临时性的需要而租入资产，因而资产的使用期将远远短于其有效使用年限。

（3）出租人承担与资产所有权有关的风险和报酬。经营性租赁是与资产所有权有关的风险和报酬在实质上并未从出租方转移到承租方的租赁。由于资产的所有权不转移给承租人，因此，与资产所有权有关的风险和报酬应由出租人承担。相应地，出租人还要承担租出资产的保险、维修等费用。

第二节 承租人的会计处理

一、承租人对经营租赁的会计处理

对于经营租赁的租金，承租人应当在租赁期内的各个期间按照直线法确认费用计入相关资产成本或当期损益；其他方法更为系统合理的，也可以采用其他方法。

承租人在经营租赁中发生的初始直接费用，应当计入当期损益（管理费用）。

或有租金应当在实际发生时计入当期损益（销售费用等）。在某些情况下，出租人可能对经营租赁提供激励措施，如免租期、承担承租人的某些费用等。

在出租人提供了免租期的情况下，承租人应将租金总额在整个租赁期内，而不是在租赁期扣除免租期后的期间内按直线法或其他合理的方法进行分摊，免租期内应确认租金费用。

在出租人承担了承租人的某些费用的情况下，承租人应将该费用从租金总额中扣除，并将租金余额在租赁期内进行分摊。

【例5-6·实务题】20×7年1月1日，A公司向B公司租入办公设备一台，租期为3年。设备价值为1 000 000元，预计使用年限为10年。租赁合同规定，租赁开始日（20×7年1月1日）A公司向B公司一次性预付租金150 000元，第1年年末支付租金150 000元，第2年年末支付租金200 000元，第3年年末支付租金250 000元。租赁期届满后B公司收回设备，3年的租金总额为750 000元（假定A公司和B公司均在年末确认租金费用和租金收入，并且不存在租金逾期支付的情况）。

分析：此项租赁没有满足融资租赁的任何一条标准，应作为经营租赁处理。确认租金费用时，不能依据各期实际支付的租金的金额确定，而应采用直线法分摊确认各期的租金费用。此项租赁租金费用总额为750 000元，按直线法计算，每年应分摊的租金费用为250 000元。账务处理如下：

20×7年1月1日：

借：长期待摊费用	150 000	
贷：银行存款		150 000

20×7年12月31日：

借：管理费用	250 000	
贷：长期待摊费用		100 000
银行存款		150 000

20×8年12月31日：

借：管理费用	250 000	
贷：长期待摊费用		50 000
银行存款		200 000

20×9年12月31日：

借：管理费用	250 000	
贷：银行存款		250 000

【例5-7·单选题】甲公司向乙公司租入临街商铺，租期自20×6年1月1日至20×8年12月31日。租期内第一个半年为免租期，之后每半年租金30万元，租金于每年年末支付。除租金外，如果租赁期内租赁商铺销售额累计达到3 000万元或以上，乙公司将获得额外90万元经营分享收入。20×6年度商铺实现的销售额为1 000万元。甲公司20×6年应确认的租赁费用是（　　）万元。

A.30　　　　B.50　　　　C.60　　　　D.80

【答案】B

【解析】甲公司20×6年应确认的租赁费用=30×5/3=50（万元）。

【例5-8·多选题】20×7年1月1日，甲公司与租赁公司签订一项经营租赁合同，向租赁公司租入一台设备。租赁合同约定：租赁期为3年，租赁期开始日为合同签订当日，月租金为6万元，每年年末支付当年度租金；前3个月免交租金；如果市场平均月租金水平较上月上涨的幅度超过10%，自次月起每月增加租金0.5万元。甲公司为签订上述经营租赁合同于20×7年1月5日支付律师费3万元。已知租赁开始日租赁设备的公允价值为980万元。下列各项关于甲公司经营租赁会计处理的表述中，正确的有（　　）。

A.或有租金在实际发生时计入当期损益

B.为签订租赁合同发生的律师费用计入当期损益

C.经营租赁设备按照租赁开始日的公允价值确认为固定资产

D.经营租赁设备按照与自有资产相同的折旧方法计提折旧

E.免租期内按照租金总额在整个租赁期内采用合理方法分摊的金额确认租金费用

【答案】ABE

【解析】或有租金在实际发生时记入"财务费用"科目；发生的初始直接费用记入"管理费用"科目；对于经营租赁设备，承租人甲公司并不承担租赁资产的主要风险，所以不能将租入资产视为本企业的固定资产，也不能视同自有固定资产计提折旧；存在免租期的，免租期应确认租金费用。

【例5-9·单选题】甲公司于2018年1月1日采用经营租赁方式从乙公司租入机器设备一台，租期为4年，设备价值为200万元，预计使用年限为12年。租赁合同规定：第1年免租金，第2年至第4年的租金分别为36万元、34万元、26万元；第2年至第4年的租金于每年年初支付。2018年甲公司应就此项租赁确认的租金费用为（　　）万元。

A.0　　B.24　　C.32　　D.50

【答案】B

【解析】2018年甲公司应就此项租赁确认的租金费用=（36+34+26）÷4=24（万元）。

二、承租人对融资租赁的会计处理

（一）租赁期开始日的会计处理

在租赁期开始日，承租人应当将租赁开始日租赁资产公允价值与最低租赁付款额现值两者中较低者作为租入资产的入账价值，将最低租赁付款额作为长期应付款的入账价值，其差额作为未确认融资费用。承租人在租赁谈判和签订租赁合同过程中发生的，可归属于租赁项目的手续费、律师费、差旅费、印花税等初始直接费用，应当计入租入资产的价值。

会计分录为：

借：固定资产（或在建工程）（租赁资产公允价值与最低租赁付款额现值两者中较低者+初始直接费用）

　　未确认融资费用

　贷：长期应付款（最低租赁付款额）

　　　银行存款（初始直接费用）

承租人在计算最低租赁付款额的现值时，能够取得出租人租赁内含利率的，应当采用租赁内含利率作为折现率；否则，应当采用租赁合同规定的利率作为折现率。承租人无法取得出租人的租赁内含利率且租赁合同没有规定利率的，应当采用同期银行贷款利率作为折现率。

租赁内含利率，是指在租赁开始日，使最低租赁收款额的现值与未担保余值的现值之和等于租赁资产公允价值与出租人的初始直接费用之和的折现率。

【提示1】承租人对融资租入的资产采用公允价值作为入账价值的，应重新计算融资费用分摊率，所采用的分摊率是使最低租赁付款额的现值与租赁资产公允价值相等的折现率。

【提示2】融资租入固定资产、分期付款方式购入资产的账面价值小于其计税基础（税法按总额确定其入账价值），产生可抵扣暂时性差异，但递延所得税资产无对应科目，所以不能确认递延所得税资产。

【例5-10·多选题】下列各项中，应当计入相关资产初始确认金额的有（　　）。

A.采购原材料过程中发生的装卸费

B.取得持有至到期投资时发生的交易费用

C.通过非同一控制下企业合并取得子公司过程中支付的印花税

D.融资租赁承租人签订租赁合同过程中发生的可归属于租赁项目的初始直接费用

【答案】ABD

【解析】选项C，应计入管理费用。

（二）未确认融资费用的分摊

未确认融资费用应当在租赁期内各个期间进行分摊。承租人应当采用实际利率法计算确认当期的融资费用。会计分录为：

借：财务费用（不满足资本化条件）

　　在建工程等（满足资本化条件时）

　贷：未确认融资费用

$$\frac{\text{每期未确认}}{\text{融资费用摊销额}}=\frac{\text{期初应付}}{\text{本金余额}}\times\frac{\text{实际}}{\text{利率}}=\left(\frac{\text{期初长期}}{\text{应付款余额}}-\frac{\text{期初未确认}}{\text{融资费用余额}}\right)\times\frac{\text{实际}}{\text{利率}}$$

【例5-11·单选题】承租人对融资租入的资产采用公允价值作为入账价值的，分摊未确认融资费用所采用的分摊率是（　　）。

A.银行同期贷款利率

B.租赁合同中规定的利率

C.出租人出租资产的无风险利率

D.使最低租赁付款额的现值与租赁资产公允价值相等的折现率

【答案】D

【解析】以租赁资产公允价值为入账价值的，应重新计算融资费用分摊率，所采用的分摊率是使最低租赁付款额的现值与租赁资产公允价值相等的折现率。

（三）租赁资产折旧的计提

1.折旧政策

对于融资租入资产，计提租赁资产折旧时，承租人应采用与自有应折旧资产相一致的折旧政策。同自有应折旧资产一样，租赁资产的折旧方法一般有年限平均法、工作量法、双倍余额递减法、年数总和法等。如果承租人或与其有关的第三方对租赁资产余值提供了担保，则应计折旧总额为租赁期开始日固定资产的入账价值扣除担保余值后的余额；如果承租人或与其有关的第三方未对租赁资产余值提供担保，且无法合理确定租赁期届满后承租人是否能够取得租赁资产的所有权，应计提折旧总额为租赁期开始日固定资产的入账价值。

应计提折旧总额=融资租入固定资产的入账价值-承租人担保余值

2.折旧期间

确定租赁资产的折旧期间应以租赁合同而定。如果能够合理确定租赁期届满时承租人将会取得租赁资产所有权，即可认为承租人拥有该项资产的全部使用寿命，因此应以租赁期开始日租赁资产的寿命作为折旧期间；如果无法合理确定租赁期届满后承租人是否能够取得租赁资产的所有权，应以租赁期与租赁资产寿命两者中较短者作为折旧期间。

【例5-12·单选题】某项融资租赁，租赁期开始日为2017年12月31日，最低租赁付款额现值为700万元，承租人另发生安装费20万元，设备于2018年6月20日达到预定可使用状态并交付使用，承租人担保余值为60万元，未担保余值为30万元，租赁期为6年，设备尚可使用年限为8年。承租人对租入的设备采用年限平均法计提折旧，预计净残值为0。该设备在2018年度应计提的折旧额为（　　）万元。

A.60　　B.44　　C.65.45　　D.48

【答案】A

【解析】该设备在2018年度应计提的折旧额=（700+20-60）/（12×6-6）×6=60（万元）。

（四）履约成本的会计处理

履约成本是指租赁期内为租赁资产支付的各种使用费用，如技术咨询和服务费、人员培训费、维修费、保险费等。履约成本在实际发生时，通常计入当期损益。

（五）或有租金的会计处理

或有租金应当在实际发生时计入当期损益（销售费用等）。或有租金是指金额不固定，以时间长短以外的其他因素（如销售量、使用量、物价指数等）为依据计算的租金。由于或有租金的金额不固定，无法采用系统合理的方法对其进行分摊，因此在或有租金实际发生时，计入当期损益。

（六）租赁期届满时的会计处理

租赁期届满时，承租人通常对租赁资产的处理有三种情况：返还、优惠续租和留购。

1.返还租赁资产

如果存在承租人担保余值：

借：长期应付款（担保余值）

　　累计折旧

　贷：固定资产——融资租入固定资产

如果不存在承租人担保余值：

借：累计折旧

　贷：固定资产——融资租入固定资产

2.优惠续租租赁资产

如果承租人行使优惠续租选择权，则应视同该项租赁一直存在而作出相应的会计处理，如继续支付租金等。如果租赁期届满时承租人没有续租，承租人向出租人返还租赁资产时，其会计处理同上述返还租赁资产的会计处理，按租赁协议规定向出租人支付违约金时，借记“营业外支出”科目，贷记“银行存款”等科目。

3.留购租赁资产

借：长期应付款（购买价款）

　贷：银行存款

借：固定资产——生产用固定资产等

　贷：固定资产——融资租入固定资产

【例5-13·实务题】资料：

1.租赁合同

20×1年12月28日，A公司与B公司签订了一份租赁合同。合同主要条款如下：

（1）租赁标的物：程控生产线。

（2）租赁期开始日：租赁物运抵A公司生产车间之日（即20×2年1月1日）。

（3）租赁期：从租赁期开始日算起36个月（即20×2年1月1日—20×4年12月31日）。

（4）租金支付方式：自租赁期开始日起每年年末支付租金1 000 000元。

（5）该生产线在20×2年1月1日B公司的公允价值为2 600 000元。

（6）租赁合同规定的利率为8%（年利率）。

（7）该生产线为全新设备，估计使用年限为5年。

（8）20×3年和20×4年两年，A公司每年按该生产线所生产的产品——微波炉的年销售收入的1%向B公司支付经营分享收入。

2.A公司

（1）采用实际利率法确认本期应分摊的未确认融资费用。

（2）采用年限平均法计提固定资产折旧。

（3）20×3年、20×4年A公司分别实现微波炉销售收入10 000 000元和15 000 000元。

（4）20×4年12月31日，将该生产线退还B公司。

（5）A公司在租赁谈判和签订租赁合同过程中发生可归属于租赁项目的手续费、差旅费10 000元。

A公司的账务处理如下：

1.租赁开始日的会计处理

第一步，判断租赁类型。

本例中租赁期（3年）占租赁资产尚可使用年限（5年）的60%（小于75%），没有满足融资租赁的第（3）条标准；另外，最低租赁付款额的现值为2 577 100元（计算过程见后）大于租赁资产公允价值的90%，即2 340 000元（2 600 000× 90%），满足融资租赁的第（4）条标准，因此，A公司应当将该项租赁认定为融资租赁。

第二步，计算租赁开始日最低租赁付款额的现值，确定租赁资产的入账价值。

本例中A公司不知道出租人的租赁内含利率，因此应选择租赁合同规定的利率8%作为最低租赁付款额的折现率。

最低租赁付款额=各期租金之和+承租人担保的资产余值=1 000 000×3+0=3 000 000（元）

计算现值的过程如下：

每期租金1 000 000元的年金现值=1 000 000×（P/A，8%，3），查表得知：（P/A，8%，3）=2.5771（元）。

每期租金的现值之和=1 000 000×2.5771=2 577 100（元），小于租赁资产公允价值2 600 000元。

根据孰低原则，租赁资产的入账价值应为其折现值2 577 100元。

第三步，计算未确认融资费用。

未确认融资费用=最低租赁付款额−最低租赁付款额现值=3 000 000−2 577 100=422 900（元）

第四步，将初始直接费用计入资产价值。

补充讲解：初始直接费用，是指在租赁谈判和签订租赁协议的过程中发生的可直接归属于租赁项目的费用。承租人发生的初始直接费用，通常有印花税、佣金、律师费、差旅费、谈判费等。承租人发生的初始直接费用，应当计入租入资产价值。

租赁资产的入账价值=2 577 100+10 000=2 587 100（元）

账务处理为：

20×2年1月1日，租入程控生产线：

借：固定资产——融资租入固定资产　　2 587 100

　　未确认融资费用　　422 900

　贷：长期应付款——应付融资租赁款　　3 000 000

　　　银行存款　　10 000

2.分摊未确认融资费用的会计处理

第一步，确定融资费用分摊率。

由于租赁资产的入账价值为其最低租赁付款额的折现值，因此该折现率就是其融资费用分摊率，即8%。

第二步，在租赁期内采用实际利率法分摊未确认融资费用（见表5−1）。

表5−1　**未确认融资费用分摊表（实际利率法）**

20×2年12月31日　单位：元

日期	租金	确认的融资费用	应付本金减少额	应付本金余额
①	②	③=期初⑤×8%	④=②−③	期末⑤=期初⑤−④
（1）20×2年1月1日				2 577 100
（2）20×2年12月31日	1 000 000	206 168	793 832	1 783 268
（3）20×3年12月31日	1 000 000	142 661.44	857 338.56	925 929.44
（4）20×4年12月31日	1 000 000	74 070.56*	925 929.44*	0
合计	3 000 000	422 900	2 577 100	

*做尾数调整：74 070.56=1 000 000−925 929.44

925 929.44=925 929.44−0

补充讲解：

本题表5−1未确认融资费用分摊的计算：

20×2年12月31日确认的融资费用=（3 000 000−422 900）×8%=206 168（元）

20×3年12月31日确认的融资费用=［（3 000 000−1 000 000）−（422 900−206 168）］×8%
=142 661.44（元）

20×4年12月31日确认的融资费用=422 900−206 168−142 661.44 =74 070.56（元）

第三步，账务处理为：

20×2年12月31日，支付第1期租金：

借：长期应付款——应付融资租赁款　　1 000 000
　贷：银行存款　　1 000 000

20×2年1至12月，每月分摊未确认融资费用时，每月财务费用=206 168÷12=17 180.67（元）。

借：财务费用　　17 180.67
　贷：未确认融资费用　　17 180.67

20×3年12月31日，支付第2期租金：

借：长期应付款——应付融资租赁款　　1 000 000
　贷：银行存款　　1 000 000

20×3年1至12月，每月分摊未确认融资费用时，每月财务费用=142 661.44÷12=11 888.45（元）。

借：财务费用　　11 888.45
　贷：未确认融资费用　　11 888.45

20×4年12月31日，支付第3期租金：

借：长期应付款——应付融资租赁款　　1 000 000
　贷：银行存款　　1 000 000

20×4年1至12月，每月分摊未确认融资费用时，每月财务费用=74 070.56÷12=6 172.55（元）。

借：财务费用　　6 172.55
　贷：未确认融资费用　　6 172.55

3.计提租赁资产折旧的会计处理

第一步，融资租入固定资产折旧的计算（见表5-2）。

表5-2　融资租入固定资产折旧计算表（年限平均法）

20×2年1月1日　　金额单位：元

日期	固定资产原价	估计余值	折旧率*	当年折旧费	累计折旧	固定资产净值
（1）20×2年1月1日	2 587 100	0				2 587 100
（2）20×2年12月31日			31.42%	812 866.82	812 866.82	1 774 233.18
（3）20×3年12月31日			34.29%	887 116.59	1 699 983.41	887 116.59
（4）20×4年12月31日			34.29%	887 116.59	2 587 100	0
合计	2 587 100	0	100%	2 587 100		

*根据合同的规定，由于A公司无法合理确定在租赁期届满时能够取得租赁资产的所有权，因此，应当在租赁期与租赁资产尚可使用年限两者中的较短的期间内计提折旧。本例中，租赁期为3年，短于租赁资产尚可使用年限5年，因此应按3年计提折旧。同时，根据"当月增加的固定资产，当月不提折旧，从下月起计提折旧"这一规定，本租赁合同应按35个月计提折旧，即20×2年应按11个月计提折旧，其他2年分别按12个月计提折旧。

第二步，账务处理：

20×2年2月28日：计提本月折旧=812 866.82÷11= 73 896.98（元）

借：制造费用——折旧费　　73 896.98

　贷：累计折旧　　73 896.98

20×2年3月至20×4年12月的会计分录同上。

4.或有租金的账务处理

20×3年12月31日，根据合同的规定，应向B公司支付经营分享收入100 000元：

借：销售费用　　100 000

　贷：其他应付款——B公司　　100 000

20×4年12月31日，根据合同的规定，应向B公司支付经营分享收入150 000元：

借：销售费用　　150 000

　贷：其他应付款——B公司　　150 000

5.租赁期届满时的会计处理

20×4年12月31日，将该生产线退还B公司：

借：累计折旧　　2 587 100

　贷：固定资产——融资租入固定资产　　2 587 100

【例5-14·多选题】下列各项关于承租人与融资租赁有关会计处理的表述中，正确的有（　　）。

A.或有租金应于发生时计入当期损益

B.预计将发生的履约成本应计入租入资产成本

C.租赁期满行使优惠购买选择权支付的价款应直接冲减相关负债

D.知悉出租人的租赁内含利率时，应以租赁内含利率对最低租赁付款额折现

【答案】ACD

【解析】选项B错误，预计将发生的履约成本应计入当期损益。

【例5-15·多选题】下列项目中，可能影响融资租入固定资产入账价值的有（　　）。

A.融资租入固定资产占资产总额的比例

B.融资租入固定资产支付的租赁合同印花税

C.租赁合同规定的利率

D.融资租入固定资产的预计净残值

E.融资租入固定资产的预计使用年限

【答案】BC

【解析】初始直接费用应计入融资租入固定资产的入账价值。

第三节　出租人的会计处理

一、出租人对经营租赁的会计处理

（一）经营租赁资产在会计报表中的处理

在经营租赁下，与资产所有权有关的主要风险和报酬仍然留在出租人一方，因此，出

租人应当将出租资产作为自身拥有的资产在资产负债表中列示。如果出租资产属于固定资产，则列在资产负债表固定资产项下，如果出租资产属于流动资产，则列在资产负债表流动资产项下。

（二）租金的处理

在一般情况下，出租人应采用直线法将收到的租金在租赁期内确认为收益，但在某些特殊情况下，则应采用比直线法更系统合理的方法，比如根据租赁资产的使用量来确认租赁收益的方法等。例如，出租一台起重机，根据起重机的工作小时来确认当期租赁，其收益就比按直线法确认更为合理。

（三）初始直接费用的处理

出租人发生的初始直接费用，应当计入当期损益。

（四）租赁资产折旧的计提

对于经营租赁资产中的固定资产，应当采用出租人对类似折旧资产通常所采用的折旧政策计提折旧；对于其他经营租赁资产如周转材料等，应当采用合理的方法进行摊销。

（五）或有租金的处理

在经营租赁下，出租人对或有租金的处理与在融资租赁下相同，即在实际发生时计入当期收益。

二、出租人对融资租赁的会计处理

（一）租赁债权的确认

借：长期应收款——应收融资租赁款（最低租赁收款额）
　　未担保余值
　　营业外支出（租赁资产公允价值小于账面价值）
　贷：融资租赁资产（租赁资产原账面价值）
　　　银行存款（初始直接费用）
　　　营业外收入（租赁资产公允价值大于原账面价值）
　　　未实现融资收益

上述会计处理的结果是，在租赁期开始日，出租人应当将租赁开始日最低租赁收款额作为长期应收款的入账价值，同时记录未担保余值；将最低租赁收款额及未担保余值之和与融资租赁资产的公允价值和初始直接费用之和的差额确认为未实现融资收益。租赁资产公允价值与账面价值的差额，计入当期损益。

【提示】出租人发生的初始直接费用应通过收取租金的方式收回，最低租赁收款额中应含有租出资产价值的本金和利息及初始直接费用的本金和利息，因此长期应收款反映的金额应是最低租赁收款额，而不是最低租赁收款额加上初始直接费用。准则和教材中的表述值得商榷。但在考试中计算长期应收款金额时，仍按教材处理，即长期应收款=最低租赁收款额+初始直接费用。

【例5-16·单选题】2018年1月2日，甲公司采用融资租赁方式出租一条生产线。租赁合同规定：（1）租赁期为10年，每年收取固定租金20万元；（2）除固定租金外，甲公司每年按该生产线所生产的产品销售额的1%提成，据测算平均每年提成约为2万元；（3）承租人提供的租赁资产担保余值为10万元；（4）与承租人和甲公司均无关联关系的第三方提供的租赁资产担保余值为5万元。甲公司为该项租赁另支付谈判费、律师费等相关费用1万元。甲公司租赁期开始日应确认的应收融资租赁款为（　　）。

A.200万元　　B.206万元　　C.216万元　　D.236万元

【答案】C

【解析】甲公司租赁期开始日应确认的应收融资租赁款=20×10+10+5+1=216（万元）。

（二）未实现融资收益分配的会计处理

未实现融资收益应当在租赁期内各个期间进行分配。出租人应当采用实际利率法计算确认当期的融资收益和租金收入。

借：银行存款

　贷：长期应收款——应收融资租赁款

借：未实现融资收益

　贷：租赁收入

（三）应收融资租赁款坏账准备的计提

为了更加真实、客观地反映出租人在融资租赁中的债权，出租人应当定期根据承租人的财务及经营管理情况，以及租金的逾期期限等因素，分析应收融资租赁款的风险程度和回收的可能性，对应收融资租赁款合理计提坏账准备。出租人应对应收融资租赁款减去未实现融资收益的差额部分（在金额上等于本金的部分）合理计提坏账准备，而不是对应收融资租赁款全额计提坏账准备。计提坏账准备的方法由出租人根据有关规定自行确定。坏账准备的计提方法一经确定，不得随意变更。

（四）未担保余值发生变动的会计处理

出租人至少应当于每年年度终了，对未担保余值进行复核。未担保余值增加的，不作调整。有证据表明未担保余值已经减少的，应当重新计算租赁内含利率，将由此引起的租赁投资净额的减少，计入当期损失。以后各期根据修正后的租赁投资净额和重新计算的租赁内含利率确认融资收入。已确认损失的未担保余值得以恢复的，应当在原已确认的损失金额内转回，并重新计算租赁内含利率，以后各期根据修正后的租赁投资净额和重新计算的租赁内含利率确认融资收入。

（五）或有租金的会计处理

或有租金应当在实际发生时确认为当期收入。

（六）租赁期届满时的会计处理

1.收回租赁资产

（1）存在担保余值，不存在未担保余值

借：融资租赁资产

　贷：长期应收款（担保余值）

如果收回租赁资产的价值低于担保余值，则应向承租人收取价值损失的补偿金。

借：其他应收款

　贷：营业外收入

（2）存在担保余值，同时存在未担保余值

借：融资租赁资产

　贷：长期应收款（担保余值）

未担保余值（未担保余值）

如果收回租赁资产的价值扣除未担保余值后的余额低于担保余值，则应向承租人收取价值损失补偿金。

借：其他应收款

贷：营业外收入

（3）存在未担保余值，不存在担保余值

借：融资租赁资产

贷：未担保余值（未担保余值）

（4）担保余值和未担保余值均不存在

无须作会计处理，只需作相应的备查登记。

2.优惠续租租赁资产

（1）如果承租人行使优惠续租选择权，则出租人应视同该项租赁一直存在而作相应的会计处理。

（2）如果租赁期届满承租人没有续租，承租人向出租人返还租赁资产时，其会计处理同收回租赁资产的会计处理。

3.留购租赁资产

（1）租赁期届满时，承租人行使了优惠购买选择权

借：银行存款

贷：长期应收款（优惠购买价）

（2）如果存在未担保余值

借：营业外支出

贷：未担保余值

【例5-17·实务题】沿用【例5-13·实务题】的资料。B公司的有关资料如下：

（1）该程控生产线账面价值为2 600 000元。

（2）发生初始直接费用100 000元。

（3）采用实际利率法确认本期应分配的未实现融资收益。

（4）20×3年、20×4年A公司分别实现微波炉销售收入10 000 000元和15 000 000元，根据合同的规定，这两年应向A公司取得的经营分享收入分别为100 000元和150 000元。

（5）20×4年12月31日，从A公司收回该生产线。

B公司的账务处理如下：

（1）租赁开始日的账务处理。

第一步，计算租赁内含利率。

根据租赁内含利率的定义，租赁内含利率是指在租赁开始日，使最低租赁收款额的现值与未担保余值的现值之和等于租赁资产公允价值与出租人的初始直接费用之和的折现率。

由于本例中不存在独立于承租人和出租人的第三方对出租人担保的资产余值，因此最低租赁收款额等于最低租赁付款额，即租金×期数+承租人担保余值=1 000 000×3+0=3 000 000（元），因此有1 000 000×（P/A，R，3）=2 600 000+100 000=2 700 000（元）（租赁资产的公允价值+初始直接费用）。

经查表，可知：

年金系数	利率
2.7232	5%
2.7	R
2.6730	6%

$$\frac{2.7232-2.7}{2.7232-2.6730}=\frac{5\%-R}{5\%-6\%}$$

R=5.46%

即租赁内含利率为5.46%。

第二步，计算租赁开始日最低租赁收款额及其现值和未实现融资收益。

最低租赁收款额+未担保余值=（最低租赁付款额+第三方担保的余值）+未担保余值

=［（各期租金之和+承租人担保余值）+第三方担保余值］+未担保余值

=［（1 000 000 ×3+0）+0］+0=3 000 000（元）

最低租赁收款额=1 000 000×3=3 000 000（元）

最低租赁收款额的现值=1 000 000×（P/A，5.46%，3）=2 700 000（元）

未实现融资收益=（最低租赁收款额+未担保余值）-（最低租赁收款额的现值+未担保余值的现值）

=3 000 000-2 700 000=300 000（元）

第三步，判断租赁类型。

本例中，租赁期（3年）占租赁资产尚未可使用年限（5年）的60%，没有满足融资租赁的第（3）条标准；另外，最低租赁收款额的现值为2 700 000元，大于租赁资产原账面价值的90%，即2 340 000元（2 600 000×90%），满足融资租赁的第（4）条标准，因此，B公司应当将该项租赁认定为融资租赁。

第四步，账务处理。

20×2年1月1日，租出程控生产线，发生初始直接费用：

借：长期应收款——应收融资租赁款　　3 000 000

　贷：融资租赁资产　　2 600 000

　　　银行存款　　100 000

　　　未实现融资收益　　300 000

（2）未实现融资收益分配的账务处理。

第一步，计算租赁期内各租金收取期应分配的未实现融资收益（见表5-3）。

表5-3　**未实现融资收益分配表**

20×2年1月1日　　单位：元

日　期	租　金	确认的融资收入	租凭投资净额减少额	租赁投资净额余额
①	②	③=期初⑤×5.46%	④=②-③	期末⑤=期初⑤-④
（1）20×2年1月1日				2 700 000
（2）20×2年12月31日	1 000 000	147 420	850 580	1 847 420
（3）20×3年12月31日	1 000 000	100 869.13	899 130.87	948 289.13
（4）20×4年12月31日	1 000 000	51 710.87*	948 289.13*	0
合　计	3 000 000	300 000	2 700 000	

*作尾数调整：51 710.87=1 000 000-948 289.13

948 289.13=948 289.13-0

第二步，账务处理。

20×2年12月31日，收到第1期租金：

借：银行存款　　1 000 000

　贷：长期应收款——应收融资租赁款　　1 000 000

20×2年1—12月，每月确认融资收入时：

借：未实现融资收益（147 420÷12）　　12 285

　贷：租赁收入　　12 285

20×3年12月31日，收到第2期租金：

借：银行存款　　1 000 000

　贷：长期应收款——应收融资租赁款　　1 000 000

20×3年1—12月，每月确认融资收入时：

借：未实现融资收益（100 869.13÷12）　　8 405.76

　贷：租赁收入　　8 405.76

20×4年12月31日，收到第3期租金：

借：银行存款　　1 000 000

　贷：长期应收款——应收融资租赁款　　1 000 000

20×4年1—12月，每月确认融资收入时：

借：未实现融资收益（51 710.87÷12）　　4 309.24

　贷：租赁收入　　4 309.24

（3）或有租金的账务处理。

20×3年12月31日，根据合同规定应向A公司收取经营分享收入100 000元：

借：应收账款——A公司　　100 000

　贷：租赁收入　　100 000

20×4年12月31日，根据合同的规定，应向A公司收取经营分享收入150 000元：

借：应收账款——A公司　　150 000

　贷：租赁收入　　150 000

（4）租赁期届满时的账务处理。

20×4年12月31日，将该生产线从A公司收回，作备查登记。

【例5-18·多选题】关于初始直接费用处理，下列说法中正确的有（　　）。

A.承租人融资租赁业务发生的初始直接费用应计入租入资产的价值

B.承租人融资租赁业务发生的初始直接费用应计入管理费用

C.承租人经营租赁业务发生的初始直接费用，通常计入当期损益

D.出租人经营租赁业务发生的初始直接费用，通常计入当期损益

【答案】ACD

【解析】承租人融资租赁业务发生的初始直接费用应计入租入资产的价值，选项B表述错误。

第四节 售后租回交易的会计处理

一、售后租回交易的定义

售后租回交易是一种特殊形式的租赁业务，是指卖主（即承租人）将一项自制或外购的资产出售后，又将该项资产从买主（即出租人）租回，习惯上称为“回租”。在售后租回方式下，卖主同时是承租人，买主同时是出租人。通过售后租回交易，资产的原所有者（即承租人）在保留对资产的占有权、使用权和控制权的前提下，将固定资产转化为货币资本，在出售时可取得全部价款的现金，而租金则是分期支付的，从而获得了所需的资金；而资产的新所有者（即出租人）通过售后租回交易，得到一个风险小、回报有保障的投资机会。大部分租赁公司尤其是中外合资租赁公司最近几年的租赁业务以售后租回交易为主。

由于在售后租回交易中资产的售价和租金是相互关联的，是以一揽子方式谈判的，是一并计算的，因此资产的出售和租回实质上是同一笔业务。

二、售后租回交易的会计处理

对于售后租回交易，无论是承租人还是出租人，均应按照会计准则的规定，将售后租回交易认定为融资租赁或经营租赁。对于出租人来讲，售后租回交易（无论是融资租赁还是经营租赁的售后租回交易）同其他租赁业务的会计处理没有什么区别。而对于承租人来讲，由于其既是资产的承租人同时又是资产的出售者，因此，售后租回交易同其他租赁业务的会计处理有所不同。因此，会计准则对售后租回交易的规定实际上是从承租人（即卖主）的角度作出的。

售后租回交易的会计处理应根据其所形成的租赁类型而定，可按融资租赁和经营租赁分别进行账务处理。

（一）售后租回交易形成融资租赁

如果售后租回交易形成一项融资租赁，售价与资产账面价值之间的差额应予递延，并按该项租赁资产的折旧进度进行分摊，作为折旧费用的调整。如果售后租回交易满足了会计准则规定的5条标准中的任何一条或数条，则应将该项交易认定为融资租赁。这种交易实质上转移了买主（即出租人）所保留的与该项租赁资产的所有权有关的全部风险和报酬，是出租人提供资金给承租人并以该项资产作为担保，因此，售价与资产账面价值之间的差额（无论是售价高于资产账面价值还是低于资产账面价值）在会计上均未实现，其实质是，售价高于资产账面价值实际上在出售时高估了资产的价值，而售价低于资产账面价值实际上在出售时低估了资产的价值，因此，卖主（即承租人）应将售价与资产账面价值之间的差额（无论是售价高于资产账面价值还是售价低于资产账面价值）予以递延，并按该项租赁资产的折旧进度进行分摊，作为折旧费用的调整。其账务处理为：

【例5-19·分析题】某固定资产账面价值为1 000万元，公允价值为1 500万元，使用期为10年，采用年限平均法计提折旧，预计使用完毕无残值。

	账面价值	售价
	1 000	1 500
每年计提折旧	100	150

每年调整的折旧费用=（1 500-1 000）÷10=50（万元）

调整后的折旧费用=150-50=100（万元）

注：会计信息质量要求谨慎性，当公允价值高于账面价值时，应按照账面价值计量。

（二）售后租回交易形成经营租赁

售后租回交易认定为经营租赁的，应当分别情况处理：在有确凿证据表明售后租回交易是按照公允价值达成的，售价与账面价值的差额应当计入当期损益。如果售后租回交易不是按照公允价值达成的，有关损益应于当期确认；但若该损失将由低于市价的未来付款额补偿的，应将其递延，并按与确认租金费用相一致的方法分摊于预计的资产使用期限内；售价高于公允价值的，其高出公允价值的部分应予递延，并在预计的使用期限内摊销。

具体会计处理如表5-4所示。

表5-4　**售后租回交易形成经营租赁的具体会计处理**

<table>
<tr><td rowspan="5">售后租回交易形成经营租赁</td><td>按照公允价值达成</td><td colspan="3">售价与账面价值的差额应当计入当期损益</td></tr>
<tr><td rowspan="4">售后租回交易不是按照公允价值达成</td><td rowspan="3">售价低于公允价值</td><td>售价大于账面价值</td><td>应确认利润</td></tr>
<tr><td rowspan="2">售价小于账面价值（损失）</td><td>损失不能得到补偿，确认损失</td></tr>
<tr><td>损失能够得到补偿，确认递延收益，以后摊销</td></tr>
<tr><td>售价高于公允价值</td><td colspan="2">其高出公允价值的部分应予递延，并在预计的使用期限内摊销，公允价值与账面价值的差额计入当期损益</td></tr>
</table>

【例5-20·单选题】2018年1月1日，甲公司将公允价值为4 400万元的办公楼以3 600万元的价格出售给乙公司，同时签订一份甲公司租回该办公楼的租赁合同，租期为5年，年租金为240万元，于每年年末支付，期满后乙公司收回办公楼。当日，该办公楼账面价值为4 200万元，预计尚可使用年限为30年；市场上租用同等办公楼的年租金为400万元。不考虑其他因素，上述业务对甲公司2018年度利润总额的影响金额为（　　）万元。

A.-240　　B.-360　　C.-600　　D.-840

【答案】B

【解析】此项交易属于售后租回交易形成的经营租赁，售价低于公允价值且售价低于账面价值，但该损失能够得到补偿，所以售价与账面价值之间的差额计入递延收益，并在租赁期内摊销。上述业务对甲公司2018年度利润总额的影响金额=-240-（4 200-3 600）÷5=-360（万元）。

1.第一种情况：售后租回交易形成融资租赁，售价高于资产账面价值。

【例5-21·实务题】沿用【例5-17·实务题】，假定20×2年1月1日，A公司将一条程控生产线按2 600 000元的价格销售给B公司。该生产线20×2年1月1日的账面原值为2 400 000元，全新设备未计提折旧。同时又签订了一份租赁合同将该生产线租回，该合同主要条款与【例5-13·实务题】的合同条款内容相同，假定不考虑相关税费。

（1）卖主（即承租人：A公司）的会计处理。

第一步，判断租赁类型。

根据【例5-13·实务题】，可知该项租赁属于融资租赁。租赁开始日最低租赁付款额的现值及融资费用分摊率的计算过程与结果同【例5-17·实务题】。

第二步，计算未实现售后租回损益。

未实现售后租回损益=售价-资产的账面价值=售价-（资产的账面原价-累计折旧）

=2 600 000-（2 400 000-0）=200 000（元）

第三步，在租赁期内采用实际利率法分摊未确认融资费用（同【例5-17·实务题】，见表5-1）。

第四步，在折旧期内按折旧进度（在本例中即年限平均法）分摊未实现售后租回损益（见表5-5）。

表5-5 **未实现售后租回损益分摊表**

20×2年1月1日 金额单位：元

日　期	售　价	固定资产账面价值	摊销期	分摊率*	摊销额	未实现售后租回损益
20×2年1月1日	2 600 000	2 400 000	35个月			200 000
20×2年12月31日				31.42%	62 840	137 160
20×3年12月31日				34.29%	68 580	68 580
20×4年12月31日				34.29%	68 580	0
合　计	2 600 000	2 400 000		100%	200 000	

*参见表5-2中的折旧率。

本例中，由于租赁资产的折旧期为35个月，因此，未实现售后租回损益的分摊期也为35个月。

第五步，账务处理。

20×2年1月1日，结转出售固定资产的成本：

借：固定资产清理 2 400 000

　贷：固定资产 2 400 000

20×2年1月1日，向B公司出售程控生产线：

借：银行存款 2 600 000

　贷：固定资产清理 2 400 000

　　　递延收益——未实现售后租回损益（融资租赁） 200 000

20×2年2月28日，确认本月应分摊的未实现售后租回损益：

借：递延收益——未实现售后租回损益（融资租赁）（62 840÷11） 5 712.73

　贷：制造费用——折旧费 5 712.73

其他有关会计处理（略）。

第六步，财务报告中的列示和披露（略）。

（2）买主（即出租人：B公司）的会计处理。

20×2年1月1日，向A公司购买程控生产线：

借：融资租赁资产　　2 600 000

　贷：银行存款　　2 600 000

其他相关会计处理与一般融资租赁业务的会计处理相同，此处略。

2.第二种情况：售后租回交易形成融资租赁，售价低于资产账面价值。

【例5-22·实务题】沿用【例5-17·实务题】，假定20×2年1月1日，A公司将一条程控生产线按2 600 000元的价格销售给B公司。该生产线20×2年1月1日的账面原值为2 800 000元，全新设备未计提折旧。同时又签订了一份租赁合同将该生产线租回，该合同主要条款与【例5-13·实务题】的合同条款内容相同，假定不考虑相关税费。

（1）卖主（即承租人：A公司）的会计处理。

第一步，判断租赁类型。

根据【例5-13·实务题】，可知该租赁属于融资租赁。租赁开始日最低租赁付款额的现值及融资费用分摊率的计算过程与结果同【例5-17·实务题】。

第二步，计算未实现售后租回损益。

未实现售后租回损益=售价-资产的账面价值=售价-（资产的账面原价-累计折旧）

=2 600 000-（2 800 000-0）=-200 000（元）

第三步，在租赁期内采用实际利率法分摊未确认融资费用（同【例5-17·实务题】，见表5-1）。

第四步，在折旧期内按折旧进度（在本例中即年限平均法）分摊未实现售后租回损益（见表5-6）。

表5-6　**未实现售后租回损益分摊表**

20×2年1月1日　　金额单位：元

日　期	售　价	固定资产账面价值	摊销期	分摊率	摊销额	未实现售后租回损益
（1）20×2年1月1日	2 600 000	2 800 000	35个月			200 000
（2）20×2年12月31日				31.42%	62 840	137 160
（3）20×3年12月31日				34.29%	68 580	68 580
（4）20×4年12月31日				34.29%	68 580	0
合　计	2 600 000	2 800 000		100%	200 000	

本例中，由于租赁资产的折旧期为35个月，因此，未实现售后租回损益的分摊期也为35个月。

第五步，账务处理。

20×2年1月1日，结转出售固定资产的成本：

借：固定资产清理　　2 800 000

　贷：固定资产　　2 800 000

20×2年1月1日，向B公司出售程控生产线：

借：银行存款　　2 600 000

　　递延收益——未实现售后租回损益（融资租赁）　　200 000

　贷：固定资产清理　　2 800 000

20×2年2月28日，确认本月应分摊的未实现售后租回损益：

借：制造费用——折旧费（62 840÷11）　　5 712.73

　贷：递延收益——未实现售后租回损益（融资租赁）　　5 712.73

其他有关会计处理（略）。

第六步，财务报告中的列示和披露（略）。

（2）买主（即出租人：B公司）的会计处理。

20×2年1月1日，向A公司购买程控生产线：

借：融资租赁资产　　2 600 000

　贷：银行存款　　2 600 000

其他相关会计处理与一般融资租赁业务的会计处理相同，此处略。

3.第三种情况：售后租回交易形成经营租赁，售价高于资产公允价值。

【例5-23·实务题】假定20×2年1月1日，A公司将全新办公设备一台按照1 000 000元的价格出售给B公司，该设备20×2年1月1日的账面价值为900 000元，公允价值为900 000元，并立即签订了一份租赁合同，租期为4年，每年年末支付租金200 000元。

（1）卖主（即承租人：A公司）的会计处理。

第一步，判断租赁类型。

该项租赁属于经营租赁。

第二步，计算未实现售后租回损益。

未实现售后租回损益=售价-资产的公允价值=1 000 000-900 000=100 000（元）

第三步，在租赁期内按租金支付比例分摊未实现售后租回损益（见表5-7）。

表5-7　**未实现售后租回损益分摊表**

20×2年1月1日　　金额单位：元

日　期	售　价	固定资产公允价值	支付的租金	分摊率	摊销额	未实现售后租回损益
（1）20×2年1月1日	1 000 000	900 000				100 000
（2）20×2年12月31日			200 000	25%	25 000	75 000
（3）20×3年12月31日			200 000	25%	25 000	50 000
（4）20×4年12月31日			200 000	25%	25 000	25 000
（5）20×5年12月31日			200 000	25%	25 000	0
合　计	1 000 000	900 000	800 000	100%	100 000	

第四步，账务处理。

20×2年1月1日，结转出售固定资产的成本：

借：固定资产清理　　900 000

　贷：固定资产　　900 000

20×2年1月1日，向B公司出售设备：

借：银行存款　　1 000 000

　贷：固定资产清理　　900 000

　　　递延收益——未实现售后租回损益（经营租赁）　　100 000

20×2年12月31日，确认本年应分摊的未实现售后租回损益（在本例中，按年分摊未实现售后租回损益只是为了简化核算。在实际工作中，承租人一般应在按月确认租金费用的同时合理分摊未实现售后租回损益）。

借：递延收益——未实现售后租回损益（经营租赁）　　25 000

　贷：管理费用　　25 000

其他有关会计处理（略）。

第五步，财务报告中的列示和披露（略）。

但是，如果有确凿证据表明，售后租回交易是按照公允价值达成的，售价与资产账面价值之间的差额应当计入当期损益，假定公允价值是1 000 000元。

在这种情况下，账务处理为：

20×2年1月1日，结转出售固定资产的成本：

借：固定资产清理　　900 000

　贷：固定资产　　900 000

20×2年1月1日，向B公司出售设备：

借：银行存款　　1 000 000

　贷：固定资产清理　　900 000

　　　营业外收入　　100 000

（2）买主（即出租人：B公司）的会计处理。

20×2年1月1日，向A公司购买设备：

借：固定资产　　1 000 000

　贷：银行存款　　1 000 000

其他相关会计处理与一般经营业务的会计处理相同，此处略。

4.第四种情况：售后租回交易形成经营租赁，售价低于资产公允价值且损失将由低于市价的未来租赁付款额补偿的。

【例5-24·实务题】假定20×2年1月1日，A公司将全新市价为1 100 000元的办公设备一台，按照1 000 000元的价格售给B公司，该设备20×2年1月1日的账面价值为1 100 000元，并立即签订了一份租赁合同，该合同主要条款与【例5-13·实务题】的合同条款内容相同。假定未来租赁付款总额低于市价100 000元。

（1）卖主（即承租人：A公司）的会计处理。

第一步，判断租赁类型。

该项租赁属于经营租赁。

第二步，计算未实现售后租回损益。

未实现售后租回损益=售价-资产的账面价值=1 000 000-1 100 000=-100 000（元）

第三步，在租赁期内按租金支付比例分摊未实现售后租回损益（见表5-8）。

表5-8 **未实现售后租回收益分摊表**

20×2年1月1日 金额单位：元

日期	售价	固定资产账面价值	支付的租金	分摊率	摊销额	未实现售后租回损益
（1）20×2年1月1日	1 000 000	1 100 000				-100 000
（2）20×2年12月31日			200 000	25%	25 000	-75 000
（3）20×3年12月31日			200 000	25%	25 000	-50 000
（4）20×4年12月31日			200 000	25%	25 000	-25 000
（5）20×5年12月31日			200 000	25%	25 000	0
合计	1 000 000	1 100 000	800 000	100%	100 000	

第四步，会计处理。

20×2年1月1日，结转出售固定资产的成本：

借：固定资产清理 1 100 000

　贷：固定资产 1 100 000

20×2年1月1日，向B公司出售设备：

借：银行存款 1 000 000

　　递延收益——未实现售后租回损益（经营租赁） 100 000

　贷：固定资产清理 1 100 000

20×2年12月31日，确认本年应分摊的未实现售后租回损益（在本例中，按年分摊未实现售后租回损益只是为了简化核算。在实际工作中，承租人一般应在按月确认租金费用的同时合理分摊未实现售后租回损益）。

借：管理费用 25 000

　贷：递延收益——未实现售后租回损益（经营租赁） 25 000

其他有关会计处理（略）。

第五步，财务报告中的列示和披露（略）。

但是，如果有确凿证据表明，售后租回交易是按照公允价值达成的或售价低于公允价值且未来租赁付款额不低于市价的，售价与账面价值之间的差额应当计入当期损益。

在这种情况下，会计处理为：

20×2年1月1日，结转出售固定资产的成本：

借：固定资产清理 1 100 000

　贷：固定资产 1 100 000

20×2年1月1日，向B公司出售设备：

借：银行存款 1 000 000

　　营业外支出 100 000

　贷：固定资产清理 1 100 000

（2）买主（即出租人：B公司）的会计处理。

20×2年1月1日，向A公司购买设备：

借：固定资产　　1 000 000

　贷：银行存款　　1 000 000

其他相关会计处理与一般经营租赁业务的会计处理相同，此略。

注册会计师考试真题

【2016年考题·单选题】一项融资租赁合同，租赁期为5年，每年年末支付租金50万元，承租人担保的资产余值为25万元，与承租人有关的第三方担保的资产余值为5万元。租赁期间，履约成本为25万元，或有租金为10万元。独立于承租人和出租人的第三方对出租人担保的资产余值为15万元，未担保余值为5万元。则就承租人而言，最低租赁付款额为（　　）万元。

A.335　　B.295　　C.300　　D.280

【答案】D

【解析】最低租赁付款额 = 5×50+25+5=280（万元）。

【2017年考题·单选题】甲公司于2015年12月31日将一台公允价值为500万元的大型专用设备以融资租赁方式出租给乙公司。双方签订合同，从2016年1月1日起乙公司租赁该设备36个月，租赁期内每年年末支付租金160万元，乙公司的母公司担保的设备资产余值为50万元，另外独立于甲公司和乙公司的担保公司担保的设备资产余值为30万元，租赁合同规定的租赁年利率为7%，租赁开始日估计资产余值为90万元，假定不存在初始直接费用。乙公司在租赁期开始日应记入“未确认融资费用”科目的金额为（　　）万元。（已知：（P/A，7%，3）=2.6243；（P/F，7%，3）=0.8163）

A.69.30　　B.44.81　　C.-28.66　　D.0

【答案】A

【解析】乙公司该项租赁的最低租赁付款额=160×3 + 50=530（万元）；最低租赁付款额的现值=160×（P/A，7%，3）+ 50×（P/F，7%，3）=160×2.6243+50×0.8163=460.70（万元），未确认融资费用=530-460.70=69.30（万元）。

【2017年考题·单选题】2016年12月31日，甲公司将一栋管理用办公楼以704万元的价格出售给乙公司，款项已收存银行。该办公楼账面原价为1 200万元，至出售当日，已计提折旧640万元，未计提减值准备，公允价值为560万元；预计尚可使用寿命为5年，预计净残值为零。2017年1月1日，甲公司与乙公司签订了一份经营租赁合同，将该办公楼租回；租赁开始日为2017年1月1日，租期为3年；租金总额为192万元，每年年末支付。假定不考虑税费及其他相关因素，上述业务对甲公司2017年度利润总额的影响金额为（　　）万元。

A.-176　　B.-64　　C.-16　　D.80

【答案】C

【解析】此项交易属于售后租回交易形成经营租赁，且售价高于公允价值，售价高出公允价值的部分应予以递延，并在预计使用期限内摊销，公允价值与账面价值的差额计入当期损益，所以上述业务使甲公司2016年度利润总额减少16万元（192÷3-（704-560）÷3）。

【2017年考题·单选题】下列不构成融资租赁中最低租赁付款额组成的是（　　）。

A.承租人应支付所能被要求支付的款项

B.履约成本

C.独立于承租人和出租人的第三方担保的资产余值

D.承租人或与其有关的第三方担保的资产余值

【答案】B

【2016年考题·多选题】2015年12月31日，大新公司将某生产设备以1 650万元的价格出售给乙公司。该生产设备的账面原价为1 750万元，已计提折旧200万元，未计提减值准备。当日，固定资产的市价为1 600万元。同时，又签订了一份融资租赁合同将该生产设备租回。租赁合同约定的租赁期限为4年，大新公司对融资租入的生产设备采用年限平均法按年计提折旧。大新公司按年摊销未实现的售后租回损益，假定不考虑相关税费等其他因素。则大新公司的下列会计处理中，正确的有（　　）。

A.出售时应确认递延收益100万元

B.出售时应确认递延收益50万元

C.租赁期内每年摊销的递延收益为12.5万元

D.租赁期内每年摊销的递延收益为25万元

【答案】BC

【解析】未实现售后租回损益=售价-资产的公允价值=1 650-1 600=50（万元）。

有关分录如下（分录金额单位为万元）：

①2015年12月31日：

出售固定资产：

借：固定资产清理	1 550	
累计折旧	200	
贷：固定资产		1 750
借：银行存款	1 650	
贷：固定资产清理		1 550
营业外收入（1 600-1 550）		50
递延收益		50

②每年应分摊的未实现售后租回损益=50÷4=12.5（万元）。

【2018年考题·多选题】乐信公司与美林公司2012年12月末签订一项融资租赁合同，合同标的资产为一条生产线，租赁期开始日为2013年1月1日，租期10年，乐信公司每年年末支付租金130万元，乐信公司担保的资产余值为50万元，担保公司担保的资产余值为10万元，租赁期开始日美林公司估计的资产余值为70万元，当日资产的公允价值为900万元，实际利率为8%，不考虑其他因素，则下列说法正确的有（　　）。（（P/A，8%，10）=6.7101；（P/F，8%，10）=0.4632）

A.美林公司最低租赁收款额为1 350万元

B.乐信公司固定资产的入账价值为895.47万元

C.美林公司应确认未担保余值10万元

D.乐信公司最低租赁付款额为1 350万元

【答案】BCD

精讲练习题

一、单选题

1.担保余值，就承租人而言，是指（　　）。

A.由承租人或与其有关的第三方担保的资产余值

B.在租赁开始日估计的租赁期届满时租赁资产的公允价值

C.就出租人而言的担保余值加上独立于承租人和出租人，但在财务上有能力担保的第三方担保的资产余值

D.承租人担保的资产余值加上独立于承租人和出租人，但在财务上有能力担保的第三方担保的资产余值

2.租赁合同期为8年，每年年末支付租金100万元，承租人担保的资产余值为50万元，与承租人有关的A公司担保余值为20万元，租赁期间，履约成本为50万元，或有租金为20万元。就承租人而言，最低租赁付款额为（　　）万元。

A.870　　B.940　　C.850　　D.920

3.乙公司2018年1月10日采用融资租赁方式出租一台设备，合同规定：设备租赁期为6年，每年支付租金8万元；或有租金为4万元；履约成本为5万元；承租人提供的租赁资产担保余值为7万元；与承租人和乙公司均无关联关系的第三方提供的租赁资产担保余值为3万元。乙公司2018年1月10日对该租出的设备确认的应收融资租赁款为（　　）万元。

A.51　　B.55　　C.58　　D.67

4.承租人对融资租赁的资产采用公允价值作为入账价值的，分摊未确认融资费用所采用的分摊率为（　　）。

A.银行同期贷款利率

B.租赁合同中规定的利率

C.出租人出租资产的无风险利率

D.最低租赁付款额的现值与租赁资产公允价值相等的折现率

5.如果租赁合同规定承租人享有优惠购买选择权，而且在租赁开始日就可以合理确定承租人将会行使这种选择权，则租赁期（　　）。

A.最长不得超过自租赁开始日起至优惠购买选择权行使之日止的期间

B.最短不得少于自租赁开始日起至优惠购买选择权行使之日止的期间

C.应该是自租赁开始日起至续租期之日止的期间

D.以上都不是

6.承租人在融资租赁谈判和签订租赁合同过程中发生的、可直接归属租赁项目的初始直接费用，如印花税、佣金、律师费、差旅费等，应当（　　）。

A.计入当期费用

B.计入租入资产价值

C.部分计入当期费用，部分计入租赁成本

D.计入最低租赁付款额

7.在租赁开始日，承租人通常应当将租赁开始日租赁资产公允价值与最低租赁付款额

的现值两者中较低者作为租入资产的入账价值，将（　　）作为长期应付款的入账价值，并将两者的差额确认为融资费用。

A.最低租赁付款额　　B.最低租赁收款额

C.最低租赁付款现值　　D.最低租赁收款额现值

二、多选题

1.2018年1月1日，甲公司与租赁公司签订一项经营租赁合同，向租赁公司租入一台设备，合同约定：租赁期3年，租赁期开始日为合同签订日；月租金为6万元，每年年末支付当年租金；前3个月免交租金；如果市场平均月租金水平较上个月上涨的幅度超过10%，自次月起每月租金增加0.5万元。甲公司为签订合同于1月5日支付律师费等3万元。已知租赁开始日租赁设备的公允价值为980万元。下列关于甲公司租赁会计处理的表述中，正确的有（　　）。

A.或有租金在实际发生时计入当期损益

B.为签订租赁合同而支付的律师费等计入当期损益

C.经营租赁设备按照租赁开始日的公允价值确认为固定资产

D.经营租赁设备按照与自有固定资产相同的折旧方法计提折旧

E.免租期内按照租金总额在整个租赁期内采用合理方法分摊的金额确认为租金费用

2.关于初始直接费用，下列说法正确的有（　　）。

A.承租人融资租赁业务发生的初始直接费用应计入租入资产的价值

B.承租人融资租赁业务发生的初始直接费用应计入管理费用

C.承租人经营租赁业务发生的初始直接费用应计入当期损益

D.出租人经营租赁业务发生的初始直接费用应计入当期损益

E.出租人融资租赁业务发生的初始直接费用应计入管理费用

3.在租赁业务中，与资产所有权有关的风险是指（　　）。

A.由于经营情况变化造成相关收益的减少

B.由于资产增值而实现的收益

C.由于资产闲置造成的损失

D.未实现或有租金

E.由于技术陈旧等造成的损失

4.如果承租人有购买租赁资产的选择权，所订立的购买价款预计将远远低于行使选择权时租赁资产的公允价值，则最低租赁付款额应包括（　　）。

A.购买价款

B.承租人应支付或可能被要求支付的各种款项

C.未担保余值

D.或有租金

E.担保余值

5.下列各项中构成最低租赁付款额的有（　　）。

A.每期支付的租金　　B.履约成本

C.与承租人有关的第三方担保的资产余值

D.或有租金　　E.承租人担保的资产余值

6.确定融资租赁资产入账价值时应考虑的因素有（　　）。

A.租赁开始日租赁资产的公允价值

B.最低租赁付款额现值

C.承租人在租赁谈判和签订租赁合同过程中发生的、可归属于租赁项目的手续费、律师费、差旅费、印花税等初始直接费用

D.租赁资产预计使用年限

E.租赁内含报酬率

7.关于租赁内含报酬率，下列说法不正确的有（　　）。

A.租赁内含报酬率，是指在租赁开始日，使最低租赁收款额的现值与未担保余值的现值之和等于租赁资产公允价值与出租人的初始直接费用之和的折现率

B.租赁内含报酬率，是指在租赁开始日，使最低租赁付款额的现值与未担保余值的现值之和等于租赁资产公允价值与出租人的初始直接费用之和的折现率

C.租赁内含报酬率，是指在租赁开始日，使最低租赁收款额的现值与未担保余值的现值之和等于租赁资产原账面价值的折现率

D.租赁内含报酬率，是指在租赁开始日，使最低租赁收款额的现值与未担保余值的现值之和等于租赁资产原账面价值与出租人的初始直接费用之和的折现率

E.租赁内含报酬率，是指在租赁开始日，使最低租赁收款额的现值与未担保余值之和等于租赁资产原账面价值与出租人的初始直接费用之和的折现率

8.承租人在计算最低租赁付款额的现值选择权折现率时，应考虑的因素有（　　）。

A.出租人租赁内含报酬率

B.租赁合同规定的利率

C.同期银行贷款利率

D.同期银行存款利率

E.承租人租赁资产内含利率

三、计算分析题

1.A公司于2016年12月10日与B租赁公司签订一项设备租赁合同，合同主要条款有：起租日为2016年12月31日；租赁期为2018年12月31日至2018年12月31日；2017年和2018年每年年末支付租金1 000万元；租赁期满时，设备估计余值为100万元，其中A公司担保余值为100万元；设备为全新，2016年12月31日的公允价值为1 922.4万元，预计使用年限为3年；租赁年内含利率为6%；2018年12月31日，A公司将设备归还B租赁公司。2016年12月31日设备运抵A公司并于当日投入使用，其固定资产采用平均年限法计提折旧，与租赁有关的未确认融资费用均采用实际利率法摊销，并假定未确认融资费用在相关资产折旧期限内摊销。

要求：

（1）判断该租赁的类型，并说明理由。

（2）编制A公司在起租日的会计分录。

（3）编制A公司在2017年年末与2018年年末的租金支付以及其他与租赁事项有关的会计分录（假定相关事项均在年末进行账务处理）。

2.假设20×6年1月1日，甲公司将公允价值为3 100万元的全新办公设备一套，按照

3 000万元的价格售给乙公司，并立即签订了一份租赁合同，从乙公司租回该办公设备，租期为4年。办公设备原账面价值为3 100万元，预计使用年限为25年。租赁合同规定，在租期的每年年末支付租金60万元，假定在市场上租用同等的办公设备需每年年末支付租金85万元。租赁期满后乙公司收回办公设备使用权（假设甲公司和乙公司均在年末确认租金费用和经营租赁收入并且不存在租金逾期支付的情况）。

要求：作出上述甲公司售后租回交易在20×6年的会计处理。

第五章精讲练习题参考答案

第六章

或有事项

案例导入

某股份公司2018年12月31日在编制年度会计报表时，有如下业务：

（1）该公司在一个3 000万元的诉讼案件中追加为第二被告，法院已受理，但该案件在年末尚未审理，该公司的法律顾问认为，该诉讼案件与本公司无关，而且该案件被法院受理本身就没有法律依据。即使法院最后判决，本公司也不会牵涉到该案件中。

（2）该公司为其子公司（SD公司）的一笔长期借款500万元担保，SD公司于11月30日已宣告破产，但有一批商品存放于该公司用于反担保，该批商品的成本价为600万元。

（3）该公司2018年的所得税费用为300万元，应交所得税为260万元。

要求：该公司的会计将上诉三项业务均作为或有负债进行了处理，你认为他的处理是否正确？

学习目标

熟悉或有事项以及预计负债的概念；掌握或有事项确认负债的条件及计量；掌握或有事项的具体应用；了解会计重组计划对利润总额的影响。

第一节　或有事项概述

一、或有事项的概念和特征

或有事项，是指过去的交易或者事项形成的，其结果须由某些未来事项的发生或不发生才能决定的不确定事项。

或有事项具有以下特征：

（1）由过去的交易或事项形成，即或有事项的现存状况是过去交易或事项引起的客观存在。

比如，企业对售出的产品提供“三包”服务，是对已实现销售的商品提供的产品质量保证，该售出的商品是由过去的交易形成的。

再比如未决诉讼，假定一企业被另一企业状告侵犯专利技术，要求其赔偿。法院已受理，但尚未判决。该事项也是由过去的交易或事项形成的。

【提示】未来可能发生的自然灾害、交通事故、经营亏损等事项，不属于企业会计准则规范的或有事项。

（2）结果具有不确定性，即或有事项的结果是否发生具有不确定性，或者或有事项的结果预计将会发生，但发生的具体时间或金额具有不确定性。

首先，或有事项的结果是否发生具有不确定性。例如，某债务人从银行取得借款，三年期，担保方为债务方提供债务担保，这个事项对于担保方来说，属于或有事项。若是债务方在债务到期时按时还款，则担保方就不用承担连带责任；若是债务方在债务到期时不能按时还款，则担保方需要承担连带责任。也就是说债务的担保方在债务到期时是否一定承担和履行连带责任，需要根据被担保方能否按时还款决定，其结果在担保协议达成时具有不确定性。又如，有些未决诉讼，被起诉的一方是否会胜诉或败诉，在案件审理过程中是难以确定的，需要根据法院判决情况加以确定。

其次，或有事项的结果即使预计会发生，但发生的具体时间或金额具有不确定性。例如，某企业因生产排污治理不力并对周围环境造成污染而被周围村镇居民起诉，如无特殊情况，该企业很可能败诉。但是，在诉讼成立时，该企业因败诉将支出多少金额，或者何时将发生这些支出是难以确定的。

（3）由未来事项决定，即或有事项的结果只能由未来不确定事项的发生或不发生才能决定。

例如，企业为其他单位提供债务担保的，只有在被担保方到期无力还款时，企业（担保方）才承担偿还债务的连带责任。而该担保事项最终是否会要求企业履行偿还债务的连带责任，一般只能由被担保方的未来经营情况和偿债能力而定。如果被担保方经营情况和财务状况良好且有较好的信用，那么企业将不需要履行该连带责任。

常见的或有事项有：未决诉讼或未决仲裁、债务担保、产品质量保证（含产品安全保证）、环境污染整治、承诺、亏损合同、重组义务等。

【例6-1·分析题】或有事项与不确定性联系在一起，但会计处理过程中存在的不确定性并不都形成企业会计准则所规范的或有事项，企业应当按照或有事项的定义和特征进行判断。折旧、计提减值准备是否形成或有事项？

【答案】折旧的提取虽然涉及对固定资产净残值和使用寿命的估计，具有一定的不确定性，但固定资产原值是确定的，其价值最终会转移到成本或费用中也是确定的，因此折旧不是或有事项。类似地，计提减值准备也不属于或有事项。因此计提折旧、计提减值准备等不是或有事项准则规范的内容。

【例6-2·多选题】下列事项中，属于或有事项的有（　　）。

A.对债务单位提起诉讼　　B.对售出商品提供售后担保

C.无形资产摊销　　D.为子公司的贷款提供担保

【答案】ABD

【解析】无形资产摊销，其价值最终会转移到成本或费用中是确定的，该事项的结果是确定的，因此无形资产摊销不是或有事项。

二、或有负债和或有资产

（一）或有负债

或有负债是指过去的交易或者事项形成的潜在义务，其存在须通过未来不确定事项的发生或不发生予以证实；或过去的交易或者事项形成的现时义务，履行该义务不是很可能导致经济利益流出企业或该义务的金额不能可靠计量。

或有负债无论是现时义务，还是潜在义务均不符合负债的确认条件，因而不能确认，只能在附注中披露。

【例6-3·判断题】或有负债无论涉及潜在义务还是现时义务，均不应在财务报表中确认，但应按相关规定在附注中披露。（　　）

【答案】对

【解析】附注中披露不包括极小可能导致经济利益流出企业的或有负债。

（二）或有资产

或有资产是指过去的交易或者事项形成的潜在资产，其存在须通过未来不确定事项的发生或不发生予以证实。

或有资产是潜在资产，不符合资产的确认条件，因而不能确认。企业通常不应当披露或有资产，只有在很可能导致经济利益流入企业时才能在附注中披露。

（三）或有负债和或有资产转化为负债（预计负债）和资产

1.或有负债转化为预计负债

随着时间推移和事态的进展，或有负债对应的潜在义务可能转化为现时义务，原本不是很可能导致经济利益流出的现时义务也可能被证实将很可能导致经济利益流出企业，并且现时义务的金额也能够可靠计量。在这种情况下，或有负债就转化为企业的预计负债，应当予以确认。

2.或有资产转化为真正的资产

或有资产对应的潜在资产最终是否能够流入企业会逐渐变得明确，如果某一时点企业基本确定能够收到这项潜在资产并且其金额能够可靠计量，应当将其确认为企业的资产。

【例6-4·多选题】下列各项中，正确的有（　　）。

A.或有负债只能是潜在义务

B.或有事项必然形成或有负债

C.或有事项的结果可能会产生预计负债、或有负债或者或有资产

D.或有资产是指过去的交易或者事项形成的潜在资产，不能确认为资产

【答案】CD

【解析】选项A，或有事项可能是潜在义务，也可能是现时义务；选项B，或有事项不一定形成或有负债，也有可能形成或有资产。

【例6-5·多选题】下列有关或有事项的表述中，不正确的有（　　）。

A.或有负债与或有事项相联系，有或有事项就有或有负债

B.对于或有事项既要确认或有负债，也要确认或有资产

C.由于担保引起的或有事项随着被担保人债务的全部清偿而消失

D.只有对本单位产生不利影响的事项，才能作为或有事项

【答案】ABD

【解析】选项A，或有事项可能形成或有负债，也有可能形成或有资产；选项B，或有资产和或有负债是不能确认的；选项D，或有事项对本单位既可能是不利事项，也可能是有利事项。

【例6-6·多选题】下列关于或有事项的表述中，正确的有（　　）。

A.或有资产由过去的交易或事项形成

B.或有负债应在资产负债表内予以确认

C.或有资产不应在资产负债表内予以确认

D.因或有事项所确认负债的偿债时间或金额不确定

【答案】ACD

【解析】或有负债尚未满足确认负债的条件，不需要在资产负债表中体现。

【例6-7·单选题】根据或有事项准则的规定，下列有关或有事项的表述中，正确的是（　　）。

A.由于担保引起的或有事项随着被担保人债务的全部清偿而消失

B.只有对本单位产生有利影响的事项，才能作为或有事项

C.或有资产与或有负债相联系，有或有资产就有或有负债

D.对于或有事项既要确认或有负债，也要确认或有资产

【答案】A

【解析】由于被担保人债务的全部清偿，担保人不再存在或有事项。

或有事项的内容如图6-1所示。

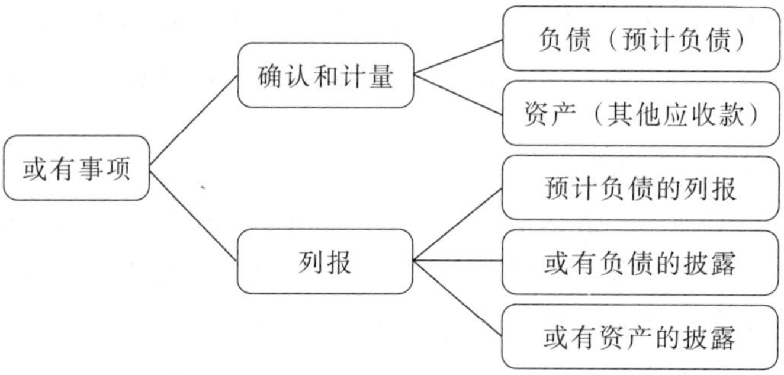

图6-1　或有事项的内容

第二节　或有事项的确认和计量

一、或有事项的确认

与或有事项相关的义务同时满足以下条件的，应当确认为预计负债：

（一）该义务是企业承担的现时义务

这是指与或有事项相关的义务是在企业当前条件下已承担的义务，企业没有其他现实的选择，只能履行该现时义务。现时义务包括法定义务和推定义务。

（1）法定义务，是指因合同、法规或其他司法解释等产生的义务，通常是企业在经济

管理和经济协调中，依照经济法律、法规的规定必须履行的责任。例如，企业与另外的企业签订购货合同产生的义务，就属于法定义务。

（2）推定义务，是指因企业的特定行为而产生的义务。企业的“特定行为”，泛指企业以往的习惯做法、已公开的承诺或已公开宣布的经营政策。并且，由于以往的习惯做法，或通过这些承诺或公开的声明，企业向外界表明了它将承担特定的责任，从而使受影响的各方形成了其将履行这些责任的合理预期。

（二）履行该义务很可能导致经济利益流出企业

企业履行与或有事项相关的现时义务将导致经济利益流出的可能性超过50%。

履行或有事项相关义务导致经济利益流出的可能性，通常按照下列情况加以判断（见表6-1）。

表6-1　**履行或有事项相关义务导致经济利益流出的判断标准**

项　目	发生的概率区间
基本确定	95% < 发生的可能性 < 100%
很可能	50% < 发生的可能性≤95%
可能	5% < 发生的可能性≤50%
极小可能	0 < 发生的可能性≤5%

（三）该义务的金额能够可靠地计量

【提示】如果或有事项确认负债的三个条件没有同时满足时，则属于或有负债。

二、或有事项的计量

或有事项的计量主要涉及两方面：一是最佳估计数的确定；二是预期可获得补偿的处理。

（一）最佳估计数的确定

预计负债应当按照履行相关现时义务所需支出的最佳估计数进行初始计量（如图6-2所示）。

最佳估计数
- 连续范围、等概率：取中间值（算术平均数）
- 其他情况
  - 单个项目：最可能发生的金额
  - 多个项目：按照各种可能结果及相关概率计算确定（加权平均数）

图6-2　最佳估计数的确定

【提示】对于产品质量保证，企业对客户负有保修义务，提出产品保修要求的客户可能有很多（属于多个项目），对于最佳估计数，要用加权平均数计算确定。

【例6-8·单选题】2018年12月10日，甲公司因合同违约而涉及一桩诉讼案件。根据甲公司的法律顾问判断，最终的判决很可能对甲公司不利。2018年12月31日，甲公司尚未接到法院的判决，因诉讼需承担的赔偿金额也无法准确地确定。不过，据专业人士估计，赔偿金额可能为90万元至100万元（含甲公司将承担的诉讼费2万元），且该范围内支付各种赔偿金额的可能性相同。根据《企业会计准则第13号——或有事项》的规定，甲公司应在2018年利润表中确认的营业外支出金额为（　　）万元。

A.90　　B.93　　C.95　　D.88

【答案】B

【解析】甲公司应确认的预计负债金额=（90+100）÷2=95（万元），其中，诉讼费2万元应计入管理费用，计入营业外支出的金额=95−2=93（万元）。

【例6-9·实务题】2018年10月2日，乙股份有限公司涉及一起诉讼案。2018年12月31日，乙股份有限公司尚未接到法院的判决。在咨询了公司的法律顾问后，公司认为：胜诉的可能性为40%，败诉的可能性为60%。如果败诉，需要赔偿2 000 000元。此时，乙股份有限公司在资产负债表中确认的负债金额应为最可能发生的金额，即2 000 000元。

【例6-10·实务题】甲股份有限公司是生产并销售A产品的企业，2018年度第一季度，共销售A产品60 000件，销售收入为360 000 000元。根据公司的产品质量保证条款，该产品售出后一年内，如发生正常质量问题，公司将负责免费维修。根据以前年度的维修记录，如果发生较小的质量问题，发生的维修费用为销售收入的1%；如果发生较大的质量问题，发生的维修费用为销售收入的2%。根据公司技术部门的预测，本季度销售的产品中，80%不会发生质量问题；15%可能发生较小质量问题；5%可能发生较大质量问题。

据此，2018年第一季度末，甲股份有限公司应在资产负债表中确认的负债金额为：

360 000 000×（0×80%+1%×15%+2%×5%）=900 000（元）

（二）预期可获得补偿的处理

企业清偿预计负债所需支出全部或部分预期由第三方补偿的，补偿金额只有在基本确定能够收到时才能作为资产单独确认，确认的补偿金额不应超过预计负债的账面价值。

【提示1】或有事项确认为资产的前提条件是或有事项已经确认为负债。

【提示2】或有事项确认为资产通过“其他应收款”科目核算，但不能冲减预计负债的账面价值。

【例6-11·实务题】甲公司于2018年11月收到法院通知，被告知乙公司状告甲公司侵犯专利权，要求甲公司赔偿100万元。甲公司经过反复测试认为其核心技术是委托丙公司研究开发的，丙公司应承担连带责任对甲公司进行赔偿，企业在年末编制会计报表时，根据法律诉讼的进展情况以及专业人士的意见，认为对原告进行赔偿的可能性在80%以上，最有可能发生的赔偿金额为60万元至80万元，并承担诉讼费用3万元。

考虑以下情况发生，甲公司对应的账务处理如下（分录金额单位为万元）：

（1）假定从第三方丙公司得到补偿基本确定，最有可能获得的补偿金额为40万元。

甲公司应确认的预计负债＝（60＋80）÷2＋3＝73（万元）

借：管理费用	3	
营业外支出	30	
其他应收款	40	
贷：预计负债		73

（2）假定从第三方丙公司得到补偿基本上可以确定，最有可能获得的补偿金额为80万元。

借：其他应收款　　73

　贷：预计负债　　73

（3）假定从第三方丙公司得到补偿很可能收到补偿款30万元。

借：管理费用　　3

　　营业外支出　　70

　贷：预计负债　　73

【例6-12·单选题】下列各项关于预计负债的表述中，正确的是（　　）。

A.预计负债是企业承担的潜在义务

B.与预计负债相关支出的时间或金额具有一定的不确定性

C.预计负债计量应考虑未来期间相关资产预期处置利得的影响

D.预计负债应按相关支出的最佳估计数减去基本确定能够收到的补偿后的净额计量

【答案】B

【解析】预计负债是企业承担的现时义务，选项A错误；企业应当考虑可能影响履行现时义务所需金额的相关未来事项，但不应考虑与其处置相关资产形成的利得，选项C错误；预计负债应当按照履行相关现时义务所需支出的最佳估计数进行初始计量，选项D错误。

（三）预计负债的计量需要考虑的其他因素

企业在确定最佳估计数时，应当综合考虑与或有事项有关的风险、不确定性、货币时间价值和未来事项等因素。

1.风险和不确定性

企业在不确定的情况下进行判断需要谨慎，使得收益或资产不会被高估，费用或负债不会被低估。但是，不确定性并不说明应当确认过多的预计负债和故意夸大负债的金额。

企业需要谨慎从事，充分考虑与或有事项有关的风险和不确定性，既不能忽略风险和不确定性对或有事项计量的影响，也要避免对风险和不确定性进行重复调整，从而在低估和高估预计负债金额之间寻找平衡点。

2.货币时间价值

预计负债一般不需要折现，即相关现时义务的金额通常应当等于未来应支付的金额。但是，如果预计负债的确认时点距离实际清偿有较长的时间跨度，货币时间价值的影响重大，那么在确定预计负债的确认金额时，有必要考虑采用现值计量，即通过对相关未来现金流出进行折现后确认最佳估计数。例如，油气井或核电站的弃置费用等，应当按照未来应支付金额的现值确定。确定预计负债的金额不应考虑预期处置相关资产形成的利得。

3.资产负债表日对预计负债账面价值的复核

企业应当在资产负债表日对预计负债的账面价值进行复核。有确凿证据表明该账面价值不能真实反映当前最佳估计数的，应当按照当前最佳估计数对该账面价值进行调整。

【例6-13·判断题】企业应当在资产负债表日对预计负债的账面价值进行复核，如果有确凿证据表明该账面价值不能真实反映当前最佳估计数，应当按照当前最佳估计数对该

账面价值进行调整。(　　)

【答案】√

三、对预计负债账面价值的复核

企业应当在资产负债表日对预计负债的账面价值进行复核。有确凿证据表明该账面价值不能真实反映当前最佳估计数的，应当按照当前最佳估计数对该账面价值进行调整。例如，某化工企业对环境造成了污染，按照当时的法律规定，只需要对污染进行清理。随着国家对环境保护越来越重视，按照现在的法律规定，该企业不但需要对污染进行清理，还很可能要对居民进行赔偿。这种法律要求的变化，会对企业预计负债的计量产生影响。企业应当在资产负债表日对为此确认的预计负债金额进行复核，相关因素发生变化表明预计负债金额不再能反映真实情况时，需要按照当前情况下企业清理和赔偿支出的最佳估计数对预计负债的账面价值进行相应的调整。

企业对已经确认的预计负债在实际支出发生时，应当仅限于最初确认的该预计负债的支出。也就是说，只有与该预计负债有关的支出才能冲减预计负债，否则将会混淆不同预计负债确认事项的影响。

第三节　或有事项会计的具体应用

一、未决诉讼或未决仲裁

诉讼，是指当事人不能通过协商解决争议，因而在人民法院起诉、应诉，请求人民法院通过审判程序解决纠纷的活动。诉讼尚未裁决之前，对于被告来说，可能形成一项或有负债或者预计负债；对于原告来说，则可能形成一项或有资产。

仲裁，是指各方当事人依照事先约定或事后达成的书面仲裁协议，共同选定仲裁机构并由其对争议依法作出具有约束力裁决的一种活动。作为当事人一方，仲裁的结果在仲裁决定公布以前是不确定的，会构成一项潜在义务或现时义务，或者潜在资产。

企业存在未决诉讼或未决仲裁时，应分别不同情况进行处理（见表6-2）。

表6-2　**企业存在未决诉讼或未决仲裁时的会计处理**

相关预计负债	与当期实际发生的诉讼损失金额之间差额的处理
前期已合理计提	直接计入或冲减当期营业外支出
前期未合理计提（金额重大）	按照重大差错更正的方法进行会计处理
前期无法合理预计，未计提	在该损失实际发生的当期，直接计入营业外支出
资产负债表日后至财务报告批准报出日之间发生的需要调整或说明的未决诉讼	按照资产负债表日后事项的有关规定进行会计处理

【例6-14·实务题】2018年11月1日，乙股份有限公司因合同违约而被丁公司起诉。2018年12月31日，乙公司尚未接到法院的判决。丁公司预计，如无特殊情况很可能在诉讼中获胜，假定丁公司估计将来很可能获得赔偿1 900 000元。在咨询了公司的法律顾问

后，乙公司认为最终的法律判决很可能对公司不利。假定乙公司预计将要支付的赔偿金额、诉讼费等费用为1 600 000元至2 000 000元，而且这个区间内每个金额的可能性都大致相同，其中诉讼费为30 000元。

此例中，丁公司不应当确认或有资产，而应当在2018年12月31日的报表附注中披露或有资产1 900 000元。

乙股份有限公司应在资产负债表中确认一项预计负债，金额为：

（1 600 000+2 000 000）÷2=1 800 000（元）

同时在2018年12月31日的附注中进行披露。

乙公司的有关账务处理如下：

借：管理费用——诉讼费　　30 000

　　营业外支出　　1 770 000

　贷：预计负债——未决诉讼　　1 800 000

【例6-15·单选题】2018年8月1日，甲公司因出售质量不合格的产品而被乙公司起诉。至2018年12月31日，该起诉讼尚未判决，甲公司估计很可能承担该项违约赔偿责任，需要赔偿200万元的可能性为70%，需要赔偿100万元的可能性为30%。甲公司基本确定能够从直接责任人处追回50万元。2018年12月31日，甲公司对该起诉讼应确认的预计负债的金额为（　　）万元。

A.120　　B.150　　C.170　　D.200

【答案】D

【解析】或有事项只涉及单个项目的，按最可能发生金额确定，最可能发生的赔偿支出金额为200万元；甲公司基本确定能够从直接责任人处追回50万元，应通过其他应收款核算，不能冲减预计负债的账面价值。

二、债务担保

债务担保在企业中是较为普遍的现象。作为提供担保的一方，在被担保方无法履行合同的情况下，常常承担连带责任。从保护投资者、债权人的利益出发，客观、充分地反映企业因担保义务而承担的潜在风险是十分必要的。

企业对外提供债务担保常常会涉及诉讼，应分别不同情况进行处理（见表6-3）。

表6-3　企业对外提供债务担保涉及诉讼时的会计处理

诉讼情况	担保企业的处理
企业（被担保企业）已被判决败诉的	应当按照法院判决的应承担的损失金额，确认为负债
一审判决败诉，但被担保企业又上诉	通常应在资产负债表日根据已有判决结果合理估计损失金额，确认为预计负债
法院尚未判决的	若败诉的可能性大于胜诉的可能性，且损失金额能够合理估计，应在资产负债表日根据预计损失金额确认为预计负债

【例6-16·实务题】2016年10月，B公司从银行贷款20 000 000元人民币，期限2年，由A公司全额担保；2018年4月，C公司从银行贷款1 000 000美元，期限1年，由A公司担保50%；2018年6月，D公司通过银行从G公司贷款10 000 000元人民币，期限2年，

由A公司全额担保。

截至2018年12月31日，各贷款单位的情况如下：B公司贷款逾期未还，银行已起诉B公司和A公司，A公司因连带责任需赔偿多少金额尚无法确定；C公司由于受政策影响和内部管理不善等原因，经营效益不如以往，可能不能偿还到期美元债务；D公司经营情况良好，预期不存在还款困难。

本例中，对B公司而言，A公司很可能需履行连带责任，但损失金额是多少，目前还难以预计；就C公司而言，A公司可能需履行连带责任；就D公司而言，A公司履行连带责任的可能性极小。这三项债务担保形成A公司的或有负债，不符合预计负债的确认条件，A公司在2018年12月31日编制财务报表时，应当在附注中作相应披露。

三、产品质量保证

产品质量保证，通常指销售商或制造商在销售产品或提供劳务后，对客户提供服务的一种承诺。

在约定期内（或终身保修），若产品或劳务在正常使用过程中出现质量或与之相关的其他属于正常范围的问题，企业负有更换产品、免费或只收成本价进行修理等责任。为此，企业应当在符合确认条件的情况下，于销售成立时确认预计负债。

（1）如果发现保证费用的实际发生额与预计数相差较大，应及时对预计比例进行调整；

（2）如果企业针对特定批次产品确认预计负债，则在保修期结束时，应将“预计负债——产品质量保证”科目余额冲销，不留余额；

（3）已对其确认预计负债的产品，若企业不再生产了，那么应在相应的产品质量保证期满后，将“预计负债——产品质量保证”余额冲销，不留余额。

【例6-17·实务题】A公司为电冰箱生产和销售企业。2018年第一季度、第二季度分别销售电冰箱5 000台、8 000台，每台售价为0.4万元。对购买其产品的消费者，A公司作出如下承诺：电冰箱售出后3年内如出现非意外事件造成的电冰箱故障和质量问题，A公司免费负责保修（含零部件更换）。根据以往的经验，发生的保修费一般为销售额的2%～3%。假定A公司2018年第一、二个季度实际发生的维修费分别为20万元、60万元；同时，假定2018年“预计负债——产品质量保证”科目年初余额为100万元（以下分录单位：万元）。

（1）2018年第一季度：

①发生的维修费：

借：预计负债　　20

　贷：银行存款　　20

②第一季度末应确认的产品质量保证金额＝5 000×0.4×（2%＋3%）÷2＝50（万元）。

借：销售费用　　50

　贷：预计负债　　50

③第一季度末，“预计负债——产品质量保证”科目余额＝100－20＋50＝130（万元）。

（2）2018年第二季度：

①发生的维修费：

借：预计负债　　60

　贷：银行存款　　60

②第二季度末应确认的产品质量保证金额＝8 000×0.4×（2%＋3%）÷2＝80（万元）。

借：销售费用　　80

　贷：预计负债　　80

③第二季度末，“预计负债——产品质量保证”科目余额为＝130－60＋80＝150（万元）。

【例6-18·单选题】甲公司2018年分别销售A、B产品1万件和2万件，销售单价分别为100元/件和50元/件。甲公司向购买者承诺提供产品售后2年内免费保修服务，预计保修期内将发生的保修费为销售额的2%～8%。2018年实际发生保修费5万元，2018年1月1日预计负债的年初数为3万元。假定无其他或有事项，则甲公司2018年年末资产负债表“预计负债”项目的金额为（　　）万元。

A.8　　B.13　　C.5　　D.0

【答案】A

【解析】甲公司2018年年末资产负债表“预计负债”项目的金额=3+（1×100+2×50）×（2%+8%）÷2−5=8（万元）。

四、亏损合同

亏损合同（onerous contract），是指履行合同义务不可避免会发生的成本超过预期经济利益的合同。待执行合同变为亏损合同，同时该亏损合同产生的义务满足预计负债的确认条件的，应当确认为预计负债。

企业对亏损合同进行会计处理时，需要遵循以下两点：

（1）如果与亏损合同相关的义务不需支付任何补偿即可撤销，企业通常就不存在现时义务，不应确认预计负债；如果与亏损合同相关的义务不可撤销，企业就存在了现时义务，同时满足该义务很可能导致经济利益流出企业和金额能够可靠地计量的，通常应当确认预计负债。

（2）亏损合同存在标的资产的，应当对标的资产进行减值测试并按规定确认减值损失，如果预计亏损超过该减值损失，应将超过部分确认为预计负债；合同不存在标的资产的，亏损合同相关义务满足预计负债确认条件时，应当确认为预计负债。

注意：预计负债的金额应是执行合同发生的损失和撤销合同发生的损失中的较低者。

【例6-19·实务题】甲公司为工业制造业企业，系一般纳税企业，适用的增值税税率为16%。2017年12月与丙公司签订商品购销合同，合同规定甲公司在2018年3月以每件2万元的价格向丙公司销售1 000件产品，若不能按时交货，将对甲公司处以总价款20%的违约金罚款，签订合同时产品尚未开始生产，甲公司准备生产产品时，原材料价格突然上涨，预计生产产品的单位成本将超过合同单价。

要求：编制甲公司的相关会计分录（分录单位为万元）。

【答案】

（1）如果产品单位成本为2.1万元：

①2017年12月末：

甲公司产品每件成本2.1万元，每件售价2万元，待执行合同变为亏损合同。合同因其不存在标的资产，故应确认为预计负债。

预计合同发生损失＝1 000×（2.1−2）=100（万元）

不执行合同违约金损失＝1 000×2×20%=400（万元）

借：营业外支出　　100

　贷：预计负债　　100

②2018年3月产品完工后（单位成本仍为2.1万元）：

借：库存商品　　2 100

　贷：生产成本　　2 100

借：预计负债　　100

　贷：库存商品　　100

③2018年3月销售商品时：

借：银行存款　　2 340

　贷：主营业务收入　　2 000

　　应交税费——应交增值税（销项税额）　　340

借：主营业务成本　　2 000

　贷：库存商品　　2 000

（2）如果产品单位成本为2.7万元：

①2017年12月末：

执行合同发生损失＝1 000×（2.7−2）=700（万元）

不执行合同违约金损失＝1 000×2×20%=400（万元）

因为没有标的资产，应确认为预计负债：

借：营业外支出　　400

　贷：预计负债　　400

②2018年3月支付违约金时：

借：预计负债　　400

　贷：银行存款　　400

五、重组义务

（一）重组义务的概念

重组，是指企业制定和控制的，将显著改变企业组织形式、经营范围或经营方式的计划实施行为。属于重组的事项主要包括：

（1）出售或终止企业的部分业务；

（2）对企业的组织结构进行较大调整；

（3）关闭企业的部分营业场所，或将营业活动由一个国家或地区迁移到其他国家或地区。

（二）重组义务的确认

企业承担的重组义务满足或有事项确认条件的，应当确认为预计负债。企业应当按照与重组有关的直接支出确定预计负债金额。

下列情况同时存在时，表明企业承担了重组义务：

（1）有详细、正式的重组计划，包括重组涉及的业务、主要地点、需要补偿的职工人数及其岗位性质、预计重组支出、计划实施时间等；

（2）该重组计划已对外公告，重组计划已经开始实施，或已向受其影响的各方通告了该计划的主要内容，从而使各方形成了对该企业将实施重组的合理预期。

（三）重组义务的计量

企业应当按照与重组有关的直接支出确定预计负债金额。其中，直接支出是企业重组必须承担的，并且与主体继续进行的活动无关的支出，不包括留用职工岗前培训、市场推广、新系统和营销网络投入等支出（见表6-4）。因为这些支出与未来经营活动有关，在资产负债表日不是重组义务。

表6-4　**与重组有关支出的判断表**

支出项目	包括	不包括的原因
自愿遣散	√	
强制遣散	√	
不再使用厂房的租赁撤销费	√	
将职工和设备从拟关闭的工厂转移到继续使用的工厂	×	支出与继续进行的活动相关（尚未发生费用，实际支出再编分录）
剩余职工再培训费	×	支出与继续进行的活动相关（尚未发生费用，实际支出再编分录）
新经理的招聘成本	×	支出与继续进行的活动相关（尚未发生费用，实际支出再编分录）
推广公司新形象的营销成本	×	支出与继续进行的活动相关（尚未发生费用，实际支出再编分录）
对新营销网络的投资	×	支出与继续进行的活动相关（尚未发生费用，实际支出再编分录）
未来经营损失	×	支出与继续进行的活动相关（尚未发生费用，实际支出再编分录）
特定固定资产的减值损失	×	资产减值准备应当按照《企业会计准则第8号——资产减值》进行计量

由于企业在计量预计负债时不应当考虑预期处置相关资产的利得，因此，在计量与重组义务相关的预计负债时，不能考虑处置相关资产（如厂房、店面，有时是一个事业部整体）可能形成的利得或损失，即使资产的出售构成重组的一部分也是如此。

【例6-20·综合题】甲公司为一家家电生产企业，主要生产A、B、C三种家电产品。甲公司2018年度有关事项如下：

（1）甲公司管理层于2018年11月制订了一项业务重组计划。该业务重组计划的主要内容如下：从2019年1月1日起关闭C产品生产线；从事C产品生产的员工共计250人，除部门主管及技术骨干等50人留用转入其他部门外，其他200人都将被辞退。

根据被辞退员工的职位、工作年限等因素，甲公司将一次性给予被辞退员工不同标准的补偿，补偿支出共计800万元；C产品生产线关闭之日，租用的厂房将被腾空，撤销租赁合同并将其移交给出租方，用于C产品生产的固定资产等将转移至甲公司自己的仓库。

上述业务重组计划已于2018年12月2日经甲公司董事会批准，并于12月3日对外公告。2018年12月31日，上述业务重组计划尚未实际实施，员工补偿及相关支出尚未支付。

为了实施上述业务重组计划，甲公司预计发生以下支出或损失：因辞退员工将支付补偿款800万元；因撤销厂房租赁合同将支付违约金25万元；因将用于C产品生产的固定资产等转移至仓库将发生运输费3万元；因对留用员工进行培训将发生支出1万元；因推广新款B产品将发生广告费用2 500万元；因处置用于C产品生产的固定资产将发生减值损失150万元。

（2）2018年12月15日，消费者因使用C产品造成财产损失向法院提起诉讼，要求甲公司赔偿损失560万元。12月31日，法院尚未对该案作出判决。在咨询法律顾问后，甲公司认为该案很可能败诉。根据专业人士的测算，甲公司的赔偿金额可能为450万元至550万元，而且上述区间内每个金额的可能性相同。

（3）2018年12月25日，丙公司（为甲公司的子公司）向银行借款3 200万元，期限为3年。经董事会批准，甲公司为丙公司的上述银行借款提供全额担保。12月31日，丙公司经营状况良好，预计不存在还款困难。

要求：

（1）根据资料（1），判断哪些是与甲公司业务重组有关的直接支出，并计算因重组义务应确认的预计负债金额。

（2）根据资料（1），计算甲公司因业务重组计划而减少2018年度利润总额的金额，并编制相关会计分录。

（3）根据资料（2）和（3），判断甲公司是否应当将与这些或有事项相关的义务确认为预计负债。如确认，计算预计负债的最佳估计数，并编制相关会计分录；如不确认，说明理由。

【答案】

（1）因辞退员工将支付补偿800万元和因撤销厂房租赁合同将支付违约金25万元属于与重组有关的直接支出。

因重组义务应确认的预计负债金额=800+25=825（万元）

（2）因重组计划减少2018年度利润总额=825+150=975（万元）

会计分录（以下分录单位：万元）：

借：营业外支出　　25

　贷：预计负债　　25

借：管理费用　　800

　贷：应付职工薪酬　　800

借：资产减值损失　　150

　贷：固定资产减值准备　　150

（3）资料（2）应确认预计负债。预计负债的最佳估计数=（450+550）÷2=500（万元）。

会计分录：

借：营业外支出　　500

　贷：预计负债　　500

资料（3）不应确认预计负债。

理由：此项不是很可能导致经济利益流出企业，不符合或有事项确认预计负债的条件。

【例6-21·单选题】2018年12月，经董事会批准，甲公司自2019年1月1日起撤销某营销网点，该业务重组计划已对外公告。为实施该业务重组计划，甲公司预计发生以下支出或损失：因辞退职工将支付补偿款100万元，因撤销门店租赁合同将支付违约金20万元，因处置门店内设备将发生损失65万元，因将门店内库存存货运回公司本部将发生运输费5万元。该业务重组计划对甲公司2018年度利润总额的影响金额为（　　）万元。

A.-120　　B.-165　　C.-185　　D.-190

【答案】C

【解析】因辞退员工应支付的补偿100万元和因撤销门店租赁合同将支付的违约金20万元属于重组的直接支出，因处置门店内设备将发生损失65万元属于设备发生了减值，均影响甲公司的利润总额，所以该业务重组计划对甲公司2018年度利润总额的影响金额=100+20+65=185（万元）。

【例6-22·单选题】甲公司2018年12月实施了一项关闭C产品生产线的重组义务。重组计划预计发生下列支出：因辞退员工将支付补偿款200万元；因撤销厂房租赁合同将支付违约金20万元；因将用于C产品生产的固定资产等转移至仓库将发生运输费2万元；因对留用员工进行培训将发生支出1万元；因推广新款A产品将发生广告费用1 000万元；因处置用于C产品生产的固定资产将发生减值损失100万元。2018年12月31日，甲公司应确认的负债金额为（　　）万元。

A.200　　B.220　　C.223　　D.323

【答案】B

【解析】甲公司应当按照与重组有关的直接支出确定预计负债金额，甲公司应确认的负债金额=200+20=220（万元）。

第四节　或有事项的列报

一、预计负债的列报

企业应在会计报表附注中披露以下内容：

（1）预计负债的种类、形成原因以及经济利益流出不确定性的说明；

（2）各类预计负债的期初、期末余额和本期变动情况；

（3）与预计负债有关的预期补偿金额和本期已确认的预期补偿金额。

赔偿支出：计入营业外支出。

诉讼费：计入管理费用。

产品质量保证：计入销售费用。

弃置费用现值：计入固定资产。

摊销弃置费用与弃置费用现值的差额：计入财务费用。

二、或有负债的披露

（1）或有负债的种类及形成原因，包括已贴现商业承兑汇票、未决诉讼、未决仲裁、对外提供担保等形成的或有负债。

（2）经济利益流出不确定性的说明。

（3）或有负债预计产生的财务影响，以及获得补偿的可能性；无法预计的，应当说明原因。

在涉及未决诉讼、未决仲裁的情况下，按相关规定披露全部或部分信息预期对企业造成重大不利影响的，企业无须披露这些信息，但应当披露该未决诉讼、未决仲裁的性质，以及没有披露这些信息的事实和原因。

三、或有资产的披露

企业通常不应当披露或有资产，但或有资产很可能会给企业带来经济利益的，应当披露其形成的原因、预计产生的财务影响等。

【例6-23·多选题】下列关于或有事项的说法中，正确的有（　　）。

A.或有资产和或有负债均不确认

B.当或有资产可能给企业带来经济利益时，则应在会计报表附注中披露

C.或有资产一般不应在会计报表附注中披露，但当或有资产很可能给企业带来经济利益时，则应在会计报表附注中披露

D.一桩经济案件，若企业有98%的可能性获得补偿100万元，则企业就应将其确认为资产

E.或有负债符合一定条件时，企业应将其确认为负债

【答案】AC

【解析】或有事项符合一定条件时，企业可以将其确认为负债或资产，而或有负债和或有资产不应确认。或有资产一般不应在会计报表附注中披露，但或有资产很有可能给企业带来经济利益时，则应在会计报表附注中披露。因此，选项A和C正确。或有事项确认为资产必须同时满足两个条件：（1）相关义务已确认为负债；（2）从第三方或其他方得到补偿基本确定。

注册会计师考试真题

【2017年考题·多选题】甲公司2×16年财务报表于2×17年4月10日经批准对外报出，下列各项关于甲公司2×17年发生的交易或事项中属于2×16年资产负债表日后调整事项的有（　　）。

A.3月2日，发现2×15年度存在一项重大会计差错，该差错影响2×15年利润表及资产负债表有关项目

B.3月10日，2×16年底的一项未决诉讼结案，法院判决甲公司胜诉并获赔偿1 800万元。但甲公司无法判断对方的财务状况和支付能力

C.2月10日，甲公司董事会通过决议将投资性房地产的后续计量由成本模式改为公允价值模式

D.4月3日，收到2×16年11月销售的一批已确认销售收入的商品的15%的退货，按照购销合同约定，甲公司应当返还客户与该部分商品有关的货款

【答案】AD

【2017年考题·多选题】下列各项会计交易或事项中，属于或有事项的有（　　）。

A.企业为其子公司的贷款提供担保

B.企业为其他企业的贷款提供担保

C.企业以财产作抵押向银行借款

D.企业被其他企业提起诉讼

【答案】ABD

【解析】本题考查知识点：或有事项的相关概念与特征。选项C，在债务到期后，企业应偿还借款，否则将以房地产抵偿债务，所以均会造成经济利益流出企业，结果是确定的，不符合或有事项的定义。

【2017年考题·计算分析题】甲公司为境内上市公司，2×16年度财务报表于2×17年2月28日经董事会批准对外报出。2×16年，甲公司发生的有关交易或事项如下：

（1）甲公司历年来对所售乙产品实行“三包”服务，根据产品质量保证条款，乙产品出售后两年内如发生质量问题，甲公司将负责免费维修、调换等（不包括非正常损坏）。甲公司2×16年年初与“三包”服务相关的预计负债账面余额为60万元，当年实际发生“三包”服务费用45万元。

按照以往惯例，较小质量问题发生的维修等费用为当期销售乙产品收入总额的0.5%；较大质量问题发生的维修等费用为当期销售乙产品收入总额的2%；严重质量问题发生的维修等费用为当期销售乙产品收入总额的1%。根据乙产品质量检测及历年发生“三包”服务等情况，甲公司预计2×16年度销售乙产品中的75%不会发生质量问题，20%可能发生较小质量问题，4%可能发生较大质量问题，1%可能发生严重质量问题。甲公司2×16年销售乙产品收入总额为50 000万元。

（2）2×17年1月20日甲公司收到其客户丁公司通知，因丁公司所在地于2×17年1月18日发生自然灾害导致丁公司财产发生重大损失，无法偿付所欠甲公司货款1 200万元的60%。甲公司已对该应收账款于2×16年末计提200万元的坏账准备。

（3）根据甲公司与丙公司签订的协议，甲公司应于2×16年9月20日向丙公司销售一批乙产品，因甲公司未能按期交付，导致丙公司延迟向其客户交付商品而发生违约损失1 000万元。为此，丙公司于2×16年10月8日向法院提起诉讼，要求甲公司按合同约定支付违约金950万元以及由此导致的丙公司违约损失1 000万元。

截至2×16年12月31日，双方拟进行和解，和解协议正在商定过程中。甲公司经咨询其法律顾问后，预计很可能赔偿金额在950万元至1 000万元之间。为此，甲公司于年末预计975万元损失并确认为预计负债。2×17年2月10日，甲公司与丙公司达成和解，甲公司统一支付违约金950万元和丙公司的违约损失300万元，丙公司同意撤诉。甲公司于2×17年3月20日通过银行转账支付上述款项。

本题不考虑相关税费及其他因素。

要求：（1）根据资料（1），说明甲公司因“三包”服务预计负债时确定最佳估计数的原则，计算甲公司2×16年应计提的产品“三包”服务费用，并计算甲公司2×16年12月31日与产品“三包”服务有关的预计负债年末余额。

（2）根据资料（2）和（3），分别说明与甲公司有关的事项属于资产负债表日后调整事项还是非调整事项，并说明理由；如为调整事项，分别计算甲公司应调整2×16年年末留存收益的金额；如为非调整事项，说明其会计处理方法。

【答案】(1) 根据题干，这里或有事项涉及多个项目，按照各种可能结果及相关概率计算确定。

2×16年应计提的产品“三包”服务费用为95万元。

甲公司2×16年12月31日与产品“三包”服务有关的预计负债的年末余额为110万元。

(2) 事项(2)属于日后非调整事项。

会计处理：对于无法偿还部分，应当确认坏账准备，直接计入2×17年当期损益，会计分录如下：

借：资产减值损失　　7 200 000

　贷：坏账准备　　7 200 000

事项(3)属于日后调整事项。

调整2×16年留存收益金额275万元。

精讲练习题

一、单选题

1.甲公司于2018年11月收到法院通知，被告知乙公司状告甲公司侵犯专利权，要求甲公司赔偿300万元。甲公司经过反复测试认为其核心技术是委托丙公司研究开发的，丙公司应承担连带责任对甲公司进行赔偿。甲公司在年末编制会计报表时，根据法律诉讼的进展情况以及专业人士的意见，认为对原告进行赔偿的可能性在80%以上，最有可能发生的赔偿金额为180万元至240万元，并承担诉讼费用9万元。甲公司基本确定能够从第三方丙公司得到补偿。

要求：根据上述资料，不考虑其他因素，回答下列问题。

(1) 假定基本确定能获得的补偿金额为120万元。甲公司2018年正确的会计处理方法是(　　)。

A.确认管理费用90万元　　B.确认营业外支出9万元

C.确认其他应收款99万元　　D.确认预计负债219万元

(2) 假定基本确定能获得的补偿金额为240万元。甲公司2018年不正确的会计处理方法是(　　)。

A.确认管理费用0　　B.确认营业外支出0

C.确认其他应收款240万元　　D.确认预计负债219万元

2.甲企业是一家大型机床制造企业，2018年12月1日与乙公司签订了一项不可撤销的销售合同，约定于2019年4月1日以300万元的价格向乙公司销售大型机床一台。若不能按期交货，甲企业需按照总价款的10%支付违约金。至2018年12月31日，甲企业尚未开始生产该机床；由于原料上涨等因素，甲企业预计生产该机床成本不可避免地升至320万元。

要求：根据上述资料，不考虑其他因素，回答下列问题。

(1) 下列关于亏损合同处理的说法中，不正确的是(　　)。

A.待执行合同属于或有事项

B.如果与亏损合同相关的义务不需要支付任何补偿即可撤销，通常不应该确认预计负债

C.企业与其他单位签订的商品销售合同、劳务合同、租赁合同等，均可能变为亏损合同

D.待执行合同变为亏损合同时，合同不存在标的资产的，亏损合同相关义务满足预计负债确认条件时，应当确认预计负债

（2）2018年12月31日，甲企业的会计处理中正确的是（　　）。

A.确认预计负债20万元　　B.确认预计负债30万元

C.确认存货跌价准备20万元　　D.确认存货跌价准备30万元

3.宏达公司为农机生产和销售企业，2017年12月31日"预计负债——产品质量保证"科目年末余额为20万元。2018年第一季度、第二季度、第三季度、第四季度分别销售农机100台、200台、220台和300台，每台售价为20万元。对购买其产品的消费者，宏达公司作出如下承诺：农机售出后三年内如出现非意外事件造成的农机故障和质量问题，宏达公司免费负责保修（含零部件更换）。根据以往的经验，发生的保修费一般为销售额的1%～2%。假定宏达公司2018年四个季度实际发生的维修费用分别为16万元、44万元、64万元和56万元。

要求：根据上述资料，不考虑其他因素，回答下列问题。

（1）2018年12月31日"预计负债——产品质量保证"科目的余额为（　　）。

A.86万元　　B.66万元　　C.102万元　　D.56万元

（2）因上述交易或事项影响2018年度营业利润的金额为（　　）。

A.86万元　　B.246万元　　C.102万元　　D.56万元

4.甲公司中止企业的某项经营业务，由此需要辞退10名员工，由于是否接受辞退职工可以作出选择，预计发生150万元辞退费用的可能性为60%，发生100万元辞退费用的可能性为40%，发生转岗职工上岗前培训费20万元。

要求：根据上述资料，不考虑其他因素，回答下列问题。

（1）以下关于重组义务应确认为预计负债的表述中，不正确的是（　　）。

A.有详细、正式的重组计划，包括预计重组支出和计划实施时间且该计划已对外公告

B.只有与重组有关的直接支出才可以确定为重组负债义务

C.不得将留用职工岗前培训支出确认为重组负债义务

D.不得将辞退职工的补偿确认为重组负债义务

（2）企业本期应确认的应付职工薪酬是（　　）。

A.125万元　　B.130万元　　C.150万元　　D.170万元

5.下列事项中，不属于或有事项的是（　　）。

A.为销售的商品提供的质量保证　　B.对其他单位提供的债务担保

C.未决诉讼　　D.未来可能发生的汇率变动

6.下列不属于或有事项的基本特征的是（　　）。

A.或有事项是过去的交易或事项形成的一种状况

B.或有事项具有不确定性

C.或有事项的结果只能由未来发生的事项确定

D.或有事项是指过去的交易或事项形成的现时义务，履行该义务预期会导致经济利益流出企业

7.当企业拥有反诉或向第三方索赔的权利而涉及补偿金额时，该补偿金额单独作为一项资产确认的条件之一是（　　）。

A.发生的概率大于50%但小于或等于95%

B.发生的概率大于或等于5%但小于或等于50%

C.发生的概率大于95%但小于100%

D.发生的概率大于0但小于或等于50%

8.下列或有资产披露的处理，正确的是（　　）。

A.或有资产是企业的潜在资产，不能确认为资产，一般应在会计报表附注中披露

B.企业通常不应当披露或有资产。但或有资产很可能会给企业带来经济利益的，应当披露其形成的原因、预计产生的财务影响等

C.对于有可能取得的或有资产，一般应作出披露

D.当或有资产转化为很可能收到的资产时，应该确认

9.M企业因提供债务担保而确认了金额为50 000元的一项负债，同时基本确定可以从第三方获得金额为40 000元的补偿。在这种情况下，M企业应在利润表中反映（　　）。

A.管理费用50 000元　　B.营业外支出50 000元

C.管理费用10 000元　　D.营业外支出10 000元

10.企业因担保事项可能产生的负债，下列说法中不正确的是（　　）。

A.在担保涉及诉讼的情况下，如果企业已被判决败诉，且企业不再上诉，则应当冲回原已确认的预计负债的金额

B.如果已判决败诉，但企业正在上诉，或者经上一级法院裁定暂缓执行等，企业应当在资产负债表日，根据已有判决结果合理估计很可能产生的损失金额，确认为预计负债

C.如果法院尚未判决，则企业不应确认为预计负债

D.如果法院尚未判决，企业应估计败诉的可能性，如果败诉的可能性大于胜诉的可能性，并且损失金额能够合理估计的，应当在资产负债表日将预计损失金额，确认为预计负债

11.2018年11月A公司与B公司签订销售合同，约定于2019年2月向B公司销售100件产品，合同价格为每件50万元。如A公司单方面撤销合同，应支付违约金为1 600万元。2018年年末已生产出该产品100件，产品成本为每件55万元。产品市场价格上升至每件60万元。假定不考虑销售税费。A公司2018年年末正确的会计处理方法是（　　）。

A.确认预计负债500万元　　B.确认预计负债1 600万元

C.计提存货跌价准备1 000万元　　D.计提存货跌价准备500万元

二、多选题

1.甲股份有限公司在编制本年度财务报告时，对有关的或有事项进行了检查，包括：（1）正在诉讼过程中的经济案件估计很可能胜诉并可获得100万元的赔偿；（2）由于甲公司生产过程中产生的废料污染了河水，有关环保部门正在进行调查，估计很可能支付赔偿

金额60万元。

要求：根据上述资料，不考虑其他因素，回答下列问题。

(1) 企业清偿预计负债所需支出全部或部分预期由第三方补偿的，其正确的处理方法有（　　）。

A.补偿金额只有在基本确定能够收到时才能作为资产单独确认

B.补偿金额只有在很可能收到时才能作为资产单独确认

C.确认的补偿金额不应当超过预计负债的账面价值

D.以扣除可能取得的补偿额后的金额确认预计负债

E.只有在收到补偿金额时才能计入当期损益

(2) 甲公司在本年度财务报告中，对上述或有事项的处理正确的有（　　）。

A.甲公司将诉讼过程中很可能获得的100万元赔偿款确认为资产，并在会计报表附注中作了披露

B.甲公司未将诉讼过程中很可能获得的100万元赔偿款确认为资产，但在会计报表附注中作了披露

C.甲公司将因污染环境而很可能发生的60万元赔偿款确认为负债，并在会计报表附注中作了披露

D.甲公司将因污染环境而很可能发生的60万元赔偿款确认为负债，未在会计报表附注中进行披露

E.甲公司未将因污染环境而很可能发生的60万元赔偿款确认为负债，但在会计报表附注中进行披露

2.2018年8月1日，长城公司因产品质量不合格而被黄河公司起诉。截至2018年12月31日，该起诉讼尚未判决，长城公司估计很可能承担违约赔偿责任，赔偿150万元的可能性为70%，赔偿100万元的可能性为30%。长城公司基本确定能够从直接责任人处追回30万元。2018年12月31日长城公司会计处理中正确的有（　　）。

A.登记营业外支出120万元

B.登记其他应收款30万元

C.登记管理费用120万元

D.登记预计负债150万元

E.影响营业利润的金额为120万元

3.下列有关确认预计负债的表述中，正确的有（　　）。

A.待执行合同变成亏损合同的，该亏损合同满足预计负债确认条件的，产生的义务应当确认为预计负债

B.企业应当就未来经营亏损确认预计负债

C.企业承担的重组义务满足或有事项相关的义务确认为预计负债规定的，应当确认预计负债

D.企业应当按照与重组有关的直接支出确定预计负债金额

E.企业应当在资产负债表日按照产品销售收入计提的产品质量保证，确认预计负债

4.重组事项主要包括（　　）。

A.出售企业的部分经营业务

B.对企业的组织结构进行较大的调整

C.关闭企业的部分经营场所，或将营业活动由一个国家或地区迁移到其他国家或地区

D.因经营困难，与债权方进行债务重组

E.终止企业的部分经营业务

三、计算题

1.A公司为工业生产企业，从2017年1月起为售出产品提供“三包”服务，规定产品出售后一定期限内出现质量问题，负责退换或免费提供修理。假定A公司只生产和销售甲种产品。在2018年年初“预计负债——产品质量保证”科目账面余额为45万元，甲产品的“三包”期限为3年。

该企业对售出的甲产品可能发生的三包费用，在期末按照当期甲产品销售收入的2%预计。该企业2018年甲产品的销售收入及发生的“三包”费用见表6-5。

表6-5 企业2018年甲产品的销售收入及发生的“三包”费用 单位：万元

项目＼时间	第一季度	第二季度	第三季度	第四季度	合计
甲产品销售收入	1 500	1 200	1 800	900	5 400
发生的“三包”费用	22.5	15	45	30	112.5
其中：原材料成本	15	12	15	22.5	64.5
人工成本	5.5	2	7.5	6.5	21.5
用银行存款支付的其他支出	2	1	22.5	1	26.5

要求：

（1）假定A企业按季对外提供会计报告，编制2018年第一、二季度的会计分录以及计算第一季度末、第二季度末预计负债的余额。

（2）假定按年对外提供会计报告，编制2018年会计分录以及计算年末预计负债的余额。

2.甲公司2017年12月31日涉及一项担保诉讼案件，甲公司估计败诉的可能性为60%，如败诉，赔偿金额估计100万元。甲公司实际确认预计负债100万元。2018年7月3日法院作出判决甲公司支付赔偿120万元，甲公司不再上诉，并承诺立即支付。假定税法规定因担保诉讼而确认的预计损失不得税前扣除，在实际发生损失时也不允许税前扣除。甲公司所得税税率为25%。假定甲公司各年税前会计利润为5 000万元。不考虑其他纳税调整。

要求：编制甲公司2017年和2018年有关会计分录。

3.甲公司为工业制造企业，系增值税一般纳税人，适用的增值税税率为17%（从2018年5月1日起，降为16%）。2016年9月与乙公司签订商品购销合同，合同规定甲公司在2017年1月销售1 000件商品给乙公司，合同价格每件为30万元，如2017年1月未交货，延迟交货部分的商品价格降为15万元。截至2016年12月31日已经生产900件产品并验收入库，实际单位成本每件为16.5万元，其余100件尚未投入生产。2016年12月31日因甲公司生产线超负荷生产导致多部电机烧毁，该电机需要从国外进口，预计其余100件在2017年5月交货。2017年1月向乙公司销售商品900件，货款已经收到。2017年3月其余100件投入生产并于当月完工入库，实际单位成本为每件16.5万元，2017年4月将100

件销售给乙公司，货款已经收到。

要求：

（1）编制2016年12月31日产品完工验收入库的会计分录。

（2）编制2016年12月31日亏损合同产生的预计负债。

（3）编制2017年1月销售商品的会计分录。

（4）编制2017年3月31日产品完工验收入库的会计分录。

（5）编制2017年4月销售商品的会计分录。

4. 甲公司于2017年12月10日与乙公司签订合同，约定在2018年2月10日以每件40元的价格向乙公司提供A产品1 000件，如果不能按期交货，将向乙公司支付总价款20%的违约金。由于原材料价格上升及人工成本提高等因素，导致A产品的单位成本超过合同单价。截至2017年年末产品完工并验收入库。假设A产品的单位成本为50元，市场单位售价为45元，假设不考虑相关税费。

要求：

（1）判断甲公司是否应该执行合同，并计算预计负债的金额。

（2）编制相关的会计分录。

5. 甲公司为一家集电生产、销售、研发等一体化的企业，主要生产A、B、C三种家电产品。甲公司2018年度有关事项如下：

（1）甲公司管理层于2018年11月制订了一项业务重组计划。该业务重组计划的主要内容如下：从2019年1月1日起关闭C产品生产线；从事C产品生产的员工共计250人，除部门主管及技术骨干等50人留用转入其他部门外，其他200人都将被辞退。根据被辞退员工的职位、工作年限等因素，甲公司将一次性给予被辞退员工不同标准的补偿，补偿支出共计500万元；C产品生产线关闭之日，租用的厂房将被腾空，撤销租赁合同并将其移交给出租方，用于C产品生产的固定资产等将转移至甲公司自己的仓库。上述业务重组计划已于2018年12月2日经甲公司董事会批准，并于12月3日对外公告。

2018年12月31日，上述业务重组计划尚未实际实施，员工补偿及相关支出尚未支付。为了实施上述业务重组计划，甲公司预计发生以下支出或损失：因辞退员工将支付补偿款500万元；因撤销厂房租赁合同将支付违约金80万元；因将用于C产品生产的固定资产等转移至仓库将发生运输费10万元；因对留用员工进行培训将发生支出5万元；因推广新款B产品将发生广告费用2 000万元；因处置用于C产品生产的固定资产将发生减值损失150万元。

（2）由于B产品盈利能力下降，甲公司决定将B产品生产线对外出售，甲公司已经制定详细、正式的重组计划，并且已经董事会批准，但尚未对外公告。

（3）2018年12月25日，丙公司（为甲公司的子公司）向银行借款5 000万元，期限为3年。经董事会批准，甲公司为丙公司的上述银行借款提供全额担保。12月31日，丙公司经营状况良好，预计不存在还款困难。

要求：

（1）根据资料（1），判断哪些是与甲公司业务重组有关的直接支出，并计算因重组义务应确认的负债金额。

（2）根据资料（1），计算甲公司因业务重组计划而减少2018年度营业利润及利润总额的金额，并编制相关会计分录。

（3）根据资料（2），判断甲公司是否承担了重组义务。

（4）根据资料（3），判断甲公司是否应当将与这些或有事项相关的义务确认为预计负债，如确认，计算预计负债的最佳估计数，并编制相关会计分录；如不确认，说明理由。

第六章精讲练习题参考答案

第七章

非货币性资产交换

案例导入

甲股份有限公司2018年5月与乙公司达成非货币性资产交换协议，以一块土地的使用权和产成品换入乙公司拥有的M公司10%的股权和N公司40%的股权。甲公司土地使用权的成本为5 000万元，公允价值为8 000万元，未计提减值准备。库存商品账面余额1 800万元，已计提跌价准备400万元，公允价值1 500万元，乙公司拥有M公司10%股权的长期股权投资账面价值及其公允价值均为6 000万元；拥有N公司40%的股权的长期股权投资账面余额4 000万元，计提减值准备800万元，公允价值为3 000万元，乙公司另向甲公司支付现金755万元。

要求：分别按照具有商业价值和不具有商业价值计算甲公司换入M和N公司股权的初始成本并作出会计处理。

学习目标

理解非货币资产交换的概念；正确区分货币资金和非货币资金的范畴；熟练掌握非货币资产交换会计处理等。

第一节　非货币性资产交换的认定

一、非货币性资产交换概述

非货币性资产交换，是指交易双方主要以存货、固定资产、无形资产和长期股权投资等非货币性资产进行的交换。该交换不涉及或只涉及少量的货币性资产（即补价）。其中，货币性资产，是指企业持有的货币资金和将以固定或可确定的金额收取的资产，包括现金、银行存款、应收账款、应收票据以及准备持有至到期的债券投资等。非货币性资产，是指货币性资产以外的资产。非货币性资产有别于货币性资产的最基本特征是，其在将来为企业带来的经济利益，即货币金额，是不固定的或不可确定的。例如，企业持有固定资产的主要目的是用于生产经营，通过折旧方式将其磨损价值转移到产品成本中，然后通过产品销售获利，固定资产在将来为企业带来的经济利益，即货币金额，是不固定的或不可确定的，因此，固定资产属于非货币性资产。资产负债表列示的项目中属于非货币性资产的项目通常有：存货（原材料、包装物、低值易耗品、库存商品、委托加工物资、委托代销商品等）、长期股权投资、投资性房地产、固定资产、在建工程、工程物资、无形资产等。

二、非货币性资产交换的认定

非货币性资产交换一般不涉及货币性资产，或只涉及少量货币性资产即补价。非货币性资产交换准则规定，认定涉及少量货币性资产的交换为非货币性资产交换，通常以补价占整个资产交换金额的比例是否低于25%作为参考比例。也就是说，支付的货币性资产占换入资产公允价值（或占换出资产公允价值与支付的货币性资产之和）的比例，或者收到的货币性资产占换出资产公允价值（或占换入资产公允价值和收到的货币性资产之和）的比例低于25%的，视为非货币性资产交换；高于25%（含25%）的，视为货币性资产交换，适用《企业会计准则第14号——收入》等相关准则的规定。

①收补价方的判断标准：

补价额÷收到补价方的换出资产的公允价 < 25%

②支付补价方的判断标准：

补价额÷（支付补价方的换出资产的公允价+支付的补价）< 25%

【例7-1·多选题】下列资产中，属于非货币性资产的有（　　）。

A.预付款项　　B.固定资产

C.可供出售金融资产　　D.准备持有至到期的债券投资

E.应收账款

【答案】ABC

【解析】货币性资产，指持有的货币资金及将以固定或可确定金额的货币收取的资产，包括现金、银行存款、应收账款和应收票据，以及准备持有至到期的债券投资等。货币性资产以外的资产属于非货币性资产，选项A、B和C都属于非货币性资产。

【提示】认定涉及少量货币性资产的交换为非货币性资产交换，通常以补价占整个资产交换金额的比例低于25%作为参考。若补价÷整个资产交换金额<25%，则属于非货币性资产交换；若补价÷整个资产交换金额≥25%的，视为货币性资产交换，适用其他相关准则。整个资产交换金额即在整个非货币性资产交换中最大的公允价值。

第二节　非货币性资产交换的确认和计量

一、非货币性资产交换确认和计量原则

非货币性资产交换，应当以公允价值和应支付的相关税费作为换入资产的成本，公允价值和换出资产账面价值的差额计入当期损益，但有下列情形之一时，应当以换出资产的账面余额和应支付的相关税费作为换入资产的成本，不确认换出资产的当期损益：

（1）该交换不具有商业实质；

（2）换入资产和换出资产的公允价值都无法可靠地计量。

其中，应支付的相关税费是指企业直接为换入资产支付的税费，而企业为换出资产支付的税费不应计入换入资产的成本。

因此，在确定换入资产成本的计量基础和交换所发生损益的确认原则时，需要判断该项交换是否具有商业实质，以及换入资产或换出资产的公允价值能否可靠地计量。

二、商业实质的判断

非货币性资产交换具有商业实质，是换入资产能够采用公允价值计量的重要条件之一。在确定资产交换是否具有商业实质时，企业应当重点考虑由于发生了该项资产交换预期使企业未来现金流量发生变动的程度，通过比较换出资产和换入资产预计产生的未来现金流量或其现值，确定非货币性资产交换是否具有商业实质。只有当换出资产和换入资产预计未来现金流量或其现值两者之间的差额较大时，才能表明交易的发生使企业经济状况发生了明显改变，非货币性资产交换因而具有商业实质。

例如，某企业以一项专利权换入另一企业拥有的长期股权投资，假定从市场参与者角度看，该项专利权与该项长期股权投资的公允价值相同，同时假定两项资产未来现金流量的风险、时间和金额也相同，但是对换入企业来讲，换入该项长期股权投资使该企业与被投资方的投资关系由重大影响变为控制，另一企业换入的专利权能够解决生产中的技术难题，两企业换入资产的预计未来现金流量现值与换出资产相比均有明显差异，可以判断两项资产的交换具有商业实质。

满足下列条件之一的非货币性资产交换具有商业实质：

（1）换入资产的未来现金流量在风险、时间和金额方面与换出资产显著不同。

这种情形主要包括以下几种情形：

①未来现金流量的风险、金额相同，时间显著不同；

②未来现金流量的时间、金额相同，风险显著不同；

③未来现金流量的风险、时间相同，金额显著不同。

（2）换入资产与换出资产的预计未来现金流量现值不同，且其差额与换入资产和换出资产的公允价值相比是重大的。

【提示】关联方关系的存在可能导致发生的非货币性资产交换不具有商业实质。

【例7-2·判断题】在非货币性资产交换中，如果换入资产的未来现金流量在风险、金额、时间方面与换出资产显著不同，即使换入或换出资产的公允价值不能可靠计量，也应将该交易认定为具有商业实质。（　　）

【答案】√

【例7-3·多选题】下列各项中，能够据以判断非货币资产交换具有商业实质的有（　　）。

A.换入资产与换出资产未来现金流量的风险、金额相同，时间不同

B.换入资产与换出资产未来现金流量的时间、金额相同，风险不同

C.换入资产与换出资产未来现金流量的风险、时间相同，金额不同

D.换入资产与换出资产的预计未来现金流量现值不同，且其差额与换入资产和换出资产的公允价值相比具有重要性

【答案】ABCD

【解析】满足下列条件之一的非货币性资产交换具有商业实质：（1）换入资产的未

来现金流量在风险、时间和金额方面与换出资产显著不同；（2）换入资产与换出资产的预计未来现金流量现值不同，且其差额与换入资产和换出资产的公允价值相比是重大的。

第三节 非货币性资产交换的会计处理

一、以公允价值计量的会计处理

非货币性资产交换同时满足下列条件的，应当以换出资产的公允价值和应支付的相关税费作为换入资产的成本，公允价值与换出资产账面价值的差额计入当期损益：（1）该项交换具有商业实质；（2）换入资产或换出资产的公允价值能够可靠地计量。

换入资产和换出资产公允价值均能够可靠计量的，应当以换出资产的公允价值作为确定换入资产成本的基础，但有确凿证据表明换入资产的公允价值更加可靠的除外。

（一）换入资产入账价值的确定

1.不涉及补价的情况

换入资产成本=换出资产公允价值+换出资产增值税销项税额-换入资产可抵扣的增值税进项税额+支付的应计入换入资产成本的相关税费

2.涉及补价的情况

（1）支付补价。

换入资产成本=换出资产公允价值+换出资产增值税销项税额-换入资产可抵扣的增值税进项税额+支付的应计入换入资产成本的相关税费+支付的补价

（2）收到补价。

换入资产成本=换出资产公允价值+换出资产增值税销项税额-换入资产可抵扣的增值税进项税额+支付的应计入换入资产成本的相关税费-收到的补价

（二）换出资产公允价值与其账面价值的差额的会计处理

换出资产公允价值与其账面价值的差额，应当分别不同情况处理：

（1）换出资产为存货的，应当作为销售处理，按其公允价值确认收入，同时结转相应的成本。

（2）换出资产为固定资产、无形资产的，换出资产公允价值与其账面价值的差额，计入营业外收入或营业外支出。

（3）换出资产为长期股权投资、可供出售金融资产的，换出资产公允价值与其账面价值的差额，计入投资收益，并将长期股权投资和可供出售金融资产持有期间形成的“其他综合收益”转入投资收益。

（三）应支付的相关税费

（1）应支付的相关税费不包括增值税。除增值税以外，如果属于为换出资产而发生的相关税费，则计入换出资产处置损益；如果属于为换入资产而发生的相关税费，则计入换入资产的成本。

（2）与换入资产有关的相关税费与购入资产相关税费的会计处理相同，如换入资产的运费和保险费计入换入资产的成本等。

【例7-4·实务题】20×8年9月，A公司以生产经营过程中使用的一台设备交换B打印机公司生产的一批打印机，换入的打印机作为固定资产管理。A、B公司均为增值税一般纳税人，适用的增值税税率为16%。设备的账面原价为150万元，在交换日的累计折旧为45万元，公允价值为90万元。打印机的账面价值为110万元，在交换日的市场价格为90万元，计税价格等于市场价格。B公司换入A公司的设备是生产打印机过程中需要使用的设备。

假设A公司此前没有为该设备计提资产减值准备，整个交易过程中，除支付运杂费（换出资产）15 000元外，没有发生其他相关税费。假设B公司此前也没有为库存打印机计提存货跌价准备，其在整个交易过程中没有发生除增值税以外的其他税费。

分析：整个资产交换过程没有涉及收付货币性资产，因此，该项交换属于非货币性资产交换。本例涉及存货与固定资产的交换，对A公司来讲，换入的打印机是经营过程中必须使用的机器；对B公司来讲，换入的设备是生产打印机过程中必须使用的机器，两项资产交换后对换入企业的特定价值显著不同，两项资产的交换具有商业实质；同时，两项资产的公允价值都能够可靠地计量，符合以公允价值计量的两个条件，因此，A公司和B公司均应当以换出资产的公允价值为基础，确定换入资产的成本，并确认产生的损益。

A公司的账务处理如下：

A公司换入资产的增值税进项税额=900 000×16%=144 000（元）

换出设备的增值税销项税额=900 000×16%=144 000（元）

借：固定资产清理	1 050 000	
累计折旧	450 000	
贷：固定资产——设备		1 500 000
借：固定资产清理	15 000	
贷：银行存款		15 000
借：固定资产——打印机	900 000	
应交税费——应交增值税（进项税额）	144 000	
营业外支出	165 000	
贷：固定资产清理		1 065 000
应交税费——应交增值税（销项税额）		144 000

B公司的账务处理如下：

根据增值税的有关规定，企业以库存商品换入其他资产，视同销售行为发生，应计算增值税销项税额，缴纳增值税。

换出打印机的增值税销项税额=900 000×16%=144 000（元）

换入设备的增值税进项税额=900 000×16%=144 000（元）

借：固定资产——设备	900 000	
应交税费——应交增值税（进项税额）	144 000	
贷：主营业务收入		900 000
应交税费——应交增值税（销项税额）		144 000
借：主营业务成本	1 100 000	
贷：库存商品——打印机		1 100 000

二、以换出资产账面价值计量的会计处理

未同时满足准则规定的两个条件的非货币性资产交换，应当以换出资产的账面价值和为换入资产应支付的相关税费作为换入资产的成本，不确认损益：（1）该项交换具有商业实质；（2）换入资产或换出资产的公允价值能够可靠地计量。

换入资产入账价值的确定如下：

1. 不涉及补价的情况

$$\text{换入资产成本}=\text{换出资产账面价值}+\text{换出资产增值税销项税额}-\text{换入资产可抵扣的增值税进项税额}+\text{支付的应计入换入资产成本的相关税费}$$

2. 涉及补价的情况

（1）支付补价

$$\text{换入资产成本}=\text{换出资产账面价值}+\text{换出资产增值税销项税额}-\text{换入资产可抵扣的增值税进项税额}+\text{支付的应计入换入资产成本的相关税费}+\text{支付的补价}$$

（2）收到补价

$$\text{换入资产成本}=\text{换出资产账面价值}+\text{换出资产增值税销项税额}-\text{换入资产可抵扣的增值税进项税额}+\text{支付的应计入换入资产成本的相关税费}-\text{收到的补价}$$

【例7-5·实务题】丙公司拥有一台专有设备，该设备账面原价450万元，已计提折旧330万元。丁公司拥有一项长期股权投资，账面价值90万元，两项资产均未计提减值准备。丙公司决定以其专有设备交换丁公司的长期股权投资，该专有设备是生产某种产品必需的设备。由于专有设备系当时专门制造、性质特殊，其公允价值不能可靠计量；丁公司拥有的长期股权投资在活跃市场中没有报价，其公允价值也不能可靠计量。经双方商定，丁公司支付了20万元补价。假定交易中没有涉及相关税费。

分析：该项资产交换涉及收付货币性资产，即补价20万元。对丙公司而言，收到的补价（20万元）÷换出资产账面价值（120万元）×100%=16.7%<25%，因此，该项交换属于非货币性资产交换，丁公司的情况也类似。由于两项资产的公允价值不能可靠计量，因此，对于该项资产交换，换入资产的成本应当按照换出资产的账面价值确定。

丙公司的账务处理如下：

借：固定资产清理	1 200 000	
累计折旧	3 300 000	
贷：固定资产——专有设备		4 500 000
借：长期股权投资	1 000 000	
银行存款	200 000	
贷：固定资产清理		1 200 000

丁公司的账务处理如下：

借：固定资产——专有设备	1 100 000	
贷：长期股权投资		900 000
银行存款		200 000

三、涉及多项非货币性资产交换的会计处理

（一）非货币性资产交换具有商业实质，且换入资产的公允价值能够可靠计量

非货币性资产交换具有商业实质，且换入资产的公允价值能够可靠计量的，应当按照换入各项资产的公允价值占换入资产公允价值总额的比例，对换入资产的成本总额进行分配，确定各项换入资产的成本。

每项换入资产成本=该项资产的公允价值÷换入资产公允价值总额×换入资产的成本总额

【例7-6·实务题】2019年1月1日，甲公司以2017年购入的生产经营用设备交换乙公司生产的一批钢材，甲公司换入的钢材作为原材料用于生产，乙公司换入的设备继续用于生产钢材。甲公司设备的账面原价为1 500 000元，在交换日的累计折旧为525 000元，公允价值为1 404 000元，甲公司此前没有为该设备计提资产减值准备。此外，甲公司以银行存款支付清理费1 500元。乙公司钢材的账面价值为1 200 000元，在交换日的市场价格为1 404 000元，计税价格等于市场价格，乙公司此前也没有为该批钢材计提存货跌价准备。

甲公司、乙公司均为增值税一般纳税人，适用的增值税税率为16%。假设甲公司和乙公司在整个交易过程中没有发生除增值税以外的其他税费，甲公司和乙公司均开具了增值税专用发票。

本例中，整个资产交换过程没有涉及收付货币性资产，因此，该项交换属于非货币性资产交换。甲公司以固定资产换入存货，换入的钢材是生产过程中的原材料，乙公司换入的设备是生产用设备，两项资产交换后对换入企业的特定价值显著不同，两项资产的交换具有商业实质；同时，两项资产的公允价值都能够可靠地计量，符合公允价值计量的两个条件。因此，甲公司和乙公司均应当以换出资产的公允价值为基础确定换入资产的成本，并确认产生的相关损益。

甲公司的账务处理如下：

换出设备的增值税销项税额=1 404 000×16% =224 640（元）

借：固定资产清理	975 000	
累计折旧	525 000	
贷：固定资产——××设备		1 500 000
借：固定资产清理	1 500	
贷：银行存款		1 500
借：固定资产清理	224 640	
贷：应交税费——应交增值税（销项税额）		224 640
借：原材料——钢材	1 404 000	
应交税费——应交增值税（进项税额）	224 640	
贷：固定资产清理		1 628 640
借：固定资产清理	427 500	
贷：资产处置损益		427 500

其中，资产处置损益的金额为换出设备的公允价值1 404 000元与其账面价值975 000元的余额并扣除清理费用1 500元后的余额，即427 500元。

乙公司的账务处理如下：

（1）企业以库存商品换入其他资产，应计算增值税：

换出钢材的增值税销项税额=1 404 000×16%=224 640（元）

（2）换入设备的增值税进项税额=1 404 000 ×16% =224 640（元）

借：固定资产——××设备	1 404 000	
应交税费——应交增值税（进项税额）	224 640	
贷：主营业务收入——钢材		1 404 000
应交税费——应交增值税（销项税额）		224 640
借：主营业务成本——钢材	1 200 000	
贷：库存商品——钢材		1 200 000

在以公允价值确定换入资产成本的情况下，发生补价的，支付补价方和收到补价方分别情况处理：

（1）支付补价方：应当以换出资产的公允价值加上支付的补价（或换入资产的公允价值）和应支付的相关税费作为换入资产的成本；换入资产成本与换出资产账面价值加支付的补价、应支付的相关税费之和的差额应当计入当期损益。其计算公式为：

换入资产成本=换出资产公允价值+支付的补价+应支付的相关税费

计入当期损益的金额=换入资产成本-（换出资产账面价值+支付的补价+应支付的相关税费）=换出资产公允价值-换出资产账面价值

（2）收到补价方：应当以换入资产的公允价值（或换出资产的公允价值减去补价）和应支付的相关税费作为换入资产的成本；换入资产成本加收到的补价之和与换出资产账面价值加应支付的相关税费之和的差额应当计入当期损益。其计算公式为：

换入资产成本=换出资产公允价值-收到的补价+应支付的相关税费

计入当期损益的金额=（换入资产成本+收到的补价）-（换出资产账面价值+应支付的相关税费）=换出资产公允价值-换出资产账面价值

在涉及补价的情况下，对于支付补价方而言，作为补价的货币性资产构成换入资产所放弃对价的一部分，对于收到补价方而言，作为补价的货币性资产构成换入资产的一部分。

（二）非货币性资产交换不具有商业实质，或者虽具有商业实质但换入资产的公允价值不能可靠计量

非货币性资产交换不具有商业实质，或者虽具有商业实质但换入资产的公允价值不能可靠计量的，应当按照换入各项资产的原账面价值占换入资产原账面价值总额的比例，对换入资产的成本总额进行分配，确定各项换入资产的成本。

每项换入资产成本=该项资产的原账面价值÷换入资产原账面价值总额×换入资产的成本总额

【例 7-7·单选题】2018年3月2日，甲公司以账面价值为350万元的厂房和150万元的专利权，换入乙公司账面价值为300万元的在建房屋和100万元的长期股权投资，不涉及补价。上述资产的公允价值均无法获得。不考虑其他因素，甲公司换入在建房屋的入账价值为（　　）万元。

A.280　　B.300　　C.350　　D.375

【答案】D

【解析】甲公司换入在建房屋的入账价值=（350+150）×300÷（300+100）=375

（万元）。

【例7-8·实务题】甲公司以其持有的对联营企业丙公司的长期股权投资交换乙公司拥有的商标权。在交换日，甲公司持有的长期股权投资账面余额为5 000 000元，已计提长期股权投资减值准备余额为1 400 000元，该长期股权投资在市场上没有公开报价，公允价值也不能可靠计量；乙公司商标权的账面原价为4 200 000元，累计已摊销金额为600 000元，其公允价值也不能可靠计量，乙公司没有为该项商标权计提减值准备。乙公司将换入的对丙公司的投资仍作为长期股权投资，并采用权益法核算。乙公司因转让商标权向甲公司开具的增值税专用发票上注明的销售额为1 350 000元，销项税额为216 000元。假设除增值税以外，整个交易过程中没有发生其他相关税费。

本例中，该项资产交换没有涉及收付货币性资产，因此属于非货币性资产交换。本例属于以长期股权投资交换无形资产。由于换出资产和换入资产的公允价值都无法可靠计量，因此，甲公司、乙公司换入资产的成本均应当按照换出资产的账面价值确定，不确认损益。

甲公司的账务处理如下：

借：无形资产——商标权	3 384 000	
应交税费——应交增值税（进项税额）	216 000	
长期股权投资减值准备——丙公司长期股权投资	1 400 000	
贷：长期股权投资——丙公司		5 000 000

乙公司的账务处理如下：

借：长期股权投资——丙公司	3 816 000	
累计摊销	600 000	
贷：无形资产——专利权		4 200 000
应交税费——应交增值税（销项税额）		216 000

注册会计师考试真题

【2017年考题·单选题】2×17年，甲公司发生的有关交易或事项如下：（1）购入商品应付乙公司账款2 000万元，以库存商品偿付该欠款的20%，其余以银行存款支付；（2）以持有的公允价值为2 500万元的对子公司（丙公司）投资换取公允价值为2 400万元的丁公司25%股权，补价100万元以现金收取并存入银行；（3）以分期收款结算方式销售大型设备，款项分3年收回；（4）甲公司向戊公司发行自身普通股，取得戊公司对己公司80%的股权。上述交易均发生于非关联方之间。不考虑其他因素，下列各项关于甲公司2×17年发生的上述交易或事项中，属于非货币性资产交换的是（　　）。

A.分期收款销售大型设备

B.以甲公司普通股取得己公司80%的股权

C.以库存商品和银行存款偿付乙公司款项

D.以丙公司股权换取丁公司股权并收到部分现金补价

【答案】D

【2018年考题·单选题】在不具有商业实质、不涉及补价的非货币性资产交换中，确

定换入资产入账价值时不应考虑的因素是（　　）。

A.换出资产的账面余额

B.换出资产计提的减值准备金额

C.换出资产计提的累计折旧金额

D.换出资产账面价值与其公允价值的差额

【答案】D

【解析】不具有商业实质且不涉及补价的情况下，换入资产的入账价值=换出资产的账面价值+换出资产增值税销项税额−换入资产可抵扣的增值税进行税额+支付的应计入资产成本的相关税费，选项D与换入资产入账价值的确定无关。

【2016年考题·单选题】非货币性资产交换的会计处理体现了（　　）要求。

A.实质重于形式

B.重要性

C.相关性

D.谨慎性

【答案】A

【解析】非货币性资产交换具有商业实质，且换入资产或换出资产的公允价值能够可靠地计量的，应当以换出资产的公允价值为基础计量换入资产的成本，公允价值与换出资产账面价值的差额计入当期损益。不符合上述条件的非货币性资产交换，应当以换出资产的账面价值为基础计量换入资产的成本，不确认损益。所以，虽然法律形式是一样的，但是由于会计实质的不同而出现了两种不同的会计处理，体现了实质重于形式要求。

【2018年考题·多选题】下列各项资产中，属于货币性资产的有（　　）。

A.银行存款

B.预付款项

C.以公允价值计量且其变动计入当期损益的金融资产

D.应收票据

【答案】AD

【解析】货币性资产指企业持有的货币资金或将以固定或可确定的金额收取的资产。选项B和C，属于非货币性资产。

精讲练习题

一、单选题

1.下列项目中，属于货币性资产的有（　　）。

A.作为交易性金融资产的股票投资　　B.准备持有至到期的债券投资

C.不准备持有至到期的债券投资　　D.作为可供出售金融资产的权益工具

2.甲公司用一项账面余额为600 000元、累计摊销为300 000元、公允价值为350 000元的专利权，与丙公司交换一台账面原始价值为500 000元、累计折旧为280 000元、公允价值为320 000元的机床。甲公司发生相关税费18 000元，收到丙公司支付的补价30 000元。在非货币性资产交换具有商业实质，且换入资产的公允价值能够可靠计量的情况下，甲企业换入该项设备的入账价值为（　　）元。

A.340 000　　B.350 000　　C.338 000　　D.355 000

3.甲公司用账面价值为165万元、公允价值为192万元的一项长期股权投资和原价为235万元、已计提累计折旧100万元、公允价值128万元的一台设备与乙公司交换其账面价值为240万元、公允价值（计税价格）300万元的库存商品一批，乙公司增值税税率为16%。乙公司收到甲公司支付的现金31万元，同时支付相关费用10万元。在非货币性资产交换具有商业实质，且换入资产的公允价值能够可靠计量的情况下，乙公司取得的长期股权投资和固定资产的入账价值分别为（　　）万元。

A.192和128　　B.198和132　　C.150和140　　D.148.5和121.5

4.A公司以一项固定资产与B公司的一项长期股权投资进行资产置换，A公司另向B公司支付补价3万元。资料如下：①A公司换出：固定资产，原值为30万元，已计提折旧4.50万元，公允价值为27万元；②B公司换出：长期股权投资，账面余额为28.50万元，已计提减值准备6万元，公允价值为30万元；假定该项交换具有商业实质且其换入或换出资产的公允价值能够可靠地计量。则A公司非货币性资产交换的利得为（　　）万元。(假定不考虑各种税费)

A.1.50　　B.30　　C.22.50　　D.27

5.A公司以一台甲设备换入D公司一台乙设备，甲设备的账面原价为80万元，已提折旧30万元，已提减值准备6万元，其公允价值为60万元，A公司另向D公司支付补价4万元；假设该交换具有商业实质，则A公司换入的乙设备的入账价值为（　　）万元。

A.60　　B.64　　C.44　　D.50

6.A公司以一台设备换入B公司的一项专利权。设备的账面原值为10万元，折旧为2万元，已提减值准备1万元，公允价值5万元。A公司另向B公司支付补价3万元。假设该交换具有商业实质，A公司应确认的资产转让损失为（　　）万元。

A.2　　B.12　　C.8　　D.1

7.甲公司以自己生产经营用的华山牌客车和货车交换乙公司生产经营用的未来牌客车和货车（该交换不具有商业实质），有关资料如下：甲公司换出华山牌客车原值100万元，已计提折旧16万元，公允价值80万元；华山牌货车原值80万元，已计提折旧26万元，公允价值60万元。乙公司换出未来牌客车原值50万元，已计提折旧10万元，公允价值30万元；未来牌货车原值130万元，已计提折旧20万元，公允价值116万元。则甲公司取得的未来牌货车的入账价值为（　　）万元。

A.111　　B.126　　C.101.2　　D.98.8

8.甲公司以库存商品A产品、B产品交换乙公司的原材料，双方均将收到的存货作为库存商品核算（具有商业实质），甲公司另向乙公司支付补价90万元。甲公司和乙公司适用的增值税税率为16%，计税价值为公允价值，有关资料如下：甲公司换出：①库存商品——A产品，账面成本360万元，已计提存货跌价准备60万元，公允价值300万元；②库存商品——B产品，账面成本80万元，已计提存货跌价准备20万元，公允价值60万元。乙公司换出原材料的账面成本413万元，已计提存货跌价准备8万元，公允价值450万元，则甲公司取得的原材料的入账价值为（　　）万元。

A.511.20　　B.434.7　　C.373.5　　D.405

9.在确定涉及补价的交易是否为非货币性资产交换时，支付补价的企业，应当按照支付的补价占（　　）的比例低于25%确定。

A.换出资产公允价值　　B.换出资产公允价值加上支付的补价

C.换入资产公允价值加补价　　D.换出资产公允价值减补价

二、多选题

1.下列各项交易中，属于非货币性资产交换的有（　　）。

A.以固定资产换入股权投资　　B.以银行汇票购买原材料

C.以银行本票购买固定资产　　D.以长期股权投资换入原材料

E.以准备持有至到期的债券投资换入无形资产

2.根据《企业会计准则第7号——非货币性资产交换》的规定，下列各项中，可视为具有商业实质的有（　　）。

A.未来现金流量的风险、金额相同，时间不同

B.未来现金流量的时间、金额相同，风险不同

C.未来现金流量的风险、时间相同，金额不同

D.未来现金流量的风险、时间、金额均不同

E.换入资产与换出资产的预计未来现金流量现值不同且其差额与换入资产和换出资产的公允价值相比是重大的

3.在换入资产按公允价值计量的情况下，换出资产为固定资产、无形资产的，其换出资产公允价值和换出资产账面价值的差额，可计入（　　）。

A.营业外收入　　B.其他业务收入　　C.营业外支出

D.其他业务成本　　E.资本公积

4.企业进行具有商业实质且公允价值能够可靠计量的非货币性资产交换，同一事项同时影响双方换入资产入账价值的因素有（　　）。

A.企业支付的补价或收到的补价　　B.企业为换出存货而交纳的增值税

C.企业换出资产的账面价值　　D.企业换出资产计提的资产减值准备

E.企业换入资产的公允价值

5.甲公司与乙公司（均为一般纳税企业）进行非货币性资产交换，具有商业实质且其换入或换出资产的公允价值能够可靠地计量，以下影响甲公司换入资产入账价值的项目有（　　）。

A.乙公司支付的补价

B.乙公司为换出存货交纳的增值税销项税额

C.甲公司换出存货的公允价值

D.甲公司换出存货的账面价值

E.甲公司换出存货的交纳的增值税销项税额

6.在涉及存货的非货币性资产交换中，与存货有关的增值税（一般纳税人）可以计入（　　）。

A.应交税费——应交增值税（进项税额）

B.换入存货的实际成本

C.换入存货的入账价值

D.换出存货的入账价值

E.应交税费——应交增值税（销项税额）

三、计算分析题

1.长江公司和大海公司均为房地产开发企业，长江公司因变更主营业务，与大海公司进行资产置换。有关资料如下：

（1）2018年3月1日，长江公司、大海公司签订资产置换协议。协议规定：长江公司将其建造的经济适用房与大海公司持有的长期股权投资进行交换。长江公司换出的经济适用房的账面价值为16 000万元，公允价值为18 000万元。大海公司换出的长期股权投资的账面价值为18 400万元，公允价值为18 200万元，长江公司另向大海公司支付200万元作为补价。两企业资产交换具有商业实质。假定长江公司、大海公司换出的资产均未计提减值准备。

假定不考虑长江公司、大海公司置换资产所发生的相关税费。

（2）2018年5月10日，长江公司通过银行转账向大海公司支付补价款200万元。

（3）长江公司、大海公司换出资产的相关所有权划转手续于2018年6月30日全部办理完毕。

假定长江公司换入的长期股权投资按成本法核算；大海公司换入的经济适用房作为存货核算。

要求：

（1）指出长江公司在会计上确认该资产置换的日期。

（2）编制长江公司与该资产置换相关的会计分录。

（3）编制大海公司与该资产置换相关的会计分录。

（答案中的金额单位用万元表示）

2.ABC公司和XYZ公司均为增值税一般纳税人，增值税税率为16%。因拓展业务需要，经与XYZ公司协商，ABC公司决定以库房和库房内库存商品及生产经营正在使用的两台机器换入XYZ公司生产经营过程中使用的办公楼、运输大货车、运输货船、发电机。交换资产资料如下：

（1）ABC公司的库房账面原价为2 700万元，累计折旧为420万元，计提减值准备120万元，公允价值为1 800万元；库存商品的账面余额为5 520万元，计提存货跌价准备120万元，计税价为6 300万元（等于公允价值）；两台机器的账面原价为2 160万元，累计折旧900万元，计提减值准备180万元，公允价值为1 440万元。

（2）XYZ公司的办公楼的原账面价值为2 700万元，累计折旧为844万元，计提减值准备56万元，公允价值为2 700万元；运输大货车账面价值为360万元，累计折旧162万元，公允价值为180万元；运输货船账面价值为3 240万元，累计折旧1 458万元，公允价值为1 620万元；发电机账面价值为5 400万元，累计折旧1 440万元，公允价值为4 320万元。XYZ公司另外向ABC公司支付补价720万元。假定整个交易过程中只发生增值税，无其他相关税费发生；ABC公司换入的办公楼、运输大货车、运输货船、发电机均作为固定资产进行核算和管理；XYZ公司库房和两台机器作为固定资产进行核算和管理，换入的原材料作为库存原材料进行核算和管理。

要求：

（1）编制ABC公司的非货币性资产交易的相关会计分录。

（2）编制XYZ公司的非货币性资产交易的相关会计分录。

第七章精讲练习题参考答案

第八章

债务重组

案例导入

澳柯玛股份有限公司2012年4月债务重组。2012年4月25日，中国农业银行青岛市北区第一支行（甲方）、本公司（乙方）及该贷款的担保方青岛澳柯玛集团总公司（丙方）三方共同签署了“中国农业银行贷款利息减免协议”。协议主要条款如下：①甲方同意乙方所欠的下列贷款可以根据本协议减免所欠部分利息，贷款总金额28 235万元，贷款结欠利息总计18 012.219945万元（截至2011年12月31日）。②甲乙双方同意乙方在2013年1月6日前偿还贷款本金28 235万元整，利息1 500万元整，具体还款期限、金额根据约定的还款计划执行。③甲方同意在乙方履行上述还款义务后，免除乙方所欠剩余利息16 512.219945万元（截至2011年12月31日）及至本息清偿日止新生利息。④如乙方未按照约定期限偿付贷款本金、利息及相关费用，甲方有权终（中）止本协议，对剩余贷款本金及利息进行追偿。

要求：分析澳柯玛股份有限公司债务重组的特点。

学习目标

了解债务重组的原因、债务重组日的确定；掌握债务重组的概念、各种债务重组业务债权人和债务人的会计处理；了解债务重组的信息披露。

第一节 债务重组的定义和重组方式

一、债务重组的定义

债务重组，是指在债务人发生财务困难的情况下，债权人按照其与债务人达成的协议或者法院的裁定作出让步的事项。

这里需要强调两个关键条件：

（1）债务人发生财务困难是债务重组的前提；

（2）债权人作出让步是债务重组的实质。

债权人一定会发生债务重组损失，而债务人一定会得到债务重组收益。

【例8-1·多选题】2018年3月31日，甲公司应收乙公司的一笔货款500万元到期，由于乙公司发生财务困难，该笔货款预计短期内无法收回。甲公司已为该项债权计提坏账准备100万元。当日，甲公司就该债权与乙公司进行协商。下列协商方案中，属于债务重组的有（　　）。

A.减免100万元债务，其余部分立即以现金偿还

B.减免80万元债务，其余部分延期两年偿还

C.以公允价值为500万元的固定资产偿还

D.以现金100万元和公允价值为400万元的无形资产偿还

E.以400万元现金偿还

【答案】ABE

【解析】债务重组是指在债务人发生财务困难的情况下，债权人按照其与债务人达成的协议或者法院的裁定作出让步的事项。选项C和D，债权人均没有作出让步，所以不属于债务重组。

二、债务重组的方式

债务重组主要有以下几种方式：

1.以资产清偿债务

（1）现金资产。

现金资产包括库存现金、银行存款和其他货币资金。

（2）非现金资产。

非现金资产抵债包括债务人用存货、固定资产、无形资产、股票投资等来抵债。其会计处理相对复杂一些。

①债务人角度，涉及各类抵债资产的具体结转处理。

②债权人角度，涉及收到的各类偿债资产的入账价值确定问题。

2.将债务转为资本

将应付可转换公司债券转为资本的，则属于正常情况下的债务转为资本，不作为本章所指债务重组处理。

（1）从债务人角度理解。

将应付账款等转为资本，减少应付账款等，增加股本（或实收资本）、资本公积。

（2）从债权人角度理解。

将应收账款等转为对债务人的股权投资。

3.修改其他债务条件

如减少债务本金、降低利率、免去应付未付的利息、延长偿还期限等。

4.以上三种方式的组合

三、债务重组日的确认

债务重组完成日，即债务人履行协议或法院裁定，将相关资产转让给债权人、将债务转为资本或修改后的偿债条件开始执行的日期。

在测试时，一般掌握以下原则来判定债务重组日：

（1）如果是以银行存款方式抵债的，以款项到账日为债务重组日；
（2）如果是以存货方式抵债的，以存货的最终运抵日为债务重组日；
（3）如果是以房产抵债的，通常以房产过户手续办妥日为债务重组日；
（4）如果是以无形资产抵债的，通常以法律交接手续办妥日为债务重组日；
（5）如果是以债转股方式抵债的，则以增资手续办妥日为债务重组日；
（6）如果是以修改债务条件方式抵债的，则以新的偿债条件正式执行日为债务重组日；
（7）如果是以混合清偿方式抵债的，则以最终解除债务手续日为债务重组日。

第二节 债务重组的会计处理

债务重组方式可以细分为如图 8-1 所示的几种方式。

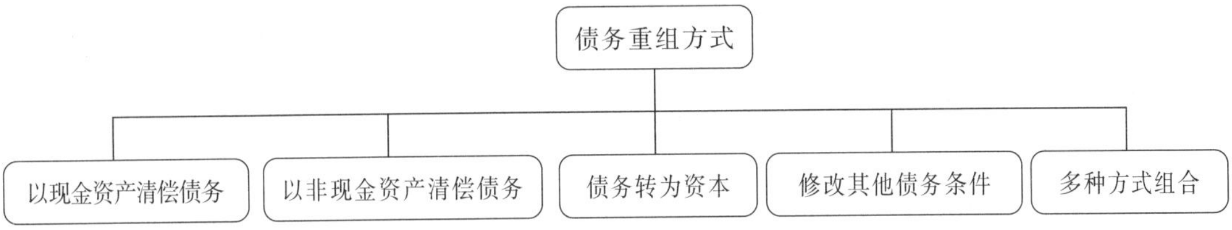

图 8-1 债务重组方式

【注意】分别从债权人角度和债务人角度来学习和掌握。

一、以资产清偿债务

（一）以现金资产清偿债务

1.债务人的会计处理

借：应付账款等
　　贷：银行存款
　　　　营业外收入——债务重组利得（差额）

2.债权人的会计处理

借：银行存款
　　坏账准备
　　营业外支出（借方差额）
　　贷：应收账款等
　　　　资产减值损失（贷方差额）

【提示】债权人已对债权计提减值准备的，应当先将差额冲减减值准备，冲减后尚有余额的，计入营业外支出（债务重组损失）；冲减后减值准备仍有余额的，应予转回并抵减当期资产减值损失。

【例 8-2・实务题】甲企业于 2018 年 11 月 20 日销售一批材料给乙企业，不含税价格为 200 000 元，增值税税率为 16%，按合同规定，乙企业应于 2019 年 2 月 1 日前偿付货款。由于乙企业发生财务困难，无法按合同规定的期限偿还债务，经双方协议于 2019 年 5 月 1 日进行债务重组。债务重组协议规定，甲企业同意减免乙企业 30 000 元债务，余额用现金立即偿清。乙企业于当日通过银行转账支付了该笔剩余款项，甲企业随即收到了通过银行转账偿还的款项。甲企业已为该项应收债权计提了 20 000 元的坏账准备。

【答案】

（1）乙企业的账务处理：

借：应付账款　232 000

　贷：银行存款　202 000

　　　营业外收入——债务重组利得　30 000

（2）甲企业的账务处理：

借：银行存款　202 000

　　营业外支出——债务重组损失　10 000

　　坏账准备　20 000

　贷：应收账款　232 000

假如甲企业已为该项应收账款计提了40 000元坏账准备，甲企业的账务处理：

借：银行存款　202 000

　　坏账准备　40 000

　贷：应收账款　232 000

　　　资产减值损失　10 000

（二）以非现金资产清偿债务

1.处理思路

（1）债务人的会计处理。

这里要区分债务重组收益和资产转让损益（如图8-2所示）。以非现金资产抵债，非现金资产公允价值和应付债务账面价值的差额作为债务重组收益；转让的非现金资产的公允价值与其自身账面价值的差额为资产转让损益。

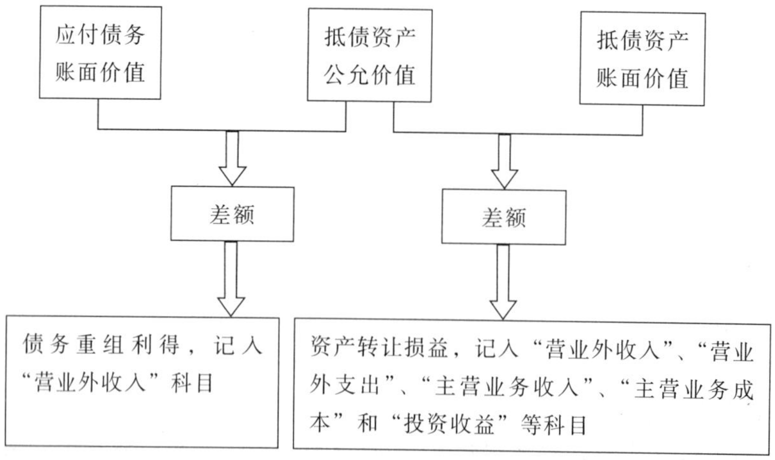

图8-2　区分债务重组收益和资产转让损益

以非现金资产清偿债务的，债务人应当将重组债务的账面价值与转让的非现金资产公允价值之间的差额，计入当期损益。转让的非现金资产公允价值与其账面价值之间的差额，计入当期损益。

非现金资产公允价值与账面价值的差额，应当分别不同情况进行处理：

①非现金资产为存货的，应当视同销售处理，根据《企业会计准则第14号——收入》的相关规定，按存货的公允价值确认销售商品收入，同时结转相应的成本。

②非现金资产为固定资产、无形资产的，其公允价值和账面价值的差额，计入营业外收入或营业外支出。

③抵债资产为投资性房地产的，相当于处置投资性房地产，通过其他业务收入、其他业务成本处理。

④非现金资产为长期股权投资等投资性资产的，其公允价值和账面价值的差额，计入投资收益。

【提示】换出资产为长期股权投资、可供出售金融资产的，还应将其他综合收益和“资本公积——其他资本公积”对应部分转出，计入投资收益。

【例8-3·单选题】甲公司为增值税一般纳税人，适用的增值税税率为16%。2018年7月10日，甲公司就其所欠乙公司购货款600万元与乙公司进行债务重组。根据协议，甲公司以其产品抵偿全部债务。当日，甲公司抵债产品的账面价值为400万元，已计提存货跌价准备50万元，市场价格（不含增值税税额）为500万元，产品已发出并开具增值税专用发票。甲公司应确认的债务重组利得为（　　）。

A.20万元　　B.100万元　　C.150万元　　D.200万元

【答案】A

【解析】甲公司应确认的债务重组利得=债务重组日重组债务的账面价值（600）-付出非现金资产的公允价值和增值税销项税额（500×1.16）=20（万元）。

（2）债权人的会计处理。

债权人收到非现金资产时，应按受让的非现金资产的公允价值作为其入账价值。

两种情形如图8-3所示。

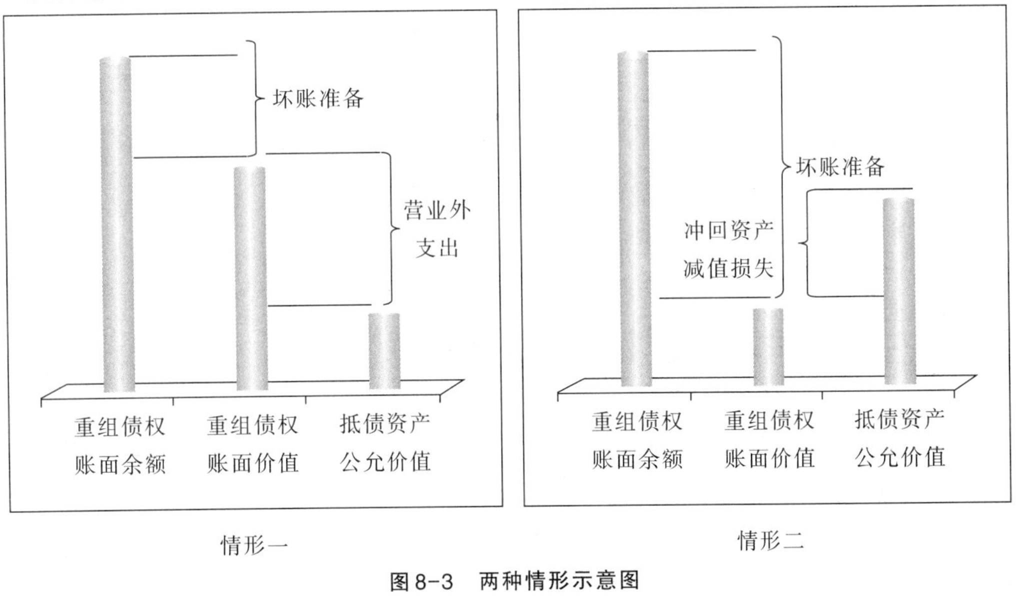

图8-3　两种情形示意图

注：

情形一，债权人在债务重组之前，已经意识到债权可能收不回，计提了部分坏账准备，但估计得过于乐观，少提了坏账准备，所以重组时还有部分差额要计入营业外支出。

情形二，债权人在债务重组之前，已经意识到债权可能收不回，但估计得过于悲观，多提了坏账准备，所以要冲回部分多提的资产减值损失（贷记资产减值损失）。

债权人基本会计分录：

借：××资产（取得资产的公允价值+取得资产相关税费）

应交税费——应交增值税（进项税额）

营业外支出——债务重组损失（借方差额）

坏账准备

贷：应收账款等

银行存款（支付的取得资产相关税费）

资产减值损失（贷方差额）

【提示一】若债权人将取得的抵债资产作为交易性金融资产核算，发生的直接相关费用记入“投资收益”科目的借方。

【提示二】若债权人将取得的抵债资产作为长期股权投资核算，且能够控制被投资单位财务和经营决策，发生的直接相关费用记入“管理费用”科目。

2.以存货抵偿债务

【例8-4·实务题】甲公司欠乙公司购货款350 000元。由于甲公司发生财务困难，短期内不能支付已于2018年5月1日到期的货款。2018年7月1日，经双方协商，乙公司同意甲公司以其生产的产品偿还债务。该产品的公允价值为200 000元，实际成本为120 000元。甲公司为增值税一般纳税人，适用的增值税税率为16%。乙公司于2018年8月1日收到甲公司抵债的产品，并作为库存商品入库；乙公司对该项应收账款计提了50 000元的坏账准备。

【答案】

（1）甲公司的账务处理：

①计算债务重组利得：

应付账款的账面余额	350 000
减：所转让产品的公允价值	200 000
增值税销项税额	32 000
债务重组利得	118 000

②应作会计分录如下：

借：应付账款	350 000	
贷：主营业务收入		200 000
应交税费——应交增值税（销项税额）		32 000
营业外收入——债务重组利得		118 000
借：主营业务成本	120 000	
贷：库存商品		120 000

在本例中，甲公司销售产品取得的利润体现在营业利润中，债务重组利得作为营业外收入处理。

（2）乙公司的账务处理：

①计算债务重组损失：

应收账款账面余额	350 000
减：受让资产的公允价值	200 000
增值税进项税额	32 000

差额　　118 000
减：已计提坏账准备　　50 000
　　债务重组损失　　68 000

②应作会计分录如下：

借：库存商品　　200 000
　　应交税费——应交增值税（进项税额）　　32 000
　　坏账准备　　50 000
　　营业外支出——债务重组损失　　68 000
　贷：应收账款　　350 000

3.以固定资产抵偿债务

【例8-5·实务题】2018年4月5日，乙公司销售一批材料给甲公司，价款1 100 000元（包括应收取的增值税税额），按购销合同约定，甲公司应于2018年7月5日前支付价款，但至2018年9月30日甲公司尚未支付。由于甲公司发生财务困难，短期内无法偿还债务。经过协商，乙公司同意甲公司用其一台机器设备抵偿债务。该项设备的账面原价为1 200 000元，累计折旧为330 000元，公允价值为850 000元。该设备是甲公司于2018年购入的，增值税税率为16%。抵债设备已于2018年10月10日运抵乙公司，乙公司将其用于本企业产品的生产。

【答案】

（1）甲公司的账务处理：

计算债务重组利得：

1 100 000－（850 000＋850 000×16%）＝114 000（元）

计算固定资产清理损益：

850 000－（1 200 000－330 000）＝－20 000（元）

首先，将固定资产净值转入固定资产清理：

借：固定资产清理——××设备　　870 000
　　累计折旧　　330 000
　贷：固定资产——××设备　　1 200 000

其次，结转债务重组利得：

借：应付账款——乙公司　　1 100 000
　贷：固定资产清理——××设备　　850 000
　　　应交税费——应交增值税（销项税额）　　136 000
　　　营业外收入——债务重组利得　　114 000

最后，结转转让固定资产损失：

借：营业外支出——处置非流动资产损失　　20 000
　贷：固定资产清理——××设备　　20 000

（2）乙公司的账务处理：

计算债务重组损失：

1 100 000－（850 000+850 000×16%）=114 000（元）

借：固定资产——××设备　　850 000

借：应交税费——应交增值税（进项税额）　　136 000
　　营业外支出——债务重组损失　　114 000
　贷：应收账款——甲公司　　1 100 000

4.以股票、债券等金融资产抵偿债务

【例8-6·实务题】乙公司于2018年7月1日销售给甲公司一批产品，价款500 000元，按购销合同约定，甲公司应于2018年10月1日前支付价款。截至2018年10月20日，甲公司尚未支付。由于甲公司发生财务困难，短期内无法偿还债务。经过协商，乙公司同意甲公司以其所持有的作为可供出售金融资产核算的某公司股票抵偿债务。该股票账面价值440 000元，公允价值为450 000元。乙公司为该项应收账款提取了坏账准备25 000元。用于抵债的股票已于2018年10月25日办理了相关转让手续，乙公司将取得的股票作为可供出售金融资产核算。假定不考虑相关税费和其他因素。

【答案】

（1）甲公司的账务处理：

计算债务重组利得：

500 000 − 450 000 = 50 000（元）

转让股票收益：

450 000 − 440 000 = 10 000（元）

借：应付账款——乙公司　　500 000
　贷：可供出售金融资产——成本　　440 000
　　　营业外收入——债务重组利得　　50 000
　　　投资收益　　10 000

（2）乙公司的账务处理：

计算债务重组损失：

500 000 − 450 000 − 25 000 = 25 000（元）

借：可供出售金融资产　　450 000
　　坏账准备　　25 000
　　营业外支出——债务重组损失　　25 000
　贷：应收账款——甲公司　　500 000

二、债务转为资本

（一）债务人的会计处理

借：应付账款
　贷：股本（实收资本）
　　　资本公积——股本溢价（资本溢价）
　　　营业外收入——债务重组利得

【提示】会计处理的贷方应增加股本（或实收资本）、资本公积。对于股份有限公司，股本的入账价值等于股数乘以每股面值，股票的市价和股本的差额计入资本公积。

（二）债权人的会计处理

借：长期股权投资（公允价值）

借：坏账准备

营业外支出——债务重组损失（借方差额）

贷：应收账款等

资产减值损失（贷方差额）

【提示】重组债权的账面余额与因放弃债权而享有的股权的公允价值之间的差额，先冲减已提取的减值准备，减值准备不足冲减的部分，或未提取坏账准备的，将该差额确认为债务重组损失（营业外支出）。

【例8-7·实务题】2018年7月1日，甲公司对乙公司应收账款的账面余额为60 000元，由于乙公司发生财务困难，无法偿付应付账款。经双方协商同意，采取将乙公司所欠债务转为乙公司股本的方式进行债务重组，假定乙公司普通股的面值为1元，乙公司以20 000股抵偿该项债务，股票每股市价为2.5元。甲公司对该项应收账款计提了坏账准备2 000元。股票登记手续已办理完毕，甲公司对其作为长期股权投资处理。

（1）乙公司的账务处理：

借：应付账款	60 000	
贷：股本		20 000
资本公积——股本溢价		30 000
营业外收入——债务重组利得		10 000

（2）甲公司的账务处理：

借：长期股权投资	50 000	
营业外支出——债务重组损失	8 000	
坏账准备	2 000	
贷：应收账款		60 000

假如计提坏账准备12 000元：

借：长期股权投资	50 000	
坏账准备	12 000	
贷：应收账款		60 000
资产减值损失		2 000

三、修改其他债务条件

修改其他债务条件的具体形式包括降低本金、免除利息、降低利率、延长期限等，但是重组后，债务与债权关系依然存在。

或有应付金额，是指需要根据未来某种事项出现而发生的应付金额，而且该未来事项的出现具有不确定性。

或有应付金额在随后会计期间没有发生的，企业应当冲销已确认的预计负债，同时确认营业外收入。

债务人的会计处理：

借：应付账款等

贷：应付账款——债务重组（公允价值）

预计负债

贷：营业外收入——债务重组利得

债权人的会计处理：

借：应收账款——债务重组（公允价值）

坏账准备

营业外支出——债务重组损失（借方差额）

贷：应收账款等

资产减值损失（贷方差额）

修改后的债务条款中涉及或有应收金额的，债权人不应当确认或有应收金额，不得将其计入重组后债权的账面价值。只有在或有应收金额实际发生时，才计入当期损益。

修改其他债务条件具体分为两种情况：不附或有条件和附或有条件。

或有条件，一般指的是降低利率的问题。比如原来利率是5%，后来降到3%，这时往往附加一个条件，比如债务重组后一年债务人获利了，则利率恢复到5%，不盈利则继续保持3%。在债务重组日并不知道债务人未来一年是否会获利，即附加的这个条件是不确定的条件，则这个条件就是或有条件。若是利率直接由5%降到3%，即为不附或有条件的债务重组。

（一）不附或有条件的债务重组（包括免除利息、降低本金、延长期限等）

原则：此种情况下债务人和债权人在债务重组后会产生新的“应付账款——债务重组”和“应收账款——债务重组”。对于新的债务和债权，债务人和债权人都应以公允价值为基础计量。

【例8-8·实务题】甲公司2016年12月31日应收乙公司票据的账面余额为65 400元，其中，5 400元为累计未付的利息，票面年利率4%。由于乙公司连年亏损，资金周转困难，不能偿付应于2016年12月31日前支付的应付票据，经双方协商，于2017年1月5日进行债务重组。甲公司同意将债务本金减至50 000元；免去债务人所欠的全部利息；将利率从4%降低到2%（等于实际利率），并将债务到期日延至2018年12月31日，利息按年支付。该项债务重组协议从协议签订日起开始实施。甲、乙公司已将应收、应付票据转入应收、应付账款。甲公司已为该项应收款项计提了5 000元坏账准备。

（1）乙公司的账务处理：

①计算债务重组利得：

应付账款的账面余额	65 400
减：重组后债务公允价值	50 000
债务重组利得	15 400

②债务重组时的会计分录：

借：应付账款	65 400	
贷：应付账款——债务重组		50 000
营业外收入——债务重组利得		15 400

③2017年12月31日支付利息：

借：财务费用	1 000	
贷：银行存款		1 000

④2018年12月31日偿还本金和最后一年利息：

借：应付账款——债务重组　　50 000
　　财务费用　　1 000
　贷：银行存款　　51 000

（2）甲公司的账务处理：

①计算债务重组损失：

应收账款账面余额	65 400
减：重组后债权公允价值	50 000
差额	15 400
减：已计提坏账准备	5 000
债务重组损失	10 400

②债务重组日的会计分录：

借：应收账款——债务重组　　50 000
　　营业外支出——债务重组损失　　10 400
　　坏账准备　　5 000
　贷：应收账款　　65 400

③2017年12月31日收到利息：

借：银行存款　　1 000
　贷：财务费用　　1 000

④2018年12月31日收到本金和最后一年利息：

借：银行存款　　51 000
　贷：财务费用　　1 000
　　　应收账款　　50 000

（二）附或有条件的债务重组

【例8-9·实务题】A公司2018年1月1日与B公司进行债务重组，A公司应收B公司账款120万元，已提坏账准备30万元。协议规定，豁免20万元，剩余债务在2018年12月31日支付。但附有一条件，若B公司在2018年度获利，则需另付10万元。B公司认为2018年很可能获利（单位：万元）。

1.B公司（债务人）

（1）2018年1月1日：

借：应付账款　　120
　贷：应付账款——债务重组　　100
　　　预计负债　　10
　　　营业外收入　　10

（2）2018年12月31日：

若B公司2018年获利：

借：应付账款——债务重组　　100
　　预计负债　　10
　贷：银行存款　　110

若B公司2018年未获利：

借：应付账款——债务重组　　100

　贷：银行存款　　100

借：预计负债　　10

　贷：营业外收入　　10

2.A公司（债权人）

（1）2018年1月1日：

借：应收账款——债务重组　　100

　　坏账准备　　30

　贷：应收账款　　120

　　　资产减值损失　　10

（2）2018年12月31日：

若B公司2018年获利：

借：银行存款　　110

　贷：应收账款——债务重组　　100

　　　营业外收入　　10

若B公司2018年未获利：

借：银行存款　　100

　贷：应收账款——债务重组　　100

【例8-10·多选题】下列关于债务重组会计处理的表述中，正确的有（　　）。

A.债权人将很可能发生的或有应收金额确认为应收债权

B.债权人收到的原未确认的或有应收金额计入当期损益

C.债务人将符合相关确认条件的或有应付金额确认为预计负债

D.债务人确认的或有应付金额在随后不需支付时转入当期损益

【答案】BCD

【解析】债务重组中，对债权人而言，若债务重组过程中涉及或有应收金额，不应当确认或有应收金额，实际发生时计入当期损益。对债务人而言，如债务重组过程中涉及或有应付金额，且该或有应付金额符合或有事项中有关预计负债的确认条件的，债务人应将该或有应付金额确认为预计负债，日后没有发生时，转入当期损益（营业外收入）。

四、以上三种方式的组合方式

这里是指以现金资产清偿债务、非现金资产清偿债务、债务转为资本、修改其他债务条件方式组合进行的债务重组。

（一）债务人的会计处理

债务重组以现金资产清偿债务、非现金资产清偿债务、债务转为资本、修改其他债务条件等方式的组合进行的，债务人应当以支付的现金资产、转让的非现金资产公允价值、债权人享有股份的公允价值冲减重组债务的账面价值，再按照债务人修改其他债务条件的规定进行会计处理。

（二）债权人的会计处理

债务重组采用以现金资产清偿债务、非现金资产清偿债务、债务转为资本、修改其他债务条件等方式的组合进行的，债权人应当依次以收到的现金资产、接受的非现金资产公允价值、债权人享有股份的公允价值冲减重组债权的账面余额，再按债权人修改其他债务条件的规定进行会计处理。

【相关链接】（1）A公司在重组过程中，控股股东收购ZG银行对A公司的债权后，豁免了A公司的债务。该行为从经济实质上判断是控股股东的资本性投入，应将豁免债务全额计入所有者权益（资本公积）。

（2）某上市公司以零价格向公司实际控制人HY集团转让其全部资产与负债，出售资产（含负债）的评估净额为-29 472.71万元。该行为从经济实质上判断是控股股东对企业的资本性投入，该上市公司应将相关利得计入所有者权益（资本公积）。

【例8-11·实务题】甲公司为上市公司，该公司内部审计部门在对其2018年度财务报表进行内审时，对以下交易或事项的会计处理提出疑问：

（1）2018年9月30日，甲公司应收乙公司账款余额为150万元，已提坏账准备20万元，因乙公司发生财务困难，双方进行债务重组。2018年10月10日，乙公司用一批产品抵偿债务，该批产品不含税公允价值为100万元，增值税税额为16万元。甲公司为取得该批产品支付途中运费和保险费2万元，甲公司将该批产品作为库存商品核算，甲公司没有另向乙公司支付增值税。

甲公司相关会计处理如下（单位：万元）：

借：库存商品	115
应交税费——应交增值税（进项税额）	16
坏账准备	20
贷：应收账款	150
银行存款	1

（2）2018年12月31日，甲公司对丙公司应收账款余额为200万元，已提坏账准备60万元，因丙公司发生财务困难，双方进行债务重组。甲公司同意豁免丙公司债务100万元，剩余债务延期一年，但附有一条件，若丙公司在未来一年获利，则丙公司需另付甲公司50万元。估计丙公司在未来一年很可能获利。2018年12月31日，甲公司相关会计处理如下（单位：万元）：

借：应收账款——债务重组	100
其他应收款	50
坏账准备	60
贷：应收账款	200
资产减值损失	10

（3）2018年4月25日，甲公司与丁公司签订债务重组协议，约定将甲公司应收丁公司货款2 500万元转为对丁公司的出资。该应收款项系甲公司向丁公司销售产品形成，截至2018年4月30日，甲公司已计提坏账准备800万元。经股东大会批准，丁公司于4月30日完成股权登记手续。债务转为资本后，甲公司持有丁公司20%的股权，对丁公司的财务和经营政策具有重大影响。

2018年4月30日，丁公司20%股权的公允价值为1 800万元，丁公司可辨认净资产公允价值为10 000万元（含甲公司债权转增资本增加的价值），除一台设备（账面价值100

万元、公允价值160万元）外，其他可辨认资产和负债的公允价值均与账面价值相同。该设备自2018年5月起预计尚可使用年限为5年，采用年限平均法计提折旧，无残值。

2018年5月至12月，丁公司净亏损为100万元；除所发生的100万元亏损外，未发生其他引起所有者权益变动的交易或事项。

2018年12月31日，因对丁公司投资出现减值迹象，甲公司对该项投资进行减值测试，确定其可收回金额为1 750万元。

甲公司对上述交易或事项的会计处理为（单位：万元）：

借：长期股权投资 1 700

　　坏账准备 800

　贷：应收账款 2 500

借：投资收益 20

　贷：长期股权投资——损益调整 20

要求：根据资料（1）至（3），逐项判断甲公司会计处理是否正确；如不正确，简要说明理由，并编制更正有关会计差错的会计分录（有关会计差错更正按当期差错处理，不要求编制结转损益的会计分录）。（答案中的金额单位用万元表示）

【答案】事项（1）甲公司会计处理不正确。

理由：甲公司取得的存货应按其公允价值和相关费用之和102万元入账。

更正分录如下（单位：万元）：

借：营业外支出 13

　贷：库存商品 13

事项（2）甲公司会计处理不正确。

理由：或有应收金额不能确认为资产。

更正分录如下（单位：万元）：

借：营业外支出 40

　　资产减值损失 10

　贷：其他应收款 50

事项（3）甲公司会计处理不正确。

理由：长期股权投资应按完全权益法核算，取得长期股权投资应按公允价值入账，并与享有被投资单位可辨认净资产公允价值的份额比较，对被投资净利润进行调整时，应考虑投资时被投资单位资产公允价值和账面价值的差额及内部交易等因素对当期损益的影响。

长期股权投资初始投资成本为1 800万元，因小于被投资单位可辨认净资产公允价值的份额2 000万元（10 000×20%），应调增长期股权投资和营业外收入。

甲公司2018年应确认的投资损失=［100+（160−100）÷5×8/12］×20%=21.6（万元）

更正分录如下（单位：万元）：

借：长期股权投资——投资成本 100

　贷：资产减值损失 100

借：长期股权投资——投资成本 200

　贷：营业外收入 200

借：投资收益　　1.6

　贷：长期股权投资——损益调整　　1.6

2018年12月31日，调整后长期股权投资账面余额为1 978.4万元（1 800+200-21.6），长期股权投资可收回金额为1 750万元，故应计提减值准备的金额为228.4万元（1 978.4-1 750）。

会计分录如下（单位：万元）：

借：资产减值损失　　228.4

　贷：长期股权投资减值准备　　228.4

注册会计师考试真题

【2018年考题·单选题】甲公司欠乙公司货款1 500万元，因甲公司发生财务困难，无法偿还已逾期的欠款，为此，甲公司与乙公司协商一致，于2×17年6月4日签订债务重组协议：甲公司以其拥有的账面价值为650万元、公允价值为700万元的设备以及账面价值为500万元、公允价值为600万元的库存商品抵债。2×17年6月30日办理了相关资产交接手续。甲乙公司不存在关联方关系。不考虑相关税费及其他因素，下列各项关于甲公司上述交易于2×17年会计处理的表述中，正确的有（　　）。

A.甲公司确认延期偿付乙公司货款280万元的负债

B.甲公司确认债务重组利得40万元

C.甲公司抵债设备按公允价值与其账面价值的差额50万元确认处置利得

D.甲公司抵债库存商品按公允价值600万元确认营业收入

【答案】B

【解析】选项B，履约成本应该在实际发生时计入当期损益，因此不构成最低租赁付款额的组成部分。

【2017年考题·多选题】2×16年3月31日，甲公司应收乙公司的一笔货款500万元到期，由于乙公司发生财务困难，该笔货款预计短期内无法收回。甲公司已为该项债权计提坏账准备100万元。当日，甲公司就该债权与乙公司进行协商。下列协商方案中，属于债务重组的有（　　）。

A.减免100万元债务，其余部分立即以现金偿还

B.减免80万元债务，其余部分延期两年偿还

C.以公允价值为500万元的固定资产偿还

D.以现金100万元和公允价值为400万元的无形资产偿还

【答案】AB

【解析】债务重组是指在债务人发生财务困难的情况下，债权人按照其与债务人达成的协议或者法院的裁定作出让步的事项。选项C和D，债权人均没有作出让步，所以不属于债务重组。

【2017年考题·单选题】2016年12月1日，A公司应收B公司货款200万元，由于B公司发生财务困难，遂于2016年12月31日进行债务重组。A公司同意免除债务50万元，并将剩余债务延期2年，利息按年支付，年利率为5%，同时附或有条件：债务重组后，如B公司自2017年起盈利，则当年利率上升至8%；若无盈利，利率仍维持5%。A公司未

计提坏账准备。B公司预计2017年起每年均很可能盈利。下列有关B公司对该项债务重组的会计处理中，正确的是（ ）。

A.债务重组后应付账款的公允价值为159万元

B.确认债务重组利得50万元

C.确认预计负债4.5万元

D.债务重组利得41万元计入营业外收入

【答案】D

【解析】B公司的账务处理（单位：万元）：

借：应付账款	200
贷：应付账款——债务重组	150
预计负债［150×（8%－5%）×2］	9
营业外收入——债务重组利得	41

【2018年考题·单选题】甲公司与乙公司均为增值税一般纳税人，因甲公司无法偿还到期债务，经协商，乙公司同意甲公司以库存商品偿还其所欠全部债务。债务重组日，乙公司应收甲公司债权的账面余额为2 000万元，已计提坏账准备1 500万元，甲公司用于偿债商品的账面价值为480万元，公允价值为600万元，增值税税额为96万元，不考虑其他因素，甲公司上述交易应确认的债务重组损失金额是（ ）万元。

A.0

B.-196

C.1 304

D.196

【答案】A

【2018年考题·多选题】根据《企业会计准则第13号——或有事项》的规定，重组是指企业制定和控制的，将显著改变企业组织形式、经营范围或经营方式的计划实施行为。下列各项中，符合上述重组定义的交易或事项有（ ）。

A.出售企业的部分业务

B.对于组织结构进行较大调整

C.营业活动从一个国家迁移到其他国家

D.为扩大业务链条购买数家子公司

【答案】ABC

【解析】属于重组的事项主要包括：(1) 出售或终止企业的部分业务；(2) 对企业的组织结构进行较大调整；(3) 关闭企业的部分营业场所，或将营业活动由一个国家或地区迁移到其他国家或地区。

精讲练习题

一、单选题

1.甲公司欠乙公司600万元货款，到期日为2018年10月30日。甲公司因财务困难，经协商于2018年11月15日与乙公司签订债务重组协议。协议规定，甲公司以价值550万元的商品抵偿欠乙公司上述全部债务。2018年11月20日，乙公司收到该商品并验收入库。2018年11月22日办理了有关债务解除手续。该债务重组的重组日为（　　）。

A.2018年10月30日　　B.2018年11月15日

C.2018年11月20日　　D.2018年11月22日

2.甲公司因购货原因于2018年1月1日产生应付乙公司账款100万元，货款偿还期限为3个月。2018年4月1日，甲公司发生财务困难，无法偿还到期债务，经与乙公司协商进行债务重组。双方同意：以甲公司的两辆小汽车抵偿债务。这两辆小汽车原值为100万元，已提累计折旧20万元，公允价值为50万元。假定上述资产均未计提减值准备，不考虑相关税费。则债务人甲公司计入营业外支出和营业外收入的金额分别为（　　）万元。

A.50，30　　B.30，50　　C.80，20　　D.20，80

3.2018年2月10日，远洋公司销售一批材料给长江公司，同时收到长江公司签发并承兑的一张面值100 000元、年利率7%、6个月到期还本付息的票据。当年8月10日，长江公司发生财务困难，无法兑现票据，经双方协议，远洋公司同意长江公司用一台设备抵偿该应收票据。这台设备的历史成本为120 000元，累计折旧为30 000元，清理等费用为1 000元，计提的减值准备为9 000元，公允价值为90 000元。远洋公司未对债权计提坏账准备。假定不考虑其他相关税费。长江公司应确认的债务重组收益和资产转让损益分别为（　　）元。

A.12 500，8 000　　B.8 000，10 000

C.9 000，8 000　　D.13 500，8 000

4.以债权转为股权的，受让股权的入账价值为（　　）。

A.应收债权账面价值　　B.应付债务账面价值

C.股权的公允价值　　D.股权份额

5.甲公司持有乙公司的应收票据面值为30 000元，票据到期时，累计利息为1 000元，乙公司支付了利息，同时由于乙公司财务陷入困境，甲公司同意将乙公司的票据期限延长2年，并减少本金8 000元，则乙公司计入营业外收入的金额是（　　）元。

A.1 000　　B.8 000　　C.12 000　　D.0

6.以修改其他债务条件进行债务重组的，如果债务重组协议中附有或有应付金额，该或有应付金额最终没有发生的，应（　　）。

A.冲减营业外支出

B.冲减已确认的预计负债，同时确认营业外收入

C.冲减财务费用

D.不作账务处理

7.2018年6月11日，M公司就应收B公司货款2 340 000元（已计提坏账准备80 000元）与其进行债务重组。经协商，M公司同意豁免B公司债务340 000元，延长债务偿还期限6个月，每月按2%收取利息，如果从7月份起公司盈利则每月再加收1%的利息，12月11日B公司应将本金和利息一起偿还。在债务重组日，M公司应确认的重组损失为（　　）元。

A.340 000　　B.300 000　　C.20 000　　D.260 000

8.在以现金、非现金资产和修改债务条件混合重组方式清偿债务的情况下，以下处理的先后顺序正确的是（　　）。

A.非现金资产方式、现金资产方式、修改债务条件

B.现金资产方式、非现金资产方式、修改债务条件

C.修改债务条件、非现金资产方式、现金资产方式

D.现金资产方式、修改债务条件、非现金资产方式

9.恒通公司应收大华公司账款的账面余额为585万元，由于大华公司财务困难无法偿付应付账款，经双方协商同意，大华公司以90万元现金和其200万股普通股偿还债务。大华公司普通股每股面值1元，市价2.2元。恒通公司取得投资后作为可供出售金融资产核算，恒通公司对该应收账款提取坏账准备50万元。则恒通公司债务重组损失和金融资产的成本分别是（　　）万元。

A.5，440　　B.55，200　　C.100，485　　D.145，440

10.下列有关债务重组的说法中，正确的是（　　）。

A.在债务重组中，若涉及多项非现金资产，应以非现金资产的账面价值为基础进行分配

B.修改其他债务条件后，若债权人未来应收金额大于应收债权的账面价值和应收债权的账面余额，则债权方不做任何处理

C.修改其他债务条件后，若债权人未来应收金额大于应收债权的账面价值但小于应收债权的账面余额的，应按未来应收金额大于应收债权账面价值的差额，冲减已计提的坏账准备和应收债权的账面余额

D.在混合重组方式下，债务人和债权人在进行账务处理时，一般先考虑以现金资产清偿，然后是以非现金资产或以债务转为资本方式清偿，最后才是修改其他债务条件

11.2018年2月20日，深广公司销售一批材料给红星公司，同时收到红星公司签发并承兑的一张面值100 000元、年利率7%、6个月期、到期还本付息的票据。8月20日，红星公司发生财务困难，无法兑现票据，经双方协议，深广公司同意红星公司以其普通股抵偿该票据。假设普通股的面值为1元，红星公司以10 000股抵偿该项债权。股票市价为每股9.6元，印花税税率为4‰。红星公司应确认的债务重组收益为（　　）元。

A.86 000　　B.7 500　　C.10 000　　D.384

二、多选题

1.债务重组的主要方式包括（　　）。

A.以现金资产清偿债务　　B.将债务转为资本

C.修改其他债务条件　　D.以上方式的组合

E.以非现金资产偿还债务

2.下列各项中，属于债务重组范围的有（　　）。

A.银行免除某困难企业积欠贷款的利息，银行只收回本金

B.企业A同意企业B推迟偿还货款的期限，并减少企业B偿还货款的金额

C.债务人以非现金资产清偿债务，同时又与债权人签订了资产回购协议

D.银行同意降低某困难企业的贷款利率

E.银行同意债务人借新债偿旧债

3.以固定资产抵偿债务进行债务重组时，对债务人而言，下列项目中不影响债务重组损益计算的有（　　）。

A.固定资产的账面价值　　B.固定资产的累计折旧

C.固定资产的评估净值　　D.固定资产的公允价值

E.固定资产减值准备

4.下列有关债务重组时债务人会计处理的表述中，正确的有（　　）。

A.以现金资产清偿债务时，债务人实际支付的现金资产低于债务账面价值的差额计入资本公积

B.以非现金资产清偿债务时，转让的非现金资产公允价值低于重组债务账面价值的差额计入资本公积

C.以非现金资产清偿债务时，转让的非现金资产公允价值低于重组债务账面价值的差额计入当期损益

D.以非现金资产清偿债务时，转让的非现金资产公允价值高于其账面价值的差额计入当期损益

E.以现金清偿债务时，债务人实际支付的现金资产低于债务账面价值的差额计入当期损益

5.债务人以现金资产清偿债务的情况下，债权人进行账务处理可能涉及的科目有（　　）。

A.“库存现金”　　B.“营业外支出”

C.“营业外收入”　　D.“资产减值损失”

E.“预计负债”

6.在债务重组的会计处理中，以下表述正确的有（　　）。

A.债务人应确认债务重组收益

B.无论债权人还是债务人，均不确认债务重组损失

C.用非现金资产清偿债务时，债务人应将应付债务的账面价值大于用以清偿债务的非现金资产账面价值的差额，直接计入当期营业外收入

D.用非现金资产清偿债务时，债务人应将应付债务的账面价值大于用以清偿债务的非现金资产公允价值与相关税费之和的差额计入营业外收入

E.用现金资产偿清债务时，债权人没有损失

7.以非货币性资产偿还债务的债务重组中，下列说法正确的有（　　）。

A.债务人以存货偿还债务的，视同销售该存货，应按照其公允价值确认相应的收入，同时结转存货的成本

B.债务人以固定资产偿还债务的，固定资产公允价值与其账面价值之间的差额，计入投资损益

C.债务人以长期股权投资偿还债务的，长期股权投资公允价值与其账面价值之间的差额，计入营业外收入或营业外支出

D.债务人以无形资产偿还债务的，无形资产公允价值与其账面价值之间的差额，计入营业外收入或营业外支出

E.债务人有可能发生债务重组损失

8.以债务转为资本的方式进行债务重组时，以下处理方法正确的有（　　）。

A.债务人应将债权人因放弃债权而享有的股份的面值总额确认为股本或实收资本

B.债务人应将股份公允价值总额与股本或实收资本之间的差额确认为资本公积

C.债权人应当将享有股份的公允价值确认为对债务人的投资

D.债权人已对债权计提减值准备的，应当先将该差额冲减减值准备，冲减后尚有余额的，计入营业外支出（债务重组损失）；冲减后减值准备仍有余额的，应予转回并抵减当期资产减值损失

E.重组债务的账面价值与股权的公允价值之间的差额作为债务重组利得，计入当期损益

9.下列各项中，属于债务重组修改其他债务条件的方式有（　　）。

A.债务转为资本　　B.减少本金

C.降低利率　　D.免除积欠利息

E.延长债务偿还期限并收取比原利率小的利息

10.下列有关债务重组的会计处理方法正确的有（　　）。

A.修改其他债务条件涉及的或有应付金额，符合《企业会计准则第13号——或有事项》中有关预计负债确认条件的，债务人应将该或有应付金额确认为预计负债

B.修改其他债务条件涉及的或有应收金额，债权人应确认或有应收金额

C.对于债务人而言，发生债务重组时，应当将重组债务的账面价值超过抵债资产的公允价值、所转股份的公允价值，或者重组后债务账面价值之间的差额，确认为债务重组利得，计入资本公积

D.在债务重组会计处理中，债务人以固定资产抵偿债务时，既要确认债务重组利得，又要确认处置非流动资产损益

E.债务重组日指债务重组完成日，即债务人履行协议或法院裁定，将相关资产转让给债权人、将债务转为资本或修改后的债务条件开始执行的日子。在债务重组日方可进行债务重组的会计处理

三、计算题

1.甲公司2017年12月31日应收乙公司账款的账面余额为327 000元，其中，27 000元为累计未付的利息，票面利率9%。乙公司由于连年亏损，现金流量不足，不能偿付应于2017年12月31日前支付的应付账款。经协商，双方于2017年年末进行债务重组。甲公司同意将债务本金减至250 000元；免去债务人所欠的全部利息；将利率从9%降低至5%，并将债务到期日延至2019年12月31日，利息按年支付。甲公司已对该项应收账款计提了40 000元坏账准备。

要求：根据上述资料，作出甲、乙公司的相关账务处理。

2.恒通公司2019年发生如下经济业务：

（1）2019年1月15日，恒通公司销售一批材料给乙公司，开出的增值税专用发票上注明的销售价款为100 000元，增值税销项税额为16 000元，款项尚未收到。2019年3月10日，乙公司财务发生困难，无法按合同规定偿还债务，经双方协议，恒通公司同意乙公司支付30 000元现金，余额用一台设备立即偿还，并于当日办理了相关债务解除手续。该设备账面原价为100 000元，已提折旧20 000元，已提减值准备5 000元，公允价值为70 000元。恒通公司已对该应收账款计提了8 000元的坏账准备。

（2）2019年1月20日，恒通公司销售一批库存商品给丙公司，开出的增值税专用发票上注明的销售价款为400 000元，增值税销项税额为64 000元，款项尚未收到。2019年7月10日，丙公司与恒通公司协商进行债务重组并办理了相关债务解除手续。重组协议如下：丙公司支付现金158 000元；以一台机器设备偿还余额的一部分，另一部分转增资本，机器的公允价值为190 000元；恒通公司获得丙公司5%的股权作为长期股权投资，公允价值为100 000元；债务重组没有发生任何相关税费，恒通公司对该项应收账款已计提坏账准备50 000元。

（3）2019年5月20日，恒通公司销售一批库存商品给丁公司，开出的增值税专用发票上注明的销售价款为300 000元，增值税销项税额为48 000元，款项尚未收到。2019年8月10日，丁公司与恒通公司协商进行债务重组，重组协议如下：恒通公司减免丁公司债务48 000元；扣除减免后的余额，丁公司以一台设备和债务转为资本的方式偿还60%，40%延至2019年12月31日偿还。假设机器的公允价值为60 000元，恒通公司获得丁公司5%的股权作为长期股权投资，公允价值为100 000元；债务重组交易没有发生任何相关税费。

要求：编制恒通公司上述与债务重组有关的会计分录。

第八章精讲练习题参考答案

第九章

会计政策、会计估计变更和差错更正

案例导入

天地股份有限公司（以下简称天地公司）所得税采用资产负债表债务法，所得税税率为25%；按净利润10%计提盈余公积。该公司在2018年12月份内部审计中发现下列问题：（1）2017年年末库存钢材账面余额为305万元。经检查，该批钢材的预计售价为270万元，预计销售费用和相关税金为15万元。当时，由于疏忽，将预计售价误记为360万元，未计提存货跌价准备。（2）2017年12月15日，天地公司购入800万元股票，作为交易性金融资产。至年末尚未出售，12月末的收盘价为740万元。天地公司按其成本列报在资产负债表中。（3）天地公司于2017年1月1日支付3 000万元对价，取得了丁公司80%的股权，实现了非同一控制下的企业合并，使丁公司成为天地公司的子公司。2017年丁公司实现净利润500万元，天地公司按权益法核算确认了投资收益400万元。（4）2017年1月天地公司从其他企业收购了100辆公共汽车，确认了公共汽车牌照专属使用权800万元，作为无形资产核算。天地公司从2017年起按照10年进行该无形资产摊销。经检查，公共汽车牌照专属使用权没有使用期限。假设按照税法的规定，无法确定使用寿命的无形资产按10年摊销。（5）2017年8月天地公司收到市政府拨付的技术款200万元，天地公司将其计入了资本公积（其他资本公积）。此笔款项由于计入了资本公积，未作纳税调整，当年没有申报所得税。

要求：将上述发现的问题按照企业会计准则的要求进行差错更正。

学习目标

了解会计政策变更的条件；掌握会计政策变更的会计处理、会计估计变更的会计处理、前期差错更正的会计处理；熟悉会计估计变更的条件。

第一节　会计政策及其变更

一、会计政策及会计政策的判断

（一）会计政策

会计政策，是指企业在会计确认、计量和报告中所采用的原则、基础和会计处理方法。会计政策包括的会计原则、基础和处理方法，是指导企业进行会计确认和计量的具体要求。

（1）会计原则，是指企业采用的具体会计原则。例如，《企业会计准则第14号——收入》规定，以交易已经完成、经济利益能够流入企业、收入和成本能够可靠计量等作为收入确认的标准，就属于收入确认的具体会计原则。

（2）会计基础，是指计量基础（即计量属性），包括历史成本、重置成本、可变现净值、现值和公允价值等。

（3）会计处理方法，是指企业按照法律、行政法规或者国家统一会计制度等规定采用或者选择的、适合本企业的具体会计处理方法。

会计政策的特点有：第一，会计政策的选择性。第二，会计政策的强制性。第三，会计政策的层次性。

（二）会计政策的判断

会计原则、基础和处理方法构成了会计政策相互关联的有机整体，对会计政策的判断通常应当考虑从会计要素的确认出发，根据各项资产、负债、所有者权益、收入、费用等会计要素的确认条件、计量属性以及相关的处理方法、列报要求等确定相应的会计政策。

（1）在资产方面，存货的取得、发出和期末计价的处理方法，长期投资的取得及后续计量中的成本法或权益法，投资性房地产的确认及其后续计量模式，固定资产、无形资产的确认条件及其减值政策、金融资产的分类、非货币性资产交换商业实质的判断等，属于资产要素的会计政策。

（2）在负债方面，借款费用资本化的条件、债务重组的确认和计量、预计负债的确认条件、应付职工薪酬和股份支付的确认和计量、金融负债的分类等，属于负债要素的会计政策。

（3）在所有者权益方面，权益工具的确认和计量、混合金融工具的分拆等，属于所有者权益要素的会计政策。

（4）在收入方面，商品销售收入和提供劳务收入的确认条件、建造合同的确认与计量方法，属于收入要素的会计政策。

（5）在费用方面，商品销售成本及劳务成本的结转、期间费用的划分等，属于费用要素的会计政策。

（6）除会计要素相关会计政策外，财务报表列报所涉及的编制现金流量表的直接法和间接法、合并财务报表合并范围的判断、分部报告中报告分部的确定，也属于会计政策。

二、会计政策变更

会计政策变更，是指企业对相同的交易或事项由原来采用的会计政策改用另一会计政策的行为。

（一）属于会计政策变更的情形

满足下列条件之一的，企业可以变更会计政策：

（1）法律、行政法规或国家统一的会计制度要求变更。按照法律、行政法规以及国家统一会计制度的规定，企业要采用新的会计政策。在这种情况下，企业应按规定改变原会计政策，采用新的会计政策。

2009年1月1日国有大中型企业首次执行38项具体会计准则：

①将原来以后进先出法核算发出存货成本改为准则规定可以采用的会计政策。《企业会计准则第1号——存货》规定，不允许企业采用后进先出法核算发出存货成本，这就要求执行企业会计准则的企业按照新规定核算存货成本。这属于会计政策变更。

②已计提固定资产减值准备不允许转回，这是《企业会计准则第8号——资产减值》的规定。这就要求企业按照新规定改变原允许固定资产减值准备转回的做法，变更原有会计政策，属于会计政策变更。

③对子公司的长期股权投资由权益法改为成本法核算。

④借款费用范围由原来的一般借款费用不允许资本化，变更为一般借款费用符合条件时可以资本化；原来借款费用资产的范围由只允许购建固定资产，变更为购建固定资产、生产大型存货、研发无形资产等；旧准则下专门借款的借款费用资本化金额要与资产支出相挂钩，变更为不需要和资产支出相挂钩。这些都属于会计政策变更。

⑤商业企业购买商品过程中发生的运杂费，旧准则下计入当期损益，而按新准则变更为计入存货成本。

⑥债务重组中，旧准则下对债务人是不确认损益的，都通过资本公积核算，而按新准则的规定变更为债务人要确认债务重组收益和资产处置损益等。

（2）会计政策的变更能够提供更可靠、更相关的会计信息。由于经济环境、客观情况的改变，企业原来采用的会计政策所提供的会计信息，已不能恰当地反映企业的财务状况、经营成果和现金流量等。在这种情况下，应改变原有会计政策，按新的会计政策核算，以对外提供更可靠、更相关的会计信息。

（二）不属于会计政策变更的情形

以下两种情形不属于会计政策变更：

（1）本期发生的交易或者事项与以前相比具有本质差别而采用新的会计政策。

例如，经营租赁设备租赁期届满又采用融资租赁方式签订续签合同，由经营租赁会计处理方法变更为融资租赁会计处理方法。

（2）对初次发生的或不重要的交易或者事项采用新的会计政策。

例如，低值易耗品由一次摊销法变更为五五摊销法。

【例9-1·多选题】下列关于会计政策及其变更的表述中，正确的有（　　）。

A.会计政策涉及会计原则、会计基础和具体会计处理方法

B.变更会计政策表明以前会计期间采用的会计政策存在错误

C.变更会计政策能够更好地反映企业的财务状况和经营成果

D.本期发生的交易或事项与前期相比具有本质差别而适用新的会计政策，不属于会计政策变更

【答案】ACD

【解析】会计政策变更并不意味着以前的会计政策是错误的，而是采用变更后的会计政策会使会计信息更加具有可靠性和相关性，所以选项B是不正确的。

三、会计政策变更与会计估计变更的划分

1.以会计确认是否发生变更作为判断基础

一般地，对会计确认的指定或选择是会计政策，其相应的变更是会计政策变更。

2.以计量基础是否发生变更作为判断基础

一般地，对计量基础的指定或选择是会计政策，其相应的变更是会计政策变更。

3.以列报项目是否发生变更作为判断基础

一般地，对列报项目的指定或选择是会计政策，其相应的变更是会计政策变更。

根据会计确认、计量基础和列报项目所选择的、为取得与资产负债表项目有关的金额或数值（如预计使用寿命、净残值等）所采用的处理方法，不是会计政策，而是会计估计，其相应的变更是会计估计变更。

【例9-2·单选题】下列项目中，不属于会计政策变更的是（　　）。

A.分期付款取得的固定资产由购买价款改为购买价款现值计价

B.商品流通企业采购费用由计入营业费用改为计入取得存货的成本

C.将内部研发项目开发阶段的支出由计入当期损益改为符合规定条件的确认为无形资产

D.固定资产折旧方法由年限平均法改为双倍余额递减法

【答案】D

【解释】固定资产折旧方法的改变属于会计估计变更。

四、会计政策变更的会计处理

（一）会计政策变更的会计处理原则

（1）法律、行政法规或者国家统一会计制度等要求变更的情况下，企业应当分别按以下情况进行处理：

①国家发布相关的会计处理办法，则按照国家发布的相关会计处理规定进行处理。例如，2007年1月1日我国上市公司执行新企业会计准则，会计政策发生了较大的变动，财政部制定了《企业会计准则第38号——首次执行企业会计准则》，规定了企业执行新会计准则时应遵循的处理方法。

②国家没有发布相关的会计处理办法，则采用追溯调整法进行会计处理。

（2）在会计政策变更能够提供更可靠、更相关的会计信息的情况下，企业应当采用追溯调整法进行会计处理，用会计政策变更累积影响数调整列报前期最早期初留存收益，其他相关项目的期初余额和列报前期披露的其他比较数据也应当一并调整。

（3）确定会计政策变更对列报前期影响数不切实可行的，应当从可追溯调整的最早期间期初开始应用变更后的会计政策。

（4）在当期期初确定会计政策变更对以前各期累积影响数不切实可行的，应当采用未来适用法处理。例如，企业因账簿、凭证超过法定保存期限而销毁，或因不可抗力而毁坏、遗失，如火灾、水灾等，或因人为因素，如盗窃、故意毁坏等，可能使当期期初确定会计政策变更对以前各期累积影响数无法计算，即不切实可行，在这种情况下，会计政策变更应当采用未来适用法进行处理。

（二）会计政策变更的会计处理方法

发生会计政策变更时，有两种会计处理方法，即追溯调整法和未来适用法。

1.追溯调整法

追溯调整法，是指对某项交易或事项变更会计政策，视同该项交易或事项初次发生时即采用变更后的会计政策，并以此对财务报表相关项目进行调整的方法。

追溯调整法通常由以下步骤构成：

第一步，计算会计政策变更的累积影响数。

第二步，编制相关项目的调整分录。

【提示】会计政策变更涉及损益调整的事项通过“利润分配——未分配利润”科目核算，本期发现前期重要差错和资产负债表日后调整事项涉及损益调整的事项通过“以前年度损益调整”科目核算。

第三步，调整列报前期最早期初财务报表相关项目及其金额。

第四步，附注说明。

其中，会计政策变更累积影响数，是指按照变更后的会计政策对以前各期追溯计算的列报前期最早期初留存收益应有金额与现有金额之间的差额，即变更年度所有者权益变动表中“上年金额”栏目“盈余公积”和“未分配利润”项目的调整，见表9-1。

表9-1 所有者权益变动表（简表）

2018年度 单位：万元

项　目	本年金额		上年金额	
	盈余公积	未分配利润	盈余公积	未分配利润
一、上年年末余额				
加：会计政策变更			×××	×××
前期差错更正				
二、本年年初余额				
⋮				

累积影响数通常可以通过以下各步计算获得：

第一步，根据新会计政策重新计算受影响的前期交易或事项。

第二步，计算两种会计政策下的差异。

第三步，计算差异的所得税影响金额。

需要说明的是，会计政策变更的追溯调整不会影响以前年度应交所得税的变动，也就是说不会涉及应交所得税的调整；但追溯调整时如果涉及暂时性差异，则应考虑递延所得税的调整，这种情况应考虑前期所得税费用的调整。

第四步，确定前期中每一期的税后差异。

第五步，计算会计政策变更的累积影响数。

需要注意的是，对以前年度损益进行追溯调整或追溯重述的，应当重新计算各列报期间的每股收益。

【例9-3·实务题】甲公司是一家海洋石油开采公司，于2008年开始建造一座海上石油开采平台。根据法律法规的规定，该开采平台在使用期满后要拆除，需要对其造成的环境污染进行整治。2009年12月15日，该开采平台建造完成并投入使用，建造成本为

12 000万元，预计使用寿命为10年，采用平均年限法计提折旧。2015年1月1日甲公司开始执行新会计准则，根据《企业会计准则第38号——首次执行企业会计准则》第七条的规定，企业在预计首次执行日前尚未计入资产成本的弃置费用时，应当满足预计负债的确认条件，选择该项资产初始确认开始至首次执行日期间适用的折现率，以该项预计负债折现后的金额增加资产成本，据此计算确认应补提的资产折旧，同时调整期初留存收益。已知甲公司保存的会计资料比较齐备，可以通过会计资料追溯计算。甲公司预计该开采平台弃置费用为1 000万元，假定折现率为10%。不考虑所得税的影响。

（1）计算确认弃置费用后的累积影响数（见表9-2）。

表9-2　**弃置费用累积影响数**　单位：万元

年度	按原会计政策确认的损益	按新会计政策确认的损益	税前差异	所得税影响	税后差异（累积影响数）
2010年	0	利息费用：385.5×10% = 38.55 折旧费用：38.55	-（38.55+38.55）= -77.1	0	-77.1
2011年	0	利息费用：（385.5 + 38.55）×10% = 42.41 折旧费用：38.55	-80.96	0	-80.96
2012年	0	利息费用：（385.5 + 38.55 + 42.41）×10% = 46.65 折旧费用：38.55	-85.20	0	-85.20
2013年	0	利息费用：（385.5 + 38.55 + 42.41 + 46.65）×10% = 51.31 折旧费用：38.55	-89.86	0	-89.86
2014年		利息费用：（385.5 + 38.55 + 42.41 + 46.65 + 51.31）×10% = 56.44 折旧费用：38.55	-94.99	0	-94.99
合计		利息费用：235.36 折旧费用：38.55×5 = 192.75	-428.11	0	-428.11

弃置费用现值 = 1 000×（P/S，10%，10）= 385.5（万元）

每年计提折旧 = 385.5÷10 = 38.55（万元）

（2）会计处理（单位：万元）。

①调整确认弃置费用：

借：固定资产——弃置义务　385.5

　贷：预计负债　385.5

②调整会计政策变更累积影响数：

借：利润分配——未分配利润　428.11

　贷：累计折旧　192.75

　　　预计负债　235.36

③调整盈余公积：

借：盈余公积　42.81

　贷：利润分配——未分配利润　42.81

（3）调整报表（见表9-3、表9-4和表9-5）。

表 9-3

资产负债表

2015 年 12 月 31 日

单位：万元

资　产	年初余额		负债和股东权益	年初余额	
	调整前	调整后		调整前	调整后
固定资产			预计负债	0	385.5 + 235.36 = 620.86
开采平台	12 000÷2 = 6 000	6 000 + 385.5 − 192.75 = 6 192.75	—	—	—
			盈余公积	170	170 − 42.81 = 127.19
			未分配利润	400	400 − 428.11 + 42.81 = 14.7

表 9-4

利润表

2015 年度

单位：万元

项　目	上期金额	
	调整前	调整后
营业收入	1 800	1 800
营业成本	1 300	1 300 + 38.55（2008 年折旧费用） = 1 338.55
财务费用	260	26 + 56.44（2008 年利息费用） = 82.44

表 9-5

所有者权益变动表

2015 年度

单位：万元

项　目	本年金额	
	盈余公积	未分配利润
一、上年年末余额	170	400
加：会计政策变更	− 42.81	− 385.3（ − 428.11 + 42.81）
前期差错更正		
二、本年年初余额	127.19	14.7

【例 9-4 · 实务题】A 公司 2014 年 12 月外购一栋写字楼，支付价款 5 000 万元，预计使用年限为 25 年，净残值为零，采用直线法计提折旧。同日将该写字楼租赁给 B 公司使用，并一直采用成本模式进行后续计量。2016 年 1 月 1 日 A 公司认为，出租给 B 公司使用的写字楼，其所在地的房地产交易市场比较成熟，具备了采用公允价值模式计量的条件，决定将该项投资性房地产的计量从成本模式转换为公允价值模式。2015 年 12 月 31 日该写字楼的公允价值为 6 000 万元。假设 A 公司按净利润的 10% 计提盈余公积。所得税税率为 25%，税法规定该投资性房地产作为固定资产处理，折旧年限为 25 年，净残值为零，采用直线法计提折旧。公允价值变动不得计入应纳税所得额。

要求：对上述会计政策变更进行相关账务处理（单位：万元）。

【答案】（1）所得税调整见表 9-6。

表9-6　　**所得税调整表**　　单位：万元

年　度	按原会计政策确认的损益	按新会计政策确认的损益	税前差异	所得税影响	税后差异
2015年	5 000÷25 = 200	6 000 − 5 000 = 1 000	1 000 + 200 = 1 200	1 200×25% = 300	900
总计	200	1 000	1 200	300	900

（2）编制相关会计分录：

借：投资性房地产——成本　　5 000
　　　　　　　——公允价值变动　　1 000
　投资性房地产累计折旧　　200
　贷：投资性房地产　　5 000
　　递延所得税负债　　300
　　利润分配——未分配利润　　900

借：利润分配——未分配利润　　90
　贷：盈余公积　　90

注：

账面价值 = 6 000万元

计税基础 = 5 000 − 5 000÷25 = 4 800（万元）

应纳税暂时性差异 = 6 000 − 4 800 = 1 200（万元）

递延所得税负债 = 1 200×25% = 300（万元）

（3）填列2016年度会计报表相关项目调整表（见表9-7、表9-8）。

表9-7　　**资产负债表**

2016年12月31日　　单位：万元

项　目	年初余额	
	调　增	调　减
投资性房地产	1 200	
递延所得税负债	300	
盈余公积	90	
未分配利润	810	

表9-8　　**利润表**

2016年　　单位：万元

项　目	上期金额	
	调　增	调　减
营业成本		200
公允价值变动收益	1 000	
所得税费用	300	
净利润	900	

2.未来适用法

未来适用法，是指将变更后的会计政策应用于变更日及以后发生的交易或者事项，或者在会计估计变更当期和未来期间确认会计估计变更影响数的方法。

在未来适用法下，不需要计算会计政策变更产生的累积影响数，也无须重编以前年度的财务报表。企业会计账簿记录及财务报表上反映的金额，变更之日仍保留原有的金额，不因会计政策变更而改变以前年度的既定结果，并在现有金额的基础上再按新的会计政策进行核算。

【例 9-5 · 实务题】乙公司原对发出存货采用后进先出法，由于采用新企业会计准则，按其规定，公司从 20×9 年 1 月 1 日起改用先进先出法。20×9 年 1 月 1 日存货的价值为 2 500 000 元，乙公司当年购入存货的实际成本为 18 000 000 元；20×9 年 12 月 31 日按先进先出法计算确定的存货价值为 4 500 000 元，当年销售额为 25 000 000 元。假设该年度其他费用为 1 200 000 元，所得税税率为 25%。20×9 年 12 月 31 日按后进先出法计算的存货价值为 2 200 000 元。

乙公司由于法律环境变化而改变会计政策，假定对其采用未来适用法进行处理，即对存货采用先进先出法从 20×9 年及以后才适用，不需要计算 20×9 年 1 月 1 日以前按先进先出法计算存货应有的余额以及对留存收益的影响金额。

计算确定会计政策变更对当期净利润的影响数（见表 9-9）。

表 9-9　　**当期净利润的影响数计算表**　　单位：元

项　目	先进先出法	后进先出法
营业收入	25 000 000	25 000 000
减：营业成本	16 000 000	18 300 000
减：其他费用	1 200 000	1 200 000
利润总额	7 800 000	5 500 000
减：所得税费用	1 950 000	1 375 000
净利润	5 850 000	4 125 000
差额	1 725 000	

乙公司由于会计政策变更使当期净利润增加了 1 725 000 元。

其中，采用先进先出法的销售成本为：

期初存货+购入存货实际成本-期末存货=2 500 000+18 000 000-4 500 000=16 000 000（元）

采用后进先出法的销售成本为：

期初存货+购入存货实际成本-期末存货=2 500 000+18 000 000-2 200 000=18 300 000（元）

（三）会计政策变更会计处理方法的选择

（1）国家有规定的，按国家有关规定执行。

（2）能追溯调整的，采用追溯调整法处理（追溯到可追溯的最早期期初）。

（3）不能追溯调整的，采用未来适用法处理。

五、会计政策变更的披露

企业应当在附注中披露与会计政策变更有关的下列信息：

（1）会计政策变更的性质、内容和原因；

（2）当期和各个列报前期财务报表中受影响的项目名称和调整金额；

（3）无法进行追溯调整的，说明该事实和原因以及开始应用变更后的会计政策的时点、具体应用情况。

第二节 会计估计及其变更

一、会计估计概述

会计估计，是指企业对结果不确定的交易或事项以最近可利用的信息为基础所作的判断。

第一，会计估计的存在是由于经济活动中内在的不确定性因素的影响。

第二，进行会计估计时，往往以最近可利用的信息或资料为基础。

第三，进行会计估计并不会削弱会计确认和计量的可靠性。

通常情况下，下列情况属于会计估计：

（1）存货可变现净值的确定。

（2）公允价值的确定。

（3）固定资产的使用寿命、预计净残值和折旧方法的确定。

（4）使用寿命有限的无形资产的预计使用寿命、残值、摊销方法。

（5）可收回金额的确定。

（6）预计负债金额的确定。

（7）收入金额的确定。

（8）完工进度的确定。

二、会计估计变更

会计估计变更是指由于资产和负债的当前状况及预期经济利益和义务发生了变化，从而对资产或负债的账面价值或者资产的定期消耗金额进行调整。

通常情况下，企业可能由于以下原因而发生会计估计变更：

（1）赖以进行估计的基础发生了变化。

企业进行会计估计，总是依赖一定的基础，如果其所依赖的基础发生了变化，则会计估计也应相应作出改变。例如，企业购入一项无形资产，法律保护期限为15年，但企业认为能带来经济利益的期限为10年，则对于该无形资产，应按10年进行摊销。以后发生的情况表明，该资产的受益年限已不足10年，则应相应调减摊销年限。

（2）取得了新的信息，积累了更多的经验。

企业进行会计估计是就现有资料对未来所作的判断，随着时间的推移，企业有可能取得新的信息、积累更多的经验，在这种情况下，也需要对会计估计进行变更。例如，企业对应收账款计提坏账准备比例为10%，后来根据新得到的信息，对方财务状况恶化，发生坏账的可能性为80%，则企业需补提70%的坏账准备。

【例9-6·单选题】甲公司为某集团母公司，其与控股子公司（乙公司）会计处理存在差异的下列事项中，在编制合并财务报表时，应当作为会计政策予以统一的是（　　）。

A.甲公司产品保修费用的计提比例为售价的3%，乙公司为售价的1%

B.甲公司对机器设备的折旧年限按不少于10年确定，乙公司为不少于15年

C.甲公司对投资性房地产采用成本模式进行后续计量，乙公司采用公允价值模式

D.甲公司对1年以内应收款项计提坏账准备的比例为期末余额的5%，乙公司为期末余额的10%

【答案】C

【解析】选项A、B和D，属于会计估计；选项C，属于会计政策。

【例9-7·多选题】下列各项中，属于会计政策变更的有（　　）。

A.固定资产的预计使用年限由15年改为10年

B.所得税会计处理由应付税款法改为资产负债表债务法

C.投资性房地产的后续计量由成本模式改为公允价值模式

D.开发费用的处理由直接计入当期损益改为有条件资本化

【答案】BCD

【解析】选项A，固定资产的预计使用年限由15年改为10年属于会计估计变更。

三、会计估计变更的会计处理

企业对会计估计变更应当采用未来适用法处理。

（1）会计估计变更仅影响变更当期的，其影响数应当在变更当期予以确认。

（2）如果会计估计的变更既影响变更当期又影响未来期间，有关估计变更的影响在当期及以后各期确认。例如，应计提折旧的固定资产，其有效使用年限或预计净残值的估计发生的变更，常常影响变更当期及资产以后使用年限内各个期间的折旧费用。因此，这类会计估计的变更应于变更当期及以后各期确认。

（3）难以区分某项变更是会计政策变更还是会计估计变更的，应当将其作为会计估计变更处理。

【例9-8·实务题】甲公司2015年12月20日购入一台管理用设备，初始入账价值为100万元，原估计使用年限为10年，预计净残值为4万元，按双倍余额递减法计提折旧。由于固定资产所含经济利益预期实现方式的改变和技术因素的原因，已不能继续按原定的折旧方法、折旧年限计提折旧。甲公司于2018年1月1日将设备的折旧方法改为年限平均法，将设备的折旧年限由原来的10年改为8年，预计净残值仍为4万元。甲公司所得税采用资产负债表债务法核算，适用的所得税税率为25%。

要求：

（1）计算上述设备2016年和2017年计提的折旧额。

（2）计算上述设备2018年计提的折旧额。

（3）计算上述会计估计变更对2018年净利润的影响。

【答案】

（1）该设备2016年计提的折旧额=100×2÷10=20（万元）

该设备2017年计提的折旧额=（100−20）×2÷10=16（万元）

（2）该2018年1月1日设备的账面净值=100−20−16=64（万元）

该设备2018年计提的折旧额=（64−4）÷（8−2）=10（万元）

（3）按原会计估计，该设备2018年计提的折旧额=（100−20−16）×2÷10=12.8（万元）

上述会计估计变更使2018年净利润增加额=（12.8−10）×（1−25%）=2.1（万元）

四、会计估计变更的披露

企业应当在附注中披露与会计估计变更有关的下列信息：

（1）会计估计变更的内容和原因。

（2）会计估计变更对当期和未来期间的影响数。

（3）会计估计变更的影响数不能确定的，披露这一事实和原因。

【例 9-9·多选题】下列情形中，应采用未来适用法处理的有（　　）。

A.当期期初确定会计政策变更对以前各期累积影响数不切实可行

B.固定资产折旧方法发生变更

C.固定资产预计使用年限发生变更

D.难以对某项变更区分会计政策变更或会计估计变更

E.当期期初能够合理确定会计政策变更对以前各期累积影响数

【答案】ABCD

【解析】固定资产折旧方法、预计使用年限和净残值的变更都属于会计估计变更，应采用未来适用法处理；企业难以对某项变更区分会计政策变更或会计估计变更的，应当将其作为会计估计变更，采用未来适用法处理；当期期初能够合理确定会计政策变更对以前各期累积影响数，应采用追溯调整法处理。

【例 9-10·多选题】企业发生会计估计变更时，应在财务报表附注中披露的内容有（　　）。

A.会计估计变更的内容

B.会计估计变更的原因

C.会计估计变更对当期和未来期间的影响数

D.会计估计变更的影响数不能确定的，披露这一事实和原因

E.会计估计变更累积影响数

【答案】ABCD

【解析】会计估计变更在财务报表附注中应披露：

（1）会计估计变更的内容和原因；

（2）会计估计变更对当期和未来期间的影响数；

（3）会计估计变更的影响数不能确定的，披露这一事实和原因。

因会计估计变更采用未来适用法处理，所以不存在会计估计变更累积影响数。

【关注】《财政部关于做好执行企业会计准则的企业2012年年报工作的通知》

企业应当根据与固定资产有关的经济利益的预期实现方式等实际情况合理确定固定资产折旧方法、预计净残值和使用寿命，除有确凿证据表明经济利益的预期实现方式发生了重大变化，或者取得了新的信息、积累了更多的经验，能够更准确地反映企业的财务状况和经营成果外，不得随意变更。

【案例】2012年10月30日，三一重工公告，从第三季度起将“未到合同收款日”的应收账款计提比例由2%下调至1%，“1年以内”的应收账款计提比例由5%下降至1%，“1～2年”的应收账款计提比例由10%下调至6%。

查半年报数据可知，“未到合同收款日”和“1年以内”的应收账款实际占到三一重

工应收账款总额的比例超过90%，通过此项变更可以增加其2012年前三季度净利润4.7亿元。

【案例】新钢股份从2012年4月1日起调整固定资产折旧年限。经计算，该调整预计减少2012年固定资产折旧1.92亿元，增加2012年股东权益及净利润1.44亿元，占公司2011年净利润的84.50%，但仍无法弥补公司一季度2.6亿元的亏损。

第三节　前期差错及其更正

一、前期差错概述

前期差错，是指由于没有运用或错误运用下列两种信息，而对前期财务报表造成省略或错报：

（1）编报前期财务报表时预期能够取得并加以考虑的可靠信息；

（2）前期财务报告批准报出时能够取得的可靠信息。

前期差错通常包括计算错误、应用会计政策错误、疏忽或曲解事实以及舞弊产生的影响等。

二、前期差错更正的会计处理

前期差错的重要程度，应根据差错的性质和金额加以具体判断。

（一）对于不重要的前期差错，采用未来适用法更正

【例9-11·实务题】A公司在2018年12月31日发现，一台价值9 600元、应计入固定资产、于2017年2月1日开始计提折旧的管理用设备，在2017年计入当期费用。该公司固定资产折旧采用直线法，该资产估计使用年限为4年，假设不考虑净残值因素。则2018年12月31日更正此差错的会计分录为：

借：固定资产	9 600	
贷：管理费用		9 600
借：管理费用	4 600	
贷：累计折旧		4 600

（二）重要的前期差错的会计处理

企业应当采用追溯重述法更正重要的前期差错，但确定前期差错累积影响数不切实可行的除外。

追溯重述法，是指在发现前期差错时，视同该项前期差错从未发生过，从而对财务报表相关项目进行更正的方法。追溯重述法的会计处理与追溯调整法相同。

确定前期差错影响数不切实可行的，可以从可追溯重述的最早期间开始调整留存收益的期初余额，财务报表其他相关项目的期初余额也应当一并调整，也可以采用未来适用法。

企业应当在重要的前期差错发现当期的财务报表中，调整前期比较数据。

对于年度资产负债表日至财务报告批准报出日之间发现的报告年度的会计差错及报告年度前不重要的前期差错，应按照《企业会计准则第29号——资产负债日后事项》的规定进行处理。

【例9-12·实务题】B公司在2018年发现，2017年该公司漏记一项生产用固定资产的折旧费用150 000元，所得税申报表中未扣除该项费用。假设2017年适用所得税税率为25%，无其他纳税调整事项。该公司按净利润的10%、5%提取法定盈余公积和任意盈余公积。该公司发行股票份额为1 800 000股。假定税法允许调整应交所得税，2017年用该设备生产的产品均已完工并全部对外销售。

1.分析前期差错的影响数

2017年少计折旧费用150 000元；多计所得税费用37 500元（150 000×25%）；多计净利润112 500元；多计应交税费37 500元（150 000×25%）；多提法定盈余公积和任意盈余公积11 250元（112 500×10%）和5 625元（112 500×5%）。

2.编制有关项目的调整分录

（1）补提折旧：

借：以前年度损益调整　　150 000

　贷：累计折旧　　150 000

（2）调整应交所得税：

借：应交税费——应交所得税　　37 500

　贷：以前年度损益调整　　37 500

（3）将“以前年度损益调整”科目余额转入利润分配：

借：利润分配——未分配利润　　112 500

　贷：以前年度损益调整　　112 500

（4）调整利润分配有关数字：

借：盈余公积　　16 875

　贷：利润分配——未分配利润　　16 875

3.财务报表调整和重述（财务报表略）

B公司在列报2018年财务报表时，应调整2018年资产负债表有关项目的年初余额，利润表有关项目及所有者权益变动表的上年金额也应进行调整。

（1）资产负债表项目的调整：

调减固定资产150 000元；调减应交税费37 500元；调减盈余公积16 875元；调减未分配利润95 625元。

注：有的教材调增累计折旧150 000元是不正确的，累计折旧不属于报表项目。

（2）利润表项目的调整：

调增营业成本上年金额150 000元；调减所得税费用上年金额37 500元；调减净利润上年金额112 500元；调减基本每股收益上年金额0.0625元。

（3）所有者权益变动表项目的调整：

调减前期差错更正项目中盈余公积上年金额16 875元、未分配利润上年金额95 625元、所有者权益合计上年金额112 500元。

三、前期差错更正的披露

企业应当在附注中披露与前期差错更正有关的下列信息：

（1）前期差错的性质。

（2）各个列报前期财务报表中受影响的项目名称和更正金额。

（3）无法进行追溯重述的，说明该事实和原因以及对前期差错开始进行更正的时点、具体更正情况。

在以后期间的财务报表中，不需要重复披露在以前期间的附注中已披露的前期差错更正的信息。

四、前期差错更正的会计处理

前期差错更正的会计处理方法包括：

（1）对于当期发现当期的差错，直接调整相应科目。

（2）财务报告批准报出前发现报告年度的会计差错，按照资产负债表日后事项处理原则处理。

【例9-13·综合题】甲公司系上市公司，主要从事机床的生产和销售，为增值税一般纳税人，适用的增值税税率为16%。2018年12月，甲公司内部审计部门在对财务会计资料审查过程中发现了以下会计处理错误，提请财会部门进行处理：

（1）2018年10月15日，甲公司与A公司签订协议，采用支付手续费方式委托A公司销售400台A设备，代销协议规定的销售价格为每台10万元，甲公司按A公司销售每台A设备价格的5%支付手续费。截至2018年11月30日，甲公司累计向A公司发出400台A设备。每台A设备成本为8万元。2018年12月31日，甲公司收到A公司转来的代销清单，注明已销售A设备300台，同时开出增值税专用发票，注明增值税税额为480万元（300×10×16%）。甲公司尚未收到销售A设备的款项。

甲公司确认主营业务收入4 000万元，确认主营业务成本3 200万元，确认销售费用400万元。

【答案】解答方法见表9-10。

表9-10　**解答方法**　单位：万元

方法一：判断是否正确，说明正确的会计处理	方法二：判断是否正确，编制更正的会计分录
不正确。 因为只收到300台的代销清单，所以： ①应确认主营业务收入3 000万元（300×10）； ②应结转主营业务成本2 400万元（300×8）； ③应确认销售费用150万元（3 000×5%）	不正确。 借：主营业务收入　1 000 　贷：应收账款　1 000 借：发出商品　800 　贷：主营业务成本　800 借：应收账款　50 　贷：销售费用　50

（2）2018年12月1日，甲公司与B公司签订合同，以1 000万元的价格向B公司销售设备，产品成本为750万元。同时，甲公司与B公司签订补充合同，约定甲公司在2019年4月30日以1 250万元的价格购回该设备。当日，甲公司开出增值税专用发票，注明增值税税额为160万元，款项已收存银行。截至2018年12月31日，该设备尚未发出。

甲公司确认主营业务收入1 000万元，确认主营业务成本750万元，未作其他相关会计处理。

【答案】解答方法见表9-11。

表9-11 **解答方法** 单位：万元

方法一：判断是否正确，说明正确的会计处理	方法二：判断是否正确，编制更正的会计分录
不正确。 因为售后回购交易属于融资交易，企业不应确认销售商品收入，所以： ①不应确认收入1 000万元，而应确认其他应付款1 000万元； ②不应结转销售成本750万元； ③应确认财务费用，并确认其他应付款50万元（250÷5）	不正确。 借：主营业务收入 1 000 　贷：其他应付款 1 000 借：库存商品 750 　贷：主营业务成本 750 借：财务费用 50 　贷：其他应付款 50

（3）2018年12月10日，甲公司与C公司签订股权转让协议，以6 000万元的价格将持有的某公司股权转让给C公司，股权转让协议经双方股东大会通过后生效。甲公司的长期股权投资采用成本法核算，账面余额为5 400万元。截至2018年12月31日，该股权转让协议尚未经双方股东大会批准，甲公司也未收到C公司支付的转让款。

甲公司确认其他应收款6 000万元，冲减长期股权投资5 400万元，确认投资收益600万元。

【答案】解答方法见表9-12。

表9-12 **解答方法** 单位：万元

方法一：判断是否正确，说明正确的会计处理	方法二：判断是否正确，编制更正的会计分录
不正确。 因为不满足股权转让日的条件，企业不应确认转让损益，所以： 不能冲减长期股权投资；不确认投资收益；不确认其他应收款	不正确。 借：长期股权投资 5 400 　　投资收益 600 　贷：其他应收款 6 000

（4）2018年11月，甲公司与D公司签订一份产品销售合同，约定在2019年2月底以每件6万元的价格向D公司销售300件产品，违约金为合同总价款的30%。2018年12月31日，甲公司库存该产品300件，每件成本8万元，目前市场价格每件12万元。假定甲公司销售该产品不发生销售费用。

甲公司确认资产减值损失和存货跌价准备600万元。

【答案】解答方法见表9-13。

表9-13 **解答方法** 单位：万元

方法一：判断是否正确，说明正确的会计处理	方法二：判断是否正确，编制更正的会计分录
不正确。 应确认营业外支出，同时确认预计负债540万元。 不确认资产减值损失和存货跌价准备。 分析： 与D公司合同存在标的资产。 可变现净值＝300×6－0＝1 800（万元） 成本＝300×8＝2 400（万元） 执行合同损失＝2 400－1 800＝600（万元） 不执行合同违约金损失＝300×6×30%＝540（万元） 如果按照市场价格销售可以获利＝300×（12－8）＝1 200（万元），因此应选择支付违约金方案	不正确。 借：存货跌价准备 600 　贷：资产减值损失 600 借：营业外支出 540 　贷：预计负债 540

（5）2018年11月25日，甲公司与E公司签订合同，为E公司培训设备维护人员，时间为60天；培训费用总额为40万元，合同约定培训开始日支付15万元，余款在培训结束时支付。

2018年12月1日，甲公司开始培训，同时收到E公司支付的培训费15万元并存入银行。截至2018年12月31日，甲公司发生培训支出18万元（以银行存款支付）。2018年12月28日，E公司由于遭受自然灾害，生产经营发生严重困难，甲公司预计其余25万元培训费难以收回。

甲公司确认主营业务收入20万元，确认主营业务成本18万元。

【答案】解答方法见表9-14。

表9-14　**解答方法**　单位：万元

方法一：判断是否正确，说明正确的会计处理	方法二：判断是否正确，编制更正的会计分录
不正确。 按照能够得到补偿的金额确认收入，所以应确认主营业务收入15万元	不正确。 借：主营业务收入　5 　贷：应收账款　5

（6）2018年12月25日，甲公司向F公司销售设备并负责安装，安装工作为销售合同的重要组成部分。2018年12月28日，甲公司发出设备，不含税价款总额为500万元，已经收到并存入银行。甲公司未开出增值税专用发票。设备成本为360万元。截至2018年12月31日，设备的安装工作尚未开始。甲公司的会计处理如下（单位：万元）：

①借：银行存款　500

　　贷：主营业务收入　500

②借：主营业务成本　360

　　贷：库存商品　360

【答案】解答方法见表9-15。

表9-15　**解答方法**　单位：万元

方法一：判断是否正确，说明正确的会计处理	方法二：判断是否正确，编制更正的会计分录
不正确。 商品需要安装和检验的销售，在购买方接受交货以及安装和检验完毕后，确认收入。所以： ①不应确认主营业务收入500万元，而应确认为预收账款； ②不应确认主营业务成本360万元，而应确认为发出商品360万元	不正确。 借：主营业务收入　500 　贷：预收账款　500 借：发出商品　360 　贷：主营业务成本　360

（7）2018年12月22日，G公司诉甲公司违约案判决，法院一审判决甲公司赔偿G公司50万元经济损失。甲公司和G公司均表示不服并继续上诉。甲公司认为二审很可能维持一审判决。甲公司未作会计处理。

【答案】解答方法见表9-16。

表9-16　**解答方法**　单位：万元

方法一：判断是否正确，说明正确的会计处理	方法二：判断是否正确，编制更正的会计分录
不正确。 已满足预计负债确认条件，所以确认营业外支出和预计负债50万元	不正确。 借：营业外支出　50 　贷：预计负债　50

（8）2018年4月1日，甲公司与H公司签订合同，自H公司购买ERP销售系统软件供其销售部门使用，合同价格3 000万元。因甲公司现金流量不足，按合同约定价款自合同签订之日起满1年后分3期支付，每年4月1日支付1 000万元。该软件取得后即达到预定用途。甲公司预计其使用寿命为5年，预计净残值为零，采用年限平均法摊销。（（P/A，10%，3）＝2.4869）

甲公司对上述交易或事项的会计处理如下（单位：万元）：

①借：无形资产　3 000

　　贷：长期应付款　3 000

②借：销售费用　450

　　贷：累计摊销　450

【答案】解答方法见表9-17。

表9-17　**解答方法**　单位：万元

方法一：判断是否正确，说明正确的会计处理	方法二：判断是否正确，编制更正的会计分录
不正确。 分期付款购买无形资产，应该按分期支付的价款的现值之和作为无形资产的入账价值，所以： ①无形资产入账价值应为2 486.9万元（1 000×2.4869），应确认未确认融资费用513.1万元； ②应确认销售费用和累计摊销为373.03万元（2 486.9÷5×9÷12）； ③应确认财务费用和未确认融资费用186.52万元	不正确。 借：未确认融资费用　513.1 　贷：无形资产　513.1 借：累计摊销　76.97 　贷：销售费用　76.97 借：财务费用　186.52 　贷：未确认融资费用　186.52

（9）2018年4月25日，甲公司与I公司签订资产置换协议，约定甲公司换出2018年年初购买的机器设备，换入对Y公司的股权投资。4月30日完成股权登记手续。换入股权后，甲公司持有Y公司20%的股权，对Y公司的财务和经营政策具有重大影响。

甲公司换出的机器设备的账面价值为1 800万元，公允价值为2 000万元，I公司对Y公司20%股权的公允价值为2 340万元，该交换具有商业实质。甲公司对上述交易或事项的会计处理为：

甲公司对上述交易或事项的会计处理为（单位：万元）：

借：长期股权投资　2 140

　贷：固定资产清理　1 800

　　　应交税费——应交增值税（销项税额）　340

【答案】解答方法见表9-18。

表 9-18 **解答方法** 单位：万元

方法一：判断是否正确，说明正确的会计处理	方法二：判断是否正确，编制更正的会计分录
不正确。 该交换具有商业实质，所以长期股权投资的入账价值为2 340万元； 应确认营业外收入200万元	不正确。 借：长期股权投资 200 贷：营业外收入 200

注册会计师考试真题

【2017年考题·单选题】甲公司专门从事大型设备制造与销售，设立后即召开董事会会议，确定有关会计政策和会计估计事项。下列各项关于甲公司董事会确定的事项中，属于会计政策的有（　　）。

A.投资性房地产采用公允价值模式进行后续计量

B.建造合同按照完工百分比法确认收入

C.融资租入的固定资产作为甲公司的固定资产进行核算

D.按照生产设备预计生产能力确定固定资产的使用寿命

【答案】C

【解析】某项资产或处置组被划归为持有待售，但后来不再满足持有待售的固定资产的确认条件，企业应当停止将其划归为持有待售，并按照下列两项金额中较低者计量：①该资产或处置组被划归为持有待售之前的账面价值，按照其假定在没有被划归为持有待售的情况下原应确认的折旧、摊销或减值进行调整后的金额；②决定不再出售之日的可收回金额。

【2017年考题·多选题】下列各项中，可能调整年度所有者权益变动表中“本年年初余额”的交易或事项有（　　）。

A.会计政策变更

B.前期差错更正

C.因处置股权导致对被投资单位的后续计量由成本法转为权益法

D.同一控制下企业合并

【答案】ABCD

精讲练习题

一、单选题

1.会计政策是指（　　）。

A.企业在会计确认、计量和报告中所采用的原则、基础和会计处理方法

B.企业在会计确认中所采用的原则、基础和会计处理方法

C.企业在会计计量中所采用的原则、基础和会计处理方法

D.企业在会计报告中所采用的原则、基础和会计处理方法

2.某上市公司发生的下列交易或事项中，属于会计政策变更的是（　　）。

A.固定资产预计使用年限由6年延长至9年

B.期末对原按交易发生日的即期汇率折算的外币长期借款余额按期末市场汇率进行调整

C.发出存货的计价方法由先进先出法改为加权平均法

D.对不重要的交易或事项采用新的会计政策

3.在采用追溯调整法时，下列不应考虑的因素是（　　）。

A.会计政策变更后留存收益的变动

B.会计政策变更后资产、负债的变化

C.会计政策变更导致损益变化而带来的所得税变动

D.会计政策变更导致损益变化而应补分的利润

4.A公司所得税税率为25%，采用资产负债表债务法核算。2015年10月A公司以1 000万元购入B上市公司的股票，作为短期投资，期末按成本法计价。A公司从2016年1月1日起，执行新企业会计准则，并按照新企业会计准则的规定，将上述短期投资划分为交易性金融资产。2015年年末该股票公允价值为800万元，该会计政策变更对A公司2016年的期初留存收益的影响为（　　）万元。

A.－300　　B.－50　　C.－150　　D.－200

5.甲企业一台从2016年1月1日开始计提折旧的设备，其原值为15 500元，预计使用年限为5年，预计净残值为500元，采用年数总和法计提折旧。从2018年起，该企业将该固定资产的折旧方法改为年限平均法，设备的预计使用年限由5年改为4年，设备的预计净残值由500元改为300元。该设备2018年的折旧额为（　　）元。

A.3 100　　B.3 000　　C.3 250　　D.4 000

6.甲股份有限公司2018年实现净利润500万元。该公司2018年发生和发现的下列交易或事项中，会影响其年初未分配利润的是（　　）。

A.发现2017年少计财务费用300万元

B.为2017年售出的设备提供售后服务发生支出50万元

C.发现2017年少提折旧费用0.1万元

D.因客户资信状况明显改善将应收账款坏账准备计提比例由20%改为5%

7.甲公司发出存货按先进先出法计价，期末存货按成本与可变现净值孰低法计价。2018年1月1日将发出存货由先进先出法改为加权平均法。2018年年初有存货40千克，存货账面余额为56 000元，未计提跌价准备。2018年4月、9月分别购入材料500千克、300千克，每千克成本分别为800元、1 000元。9月10日领用400千克，用未来适用法处理该项会计政策的变更。2018年度末该存货的账面余额为（　　）元。

A.396 000　　B.436 000　　C.356 000　　D.306 000

8.甲公司所得税税率为25%，采用资产负债表债务法核算，盈余公积计提比例为10%，2017年12月以500万元购入乙上市公司的股票作为短期股票投资，期末市价600万元。2018年1月1日首次执行新企业会计准则，将其重分类为交易性金融资产。该企业2018年会计政策变更时的累积影响数是（　　）。

A.增加留存收益100万元　　B.减少留存收益100万元

C.对留存收益没有影响　　D.增加留存收益75万元

9.A企业在2017年1月1日投资B企业500万元，占B企业5 000万元可辨认净资产公允价值份额的10%，采用成本法核算。2019年1月1日增资后占B可辨认净资产公允价值份额的25%，对B企业的投资改为权益法核算，B企业资产公允价值等于账面价值。2017年和2018年分别获得净利润800万元，2018年分配现金股利600万元，B企业没有其他所有者权益变动。假设A企业与B企业的所得税税率相同，则该项会计政策变更的累积影响数是（　　）万元。

A.160　　B.80　　C.100　　D.0

10.甲公司2018年12月发现2016年12月收到的乙公司支付的2017年、2018年两年度无形资产使用费30万元（每年15万元），登记为“预收账款”后未作其他处理。假如该项业务无其他成本，增值税税率为5%，所得税税率为25%，则上述前期重大差错更正影响2018年期初留存收益的金额是（　　）万元。

A.49 500　　B.105 750　　C.285 000　　D.190 950

11.甲公司2015年12月投入使用的生产设备账面原值为5 000万元，预计使用10年，预计净残值为零。公司董事会确定折旧方法为双倍余额递减法，会计核算为与税收一致采用了平均年限法。2018年发现了这一前期重大差错并更正，2018年甲公司应计提的折旧金额是（　　）万元。

A.800　　B.1 000　　C.640　　D.500

12.某企业对下列各项业务进行的会计处理中，一般需要进行追溯调整的是（　　）。

A.有证据表明原使用寿命不确定的无形资产的使用寿命已能够合理估计

B.企业将投资性房地产的后续计量方法由成本模式变更为公允价值模式

C.原暂估入账的固定资产已办理完竣工决算

D.提前报废固定资产

二、多选题

1.关于会计政策变更的会计处理方法，下列说法中正确的有（　　）。

A.企业根据法律、行政法规或者国家统一会计制度等要求变更会计政策的，应当按照国家相关规定执行

B.会计政策变更能够提供更可靠、更相关的会计信息的，应当采用追溯调整法处理，将会计政策变更累积影响数调整列报前期最早期初留存收益，其他相关项目的期初余额和列报前期披露的其他比较数据也应当一并调整，但确定该项会计政策变更累积影响数不切实可行的除外

C.在当期期初确定会计政策变更对以前各期累积影响数不切实可行的，应当采用未来适用法处理

D.确定会计政策变更对列报前期影响数不切实可行的，只能采用未来适用法进行会计处理

E.会计政策变更一定采用追溯调整法处理

2.下列会计处理中应采用未来适用法处理的有（　　）。

A.当期期初确定会计政策变更对以前各期累积影响数不切实可行

B.无形资产摊销方法发生变更

C.固定资产预计使用年限发生变更

D.难以对某项变更区分为会计政策变更或会计估计变更

E.当期期初确定会计政策变更对以前各期累积影响数能够合理确定

3.关于会计估计变更，下列说法中正确的有（　　）。

A.会计估计变更，是指由于资产和负债的当前状况及预期经济利益和义务发生了变化，从而对资产或负债的账面价值或者资产的定期消耗金额进行调整

B.会计估计变更仅影响变更当期的，其影响数应当在变更当期予以确认

C.会计估计变更既影响变更当期又影响未来期间的，其影响数应当在变更当期和未来期间予以确认

D.会计估计变更既影响变更当期又影响未来期间的，其影响数应当在变更当期予以确认

E.会计估计变更既影响变更当期又影响未来期间的，其影响数应当在变更当期期初予以确认

4.关于前期差错，下列说法中正确的有（　　）。

A.企业应当采用追溯重述法更正重要的前期差错，但确定前期差错累积影响数不切实可行的除外

B.企业应当采用追溯重述法更正所有的前期差错

C.追溯重述法，是指在发现前期差错时，视同该项前期差错从未发生过，从而对财务报表相关项目进行更正的方法

D.确定前期差错影响数不切实可行的，可以从可追溯重述的最早期间开始调整留存收益的期初余额，财务报表其他相关项目的期初余额也应当一并调整，也可以采用未来适用法

E.确定前期差错影响数不切实可行的，不可以采用未来适用法

5.关于会计政策变更的追溯调整法和未来适用法，下列说法中正确的有（　　）。

A.追溯调整法，是指对某项交易或事项变更会计政策，视同该项交易或事项初次发生时即采用变更后的会计政策，并以此对财务报表相关项目进行调整的方法

B.未来适用法，是指将变更后的会计政策应用于变更日及以后发生的交易或者事项，或者在会计估计变更当期和未来期间确认会计估计变更影响数的方法

C.对于追溯调整法，新的会计政策不会影响变更当期的损益

D.未来适用法一定不会影响变更当期期初的留存收益

E.使用追溯调整法，应对前期已对外报出的财务进行调整

6.以下正确的会计差错处理方法有（　　）。

A.本期发现本期的会计差错，调整本期相关项目

B.本期发现以前年度重大会计差错，调整留存收益和会计报表其他有关项目的期初数

C.本期发现以前年度非重大会计差错，调整发现当期会计报表相关项目的期初数

D.本期发现以前年度重大会计差错，调整本期相关项目

E.本期发现以前年度非重大会计差错，调整本期与以前期相同的相关项目

7.某股份有限公司2018年发生或发现的下列交易或事项中（均具有重大影响），会影响其2018年年初未分配利润的有（　　）。

A.发现2017年将应计入在建工程的利息费用20万元计入财务费用

B.2018年1月1日将某项固定资产的折旧年限由20年改为10年

C.发现应在2017年确认为资本公积的20万元计入了2016年的营业外收入

D.2017年1月1日起将坏账准备的计提方法由应收账款余额百分比法改为账龄分析法

E.2018年1月1日起将所得税核算方法由应付税款法改为资产负债表债务法

8.下列事项中，应作出会计差错更正的有（　　）。

A.固定资产盘盈

B.将计划持有至到期的债券投资计入交易性金融资产

C.已经达到可使用状态的借款费用继续资本化

D.将工程人员的工资计入在建工程价值

E.期末应计和递延项目未作调整

9.根据《企业会计准则第28号——会计政策、会计估计变更和差错更正》的规定，企业发生会计估计变更时，应在会计报表附注中披露的内容有（　　）。

A.会计估计变更的内容

B.会计估计变更的原因

C.会计估计变更对当期和未来期间的影响数

D.会计估计变更的影响数不能确定的，披露这一事实和原因

E.会计估计变更累积影响数

三、计算及会计处理题

1.甲股份有限公司（本题下称“甲公司”）2018年度实现净利润1 000 000元，适用的所得税税率为25%，按净利润的10%计提法定盈余公积。该公司所得税采用资产负债表债务法核算。有关事项如下：

（1）考虑到技术进步因素，自2018年1月1日起将一套办公自动化设备的使用年限改为5年。该套设备系2015年12月28日购入并投入使用，原价为810 000元，预计使用年限为8年，预计净残值为10 000元，采用直线法计提折旧。按税法的有关规定，该套设备的使用年限为8年，并按直线法计提折旧。

（2）2018年年底发现如下差错：

①2018年2月份购入一批管理用低值易耗品，价款为6 000元，误记为“固定资产”，至年底已提折旧600元，计入管理费用。甲公司对低值易耗品采用领用时一次摊销的方法，至年底该批低值易耗品已被管理部门领用50%。

②2017年3月3日购入的一项专利权，价款15 000元，会计和税法规定的摊销期均为15年，但2018年未予摊销。

③2017年11月3日销售的一批产品，符合销售收入确认条件，已经确认收入300 000元，但销售成本250 000元尚未结转，在计算2017年度应纳税所得额时也未扣除该项销售成本。假定此项销售成本可计入2018年应纳税所得额。

要求：

（1）计算2018年该套办公自动化设备应计提的折旧额，以及上述会计估计变更对2018年度所得税费用和净利润的影响额，并列出计算过程。

（2）编制上述会计差错更正相关的会计分录（不考虑期末结转损益类科目的影响。涉及应交税金的，应写出明细科目）。

2.甲股份有限公司（本题下称“甲公司”）为上市公司，主要从事大型设备及配套产

品的生产和销售。甲公司为增值税一般纳税人，适用的增值税税率为17%。除特别注明外，销售价格均为不含增值税价格。甲公司聘请丁会计师事务所对其年度财务报表进行审计。甲公司财务报告在报告年度次年的3月31日对外公布。

（1）甲公司2017年12月与销售商品和提供劳务相关的交易或事项如下：

①12月1日，甲公司采用分期收款方式向Y公司销售A产品一台，销售价格为5 000万元，合同约定发出A产品当日收取价款2 100万元（该价款包括分期收款销售应收的全部增值税），余款分3次于每年12月1日等额收取，第一次收款时间为2018年12月1日。甲公司A产品的成本为4 000万元。产品已于同日发出，并开具增值税专用发票，收取的2 100万元价款已存入银行。该产品在现销方式下的公允价值为4 591.25万元。

甲公司采用实际利率法摊销未实现融资收益，年实际利率为6%。

②12月1日，甲公司与M公司签订合同，向M公司销售B产品一台，销售价格为2 000万元。同时双方又约定，甲公司应于2018年4月1日以2 100万元将所售B产品购回。甲公司B产品的成本为1 550万元。同日，甲公司发出B产品，开具增值税专用发票，并收到M公司支付的款项。

甲公司采用直线法计提与该交易相关的利息费用。

③12月5日，甲公司向X公司销售一批E产品，销售价格为1 000万元，并开具增值税专用发票。为及早收回货款，双方合同约定的现金折扣条件为：2／10，1／20，N／30（假定计算现金折扣时不考虑增值税）。甲公司E产品的成本为750万元。

12月18日，甲公司收到X公司支付的货款。

④12月10日，甲公司与W公司签订产品销售合同。合同约定：甲公司向W公司销售C产品一台，并负责安装调试，合同约定总价（包括安装调试）为800万元（含增值税）；安装调试工作为销售合同的重要组成部分，双方约定W公司在安装调试完毕并验收合格后支付合同价款。甲公司C产品的成本为600万元。

12月25日，甲公司将C产品运抵W公司（甲公司2018年1月1日开始安装调试工作；2018年1月25日C产品安装调试完毕并经W公司验收合格。甲公司2018年1月25日收到C公司支付的全部合同价款）。

⑤12月20日，甲公司与S公司签订合同。合同约定：甲公司接受S公司委托为其提供大型设备安装调试服务，合同价格为80万元。

截至12月31日，甲公司为该安装调试合同共发生劳务成本10万元（均为职工薪酬）。由于系初次接受委托为其他单位提供设备安装调试服务，甲公司无法可靠确定劳务的完工程度，但估计已经发生的劳务成本能够收回。

⑥12月28日，甲公司与K公司签订合同。合同约定：甲公司向K公司销售D产品一台，销售价格为500万元；甲公司承诺K公司在两个月内对D产品的质量和性能不满意，可以无条件退货。

12月31日，甲公司发出D产品，开具增值税专用发票，并收到K公司支付的货款。由于D产品系刚试制成功的新产品，甲公司无法合理估计其退货的可能性。甲公司D产品的成本为350万元。

（2）12月5日至20日，丁会计师事务所对甲公司2017年1至11月的财务报表进行预审。12月25日，丁会计师事务所要求甲公司对其发现的下列问题进行更正：

①经董事会批准，自2017年1月1日起，甲公司将信息系统设备的折旧年限由10年变更为5年。该信息系统设备用于行政管理，于2015年12月投入使用，原价为600万元，预计使用年限为10年，预计净残值为零，采用年限平均法计提折旧，至2016年12月31日未计提减值准备。

甲公司1至11月对该信息系统设备仍按10年计提折旧，其会计分录如下（单位：万元）：

借：管理费用　55

　贷：累计折旧　55

②2017年2月1日，甲公司以1 800万元的价格购入一项管理用无形资产，价款以银行存款支付。该无形资产的法律保护期限为15年，甲公司预计其在未来10年内会给公司带来经济利益。甲公司计划在使用5年后出售该无形资产，G公司承诺5年后按1 260万元的价格购买该无形资产。

甲公司对该无形资产购入以及该无形资产2至11月累计摊销，编制会计分录如下（单位：万元）：

借：无形资产　1 800

　贷：银行存款　1 800

借：管理费用　150

　贷：累计摊销　150

③2017年6月25日，甲公司采用以旧换新方式销售F产品一批，该批产品的销售价格为500万元，成本为350万元。旧产品的收购价格为100万元。新产品已交付，旧产品作为原材料已入库（假定不考虑收回旧产品相关的税费）。甲公司已将差价款485万元存入银行。

甲公司为此进行了会计处理，其会计分录为（单位：万元）：

借：银行存款　485

　贷：主营业务收入　400

　　　应交税费——应交增值税（销项税额）　85

借：主营业务成本　350

　贷：库存商品　350

借：原材料　100

　贷：营业外收入　100

④2017年11月1日，甲公司决定自2018年1月1日起终止与L公司签订的厂房租赁合同。该厂房租赁合同于2014年12月31日签订。合同约定：甲公司从L公司租用一栋厂房，租赁期限为4年，自2015年1月1日起至2018年12月31日止；每年租金为120万元，租金按季在季度开始日支付；在租赁期间甲公司不能将厂房转租给其他单位使用；甲公司如需提前解除合同，应支付50万元违约金。

甲公司对解除该租赁合同的事项未进行相应的会计处理。

（3）其他资料如下：

①甲公司上述交易涉及结转成本的，按每笔交易结转成本。

②本题中不考虑除增值税外的其他相关税费。

③涉及以前年度损益调整的，均通过“以前年度损益调整”科目处理。

要求：

（1）根据资料（1），编制甲公司2017年12月份相关会计分录。

（2）根据资料（2），在12月31日结账前对注册会计师发现的会计差错进行更正。

第九章精讲练习题参考答案

第十章

资产负债表日后事项

案例导入

甲公司与乙公司签订一项供销合同，合同中注明甲公司在2017年10月供给乙公司一批物资。由于甲公司未能按照合同发货，致使乙公司发生重大经济损失。乙公司通过法律程序，要求甲公司赔偿经济损失100万元。该诉讼案件在2017年12月31日尚未判决，甲公司记录了60万元的预计负债，并将该项赔偿款反映在2017年度的会计报表上；乙公司未记录应收赔偿款。2018年3月5日，经法院一审判决，甲公司需要偿付乙公司经济损失80万元，甲公司不再上诉，并假定赔偿款已经支付。按照税法的规定，如有证据表明资产已发生永久或实质性损害时，才允许从应纳税所得额中扣除相关的损失，企业预计的负债所产生的损失不能在应纳税所得额中扣除。本年度除上述预计的负债外，无其他纳税调整事项。甲公司和乙公司所得税均采用资产负债表债务法核算，企业所得税税率均是25%，两公司均于2018年3月25日完成了2017年所得税汇算清缴。甲公司2017年财务报告于2018年4月30日对外报出，盈余公积的提取比例为10%。试作出甲公司的会计处理。

学习目标

理解资产负债表日后调整事项的概念；能够正确区分调整事项和非调整事项；熟练掌握调整事项的会计处理。

第一节 资产负债表日后事项概述

一、资产负债表日后事项的定义

资产负债表日后事项，是指资产负债表日至财务报告批准报出日之间发生的有利或不利事项。它包括资产负债表日后调整事项和资产负债表日后非调整事项。

资产负债表日包括会计年度末和会计中期（中期是指短于一个完整的会计年度的报告期间）期末。年度资产负债表日，是指每年的12月31日；中期资产负债表日，是指各会计中期期末，例如，提供半年度财务报告时，资产负债表日是该年度的6月30日。这里的财务报告是指对外提供的财务报告，不包括为企业内部管理部门提供的内部报表。

财务报告批准报出日，是指董事会或类似机构批准财务报告报出的日期。

二、资产负债表日后事项涵盖的期间

资产负债表日后事项所涵盖的期间是自资产负债表日次日起至财务报告批准报出日止的一段时间（如图10-1所示）。

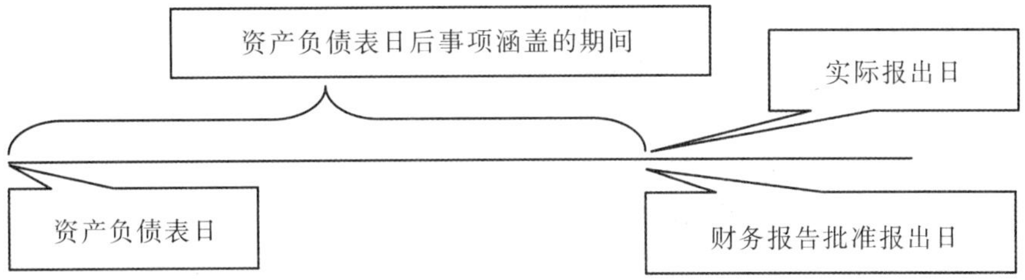

图10-1　资产负债表日后事项涵盖的期间

【例10-1·分析题】某上市公司2017年的年度财务报告于2018年2月20日编制完成，注册会计师完成年度财务报表审计工作并签署审计报告的日期为2018年4月16日，董事会批准财务报告对外公布的日期为2018年4月17日，财务报告实际对外公布的日期为2018年4月23日，股东大会召开日期为2018年5月10日。

该公司2017年年报的资产负债表日后事项涵盖的期间为2018年1月1日至2018年4月17日。

如果在4月17日至23日之间发生了重大事项，需要调整财务报表相关项目的数字或需要在财务报表附注中披露；经调整或说明后的财务报告再经董事会批准报出的日期为2018年4月25日，实际报出的日期为2018年4月30日。

资产负债表日后事项涵盖的期间为2018年1月1日至2018年4月25日。

三、资产负债表日后事项的内容

（一）调整事项

资产负债表日后调整事项，是指为资产负债表日已经存在的情况提供了新的或进一步证据的事项。

以下是资产负债表日后调整事项：

（1）资产负债表日后诉讼案件结案，法院判决证实了企业在资产负债表日已经存在现时义务，需要调整原先确认的与该诉讼案件相关的预计负债，或确认一项新负债；

（2）资产负债表日后取得确凿证据，表明某项资产在资产负债表日发生了减值或者需要调整该项资产原先确认的减值金额；

（3）资产负债表日后进一步确定了资产负债表日前购入资产的成本或售出资产的收入；

（4）资产负债表日后发现了财务报表舞弊或差错。

（二）非调整事项

资产负债表日后非调整事项，是指表明资产负债表日后发生的情况的事项。非调整事项的发生不影响资产负债表日企业的财务报表数字，只说明资产负债表日后发生了某些情况。对于财务报告使用者来说，非调整事项说明的情况有的重要，有的不重要。其中重要的非调整事项虽然与资产负债表日的财务报表数字无关，但可能影响资产负债表日以后的财务状况和经营成果，故企业会计准则要求适当披露。

以下是资产负债表日后非调整事项：

（1）资产负债表日后发生重大诉讼、仲裁、承诺；

（2）资产负债表日后资产价格、税收政策、外汇汇率发生重大变化；

（3）资产负债表日后因自然灾害导致资产发生重大损失；

（4）资产负债表日后发行股票和债券以及其他巨额举债；

（5）资产负债表日后资本公积转增资本；

（6）资产负债表日后发生巨额亏损；

（7）资产负债表日后发生企业合并或处置子公司；

（8）资产负债表日后企业利润分配方案中拟分配的以及经审议批准宣告发放的现金股利和利润。

（三）调整事项与非调整事项的区别

对资产负债表日后事项，若在资产负债表日或之前已经存在，则属于调整事项；反之，则属于非调整事项。

资产负债表日至财务报告批准报出日之间存货售价发生波动的，如有确凿证据表明其对资产负债表日存货已经存在的情况提供了新的证据，应当作为调整事项进行处理；否则，作为非调整事项处理。

【例10-2·单选题】甲公司2017年财务报表于2018年4月10日对外报出。假定其2018年发生的下列有关事项均具有重要性，甲公司应当据以调整2017年财务报表的是（　　）。

A.5月2日，自2017年9月即已开始策划的企业合并交易获得股东大会批准

B.4月15日，发现2017年一项重要交易会计处理未充分考虑当时情况，导致虚增2017年利润

C.3月12日，某项于2017年资产负债表日已存在的未决诉讼结案，由于新的司法解释出台，甲公司实际支付赔偿金额大于原已确认预计负债

D.4月10日，因某客户所在地发生自然灾害造成重大损失，导致甲公司2017年资产负债表日应收该客户货款按新的情况预计的坏账高于原预计金额

【答案】C

【解析】选项A和B不属于日后事项期间发生的交易或事项；选项D，自然灾害导致的重大损失，属于非调整事项。

【例10-3·多选题】甲股份有限公司2017年度财务报告经董事会批准对外公布的日期为2018年3月30日，实际对外公布的日期为2018年4月3日。该公司2018年1月1日至4月3日发生的下列事项中，应当作为资产负债表日后调整事项的有（　　）。

A.3月1日发现2017年10月接受捐赠获得的一项固定资产尚未入账

B.3月11日临时股东大会决议购买乙公司51%的股权并于4月2日执行完毕

C.4月2日甲公司为从丙银行借入8 000万元长期借款而签订重大资产抵押合同

D.2月1日与丁公司签订的债务重组协议执行完毕，该债务重组协议系甲公司于2018年1月5日与丁公司签订

E.3月10日甲公司被法院判决败诉并要求支付赔款1 000万元，对此项诉讼甲公司已于2017年年末确认预计负债800万元

【答案】AE

【解析】3月1日发现2017年10月接受捐赠获得的一项固定资产尚未入账，是会计差错，属于调整事项；3月10日甲公司被法院判决败诉并要求支付赔偿1 000万元，对此项诉讼甲公司已于2017年年末确认预计负债800万元，属于调整事项。

第二节　资产负债表日后调整事项的会计处理

一、资产负债表日后调整事项的会计处理原则

资产负债表日后发生的调整事项，应当如同资产负债表所属期间发生的事项一样，作出相关账务处理，并对资产负债表日已经编制的财务报表进行调整。这里的财务报表包括资产负债表、利润表及所有者权益变动表等内容，但不包括现金流量表正表。

由于资产负债表日后事项发生在次年，报告年度的有关账目已经结转，特别是损益类科目在结账后已无余额。因此，资产负债表日后发生的调整事项，应当分别以下情况进行处理：

（1）涉及损益的事项，通过“以前年度损益调整”科目核算，调整完成后，应将“以前年度损益调整”科目的贷方或借方余额，转入“利润分配——未分配利润”科目。

（2）涉及利润分配调整的事项，直接在“利润分配——未分配利润”科目核算。

（3）不涉及损益以及利润分配的事项，调整相关科目。

（4）进行上述账务处理后，还应同时调整财务报表相关项目的数字，包括：

①资产负债表日编制的财务报表相关项目的期末数或本年发生数；

②当期编制的财务报表相关项目的期初数或上年数；

③经过上述调整后，如果涉及报表附注内容的，还应当调整报表附注相关项目的数字。

二、资产负债表日后调整事项的会计处理方法

为简化处理，如无特殊说明，本章所有的例子均假定如下：财务报告批准报出日是次年3月31日，所得税税率为25%，按净利润的10%提取法定盈余公积，提取法定盈余公积后不再作其他分配；调整事项按税法规定均可调整应交纳的所得税；涉及递延所得税资产的，均假定未来期间很可能取得用来抵扣暂时性差异的应纳税所得额；不考虑报表附注中有关现金流量表项目的数字。

（一）资产负债表日后诉讼案件结案，法院判决证实了企业在资产负债表日已经存在现时义务，需要调整原先确认的与该诉讼案件相关的预计负债，或确认一项新负债

【例10-4·实务题】甲公司与乙公司签订一份销售合同，合同中订明甲公司应在20×7年8月销售给乙公司一批物资。由于甲公司未能按照合同发货，致使乙公司发生重大经济损失。20×7年12月，乙公司将甲公司告上法庭，要求甲公司赔偿450万元。20×7年12月

31日法院尚未判决，甲公司按或有事项准则对该诉讼事项确认预计负债300万元。20×8年2月10日，经法院判决甲公司应赔偿乙公司400万元。甲、乙双方均服从判决。判决当日，甲公司向乙公司支付赔偿款400万元。甲、乙两公司20×7年所得税汇算清缴均在20×8年3月20日完成（假定该项预计负债产生的损失不允许在预计时税前抵扣，只有在损失实际发生时，才允许税前抵扣）。

本例中，20×8年2月10日的判决证实了甲、乙两公司在资产负债表日（即20×7年12月31日）分别存在现时赔偿义务和获赔权利，因此两公司都应将“法院判决”这一事项作为调整事项进行处理。甲公司和乙公司20×7年所得税汇算清缴均在20×8年3月20日完成，因此，应根据法院判决结果调整报告年度应纳税所得额和应纳所得税额。

1.甲公司的账务处理如下：

（1）20×8年2月10日，记录支付的赔款，并调整递延所得税资产：

借：以前年度损益调整　　1 000 000

　贷：其他应付款　　1 000 000

借：应交税费——应交所得税　　250 000

　贷：以前年度损益调整（1 000 000×25%）　　250 000

借：应交税费——应交所得税　　750 000

　贷：以前年度损益调整　　750 000

借：以前年度损益调整　　750 000

　贷：递延所得税资产　　750 000

借：预计负债　　3 000 000

　贷：其他应付款　　3 000 000

借：其他应付款　　4 000 000

　贷：银行存款　　4 000 000

注：20×7年年末因确认预计负债300万元时已确认相应的递延所得税资产，资产负债表日后事项发生后递延所得税资产不复存在，故应冲销相应记录。

（2）将“以前年度损益调整”科目余额转入未分配利润：

借：利润分配——未分配利润　　750 000

　贷：以前年度损益调整　　750 000

（3）因净利润变动，调整盈余公积：

借：盈余公积（750 000×10%）　　75 000

　贷：利润分配——未分配利润　　75 000

（4）调整报告年度报表：

①资产负债表项目的年末数调整：

调减递延所得税资产75万元；调增其他应付款400万元，调减应交税费100万元，调减预计负债300万元；调减盈余公积7.5万元，调减未分配利润67.5万元。

资产负债表略。

②利润表项目的调整：

调增营业外支出100万元，调减所得税费用25万元，调减净利润75万元。

利润表略。

③所有者权益变动表项目的调整：

调减净利润75万元，提取盈余公积项目中“盈余公积”一栏调减7.5万元，“未分配利润”一栏调减67.5万元。

所有者权益变动表略。

2.乙公司的账务处理如下：

（1）20×8年2月10日，记录收到的赔款，并调整应交所得税：

借：其他应收款　　4 000 000

　贷：以前年度损益调整　　4 000 000

借：以前年度损益调整　　1 000 000

　贷：应交税费——应交所得税　　1 000 000

借：银行存款　　4 000 000

　贷：其他应收款　　4 000 000

（2）将“以前年度损益调整”科目余额转入未分配利润：

借：以前年度损益调整　　3 000 000

　贷：利润分配——未分配利润　　3 000 000

（3）因净利润增加，补提盈余公积：

借：利润分配——未分配利润　　300 000

　贷：盈余公积　　300 000

（4）调整报告年度财务报表相关项目的数字（财务报表略）：

①资产负债表项目的年末数调整：

调增其他应收款400万元，调增应交税费100万元，调增盈余公积30万元，调增未分配利润270万元。

②利润表项目的调整：

调增营业外收入400万元，调增所得税费用100万元，调增净利润300万元。

③所有者权益变动表项目的调整：

调增净利润300万元，提取盈余公积项目中“盈余公积”一栏调增30万元，“未分配利润”一栏调增270万元。

【例10-5·单选题】A公司2017年10月份与乙公司签订一份供销合同，由于A公司未按合同发货，致使乙公司发生重大经济损失，被乙公司起诉，至2017年12月31日法院尚未判决。A公司2017年12月31日在资产负债表中的“预计负债”项目反映了1 000万元的赔偿款。2018年3月5日经法院判决，A公司需偿付乙公司经济损失1 200万元。A公司不再上诉，并假定赔偿款已经支付。A公司2017年度财务报告批准报出日为2018年4月28日，报告年度资产负债表中有关项目调整的正确处理方法是（　　）。

A.“预计负债”项目调增200万元；“其他应付款”项目调整0

B.“预计负债”项目调减1 000万元；“其他应付款”项目调增1 200万元

C.“预计负债”项目调增200万元；“其他应付款”项目调增1 200万元

D.“预计负债”项目调减1 200万元；“其他应付款”项目调增200万元

【答案】B

【解析】应冲减原确认的预计负债，并将A公司需偿付乙公司经济损失1 200万元反映在其他应付款中。

（二）资产负债表日后取得确凿证据，表明某项资产在资产负债表日发生了减值或者需要调整该项资产原先确认的减值金额

【例10-6·实务题】甲公司20×9年6月销售给乙公司一批物资，货款为2 000 000元（含增值税）。乙公司于7月份收到所购物资并验收入库。按合同约定，乙公司应于收到所购物资后3个月内付款。由于乙公司财务状况不佳，到20×9年12月31日仍未付款。甲公司于20×9年12月31日已为该项应收账款计提坏账准备100 000元。20×9年12月31日资产负债表“应收账款”项目的金额为4 000 000元，其中1 900 000元为该项应收账款。甲公司于2×10年2月3日（所得税汇算清缴前）收到法院通知，乙公司已宣告破产清算，无力偿还所欠部分货款。甲公司预计可收回应收账款的60%。

本例中，甲公司在收到法院通知后，首先可判断该事项属于资产负债表日后调整事项。甲公司原对应收乙公司账款计提了100 000元的坏账准备，按照新的证据应计提的坏账准备为800 000元（2 000 000×40%），差额700 000元应当调整20×9年度财务报表相关项目的数字。

甲公司的账务处理如下：

（1）补提坏账准备

应补提的坏账准备=2 000 000×40%-100 000=700 000（元）

借：以前年度损益调整——资产减值损失　　700 000
　贷：坏账准备　　700 000

（2）调整递延所得税资产

借：递延所得税资产　　175 000
　贷：以前年度损益调整——所得税费用（700 000×25%）　　175 000

（3）将“以前年度损益调整”科目的余额转入未分配利润

借：利润分配——未分配利润　　525 000
　贷：以前年度损益调整　　525 000

（4）因净利润减少，调减盈余公积

借：盈余公积——法定盈余公积　　52 500
　贷：利润分配——未分配利润（525 000×10%）　　52 500

（5）调整报告年度财务报表相关项目的数字（财务报表略）

①资产负债表项目的调整：

调减应收账款700 000元，调增递延所得税资产175 000元；调减盈余公积52 500元，调减未分配利润472 500元。

②利润表项目的调整：

调增资产减值损失700 000元，调减所得税费用175 000元，调减净利润525 000元。

③所有者权益变动表项目的调整：

调减净利润525 000元；提取盈余公积项目中“盈余公积”一栏调减52 500元，未分配利润调减472 500元。

（6）调整2×10年2月份资产负债表相关项目的年初数（资产负债表略）

甲公司在编制2×10年1月份的资产负债表时，按照调整前20×9年12月31日的资产负债表的数字作为资产负债表的年初数，由于发生了资产负债表日后调整事项，甲公司除了调整20×9年度资产负债表相关项目的数字外，还应当调整2×10年2月份资产负债表相关项目的年初数，其年初数按照20×9年12月31日调整后的数字填列。

（三）资产负债表日后进一步确定了资产负债表日前购入资产的成本或售出资产的收入

【例10-7·实务题】甲公司20×7年11月8日销售一批商品给乙公司，取得收入120万元（不含税，增值税税率为17%）。甲公司发出商品后，按照正常情况已确认收入，并结转成本100万元。20×7年12月31日，该笔货款尚未收到，甲公司未对应收账款计提坏账准备。20×8年1月12日，由于产品质量问题，本批货物被退回。甲公司于20×8年2月28日完成20×7年所得税汇算清缴。

本例中，销售退回业务发生在资产负债表日后事项涵盖期间内，属于资产负债表日后调整事项。由于销售退回发生在甲公司报告年度所得税汇算清缴之前，因此在所得税汇算清缴时，应扣除该部分销售退回所实现的应纳税所得额。

【解析】甲公司的账务处理如下：

（1）20×8年1月12日，调整销售收入：

借：以前年度损益调整	1 200 000	
应交税费——应交增值税（销项税额）	204 000	
贷：应收账款		1 404 000

（2）调整销售成本：

借：库存商品	1 000 000	
贷：以前年度损益调整		1 000 000

（3）调整应缴纳的所得税：

借：应交税费——应交所得税	50 000	
贷：以前年度损益调整		50 000

（4）将“以前年度损益调整”科目的余额转入利润分配：

借：利润分配——未分配利润	150 000	
贷：以前年度损益调整		150 000

（5）调整盈余公积：

借：盈余公积	15 000	
贷：利润分配——未分配利润		15 000

（6）调整相关财务报表（略）。

【例10-8·多选题】甲公司2×17年度资产负债表日至财务报告批准报出日（2×18年3月10日）之间发生了以下交易或事项：

（1）因被担保人财务状况恶化，无法支付预期的银行借款，2×18年1月2日，贷款银行要求甲公司按照合同约定履行债务担保责任2 000万元。因甲公司于2×17年年末未取得被担保人相关财务状况等信息，未确认与该担保事项相关的预计负债。

（2）2×17年12月发出且已确认收入的一批产品发生销售退回，商品已收到并入库。

（3）经与贷款银行协商，银行同意甲公司一笔于2×18年5月到期的借款展期2年。按照原借款合同的约定，甲公司无权自主对该借款展期。

（4）董事会通过利润分配预案，拟对2×17年度利润进行分配。

（5）2×17年10月6日，乙公司向法院提起诉讼，要求甲公司赔偿专利侵权损失600万元。截至2×17年12月31日，法院尚未判决。经向律师咨询，甲公司就该诉讼事项于2×17年度确认预计负债300万元。2×18年2月5日，法院判决甲公司应赔偿乙公司专利侵权损失500万元。

（6）2×17年12月31日，甲公司应收丙公司账款余额为1 500万元，已计提的坏账准备为300万元。2×18年2月26日，丙公司发生火灾造成严重损失，甲公司预计该应收账款的80%将无法收回。

要求：根据上述资料，不考虑其他情况，回答下列第（1）题和第（2）题。

（1）下列各项中，属于甲公司资产负债表日后调整事项的有（　　）。

A.发生的商品销售退回　　　　B.银行同意借款展期2年

C.法院判决赔偿专利侵权损失　　　　D.董事会通过利润分配预案

E.银行要求履行债务担保责任

【答案】ACE

【解析】选项B，按照原借款合同的规定，甲公司无权自主对该借款展期，所以，不能将其重分类为非流动负债；选项D，董事会通过利润分配预案属于资产负债表日后非调整事项。

（2）下列甲公司对资产负债表日后事项的会计处理中，正确的有（　　）。

A.对于利润分配预案，应在财务报表附注中披露拟分配的利润

B.对于诉讼事项，应在2×17年资产负债表中调整增加预计负债200万元

C.对于债务担保事项，应在2×17年资产负债表中确认预计负债2 000万元

D.对于应收丙公司款项，应在2×17年资产负债表中调整减少应收票据及应收账款900万元

E.对于借款展期事项，应在2×17年资产负债表中将该借款自流动负债重分类为非流动负债

【答案】AC

【解析】选项B，若甲公司不再上诉，则应冲减原确认的预计负债；若上诉，则应重新估计预计负债的金额，而不是调整增加预计负债200万元。选项D属于非调整事项，不能调整报告年度应收票据及应收账款项目的金额。选项E，甲公司无权自主对借款展期，所以该借款仍属于流动负债。

第三节　资产负债表日后非调整事项的会计处理

一、资产负债表日后非调整事项的会计处理原则

资产负债表日后发生的非调整事项，表明资产负债表日后发生的情况的事项与资产负债表日存在状况无关，不应当调整资产负债表日的财务报表。但有的非调整事项对财务报告使用者具有重大影响，如不加以说明，将不利于财务报告使用者作出正确估计和决策，因此，资产负债表日后事项准则要求在附注中披露“重要的资产负债表日后非调整事项的性质、内容及对财务状况和经营成果的影响”。

二、资产负债表日后非调整事项的会计处理办法

资产负债表日后发生的非调整事项，应当在报表附注中披露每项重要的资产负债表日后非调整事项的性质、内容及对财务状况和经营成果的影响。无法作出估计的，应当说明原因。

资产负债表日后，企业利润分配方案中拟分配的以及经审议批准宣告发放的股利或利润，不确认为资产负债表日负债，但应当在附注中单独披露。

【例10-9·实务题】甲公司系上市公司，属于增值税一般纳税人，适用的增值税税率为16%，适用的所得税税率为25%，所得税采用资产负债表债务法核算。不考虑除增值税、所得税以外的其他相关税费。甲公司按当年实现净利润的10%提取法定盈余公积。

甲公司2018年度所得税汇算清缴于2019年4月30日完成，在此之前发生的2018年度纳税调整事项，均可进行纳税调整。甲公司2018年度财务报告于2019年3月31日经董事会批准对外报出。

2019年1月1日至3月31日，甲公司发生如下交易或事项：

（1）1月14日，甲公司收到乙公司退回的2018年10月4日从甲公司购入的一批商品，以及税务机关开具的进货退出证明单。当日，甲公司向乙公司开具红字增值税专用发票。该批商品的销售价格（不含增值税）为200万元，增值税税额为32万元，销售成本为180万元。假定甲公司销售该批商品时，销售价格是公允的，也符合收入确认条件。至2019年1月14日，该批商品的应收账款尚未收回。甲公司对该项应收账款计提了8万元的坏账准备，假定企业计提的坏账准备不得计入应纳税所得额。

（2）2月20日，甲公司办公楼因电线短路引发火灾，造成办公楼严重损坏，直接经济损失300万元。

（3）2月26日，甲公司获知丙公司被法院依法宣告破产，预计应收丙公司账款100万元（含增值税）收回的可能性极小，应按全额计提坏账准备。甲公司在2018年12月31日已被告知丙公司资金周转困难无法按期偿还债务，因而按应收丙公司账款余额的60%计提了坏账准备。

（4）3月5日，甲公司发现2018年度漏计某项生产设备折旧费用100万元，金额较大。截至2018年12月31日，该生产设备生产的已完工产品全部对外销售。

（5）3月15日，甲公司决定以2 000万元收购丁上市公司股权。该项股权收购完成后，甲公司将拥有丁上市公司有表决权股份的10%。

（6）3月28日，甲公司董事会提议的利润分配方案为：提取法定盈余公积500万元，分配现金股利100万元。甲公司根据董事会提议的利润分配方案，将提取的法定盈余公积作为盈余公积，将拟分配的现金股利作为应付股利，并进行账务处理，同时调整2018年12月31日资产负债表相关项目。

要求：

（1）指出甲公司发生的上述（1）、（2）、（3）、（4）、（5）、（6）事项哪些属于调整事项。

（2）对于甲公司的调整事项，编制有关调整会计分录（合并编制将“以前年度损益调整”科目转入利润分配及提取盈余公积的会计分录，“应交税费”科目要求写出明细科目

及专栏名称，“利润分配”科目要求写出明细科目，答案中的金额单位用万元表示）。

（3）填列甲公司2018年12月31日资产负债表相关项目调整表中各项目的调整金额（调增数以“+”表示，调减数以“-”表示，见表10-1）。

表10-1 **甲公司2018年12月31日资产负债表相关项目调整表**

资产负债表项目	调整金额（万元）
应收票据及应收账款	
存货	
固定资产	
递延所得税资产	
应交税费	
其他应付款	
盈余公积	
未分配利润	

【答案】

（1）调整事项有（1）、（3）、（4）、（6）。

（2）事项①：

借：以前年度损益调整 200
　　应交税费——应交增值税（销项税额） 32
　贷：应收账款 232

借：库存商品 180
　贷：以前年度损益调整 180

借：坏账准备 8
　贷：以前年度损益调整 8

借：应交税费——应交所得税 5
　贷：以前年度损益调整 5

借：以前年度损益调整 2
　贷：递延所得税资产 2

事项③：

借：以前年度损益调整 40
　贷：坏账准备 40

借：递延所得税资产 10
　贷：以前年度损益调整 10

事项④：

借：以前年度损益调整 100
　贷：累计折旧 100

借：应交税费——应交所得税 25
　贷：以前年度损益调整 25

事项⑥：

借：应付股利　　100

　贷：利润分配——未分配利润　　100

将“以前年度损益调整”科目转入利润分配及提取盈余公积：

结转前“以前年度损益调整”科目借方余额=（200-180-8-5+2）+（40-10）+（100-25）=114（万元）

借：利润分配——未分配利润　　114

　贷：以前年度损益调整　　114

借：盈余公积　　11.4

　贷：利润分配——未分配利润　　11.4

（3）资产负债表相关项目调整表中各项目的调整金额见表10-2。

表10-2　资产负债表相关项目调整表中各项目的调整金额

资产负债表项目	调整金额（万元）
应收票据及应收账款	-264（-232+8-40）
存货	+180
固定资产	-100
递延所得税资产	+8（-2+10）
应交税费	-62（-32-5-25）
其他应付款	-100
盈余公积	-11.4
未分配利润	-2.6（-114+11.4+100）

第四节　资产负债表日后事项的披露

一、调整事项

调整事项用于确定资产负债表日提供的财务信息是否与事实相符。

如果资产负债表日及所属会计期间已经存在某种情况，但当时并不知道其存在或不能知道确切结果，资产负债表日后发生的事项能够证实该情况的存在或确切结果，则该事项属于资产负债表日后事项中的调整事项。调整事项能对资产负债表日的存在情况提供追加的证据，并会影响编制会计报表过程中的内在估计。

这类事项所提供的新的或进一步的证据，有助于对资产负债表日存在状况的有关金额进行重新估计，并据此对资产负债表日所反映的收入、费用、资产、负债以及所有者权益进行调整。

二、非调整事项

虽然非调整事项不影响资产负债表日存在的状况，但如果不加以说明，则将会影响会计报表使用者作出正确的估计和决策。对此，会计报表附注应对这类事项予以披露。

【例10-10·分析题】2017年12月15日，非凡股份为诺安公司借款6 000 000元提供担保，属于或有事项，如果诺安公司不能偿还，则由非凡股份代为偿还。该银行借款已经到期，积欠利息300 000元，截至2017年12月31日，诺安公司财务状况良好。在资产负债表日被担保单位状况良好，因此不需确认预计负债。2018年4月10日，诺安公司生产车间发生火灾，损失严重，由于没有及时办理财产保险，财务状况陷入困境，无力偿还借款，非凡股份很可能要代为偿还该笔借款。诺安公司发生火灾的事实在资产负债表日还不存在，因此这项经济业务属于2017年的非调整事项形成的或有负债。

【例10-11·分析题】2018年3月25日，非凡股份收购晨星公司60%的投资，收购价为3 600万元，晨星公司截至3月25日所有者权益6 000万元，本业务是资产负债表日后发生的大额投资，对财务报表使用者理解会计报表有重大影响，因此应作为资产负债表日后非调整事项。

【例10-12·多选题】对于重要的资产负债表日后非调整事项，应披露其（　　）。

A.非调整事项性质

B.非调整事项内容

C.非调整事项对财务状况和经营成果的影响

D.非调整事项如无法作出估计，应说明原因

【答案】ABCD

【解析】企业应当在附注中披露与资产负债表日后事项有关的信息，其中包括每项重要的资产负债表日后非调整事项的性质、内容、及对财务状况和经营成果的影响。无法作出估计的，应当说明原因。

注册会计师考试真题

【2017年考题·多选题】甲公司2×16年财务报表于2×17年4月10日经批准对外报出，下列各项关于甲公司2×17年发生的交易或事项中属于2×16年资产负债表日后调整事项的有（　　）。

A.3月2日，发现2×15年度存在一项重大会计差错，该差错影响2×15年利润表及资产负债表有关项目

B.3月10日，2×16年年底的一项未决诉讼结案，法院判决甲公司胜诉并获赔偿1 800万元，但甲公司无法判断对方的财务状况和支付能力

C.2月10日，甲公司董事会通过决议将投资性房地产的后续计量由成本模式改为公允价值模式

D.4月3日，2×16年11月销售的一批已确认销售收入的商品发生15%的退货，按照购销合同约定，甲公司应当返还客户与该部分商品有关的货款

【答案】AD

【2018年考题·多选题】下列各项中，属于资产负债表日后调整事项的有（　　）。

A.资产负债表日后期间发生重大火灾损失

B.报告年度已售商品在资产负债表日后事项期间发生退回

C.报告年度按暂估价值入账的固定资产在资产负债表日后事项期间办理完竣工决算手续

D.资产负债表日后事项期间发现报告年度不重要的会计差错

【答案】BCD

【解析】资产负债表日后调整事项，是指对资产负债表日已经存在的情况提供了新的

或进一步证据的事项，所以选项B、C和D属于资产负债表日后调整事项。

【2017年考题·计算分析题】甲公司为境内上市公司，2×16年度财务报表于2×17年2月28日经董事会批准对外报出。2×16年，甲公司发生的有关交易或事项如下：

（1）甲公司历年来对所售乙产品实行“三包”服务，根据产品质量保证条款，乙产品出售后两年内如发生质量问题，甲公司将负责免费维修、调换等（不包括非正常损坏）。甲公司2×16年年初与“三包”服务相关的预计负债账面余额为60万元，当年实际发生“三包”服务费用45万元。

按照以往惯例，较小质量问题发生的维修等费用为当期销售乙产品收入总额0.5%，较大质量问题发生的维修等费用为当期销售乙产品收入总额的2%，严重质量问题发生的维修等费用为当期销售乙产品收入总额的1%。根据乙产品质量检测及历年的“三包”服务等情况，甲公司预计2×16年度销售乙产品中的75%不会发生质量问题，20%可能发生较小质量问题，4%可能发生较大质量问题，1%可能发生严重质量问题。甲公司2×16年销售乙产品收入总额为50 000万元。

（2）2×17年1月20日甲公司收到其客户丁公司通知，因丁公司所在地于2×17年1月18日发生自然灾害导致丁公司财产发生重大损失，无法偿付所欠甲公司货款1 200万元的60%。甲公司已对该应收账款于2×16年年末计提200万元的坏账准备。

（3）根据甲公司与丙公司签订的协议，甲公司应于2×16年9月20日向丙公司交付一批乙产品，因甲公司未能按期交付，导致丙公司延迟向其客户交付商品而发生违约损失1 000万元。为此，丙公司于2×16年10月8日向法院提起诉讼，要求甲公司按合同约定支付违约金950万元以及由此导致的丙公司违约损失1 000万元。

截至2×16年12月31日，双方拟进行和解，和解协议正在商定过程中。甲公司咨询其法律顾问后，预计很可能赔偿金额在950万元至1 000万元之间。为此，甲公司于年末预计975万元损失并确认为预计负债。2×17年2月10日，甲公司与丙公司达成和解，甲公司同意支付违约金950万元和丙公司的违约损失300万元，丙公司同意撤诉，甲公司于2×17年3月20日通过银行转账支付上述款项。

本题不考虑相关税费及其他因素。

要求：（1）根据资料（1），说明甲公司因“三包”服务预计负债时确定最佳估计数的原则，计算甲公司2×16年应计提的产品“三包”服务费用，并计算甲公司2×16年12月31日与产品“三包”服务有关的预计负债年末余额。

（2）根据资料（2）和（3），分别说明与甲公司有关的事项属于资产负债表日后调整事项还是非调整事项，并说明理由。如为调整事项，分别计算甲公司应调整2×16年年末留存收益的金额；如为非调整事项，说明其会计处理方法。

【答案】（1）根据题意，这里或有事项涉及多个项目，按照各种可能结果及相关概率计算确定。

2×16年应计提的产品“三包”服务费用=50 000×0.5%×20%+50 000×2%×4%+50 000×1%×1%=95（万元）

甲公司2×16年12月31日与产品“三包”服务有关的预计负债的年末余额=60-45+95=110（万元）

（2）事项（2）属于日后非调整事项。

理由：2×17年1月20日，甲公司得知乙公司所在地区于2×17年1月18日发生自然灾害，导致丁公司发生重大损失，无法支付1 200万元的60%。这个自然灾害是在2×17年发生的，甲公司在日后期间得知的，在资产负债表日及以前并不存在，所以属于日后非调整事项。

会计处理：对于无法偿还部分，应当确认坏账准备，直接计入2×17年当期损益，会计分录如下（单位：万元）：

借：资产减值损失　　720

　贷：坏账准备　　720

事项（3）属于日后调整事项。

理由：该未决诉讼发生在2×16年，甲公司在2×16年年末确认了预计负债975万元，2×17年2月10日，甲公司与丙公司达成和解，甲公司同意支付违约金950万元和丙公司的违约损失300万元，丙公司同意撤诉。2×16年度财务报表于2×17年2月28日经董事会批准对外报出。这里是日后期间确定了最终支付的金额，所以该事项属于日后调整事项。

调整2×16年留存收益的金额=（950+300）-（1 000+950）÷2=275（万元）

精讲练习题

一、单选题

1.A公司适用的所得税税率为25%，2017年财务报告批准报出日为2018年4月30日，2017年所得税汇算清缴于2018年4月30日完成。A公司在2018年1月1日至4月30日发生下列事项：（1）2018年2月10日，支付2017年度财务报告审计费40万元。（2）2018年2月15日，因遭受水灾，上年购入的存货发生毁损150万元。（3）2018年3月15日，公司董事会提出2017年度利润分配方案为每10股派2元现金股利。（4）2018年4月15日，公司在一起历时半年的违约诉讼中败诉，支付赔偿金500万元，公司在2017年年末已确认预计负债520万元。税法规定该诉讼损失在实际发生时允许税前扣除。（5）2018年4月20日，因产品质量原因，客户将2017年12月10日购入的一批大额商品全部退回，全部价款为500万元，成本为400万元。下列各项中，属于A公司资产负债表日后调整事项的是（　　）。

A.支付2017年度财务会计报告审计费

B.因遭受水灾，上年购入的存货发生毁损

C.董事会提出利润分配方案

D.法院判决违约诉讼败诉

2.资料同上，下列有关A公司对资产负债表日后事项的会计处理中，正确的是（　　）。

A.因产品退回，冲减2017年度利润表营业收入500万元、营业成本400万元

B.因产品退回，冲减2018年度利润表营业收入500万元、营业成本400万元

C.法院判决违约损失，应在2017年资产负债表中调整增加预计负债20万元

D.法院判决违约损失，应在2017年资产负债表中调整增加递延所得税资产5万元

3.B公司2017年财务报告批准报出日为2018年4月30日，该公司在2018年1月1日至4月30日发生下列事项：（1）B公司2017年10月份与乙公司签订一项购销合同，由于B公司未按合同发货，致使乙公司发生重大经济损失。B公司被乙公司起诉，至2017年12月31日法院尚未判决。B公司2017年12月31日在资产负债表中的“预计负债”项目反映了100万元的赔偿款。2018年3月5日法院判决，B公司需偿付乙公司经济损失120万元。B

公司表示不再上诉，并立即支付了赔偿款。(2) B公司2018年3月10日发现2017年6月一项已经达到预定可使用状态的管理用固定资产未结转，在建工程成本为1 200万元，预计使用年限为10年，无净残值，采用直线法计提折旧。(3) 2018年4月20日，因产品质量原因，甲公司要求对2017年12月26日购入的商品在价格上给予5%的折让，全部价款为1 000万元，成本为800万元。B公司同意折让5%，并办理了相关手续。(4) 2018年4月25日，B公司收到法院通知，丁公司起诉其侵犯丁公司商标权，要求赔偿经济损失5 000万元，B公司预计败诉的可能性为60%，如果败诉很可能赔偿3 000万元。截至2018年4月30日法院尚未判决。下列各项关于B公司对上述资产负债表日后事项的会计处理中，不正确的是（　　）。

A.法院判决违约损失，应在2017年资产负债表中调整减少预计负债100万元，调增“其他应付款”项目120万元；应在2017年利润表中调整增加营业外支出20万元

B.未结转的管理用固定资产，应在2017年资产负债表中调整增加固定资产1 140万元，调整减少在建工程1 200万元，应在2017年利润表中调整增加管理费用60万元

C.销售折让，应在2017年利润表中调整减少营业收入50万元，调整减少营业成本40万元

D.丁公司起诉B公司侵犯丁公司商标权，应在会计报表附注中披露

4.下列有关资产负债表日后事项的表述中，不正确的是（　　）。

A.调整事项是对报告年度资产负债表日已经存在的情况提供了进一步证据的事项

B.非调整事项是报告年度资产负债表日及之前其状况不存在的事项

C.调整事项均应通过“以前年度损益调整”科目进行账务处理

D.重要的非调整事项只需在报告年度财务报表附注中披露

5.甲公司20×8年12月31日应收乙公司账款2 000万元，按照当时估计已计提坏账准备200万元。20×9年2月20日，甲公司获悉乙公司于20×9年2月18日向法院申请破产。甲公司估计应收乙公司账款全部无法收回。甲公司按照净利润的10%提取法定盈余公积，20×8年度财务报表于20×9年4月20日经董事会批准对外报出。不考虑其他因素。甲公司因该资产负债表日后事项减少20×8年12月31日未分配利润的金额是（　　）万元。

A.180　　　B.1 620　　　C.1 800　　　D.2 000

二、多选题

1.资产负债表日至财务报告批准报出日之间由董事会或类似机构制订的利润分配方案中分配的股利，其正确的处理方法有（　　）。

A.现金股利作为非调整事项处理在会计报表附注披露

B.股票股利作为非调整事项处理在会计报表附注披露

C.现金股利作为调整事项处理，股票股利作为非调整事项处理

D.现金股利和股票股利均不需要做任何处理

2.A股份有限公司（以下称A公司）2017年度财务报告于2018年2月20日批准报出。A公司发生的下列事项中，必须在其2017年度会计报表附注中披露的有（　　）。

A.2018年1月15日，A公司处置其持股比例为51%的子公司

B.2018年1月20日，A公司遭受水灾造成存货重大损失500万元

C.2018年1月30日，A公司发现上年应计入财务费用的借款利息0.10万元误计入在建工程

D.2018年2月1日，A公司对外发行5年期、面值总额为80万元的债券，发行价格是85万元

3.上市公司在其年度资产负债表日至财务报告批准报出日之间发生的下列事项中，属于资产负债表日后非调整事项的有（　　）。

A.向社会公众发行公司债券

B.向社会公众发行公司股票

C.发生台风导致公司存货严重受损

D.以前年度已确认的减值损失需要调整

4.某上市公司2017年度的财务报告批准报出日为2018年4月30日。该上市公司发生的下列事项中应作为资产负债表日后调整事项处理的有（　　）。

A.2018年1月份销售的商品，在2018年3月份被退回

B.2018年2月发现2017年无形资产少提摊销，达到重要性要求

C.2018年3月发现2017年固定资产少提折旧，达到重要性要求

D.2018年5月发现2017年固定资产少提折旧，达到重要性要求

5.在报告年度资产负债表日至财务报告批准报出日之间发生的下列事项中，属于资产负债表日后调整事项的有（　　）。

A.发现报告年度财务报表存在严重舞弊

B.发现报告年度会计处理存在重大差错

C.国家发布对企业经营业绩将产生重大影响的产业政策

D.发现某商品销售合同在报告年度资产负债表日已成为亏损合同的证据

E.为缓解报告年度资产负债表日以后存在的资金紧张状况而发行巨额公司债券

6.甲公司2017年度财务报告经董事会批准对外公布的日期为2018年3月30日，实际对外公布的日期为2018年4月3日。该公司2018年1月1日至4月3日发生的下列事项中，应当作为资产负债表日后事项中的调整事项的有（　　）。

A.3月1日发现2017年10月接受捐赠获得的一项固定资产尚未入账

B.3月11日临时股东大会决议购买乙公司51%的股权并于4月2日执行完毕

C.4月2日甲公司为从丙银行借入8 000万元长期借款而签订重大资产抵押合同

D.2月1日与丁公司签订的债务重组协议执行完毕，该债务重组协议系甲公司于2016年1月5日与丁公司签订

E.3月10日甲公司被法院判决败诉并要求支付赔款1 000万元，对此项诉讼甲公司已于2017年年末确认预计负债800万元

三、综合题

1.甲公司为上市公司，适用的所得税税率为25%。甲公司系增值税一般纳税人，适用的增值税税率为17%。假定甲公司相关资产的初始入账价值等于计税基础，税法规定计提的坏账准备不允许税前扣除，在实际发生时可税前扣除；假定甲公司有足够的应纳税所得额用来抵扣可抵扣暂时性差异。假定甲公司按照净利润的10%提取法定盈余公积，不提取任意盈余公积。甲公司2017年度所得税汇算清缴于2018年3月20日完成，2017年度财务会计报告经董事会批准于2018年3月31日对外报出。甲公司2018年1月1日至3月31日发生下列业务。

（1）甲公司于2017年12月10日向乙公司赊销一批商品，该批商品的价款为100万元（不含税，下同），成本为80万元，消费税税率为10%，至年末货款未收到。由于乙公司财务状况不佳，年末按照5%计提坏账准备。

因产品质量原因，乙公司于2018年2月10日将上述商品退回。按照税法的规定，销货方应于收到购货方提供的“开具红字增值税专用发票申请单”时开具红字增值税专用发票，并作减少当期应纳税所得额处理。

（2）甲公司于2017年12月15日向丙公司销售一批商品，该批商品的价款为2 000万元，成本为1 600万元，货款尚未收到，未计提坏账准备。

因产品外包装质量原因，2018年2月15日接到丙公司通知，要求在价格上折让10%，否则将退货，甲公司经过检验同意丙公司要求。按照税法的规定，销货方于收到购货方提供的“开具红字增值税专用发票申请单”时开具红字增值税专用发票，并作减少当期应纳税所得额处理。折让款项已支付。

（3）2018年2月20日收到丁企业通知，丁企业已进行破产清算，无力偿还所欠部分货款，甲公司预计可收回应收账款的40%。

该业务系甲公司2017年3月销售给丁企业的一批产品，价款为300万元，成本为260万元，开出增值税专用发票。丁企业于3月份收到所购物资并验收入库。合同规定，丁企业应于收到所购物资后一个月内付款。由于丁企业财务状况不佳，面临破产，截至2017年12月31日仍未付款。甲公司为该项应收账款按照5%的比例提取坏账准备。

（4）甲公司于2017年12月30日向戊公司赊销一批商品，该批商品的价款为500万元，成本为400万元，至年末货款未收到，未计提坏账准备。

因产品质量原因，戊公司于2018年3月26日将上述商品退回。按照税法的规定，销货方于收到购货方提供的“开具红字增值税专用发票申请单”时开具红字增值税专用发票，并作减少当期应纳税所得额处理。

要求：分别判断上述事项是否属于资产负债表日后调整事项；对于调整事项，编制相关调整分录（涉及“以前年度损益调整”科目结转的需合并编制，计算结果保留两位小数）。

2.甲公司为上市公司，系增值税一般纳税人，适用的增值税税率为17%。所得税采用资产负债表债务法核算，所得税税率为25%。甲公司2017年度财务报告于2018年4月30日经批准对外报出，2017年所得税汇算清缴于2018年4月30日完成。该公司按净利润的10%计提法定盈余公积，提取盈余公积之后，不再进行其他分配。如无特别说明，调整事项按税法规定均可调整应交纳的所得税；涉及递延所得税资产的，均假定未来期间能够产生足够的应纳税所得额用来抵扣可抵扣暂时性差异。税法规定计提的坏账准备不得税前扣除，应收款项发生实质性损失时才允许税前扣除。甲公司2018年1月1日至2018年4月30日之间发生如下事项：

（1）甲公司于2018年1月10日收到A企业通知，A企业已进行破产清算，无力偿还所欠部分货款，甲公司预计可收回应收账款的50%。

该业务系甲公司2017年3月销售给A企业的一批产品，价款为500万元（不含税，下同），成本为400万元，开出增值税专用发票。A企业于2017年3月份收到所购商品并验收入库。按合同规定A企业应于收到所购商品后一个月内付款。由于A企业财务状况不佳，面临破产，截至2017年12月31日仍未付款。2017年年末甲公司对该项应收账款按

10%提取坏账准备。

（2）甲公司2018年2月10日收到B公司退回的产品以及退回的增值税发票联、抵扣联。

该业务系甲公司2017年11月1日销售给B公司产品一批，价款600万元，产品成本为400万元，B公司验收货物时发现不符合合同要求需要退货。甲公司收到B公司的通知后希望再与B公司协商，因此甲公司编制12月31日资产负债表时，仍确认了收入，结转了成本，对此项应收账款于年末按5%计提了坏账准备。

（3）甲公司2018年3月15日收到C公司因产品质量问题退回的产品以及退回的增值税发票联、抵扣联，并支付货款。

该业务系甲公司2017年12月1日销售给C公司产品一批，价款200万元，产品成本160万元，合同规定现金折扣条件为：2/10、1/20、N/30（计算现金折扣时不考虑增值税税额）。2017年12月10日C公司支付货款。

（4）2018年3月27日，经法院一审判决，甲公司需要赔偿D公司经济损失87万元，支付诉讼费用3万元。甲公司不再上诉，赔偿款和诉讼费用已经支付。

该业务系甲公司与D公司签订的一项供销合同，合同规定甲公司在2017年9月供应给D公司一批货物，由于甲公司未能按照合同发货，致使D公司发生重大经济损失。D公司通过法律程序要求甲公司赔偿经济损失150万元，该诉讼案在12月31日尚未判决，甲公司已确认预计负债60万元（含诉讼费用3万元）。

（5）2018年3月15日，甲公司与E公司签订协议，E公司将其持有的乙公司60%的股权出售给甲公司，价款为10 000万元。

（6）2018年3月7日，甲公司得知债务人F公司2018年2月7日由于火灾发生重大损失，甲公司的应收账款预计有80%不能收回。

该业务系甲公司2017年12月销售商品一批给F公司，价款300万元，产品成本200万元。2017年12月31日债务人F公司财务状况良好，没有任何财务状况恶化的信息，债权人按照当时所掌握的资料，按应收账款的2%计提了坏账准备。

（7）2018年3月20日，甲公司股东会通过了董事会提请的利润分配方案，该方案为：分配现金股利300万元，分配股票股利400万股（每股面值为1元）。

要求：根据上述资料，判断上述业务属于调整事项还是非调整事项，并说明理由。如果属于调整事项，则编制相关调整分录；如果属于非调整事项，则说明处理原则。

第十章精讲练习题参考答案

第十一章

企业合并——企业合并的账务处理

案例导入

甲公司于2017年1月1日以730万元取得乙公司10%的股份，取得投资时乙公司净资产的公允价值为7 000万元。甲公司对持有的投资采用成本法核算。2017年12月1日，甲公司召开临时董事会会议，作出增持乙公司股份的决议。2018年1月1日，甲公司支付4 050万元取得乙公司另外50%的股份，从而能够对乙公司实施控制。当日乙公司所有者权益的账面价值为7 600万元，可辨认净资产的公允价值为8 000万元，原10%股权在购买日的公允价值为800万元。乙公司2017年实现的净利润为600万元，不存在需要对净利润进行调整的因素，盈余公积的提取比例为10%，未向投资者进行利润分配。甲、乙公司不存在任何关联方关系。

请思考：

1.从会计的角度看，对于企业间的合并应该如何在会计上反映？

2.吸收合并、现金合并、股票合并、非同一控制下的企业合并，这些不同的合并类型是怎么划分的？其在会计处理上有何不同？

学习目标

理解企业合并的概念；正确区分同一控制下的企业合并和非同一控制下的企业合并；熟练掌握同一控制下的企业合并和非同一控制下的企业合并的会计处理等。

第一节　企业合并概述

一、企业合并的界定

我国《企业会计准则第20号——企业合并》将“企业合并”定义为两个或两个以上单独的企业合并形成一个报告主体的交易或事项。在《国际财务报告准则第3号——企业合并》中对企业合并的定义是将单独的主体或业务集合为一个报告主体。可见，从会计的角度理解企业合并，强调的是参与合并的企业在合并之前的独立性和合并后形成单一的报告主体两个方面。

企业合并的结果通常是一个企业取得了对一个或多个业务的控制权。如果一个企业取得了对一个或多个业务的控制权，而被购买方（或被合并方）并不构成业务，则该交易或事项不形成企业合并。企业取得不形成业务的一组资产或净资产时，应将购买成本基于购买日所取得各项可辨认资产、负债的相对公允价值基础进行分配，不按照企业合并准则进行处理。

业务是指企业内部某些生产经营活动或资产负债的组合，该组合具有投入、加工处理过程和产出能力，能够独立计算其成本费用或所产生的收入，但一般不构成一个企业、不具有独立的法人资格，如企业的分公司、独立的生产车间、不具有独立法人资格的分部等。

从企业合并的定义看，是否形成企业合并，除要看取得的企业是否构成业务之外，关键还要看有关交易或事项发生前后，是否引起报告主体的变化。报告主体的变化产生于控制权的变化。在该交易事项发生以后，一方能够对另一方的生产经营决策实施控制，形成母子公司关系，发生控制权的转移，子公司需要纳入母公司合并财务报表编制的范围，从合并财务报告角度形成报告主体的变化；交易事项发生以后，一方能够控制另一方的全部净资产，被合并的企业在合并后失去其法人资格，也涉及到控制权的变化及报告主体的变化，形成企业合并。

假定在企业合并前A、B两个企业为各自独立的法律主体，且均构成业务，企业合并准则中所界定的企业合并，包括但不限于以下情形：

（1）企业A通过增发自身的普通股自企业B原股东处取得企业B的全部股权，该交易事项发生后，企业B仍持续经营。

（2）企业A支付对价取得企业B的全部净资产，该交易事项发生后，撤销企业B的法人资格。

（3）企业A以自身持有的资产作为出资投入企业B，取得对企业B的控制权，该交易事项发生后，企业B仍维持其独立法人资格继续经营。

企业合并的结果通常是一个企业取得了对一个或多个业务的控制权。构成企业合并至少包括两层含义：一是取得对一个或多个企业（或业务）的控制权；二是所合并的企业必须构成业务。

二、企业合并的方式

企业合并的方式很多，企业可根据其合并的目的采用不同的合并方式。企业合并可按照不同的标准进行分类，常见的分类方式有以下几种：

（一）按照合并后企业主体法律形式是否变化分类

企业合并按照合并后合并主体法律形式是否变化分类，可以分为控股合并、吸收合并、新设合并三种。

1.控股合并

合并方（购买方）通过企业合并交易或事项取得对被合并方（被购买方）的控制权，企业合并后能够通过所取得的股权等主导被合并方的生产经营决策并自被合并方的生产经营活动中获益，被合并方在企业合并后，仍维持其独立法人资格继续经营的，为控股合并。

在企业合并发生后，被合并方应当纳入合并方合并财务报表的编制范围，从合并财务报表角度，形成报告主体的变化。例如，A公司以现金购买了B公司70%有表决权的股份，并能够决定B公司的财务和经营政策，A公司就成为B公司的母公司，B公司作为A公司的子公司，仍然保留其法人资格，即：

A公司+B公司=以A公司为母公司、B公司为子公司的企业集团

2.吸收合并

吸收合并，也称为兼并，合并方在企业合并中取得被合并方的全部净资产，并将有关资产、负债并入合并方自身的账簿和报表进行核算。企业合并后，注销被合并方的法人资格，由合并方持有合并中取得的被合并方的资产、负债，在新的基础上继续经营。例如，A公司将B公司合并，接受B公司所有资产的同时承担B公司所有的负债，B公司被A公司吸收，丧失法人资格，A公司由此扩大了业务和经营规模，即：

A公司+B公司=A公司

3.新设合并

新设合并，也称创立合并，参与合并的各方在企业合并后法人资格均被注销，重新注册成立一家新的企业，由新注册成立的企业持有参与合并各企业的资产、负债，在新的基础上经营。例如，A公司与B公司以新设合并的方式成立了C公司，A、B公司的法人地位均告消失，C公司取得A、B公司的全部净资产，即：

A公司+B公司=C公司

（二）按照合并企业所涉及的行业分类

企业合并按照合并企业所涉及的行业分类，可以分为横向合并、纵向合并和混合合并三种。

1.横向合并

横向合并，也称水平合并，是指合并双方或多方原来属于同一个行业，或生产工艺、产品、劳务相同或相似的企业之间的合并。例如，中国吉利控股集团与瑞典沃尔沃汽车公司的合并。横向合并的目的是把一些规模不大的企业联合起来，组成企业集团，以实现规模效应；或是利用现有的生产设备，提高产品质量，增加市场占有率，与其他企业抗衡；或是优势互补，摆脱困境。

2.纵向合并

纵向合并，也称垂直合并，是指参与合并的企业分属不同的产业或行业部门，但相互之间有着密切联系或衔接关系的合并行为。例如，2015年8月，世界最大的油田报务提供商斯伦贝谢公司收购油田设备制造商卡梅隆国际公司，该公司表示此项交易将有助于公司削减成本，精简其供应链，并改进其生产流程。纵向合并的目的是加强前后工序之间的生产联系和生产协作，将不同企业之间的交易转为同一企业内部或同一企业集团内部的交易，从而减少价格资料收集、签约、收取货款等方面的支出并降低生产协调成本，缩短生产周期，减少各种损耗，提高生产效率。

3.混合合并

混合合并，也称多元化合并、多种经营合并，是指两个或两个以上没有直接生产技术和经营关系的企业之间的合并行为，这种合并的目的在于扩展经营行业，分散经营风险，增强企业生存和发展能力等。多元化合并又可以分为相关性多元化合并和无关性多元化合

并。例如，美孚石油公司合并沃德公司，沃德公司经营零售业务，这种合并被认为是美孚的汽油产品零售营销经验的扩展。

（三）按照合并各方是否受同一方或相同多方最终控制分类

企业按照参与合并的各方在合并前后是否受同一方或相同多方最终控制分类，可以分为同一控制下的企业合并和非同一控制下的企业合并，这也是我国《企业会计准则第20号——企业合并》中的主要分类（见表11-1）。

表11-1　　　　同一控制下的企业合并和非同一控制下的企业合并的区别

企业合并类型	概念
同一控制下的企业合并	是指参与合并的企业在合并前后均受同一方或相同多方最终控制且该控制并非暂时性的
非同一控制下的企业合并	是指参与合并各方在合并前后不受同一方或相同多方最终控制的合并交易，即除判断属于同一控制下企业合并的情况以外其他的企业合并

判断某一企业合并是否属于同一控制下的企业合并，应当把握以下要点：

（1）能够对参与合并各方在合并前后均实施最终控制的一方通常指企业集团的母公司。

（2）能够对参与合并的企业在合并前后均实施最终控制的相同多方，是指根据合同或协议的约定，拥有最终决定参与合并企业的财务和经营政策，并从中获取利益的投资者群体。

（3）实施控制的时间性要求，是指参与合并各方在合并前后较长时间内为最终控制方所控制。具体是指在企业合并之前（即合并日之前），参与合并各方在最终控制方的控制时间一般在1年以上（含1年），企业合并后所形成的报告主体在最终控制方的控制时间也应达到1年以上（含1年）。

（4）企业之间的合并是否属于同一控制下的企业合并，应综合构成企业合并交易的各方面情况，按照实质重于形式的原则进行判断。通常情况下，同一控制下的企业合并是指发生在同一企业集团内部企业之间的合并。同受国家控制的企业之间发生的合并，不应仅仅因为参与合并各方在合并前后均受国家控制而将其作为同一控制下的企业合并。

【例11-1·实务题】为扩大市场份额，经股东大会批准，甲公司2017年和2018年实施了并购和其他有关交易。

并购前，甲公司与相关公司之间的关系如下：

①A公司直接持有B公司30%的股权，同时受托行使其他股东所持有B公司18%的股权的表决权。B公司董事会由11名董事组成，其中A公司派出6名。B公司章程规定，其财务和经营决策经董事会2/3以上成员通过即可实施。

②B公司持有C公司60%的股权，持有D公司100%的股权。

③A公司和D公司分别持有甲公司30%股权和29%的股权。甲公司董事会由9人组成，其中A公司派出3人，D公司派出2人。甲公司章程规定，其财务和经营决策经董事会半数以上成员通过即可实施。上述公司之间的关系如图11-1所示。

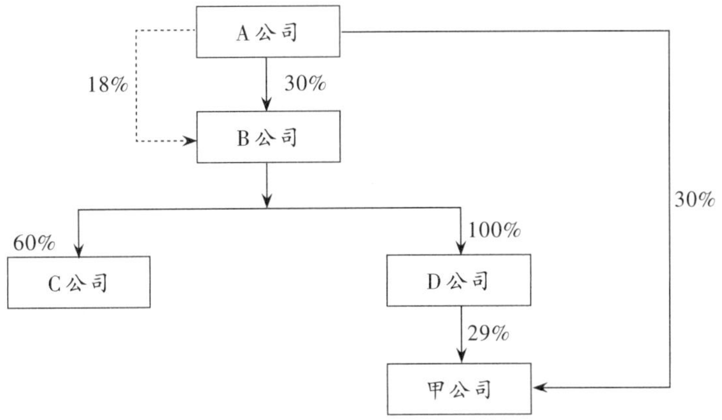

图11-1 各公司之间的关系

与并购交易相关的资料如下：

2017年5月20日，甲公司与B公司签订股权转让合同。合同约定：甲公司向B公司购买其所持有的C公司60%的股权。

要求：判断甲公司取得C公司60%的股权交易的企业合并类型，并说明理由。

【答案】甲公司取得C公司60%股权交易属于非同一控制下的控股合并。理由：A公司在B公司的董事人数未超过2/3，合并前甲公司和C公司不受同一集团管理当局控制。

三、企业合并的会计处理

企业合并的会计处理主要涉及以下两方面的内容：一是合并过程中，合并方在合并日如何对企业合并交易或事项进行确认与计量；二是合并完成后，合并方在合并日是否需要编制合并财务报表及如何编制合并财务报表。

（一）合并过程的会计处理

第一个问题是合并企业在会计上如何看待企业合并的问题，企业合并会计的目标是什么？如果以反映企业合并的经济实质为目标的话，企业合并的经济实质是什么？关于这一问题主要有三种不同的观点：

1.购买观

企业合并是一家企业购买另一家企业或几家企业的购买行为。基于购买观采用的企业合并会计方法称为购买法。在购买法下，对主并企业和被并企业的资产与负债的计价采用不同的处理方法。前者不改变其计价基础，其资产、负债都按其原来的账面价值计价；而被并企业要改变其计价基础，资产、负债按其合并日的公允价值计价，这是购买法的主要特点。

2.权益结合观

企业合并是参与合并各企业对其原有权益的简单结合。基于权益结合观采用的企业合并会计方法称为权益结合法。在权益结合法下，参与合并的所有企业都不改变其计价基础，所有资产、负债都按原来的账面价值计价，这是权益结合法的主要特点。

3.新实体观

企业合并是所有参与合并的企业组成一个新的实体的行为。基于新实体观采用的企业合并会计方法称为新实体法。在新实体法下，参与合并的所有企业都改变其计价基础，所有资产、负债都按其合并日的公允价值计价，这是新实体法的主要特点。

根据我国《企业会计准则第20号——企业合并》的规定，同一控制下的企业合并应采用权益结合法进行处理，非同一控制下的企业合并应采用购买法进行处理。

（二）合并方（购买方）与合并日（购买日）的确定

由于同一控制下的企业合并与非同一控制下的企业合并的实质不同，前者是参与合并各方资产、负债进行重新组合的经济事项，后者是合并各方自愿进行的购买交易，因此二者参与合并各方的称谓也有所不同。同一控制下的企业合并，在合并日取得对其他参与合并企业控制权的一方为合并方，参与合并的其他企业为被合并方；非同一控制下的企业合并，在购买日取得其他参与合并企业控制权的一方为购买方，参与合并的其他企业为被购买方。

1.合并方（购买方）的确定

企业合并本质上是一家企业取得另一家或另几家企业的控制权，在多数情况下，合并方（购买方）是比较容易认定的，但有时对合并方（购买方）的认定并不容易。对合并方（购买方）的确定应该以实质重于形式原则为基础，判断企业合并后哪个企业能够控制另一家或另几家企业，则将该企业确认为合并方（购买方）。

2.合并日（购买日）的确定

在确定合并方（购买方）之后，还应该确定企业合并的合并日（购买日）。合并日（购买日）是指被合并方或被购买方的净资产或生产经营决策的控制权转移给合并方（购买方）的日期。由合并实质所决定，同一控制下的企业合并的合并方实际取得对被合并方净资产或生产经营决策的控制权的日期，称为合并日；非同一控制下的企业合并的购买方实际取得被购买方的净资产或生产经营决策的控制权的日期，则称为购买日。确定合并日（购买日）的基本原则是控制权转移的时点。企业在实务操作中，应当结合合并合同或协议的约定及其他有关影响因素，按照实质重于形式的原则进行判断。

（三）合并完成后的会计处理

在吸收合并、新设合并和控股合并三种合并方式中，吸收合并结束后，被合并的企业全部解散，只有实施合并的企业在合并后仍是一个单一的会计主体；新设合并完成后，原来的企业均不复存在，新设合并的企业也是一个单一的会计主体。因此，吸收合并和新设合并在合并完成后，不会涉及新的会计问题，不需要编制合并财务报表。

对控股合并而言，母公司本身和子公司都是独立核算的企业。但从整个企业集团的角度看，会计服务对象的空间范围显然是由母公司和子公司组成的整体，因此要以整个企业集团为服务对象，在个别企业财务报表的基础上编制合并财务报表。合并财务报表的编制，无论从编制基础看，还是从编制程序和编制方法看，都与个别企业财务报表不同，这是企业合并完成后面临的新的会计问题。在控股合并完成后，每个会计期末的合并财务报表编制问题将在第十三章中进行详细讨论。

第二节 同一控制下企业合并的处理

一、同一控制下企业合并的处理原则

同一控制下企业合并应用的是权益结合法原则。

权益结合法，亦称股权结合法、权益联营法，是企业合并会计处理处理方法之一，与购买法基于不同的假设，即视企业合并为参与合并的双方，通过股权的交换形成的所有者权益的联合，而非资产的交易。换言之，它是由两个或两个以上经营主体对一个联合后的企业或集团公司开展经营活动的资产贡献，即经济资源的联合。

在权益结合法中，原所有者权益继续存在，以前会计基础保持不变。参与合并的各企业的资产和负债继续按其原来的账面价值记录，合并后企业的利润包括合并日之前本年度已实现的利润，以前年度累积的留存利润也应予以合并。

合并方在企业合并中取得的资产和负债，应当按照合并日在被合并方的账面价值计量。合并方取得的净资产账面价值与支付的合并对价账面价值（或发行股份面值总额）的差额，应当调整资本公积（资本溢价或股本溢价）；资本公积（资本溢价或股本溢价）不足冲减的，调整留存收益。

同一控制下的企业合并，合并方应遵循以下具体原则进行相关的会计处理：

（1）合并方在合并中确认取得的被合并方的资产、负债仅限于被合并方账面上原已确认的资产和负债，合并中不产生新的资产和负债，也不产生新的商誉，但被合并方在企业合并前账面上原已确认的商誉应作为合并中取得的资产确认。

（2）合并方在合并中取得的被合并方各项资产、负债应维持其在被合并方的原账面价值不变。

【注意】

①被合并方在企业合并前采用的会计政策与合并方不一致的，首先统一会计政策，即合并方应当按照本企业会计政策对被合并方资产、负债的账面价值进行调整，并以调整后的账面价值作为有关资产、负债的入账价值。

②被合并方同时进行改制并对资产、负债进行评估调账的，应以评估调账后的账面价值并入合并方。

（3）合并方在合并中取得的净资产的入账价值与为进行企业合并支付的对价账面价值之间的差额，应当调整所有者权益相关项目，不计入企业合并当期损益，应首先调整资本公积（资本溢价或股本溢价）；资本公积（资本溢价或股本溢价）的余额不足冲减的，应冲减留存收益。

（4）对于同一控制下的控股合并，编制合并财务报表时，无论该项合并发生在报告期的哪一时点，合并利润表、合并现金流量表均反映的是由母子公司构成的报告主体自合并当期期初至合并日实现的损益及现金流量情况。相应地，合并资产负债表的留存收益项目，应当反映母子公司如果一直作为一个整体运行至合并日应实现的盈余公积和未分配利润的情况。

【思考】假定2018年9月1日为合并日。

（1）2018年9月1日编制的合并利润表和合并现金流量表，均反映由母子公司构成的报告主体自合并当期期初2018年1月1日至合并日9月1日实现的损益及现金流量情况。

（2）2018年9月1日编制的合并资产负债表的留存收益项目，应当反映母子公司如果一直作为一个整体运行至合并日9月1日实现的盈余公积和未分配利润的情况，即需要编制调整抵销分录予以调整。

对于同一控制下的控股合并，在合并当期编制合并财务报表时，应当对合并资产负债表的期初数进行调整，同时应当对比较报表的相关项目进行调整，视同合并后的报告主体在以前期间一直存在。

二、同一控制下企业合并的会计处理

（一）同一控制下吸收合并的会计处理

由于在权益结合法下，资产和负债等均按照账面价值进行计价，没有购买价格，不产生商誉，因此权益结合法下的账务处理相对比较简单。

1.合并方取得的被合并方资产和负债的计量

合并方对于同一控制下吸收合并中取得的资产和负债，应当按照被合并方的原账面价值入账。

2.合并中取得的净资产与合并对价差额的处理

合并方在吸收合并中取得的净资产与合并对价差额的处理，应当根据不同的合并对价支付方式来确定。以支付现金、非现金资产方式进行的合并，应按所支付现金、非现金资产的账面价值贷记“银行存款”“库存现金”“固定资产”“无形资产”等账户，合并中取得的净资产的账面价值与所支付的现金、非现金资产的账面价值的差额，应调整资本公积（资本溢价或股本溢价）。如需调减资本公积，资本公积（资本溢价或股本溢价）余额不足冲减的，依次调整盈余公积和未分配利润；以发行权益性证券方式进行的合并，应按所发行权益性证券的面值贷记“股本”账户，合并中取得的净资产账面价值，与所发行权益性证券面值总额的差额，应调整资本公积（资本溢价或股本溢价）。如需调减资本公积，资本公积（资本溢价或股本溢价）余额不足冲减的，依次调整盈余公积和未分配利润。

3.对被合并方合并前实现的留存收益的处理

对于被合并方在合并日以前实现的留存收益中归属于合并方的部分，合并方应将其从资本公积转入留存收益。

4.合并费用的处理

（1）合并方为进行企业合并发生的各项直接相关费用，包括为进行企业合并而支付的审计费用、资产评估费用、法律咨询费用等，应当于发生时计入当期损益。

（2）为企业合并发行的债券或承担其他债务支付的手续费、佣金等，应当计入所发行债券及其他债务的初始计量金额。企业合并中发行权益性证券发生的手续费、佣金等费用，应当抵减权益性证券溢价收入；溢价收入不足冲减的，冲减留存收益。

【例11-2·实务题】A公司于2018年1月1日按面值发行5 000万元的债券取得B公司60%的股份，2018年1月1日B公司所有者权益的账面价值为10 000万元，A公司另支付发行债券手续费15万元。A公司和B公司为同一集团的两家子公司。

要求：编制A公司的会计分录。

【答案】A公司会计处理如下（单位：万元）：

借：长期股权投资——B公司（10 000×60%） 6 000

　贷：应付债券——面值 5 000

　　　资本公积 1 000

借：应付债券——利息调整 15

　贷：银行存款 15

【例11-3·实务题】2018年3月31日，A公司通过增发6 000万股本公司普通股（每股面值1元）取得B公司60%的股权，按照增发前后的平均股价计算，该6 000万股股份的公允价值为13 000万元。为增发该部分，A公司向证券承销机构等支付了400万元的佣金和手续费。假定A公司取得该部分股权后能够对B公司的生产经营决策实施控制。2018年3月31日，B公司所有者权益的账面价值为20 000万元。A公司和B公司为同一集团的两家公司。

要求：编制A公司的会计分录。

【答案】本例中A公司应当以B公司所有者权益账面价值的份额作为取得长期股权投资的成本（单位：万元）：

借：长期股权投资 12 000

　贷：股本 6 000

　　　资本公积——股本溢价 6 000

发行权益性证券过程中支付的佣金和手续费，应冲减权益性证券的溢价发行收入：

借：资本公积——股本溢价 400

　贷：银行存款 400

【例11-4·多选题】关于同一控制下的企业合并形成母子公司关系的，在合并日，下列说法中正确的有（　　）。

A.合并资产负债表中被合并方的各项资产、负债，应当按其账面价值计量

B.合并资产负债表中被合并方的各项资产、负债，应当按其公允价值计量

C.合并利润表应当包括参与合并各方自合并当期期初至合并日所发生的收入、费用和利润

D.合并利润表不应当包括参与合并各方自合并当期期初至合并日所发生的收入、费用和利润

E.合并现金流量表应当包括参与合并各方自合并当期期初至合并日的现金流量

【答案】ACE

【解析】同一控制下的企业合并，合并资产负债表中被合并方的各项资产、负债，应当按其账面价值计量。因被合并方采用的会计政策与合并方不一致，按照《企业会计准则第20号——企业合并》的规定进行调整的，应当以调整后的账面价值计量。合并利润表应当包括参与合并各方自合并当期期初至合并日所发生的收入、费用和利润。被合并方在合并前实现的净利润，应当在合并利润表中单列项目反映。合并现金流量表应当包括参与合并各方自合并当期期初至合并日的现金流量。

【提示】吸收合并编制的是个别财务报表，不存在合并财务报表的问题。

【例11-5·实务题】2018年6月30日，P公司向S公司的股东定向增发1 000万股普通股（每股面值为1元，市价为10.85元）对S公司进行吸收合并，并于当日取得S公司净资产。本例中假定P公司和S公司为同一集团内两家全资子公司，合并前其共同的母公司为A公司。该项合并中参与合并的企业在合并前及合并后均为A公司最终控制，为同一控制下的企业合并。自6月30日开始，P公司能够对S公司实施控制，该日即为合并日。因合并后S公司失去其法人资格，P公司应确认合并中取得的S公司的各项资产和负债，假定P公司与S公司在合并前采用的会计政策相同。当日P公司、S公司资产负债表见表11-2。

表11-2　　资产负债表（简表）

2018年6月30日　　单位：万元

项　目	P公司	S公司	
	账面价值	账面价值	公允价值
资产：			
货币资金	4 312.50	450	450
存货	6 200	255	450
应收票据及应收账款	3 000	2 000	2 000
长期股权投资	5 000	2 150	3 800
固定资产：			
固定资产原价	10 000	4 000	5 500
减：累计折旧	3 000	1 000	0
固定资产净值	7 000	3 000	5 500
无形资产	4 500	500	1 500
商誉	0	0	0
资产总计	30 012.50	8 355	13 700
负债和所有者权益：			
短期借款	2 500	2 250	2 250
应付票据及应付账款	3 750	300	300
其他负债	375	300	300
负债合计	6 625	2 850	2 850
实收资本（股本）	7 500	2 500	
资本公积	5 000	1 500	
盈余公积	5 000	500	
未分配利润	5 887.50	1 005	
所有者权益合计	23 387.50	5 505	10 850
负债和所有者权益总计	30 012.50	8 355	

P公司对该项合并应进行的会计处理为：

借：货币资金	4 500 000	
库存商品（存货）	2 550 000	
应收账款	20 000 000	
长期股权投资	21 500 000	
固定资产	30 000 000	
无形资产	5 000 000	
贷：短期借款		22 500 000
应付账款		3 000 000
其他应付款（其他负债）		3 000 000
股本		10 000 000
资本公积		45 050 000

（二）同一控制下控股合并的会计处理

1.合并方长期股权投资的初始投资成本的计量

同一控制下的企业进行控股合并时，其处理原则与同一控制下的企业吸收合并类似，所不同的是，控股合并中被合并方仍保留其法律实体，所以同一控制下的控股合并方式在合并中形成对被合并方的长期股权投资，并应以合并日被合并方所有者权益账面价值的份额作为初始投资成本。

2.长期股权投资的初始投资成本与合并对价差额的处理

合并方确认的长期股权投资的初始投资成本与其支付对价（支付现金、非现金资产）账面价值的差额或与发行的权益性证券的面值的差额，应当调整资本公积（资本溢价或股本溢价）。如需调减资本公积，必须以原来合并方的资本公积（资本溢价或股本溢价）数为限进行冲减，不足冲减的，依次冲减盈余公积金和未分配利润。

3.合并费用的处理

对合并过程中发生的相关费用及发行证券所支付的相关费用，仍然遵循同一控制下企业合并的会计处理原则。

借：长期股权投资（合并日享有被合并方相对于最终控制方而言的所有者权益账面价值的份额+最终控制方收购被合并方而形成的商誉）

　　应收股利

　　贷：有关资产、负债（支付的合并对价的账面价值）

　　　　股本（发行股票面值总额）

　　　　资本公积——资本溢价或股本溢价（倒挤）

【提示】“资本公积”也可能在借方。当“资本公积”科目余额在借方时，表示冲减母公司的资本公积（资本溢价或股本溢价）。资本公积（资本溢价或股本溢价）的余额不足冲减的，应冲减留存收益（盈余公积和未分配利润）。

【例11-6·多选题】A公司为P公司的全资子公司。2015年1月1日，A公司与非关联方B公司设立C公司，并分别持有C公司20%及80%的股权。2017年1月1日，P公司向B公司收购其持有C公司80%的股权，C公司成为P公司的全资子公司。2018年1月1日，A公司向P公司购买其持有C公司80%的股权，C公司成为A公司的全资子公司。A公司购买C公司80%股权的交易和原取得C公司20%股权的交易不属于“一揽子交易”。下列说法中正确的有（　　）。

A.A公司从P公司手中购买C公司80%股权的交易属于同一控制下企业合并

B.A公司2015年1月1日至2017年1月1日的合并财务报表不应重述

C.视同自2017年1月1日起A公司即持有C公司100%股权并重述合并财务报表的比较数据

D.视同自2015年1月1日起A公司即持有C公司100%股权并重述合并财务报表的比较数据

【答案】ABC

【解析】因A公司为P公司的全资子公司，所以A公司从P公司手中购买C公司80%股权的交易属于同一控制下企业合并，选项A正确。A公司合并财务报表应自取得原股权之日（即2015年1月1日）和双方同处于同一方最终控制之日（2017年1月1日）孰晚日（即2017年1月1日）起开始将C公司纳入合并范围，即视同自2017年1月1日起A公司即持有C公司100%股权并重述合并财务报表的比较数据。2015年1月1日至2017年1月1日的合并财务报表不应重述。选项B和C正确，选项D错误。

三、同一控制下企业合并的表外披露

同一控制下的企业合并，合并方应在当期的财务报表附注中披露如下相关的合并信息：

（1）属于同一控制下企业合并的判断依据，以及参与合并企业的基本情况。

（2）合并日的确定依据。

（3）以支付现金、转让非现金资产以及承担负债作为合并对价的，需披露合并日账面价值。以发行权益性证券作为对价的，需披露权益性证券的数量、定价原则和合并各方交叉持有的有表决权股份的比例。

（4）被合并方上一会计年度资产负债表日以及合并日的账面价值。

（5）被合并方自合并当期期初至合并日的收入、净利润和现金流量等情况。

（6）合并合同或协议中约定的将承担的或有负债。

（7）被合并方采用的与合并方不一致的会计政策以及调整情况的说明。

（8）合并后已处置被合并方资产、负债的账面价值、处置价格。

第三节　非同一控制下企业合并的处理

一、非同一控制下企业合并的处理原则

非同一控制下企业合并遵循购买法原则。

应用购买法的关键在于购买方的认定、购买日的确定、购买方合并成本的计量、对合并成本的分配以及合并差额的处理。

（一）确定购买方

非同一控制下的企业合并，在购买日取得对其他参与合并企业控制权的一方为购买

方，参与合并的其他企业为被购买方。特殊情况包括：

（1）通过与其他投资者签订协议，实质上拥有被购买企业半数以上表决权。

（2）按照法律或协议等的规定，具有主导被购买企业财务和经营决策的权力。

（3）有权任免被购买企业董事会或类似权力机构绝大多数成员。

（4）在被购买企业董事会或类似权力机构具有绝大多数投票权。

（二）确定购买日

购买日，是指购买方实际取得对被购买方控制权的日期。

同时满足以下条件时，一般可认为实现了控制权的转移，形成购买日。有关的条件包括：

（1）企业合并合同或协议已获股东大会等内部权力机构通过。

（2）按照规定，合并事项需要经过国家有关主管部门审批的，已获得相关部门的批准。

（3）参与合并各方已办理了必要的财产产权交接手续。

（4）购买方已支付了购买价款的大部分（一般应超过50%），并且有能力、有计划支付剩余款项。

（5）购买方实际上已经控制了被购买方的财务和经营政策，享有相应的收益并承担相应的风险。

【例11-7·实务题】A公司是上市公司。2018年A公司向B公司非公开发行股份进行重大资产重组，B公司以其所拥有的15家全资子公司的股权等对应的净资产作为认购非公开发行股票的对价，该交易为非同一控制下企业合并。2018年12月28日得到中国证监会核准后，双方进行了资产交割。

截至2018年12月31日，B公司投入的15家子公司全部办妥变更后的企业法人营业执照，股东变更为A公司。2018年12月30日，双方签订移交资产约定书，约定自2018年12月30日起B公司将标的资产、负债交付A公司，同时，A公司自2018年12月31日起接收该15家公司的资产与负债并向这些子公司派驻了董事、总经理等高级管理人员，对标的资产、负债开始实施控制。

2019年1月，会计师事务所对A公司截至2018年12月31日的注册资本进行了审验，并出具了验资报告。2019年2月，A公司本次增发的股份在中国证券登记结算有限责任公司上海分公司办理了股权登记手续。

问题：购买日是否应该判断为2018年12月31日？

【解析】截至2018年12月31日，该项交易已经取得了所有必要的审批，15家目标公司全部完成了营业执照变更，双方签订了移交资产约定书。上市公司已经向被购买方派驻了董事、总经理等高级管理人员，对被购买方开始实施控制。虽然作为合并对价增发的股份在2019年2月才办理了股权登记手续，但由于企业合并交易在2018年已经完成所有的实质性审批程序，且A公司已经实质上取得了对15家目标公司的控制权，可以合理判断购买日为2018年12月31日。

（三）确定企业合并成本

购买方的合并成本按以下方法予以计量：

（1）购买日为取得对被购买方的控制权而付出的资产、发生的负债以及发行的权益性证券的公允价值计入合并成本。

（2）合并费用。购买方为进行合并发生的各项直接相关费用，计入合并成本。但是，与发行债券或承担债务有关的手续费，计入相关债务的初始计量金额；与发行权益性证券相关的费用，抵减发行收入。

（四）企业合并成本在取得的可辨认资产和负债之间的分配

（1）合并中取得的被购买方除无形资产以外的其他各项资产（不仅限于被购买方原已确认的资产），其所带来的未来经济利益预期很可能流入企业且公允价值能够可靠计量的，应当单独予以确认并按照公允价值计量。

（2）企业合并中取得的无形资产的确认。

在非同一控制下的企业合并中，购买方在对企业合并中取得的被购买方资产进行初始确认时，应对被购买方拥有的但在其财务报表中未确认的无形资产进行充分辨认和合理判断，满足以下条件之一的，应确认为无形资产：

①源于合同性权利或其他法定权利；

②能够从被购买方中分离或者划分出来，并能单独或与相关合同、资产和负债一起，用于出售、转移、授予许可、租赁或交换。

（3）合并中取得的被购买方除或有负债以外的其他各项负债，履行有关的义务很可能导致经济利益流出企业且公允价值能够可靠计量的，应当单独予以确认为负债并按照公允价值计量。

（4）合并中取得的被购买方的或有负债，在购买日其公允价值能够可靠计量的，应当单独确认为负债并按照公允价值计量。

【提示】2013年上市公司年报会计监管报告关于“企业合并中递延所得税的确认”

企业合并中，购买方按照会计准则规定的原则确认和计量合并中取得的被购买方的资产、负债在购买方财务报表中的价值可能与其计税基础之间存在差异，从而带来递延所得税的确认问题。常见的情形是以控股合并方式完成的非同一控制下企业合并中，购买方取得的被购买方可辨认资产在购买方的合并报表中按照购买日的公允价值确认和计量，但这些资产的计税基础未发生变化。

由于通常情况下资产的公允价值大于其计税基础，上述差异大多为应纳税暂时性差异，应按照会计准则的规定确认递延所得税负债。此外，以吸收合并方式进行的同一控制下的企业合并，在合并不满足税法规定的免税条件时，合并方取得的被合并方资产的计税基础应调整为该等资产的公允价值，与会计上按照同一控制下企业合并原则确认的账面价值之间存在差异。由于通常情况下资产的账面价值小于按照公允价值确定的新的计税基础，上述差异为可抵扣暂时性差异，应按照会计准则的规定确认递延所得税资产。

（五）企业合并成本与合并中取得的被购买方可辨认净资产公允价值份额差额的处理

（1）购买方对合并成本大于合并中取得的被购买方可辨认净资产公允价值份额的差额，应当确认为商誉。

（2）购买方对合并成本小于合并中取得的被购买方可辨认净资产公允价值份额的差额，应当按照下列规定处理：

①对取得的被购买方各项可辨认资产、负债及或有负债的公允价值以及合并成本的计量进行复核；

②经复核后合并成本仍小于合并中取得的被购买方可辨认净资产公允价值份额的，其差额应当计入当期损益（营业外收入），并在会计报表附注中予以说明。

（六）企业合并成本或合并中取得的有关可辨认资产、负债公允价值暂时确定的情况

企业合并发生当期的期末，因合并中取得的各项可辨认资产、负债及或有负债的公允价值或企业合并成本只能暂时确定的，购买方应当以所确定的暂时价值为基础对企业合并进行确认和计量。

购买日后12个月内对原确认的暂时价值进行调整的，视同在购买日进行的确认和计量，即进行追溯调整。

（七）购买日合并财务报表的编制

企业合并形成母子公司关系的，母公司应当编制购买日的合并资产负债表，企业合并取得的被购买方各项可辨认资产、负债应当以其在购买日的公允价值计量。母公司的合并成本与取得的子公司可辨认净资产公允价值份额的借方差额，在合并资产负债表中确认为商誉，贷方差额应计入合并当期损益。因购买日不需要编制合并利润表，该差额体现在合并资产负债表上，应调整合并资产负债表盈余公积和未分配利润。

二、非同一控制下企业合并的会计处理

（一）非同一控制下的吸收合并

取得的资产、负债按公允价值计量；作为合并对价的非货币性资产在购买日公允价值与账面价值的差额计入当期损益；合并成本大于可辨认净资产公允价值的差额确认为商誉，合并成本小于可辨认净资产公允价值的差额作为合并当期损益计入利润表。

（二）非同一控制下的控股合并

1.长期股权投资的初始投资成本确定

参见第四章内容。

2.购买日合并财务报表的编制

（1）将子公司各项资产、负债由账面价值调整到公允价值。

以固定资产为例，假定固定资产的公允价值大于账面价值：

借：固定资产

　贷：资本公积

（2）确认递延所得税。

借：资本公积

　贷：递延所得税负债

购买日抵销分录：

借：股本

　　资本公积

　　其他综合收益

　　盈余公积

　　未分配利润

　　商誉（借方差额）

贷：长期股权投资

少数股东权益

盈余公积或未分配利润（贷方差额）

【例11-8·实务题】沿用【例11-5·实务题】的有关资料，假定P公司在该项合并中发行1 000万股普通股（每股面值1元，市场价格为8.75元），取得了S公司70%的股权。不考虑所得税影响，编制购买方于购买日的合并资产负债表（单位：万元）。

（1）确认长期股权投资：

借：长期股权投资	8 750	
贷：股本		1 000
资本公积——股本溢价		7 750

（2）计算确定商誉：

确认资产及负债，则P公司首先计算合并中应确认的合并商誉：

合并商誉=企业合并成本-合并中取得被购买方可辨认净资产公允价值份额

=8 750-10 850×70%=1 155（万元）

（3）编制调整和抵销分录：

借：存货	195	
长期股权投资	1 650	
固定资产	2 500	
无形资产	1 000	
贷：资本公积		5 345
借：股本	2 500	
资本公积	6 845	
盈余公积	500	
未分配利润	1 005	
商誉	1 155	
贷：长期股权投资		8 750
少数股东权益		3 255

（4）编制合并资产负债表见表11-3。

表11-3

合并资产负债表（简表）

2018年6月30日

单位：万元

项　目	P公司	S公司	抵销分录		合并金额
			借　方	贷　方	
资产：					
货币资金	4 312.50	450			4 762.50
存货	6 200	255	195		6 650
应收账款	3 000	2 000			5 000
长期股权投资	13 750（5 000+8 750）	2 150	1 650	8 750	8 800
固定资产：					
固定资产原价	10 000	4 000	2 500		16 500

续表

项　目	P公司	S公司	抵销分录		合并金额
			借　方	贷　方	
减：累计折旧	3 000	1 000			4 000
固定资产净值	7 000	3 000	2 500		12 500
无形资产	4 500	500	1 000		6 000
商誉	0	0	1 155		1 155
资产总计	38 762.50	8 355			44 867.50
负债和所有者权益：					
短期借款	2 500	2 250			4 750
应付账款	3 750	300			4 050
其他负债	375	300			675
负债合计	6 625	2 850			9 475
实收资本（股本）	8 500（7 500+1 000）	2 500	2 500		8 500
资本公积	12 750（5 000+7 750）	1 500	6 845	5 345	12 750
盈余公积	5 000	500	500		5 000
未分配利润	5 887.50	1 005	1 005		5 887.50
少数股东权益				3 255	3 255
所有者权益合计	32 137.50	5 505			35 392.50
负债和所有者权益总计	38 762.50	8 355			44 867.50

三、通过多次交易分步实现的企业合并

（一）同一控制下的企业合并

（1）对长期股权投资的账面余额进行调整，达到企业合并前长期股权投资采用成本法核算的，其账面余额一般无须调整；达到企业合并前长期股权投资采用权益法核算的，应该调整，将其账面价值恢复至取得投资时的初始投资成本，相应调整留存收益。

（2）比较每一单项交易时的成本与交易时应享有被投资单位可辨认净资产公允价值的份额，确定每一单项交易应予确认的商誉或应计入当期损益的金额。

（3）可辨认净资产公允价值变动，属于原取得投资后被投资单位实现净损益增加的资产价值量，在合并报表中应调整留存收益，差额调整资本公积。

【例 11-9·实务题】甲公司于2018年1月1日以货币资金3 400万元取得了A公司30%的有表决权股份，对A公司能够施加重大影响，当日A公司的可辨认净资产的公允价值是11 000万元（与账面价值相等）。

A公司2018年度实现净利润1 000万元，未发放现金股利，因可供出售金融资产公允价值变动增加其他综合收益200万元。

2019年1月1日，甲公司从集团内部以货币资金5 000万元进一步取得A公司40%的有表决权股份，能够对A公司实施控制。合并日A公司在该日所有者权益的账面价值为12 200万元（与最终控制方持续计算的账面价值相等，最终控制方此前编制合并财务报表

时有商誉100万元），其中：股本5 000万元，资本公积5 200万元，其他综合收益200万元，盈余公积480万元，未分配利润1 320万元。

假定：

①甲公司2019年1月1日“资本公积——股本溢价”科目金额为2 000万元；

②不考虑所得税和内部交易的影响。

要求：

（1）编制2018年1月1日至2019年1月1日甲公司对A公司长期股权投资的会计分录。

（2）合并日在合并财务报表工作底稿中编制相关会计分录（单位：万元）。

【答案】

（1）①2018年1月1日：

借：长期股权投资——投资成本　　3 400

　贷：银行存款　　3 400

②2018年12月31日：

借：长期股权投资——损益调整（1 000×30%）　　300

　贷：投资收益　　300

借：长期股权投资——其他综合收益（200×30%）　　60

　贷：其他综合收益　　60

③2019年1月1日：

合并日长期股权投资初始投资成本=12 200×70%+100=8 640（万元），新增长期股权投资成本=8 640-（3 400+300+60）=4 880（万元）。

借：长期股权投资　　4 880

　　资本公积——股本溢价　　120

　贷：银行存款　　5 000

（2）①调整权益法核算：

借：盈余公积　　30

　　未分配利润　　270

　贷：资本公积——股本溢价　　300

借：其他综合收益　　60

　贷：资本公积——股本溢价　　60

②编制合并日抵销分录：

借：股本　　5 000

　　资本公积　　5 200

　　其他综合收益　　200

　　盈余公积　　480

　　未分配利润　　1 320

　　商誉　　100

　贷：长期股权投资　　8 640

　　　少数股东权益（12 200×30%）　　3 660

③将合并日抵销的盈余公积和未分配利润予以恢复：

借：资本公积——股本溢价　　1 260
　贷：盈余公积（480×70%）　　336
　　未分配利润（1 320×70%）　　924

（二）非同一控制下的企业合并

1.个别财务报表

（1）购买日初始投资成本=购买日之前所持被购买方的股权投资于购买日的账面价值（如原投资按公允价值计量，即为购买日公允价值）+购买日新增投资成本

（2）购买日之前持有的股权投资因采用权益法核算而确认的其他综合收益，应当在处置该项投资时采用与被投资单位直接处置相关资产或负债相同的基础进行会计处理。

（3）购买日之前持有的股权投资按照《企业会计准则第22号——金融工具确认和计量》的有关规定进行会计处理的，购买日公允价值与购买日之前的账面价值的差额及原计入其他综合收益的累计公允价值变动应当在改按成本法核算时转入当期损益。

2.合并财务报表

（1）购买方对于购买日之前持有的被购买方的股权，按照该股权在购买日的公允价值进行重新计量，公允价值与账面价值的差额计入当期投资收益。

（2）合并成本=购买日之前持有的被购买方的股权于购买日的公允价值+购买日新购入股权所支付对价的公允价值

（3）比较购买日合并成本与被购买方可辨认净资产公允价值的份额，确定购买日应予确认的商誉，或者应计入营业外收入的金额。

（4）购买日之前持有的被购买方的股权涉及权益法核算下的其他综合收益以及除净损益、其他综合收益和利润分配外的其他所有者权益变动的，与其相关的其他综合收益、其他所有者权益变动应当转为购买日所属当期损益，由于被投资方重新计量设定受益计划净负债或净资产变动而产生的其他综合收益除外。

【提示】若原投资系可供出售金融资产，购买日公允价值与购买日之前的账面价值的差额及原计入其他综合收益的累计公允价值变动已在个别报表中转入当期损益，不存在合并报表调整的问题。

【例11-10·实务题】长江公司于2018年1月1日以货币资金3 100万元取得了大海公司30%的有表决权股份，对大海公司能够施加重大影响，大海公司当日的可辨认净资产的公允价值是11 000万元。

2018年1月1日，大海公司除一项固定资产的公允价值与其账面价值不同外，其他资产和负债的公允价值与账面价值均相等。购买日，该固定资产的公允价值为300万元，账面价值为100万元，剩余使用年限10年，采用年限平均法计提折旧，无残值。

大海公司2018年度实现净利润1 000万元，未发放现金股利，因可供出售金融资产公允价值变动增加其他综合收益200万元。

2019年1月1日，长江公司以货币资金5 220万元进一步取得大海公司40%的有表决权股份，因此取得了控制权。大海公司在该日所有者权益的账面价值为12 000万元，其中：股本5 000万元，资本公积1 200万元，其他综合收益1 000万元，盈余公积480万元，未分配利润4 320万元；可辨认净资产的公允价值是12 300万元。

2019年1月1日，大海公司除一项固定资产的公允价值与其账面价值不同外，其他资

产和负债的公允价值与账面价值均相等。当日该固定资产的公允价值为390万元，账面价值为90万元，剩余使用年限9年，采用年限平均法计提折旧，无残值。

长江公司和大海公司属于非同一控制下的公司。

假定：

①原30%股权在该购买日的公允价值为3 915万元。

②不考虑所得税和内部交易的影响。

要求：

（1）编制2018年1月1日至2019年1月1日长江公司对大海公司长期股权投资的会计分录。

（2）计算2019年1月1日长江公司追加投资后个别财务报表中长期股权投资的账面价值。

（3）计算长江公司对大海公司投资形成的商誉的金额。

（4）编制在购买日合并财务报表工作底稿中对大海公司个别财务报表进行调整的会计分录（单位：万元）。

（5）在购买日合并财务报表工作底稿中编制调整长期股权投资的会计分录。

（6）在合并财务报表工作底稿中编制购买日与投资有关的抵销分录（单位：万元）。

【答案】

（1）①2018年1月1日：

借：长期股权投资——投资成本　　3 100

　贷：银行存款　　3 100

借：长期股权投资——投资成本（11 000×30%-3 100）　　200

　贷：营业外收入　　200

②2018年12月31日：

借：长期股权投资——损益调整（［1 000-（300-100）÷10］×30%）　　294

　贷：投资收益　　294

借：长期股权投资——其他综合收益　　60

　贷：其他综合收益　　60

③2019年1月1日：

借：长期股权投资　　5 220

　贷：银行存款　　5 220

借：长期股权投资　　3 654

　贷：长期股权投资——投资成本　　3 300

　　　　　　　　——损益调整　　294

　　　　　　　　——其他综合收益　　60

（2）长期股权投资账面价值=3 654+5 220=8 874（万元）

（3）长江公司对大海公司投资形成的商誉=（3 915+5 220）-12 300×70%=525（万元）

（4）借：固定资产　　300

　　　贷：资本公积　　300

（5）将原持股比例为30%的长期股权投资账面价值调整到购买日公允价值，调整金额=3 915−3 654=261（万元）。

借：长期股权投资　　261

　贷：投资收益　　261

将原30%持股比例长期股权投资权益法核算形成的其他综合收益转入投资收益：

借：其他综合收益　　60

　贷：投资收益　　60

（6）借：股本　　5 000

　　资本公积（1 200+300）　　1 500

　　其他综合收益　　1 000

　　盈余公积　　480

　　未分配利润　　4 320

　　商誉　　525

　贷：长期股权投资（3 915+5 220）　　9 135

　　少数股东权益（12 300×30%）　　3 690

四、反向购买的处理

（一）反向购买基本原则

非同一控制下的企业合并，以发行权益性证券交换股权的方式进行的，通常发行权益性证券的一方为购买方。但在某些企业合并中，发行权益性证券的一方因其生产经营决策在合并后被参与合并的另一方所控制，发行权益性证券的一方虽然为法律上的母公司，但其为会计上的被收购方，该类企业合并通常被称为“反向购买”。

例如，A公司为一家规模较小的上市公司，B公司为一家规模较大的贸易公司。B公司拟通过收购A公司的方式达到上市目的，但该交易是通过A公司向B公司原股东发行普通股用以交换B公司原股东持有的对B公司股权方式实现的。该项交易后，B公司原控股股东持有A公司50%以上股权，A公司持有B公司50%以上股权，A公司为法律上的母公司、B公司为法律上的子公司，但从会计角度，A公司为被购买方，B公司为购买方。

1.企业合并成本

在反向购买中，法律上的子公司（购买方）的企业合并成本是指其如果以发行权益性证券的方式为获取在合并后报告主体的股权比例，应向法律上母公司（被购买方）的股东发行的权益性证券数量与其公允价值计算的结果。购买方的权益性证券在购买日存在公开报价的，通常应以公开报价作为其公允价值；购买方的权益性证券在购买日不存在可靠公开报价的，应参照购买方的公允价值和被购买方的公允价值二者之中有更为明显证据支持的作为基础，确定购买方假定应发行权益性证券的公允价值。

2.合并财务报表的编制

反向购买主要表现在购买日合并财务报表的操作中，其总的原则是体现“反向”。比如，反向购买的合并财务报表以子公司（购买方）为主体，保留子公司的股东权益各项目，抵销母公司（被购买方）的股东权益各项目。

反向购买后，法律上的母公司应当遵从以下原则编制合并财务报表：

（1）在合并财务报表中，法律上子公司的资产、负债应以其在合并前的账面价值进行确认和计量。

（2）合并财务报表中的留存收益和其他权益性余额应当反映的是法律上子公司在合并前的留存收益和其他权益余额。

（3）合并财务报表中的权益性工具的金额应当反映法律上子公司合并前发行在外的股份面值以及假定在确定该项企业合并成本过程中新发行的权益性工具的金额。但是在合并财务报表中的权益结构应当反映法律上母公司的权益结构，即法律上母公司发行在外权益性证券的数量及种类。

（4）法律上母公司的有关可辨认资产、负债在并入合并财务报表时，应以其在购买日确定的公允价值进行合并，企业合并成本大于合并中取得的法律上母公司（被购买方）可辨认净资产公允价值的份额体现为商誉，小于合并中取得的法律上母公司（被购买方）可辨认净资产公允价值的份额确认为合并当期损益。

（5）合并财务报表的比较信息应当是法律上子公司的比较信息（即法律上子公司的前期合并财务报表）。

（6）法律上子公司的有关股东在合并过程中未将其持有的股份转换为对法律上母公司股份的，该部分股东享有的权益份额在合并财务报表中应作为少数股东权益列示。因法律上子公司的部分股东未将其持有的股份转换为法律上母公司的股权，其享有的权益份额仍仅限于对法律上子公司的部分，该部分少数股东权益反映的是少数股东按持股比例计算享有法律上子公司合并前净资产账面价值的份额。另外，对于法律上母公司的所有股东，虽然该项合并中其被认为是被购买方，但其享有合并形成报告主体的净资产及损益，不应作为少数股东权益列示。

上述反向购买的会计处理原则仅适用于合并财务报表的编制。法律上母公司在该项合并中形成的对法律上子公司长期股权投资成本的确定，应当遵从《企业会计准则第2号——长期股权投资》的相关规定。

（二）非上市公司购买上市公司股权实现间接上市的会计处理

非上市公司以所持有的对子公司投资等资产为对价取得上市公司的控制权，构成反向购买的，上市公司编制合并财务报表时应当区别以下情况处理：

（1）交易发生时，上市公司未持有任何资产、负债或仅持有现金、交易性金融资产等不构成业务的资产或负债，上市公司在编制合并财务报表时，购买企业应按照权益性交易原则进行处理，不得确认商誉或计入当期损益。

（2）交易发生时，上市公司保留的资产、负债构成业务的，对于形成非同一控制下企业合并的，企业合并成本与取得的上市公司可辨认净资产公允价值份额的差额应当确认为商誉或计入当期损益。

【例11-11·实务题】甲集团、乙集团、A公司和B企业有关资料如下：

（1）某上市公司A公司从事机械制造业务，甲集团持有A公司40%的股权，乙集团持有房地产公司B企业90%的股权；甲集团将持有的A公司40%的股权，按3 000万元的价格转让给乙集团，甲、乙集团之间无关联方关系。

（2）A公司将除货币资金200万元、持有的1 000万元股权以外的所有资产和负债出售给甲集团。出售净资产按资产评估值作价14 800万元。

（3）A公司向乙集团发行股份，购买乙集团所拥有的B企业90%的股权。发行股份总额为5 000万股，每股面值1元，发行价格为8元/股。购买资产按资产评估值作价40 000万元。

交易完成后，A公司主营业务由机械制造业务变更为房地产业务。A公司发行后总股本为15 000万股，乙集团持有A公司股份为9 000万股，占本次发行后公司总股本的60%，成为A公司的控股股东。

（4）B企业合并日和A公司资产处置后简要资产负债表见表11-4。

表11-4　**B企业合并日和A公司资产处置后简要资产负债表**　单位：万元

项　目	B企业	A公司
		资产处置后
流动资产	43 000	15 000
可供出售金融资产	—	1 000
长期股权投资	—	—
其他非流动资产	50 000	—
资产合计	93 000	16 000
负债总额	43 000	—
股本	6 000	10 000
资本公积	5 000	500
盈余公积	6 400	3 500
未分配利润	32 600	2 000
股东权益总额	50 000	16 000
负债及股东权益合计	93 000	16 000

（5）假定不考虑相关税费及利润分配因素。

要求：

（1）判断上述重组是否属于反向购买，并说明理由。

（2）判断A公司重组后的资产是否构成业务，并说明理由。

（3）编制A公司向乙集团发行股份的会计分录（单位：万元）。

（4）计算合并日合并财务报表中股本的数量及金额。

（5）填列合并日简要资产负债表中A公司向乙集团发行股份后的数据及合并数据（见表11-5）。

表 11-5　　**合并日简要资产负债表**　　单位：万元

项　目	B企业	A公司		合并数据
		资产处置后	向乙集团发行股份后	
流动资产	43 000	15 000	—	—
可供出售金融资产	—	1 000	—	—
长期股权投资	—	—	—	—
其他非流动资产	50 000	—	—	—
资产合计	93 000	16 000	—	—
负债总额	43 000	—	—	—
股本	6 000	10 000	—	—
资本公积	5 000	500	—	—
盈余公积	6 400	3 500	—	—
未分配利润	32 600	2 000	—	—
少数股东权益	—	—	—	—
股东权益总额	50 000	16 000	—	—
负债及股东权益合计	93 000	16 000	—	—

【答案】

（1）属于反向购买。

理由：上述重组合并完成后，乙集团控股A公司，控制其生产经营决策。

（2）不构成业务。

理由：业务是指企业内部某些生产经营活动或资产负债的组合，该组合具有投入、加工处理和产出能力，能够独立计算其成本费用或所产生的收入。A公司出售资产后，仅剩下现金、可供出售的金融资产，A公司保留的资产不构成业务。

（3）借：长期股权投资　　40 000

　　贷：股本　　5 000

　　　　资本公积——股本溢价　　35 000

（4）合并数量反映母公司（A公司）发行在外普通股数量，即15 000万股；合并后B企业原股东（乙集团）持有A公司的股权比例为60%（9 000÷15 000×100%），如果B企业发行本企业普通股在合并后主体享有同样的股权比例，则B企业应当发行的普通股股数为3 600万股（6 000×90%÷60%−6 000×90%），股本金额=6 000×90%+3 600=9 000（万元）。

（5）合并日简要资产负债表中A公司向乙集团发行股份后的数据及合并数据见表11-6。

表 11-6　合并日简要资产负债表中A公司向乙集团发行股份后的数据及合并数据　单位：万元

项　目	B企业	A公司		合并数据
		资产处置后	向乙集团发行股份后	
流动资产	43 000	15 000	15 000	58 000
可供出售金融资产		1 000	1 000	1 000
长期股权投资			40 000	
其他非流动资产	50 000			50 000
资产总计	93 000	16 000	56 000	109 000
负债合计	43 000	—	—	43 000
股本	6 000	10 000	15 000	9 000
资本公积	5 000	500	35 500	16 900
盈余公积	6 400	3 500	3 500	6 400×90%=5 760
未分配利润	32 600	2 000	2 000	32 600×90%=29 340
少数股东权益				50 000×10%=5 000
股东权益合计	50 000	16 000	56 000	66 000
负债及股东权益总计	93 000	16 000	56 000	109 000

五、被购买方的会计处理

【例 11-12・综合题】甲公司为生产加工企业，在2018年度发生了以下与股权投资相关的交易：

（1）甲公司在若干年前参与设立了乙公司并持有其30%的股权，将乙公司作为联营企业，采用权益法核算。2018年1月1日，甲公司自A公司（非关联方）购买了乙公司60%的股权并取得了控制权，购买对价为3 000万元，发生与合并直接相关费用100万元，上述款项均以银行存款转账支付。

2018年1月1日，甲公司原持有对乙公司30%的长期股权投资的账面价值为600万元（长期股权投资账面价值的调整全部为乙公司实现净利润，乙公司不存在其他综合收益及其他影响权益变动的因素）；当日乙公司净资产账面价值为2 000万元，可辨认净资产公允价值为3 000万元，乙公司100%股权的公允价值为5 000万元，30%股权的公允价值为1 500万元，60%股权的公允价值为3 000万元。

（2）2018年6月20日，乙公司股东大会批准2017年度利润分配方案，提取盈余公积10万元，分配现金股利90万元，以未分配利润200万元转增股本。

（3）2018年1月1日，甲公司与B公司出资设立丙公司，双方共同控制丙公司。丙公司注册资本2 000万元，其中甲公司占50%。甲公司以公允价值为1 000万元的土地使用权出资，B公司以公允价值为500万元的机器设备和500万元现金出资。该土地使用权系甲公司于10年前以出让方式取得，原值为500万元，期限为50年，按直线法摊销，预计净残值为零，至投资设立丙公司时账面价值为400万元，后续仍可使用40年。

丙公司2018年实现净利润220万元。

（4）2018年1月1日，甲公司自C公司购买丁公司40%的股权，并派人参与丁公司生产经营决策，购买对价为4 000万元，以银行存款转账支付。购买日，丁公司净资产账面价值为5 000万元，可辨认净资产公允价值为8 000万元，3 000万元增值均来自于丁公司的一栋办公楼。该办公楼的原值为2 000万元，预计净残值为零，预计使用寿命为40年，采用年限平均法计提折旧，自甲公司取得丁公司股权之日起剩余使用寿命为20年。

丁公司2018年实现净利润900万元，实现其他综合收益200万元。

其他资料：本题中不考虑所得税等税费及其他相关因素。

要求：

根据资料（1），计算甲公司在进一步取得乙公司60%的股权后，个别财务报表中对乙公司长期股权投资的账面价值，并编制相关会计分录；计算甲公司合并财务报表中与乙公司投资相关的商誉金额，计算该交易对甲公司合并财务报表损益的影响。

根据资料（2），针对乙公司2017年度利润分配方案，说明甲公司个别财务报表中的相关会计处理，并编制相关会计分录。

根据资料（3），编制甲公司对丙公司出资及确认2018年投资收益相关的会计分录。

根据资料（4），计算甲公司对丁公司的初始投资成本，并编制相关会计分录。计算甲公司2018年因持有丁公司股权应确认的投资收益金额，并编制调整长期股权投资账面价值相关的会计分录（以下分录单位：万元）。

【答案】

资料（1）答案：

甲公司个别财务报表中长期股权投资的账面价值=600+3 000=3 600（万元）

会计分录如下：

借：长期股权投资	3 000	
贷：银行存款		3 000
借：管理费用	100	
贷：银行存款		100

甲公司合并财务报表中的商誉计算过程如下：

商誉=甲公司原持有股权的公允价值+新增的购买成本−乙公司可辨认净资产公允价值的份额

=（1 500+3 000）−3 000×90%=4 500−2 700=1 800（万元）

该交易对甲公司合并财务报表的损益影响=−100+（1 500−600）=800（万元）

资料（2）答案：

自2018年1月1日起，甲公司对乙公司持股90%并采用成本法核算。对乙公司宣告分配的现金股利按照应享有的份额确认投资收益。

对乙公司提取盈余公积和以未分配利润转增股本，不属于分配现金股利或利润，甲公司不进行会计处理。

甲公司应确认的投资收益为81万元（90×90%），会计分录如下：

借：应收股利——乙公司	81	
贷：投资收益		81

资料（3）答案：

借：无形资产——土地使用权累计摊销　100
　　长期股权投资　1 000
　贷：无形资产——土地使用权成本　500
　　　营业外收入　600

借：投资收益（处置收益600×50%）　300
　贷：长期股权投资　300

借：长期股权投资　117.50
　贷：投资收益（［220+（25-10）］×50%）　117.50

或：

借：投资收益　182.50
　贷：长期股权投资（{220-［600-（25-10）］}×50%）　182.50

资料（4）答案：

甲公司购买丁公司40%股权的初始投资成本为4 000万元。

会计分录如下：

借：长期股权投资　4 000
　贷：银行存款　4 000

丁公司自身报表中该办公楼的年折旧额=2 000÷40=50（万元）

购买日办公楼的账面价值=2 000÷40×20=1 000（万元）

购买日办公楼的公允价值=1 000+3 000=4 000（万元）

基于购买日公允价值计算的办公楼年折旧额=4 000÷20=200（万元）

在进行权益法核算时，应该将丁公司的年度净利润调减150万元。

甲公司应确认投资收益=（丁公司的合并报表净利润+基于公允价值的折旧调整）×甲公司的持股比例

=（900-150）×40%=750×40%=300（万元）

甲公司在权益法下应享有的丁公司其他综合收益的份额=丁公司合并报表其他综合收益×甲公司的持股比例=200×40%=80（万元）

会计分录如下：

借：长期股权投资　300
　贷：投资收益　300

借：长期股权投资　80
　贷：其他综合收益　80

或：

借：长期股权投资　380
　贷：投资收益　300
　　　其他综合收益　80

注册会计师考试真题

【2017年考题·单选题】乙公司为丙公司和丁公司共同投资设立。2×17年1月1日，乙公司增资扩股，甲公司出资450万元取得乙公司30%的股权并能够对其施加重大影响。甲公司投资日，乙公司可辨认净资产的公允价值和账面价值均为1 600万元。2×17年，乙

公司实现净利润900万元，其他综合收益增加120万元。甲公司拟长期持有对乙公司的投资。甲公司适用的所得税税率为25%。不考虑其他因素，下列各项关于甲公司2×17年对乙公司投资相关会计处理的表述中，正确的是（　　）。

A.按照实际出资金额确定对乙公司投资的投资资本

B.将按持股比例计算应享有乙公司其他综合收益变动的份额确认为投资收益

C.投资时将实际出资金额与享有乙公司可辨认净资产份额之间的差额确认为其他综合收益

D.对乙公司投资年末账面价值与计税基础不同产生的应纳税暂时性差异，不应确认递延所得税负债

【答案】D

【解析】选项A，长期股权投资的初始投资成本为付出对价的450万元，初始投资成本小于乙公司净资产份额480万元（1 600×30%）的差额。调整初始投资成本记入“长期股权投资——投资成本”科目，同时计入营业外收入，即乙公司投资的投资成本金额为480万元；选项B，按持股比例计算其应享有乙公司其他综合收益的份额，应当确认为其他综合收益；选项C，投资时实际投资额和应享有乙公司的可辨认净资产份额之间的差额，计入营业外收入。

【2017年考题·多选题】甲公司为境内上市的非投资性主体，其持有其他企业股权或权益的情况如下：（1）持有乙公司30%的股权并能对其施加重大影响；（2）持有丙公司50%的股权并能与丙公司的另一投资方共同控制制丙公司；（3）持有丁公司5%股权且对丁公司不具有控制、共同控制和重大影响；（4）持有戊结构化主体的权益并能对其施加重大影响。下列各项关于甲公司持有其他企业股权或权益会计处理的表述中，正确的有（　　）。

A.甲公司对丙公司的投资采用成本法进行后续计量

B.甲公司对乙公司的投资用权益法进行后续计量

C.甲公司对戊公司的投资采用公允价值进行后续计量

D.甲公司对丁公司的投资采用公允价值进行后续计量

【答案】BCD

【2016年考题·单选题】2015年1月1日，甲公司取得A公司25%的股权，实际支付款项6 000万元，能够对A公司施加重大影响，同日A公司可辨认净资产公允价值为22 000万元（与账面价值相等）。2015年度，A公司实现净利润1 000万元，无其他所有者权益变动。2016年1月1日，甲公司以定向增发股票的方式购买同一集团内另一企业持有的A公司40%的股权。为取得该股权，甲公司增发2 000万股普通股，每股面值为1元，每股公允价值为3.5元；另支付承销商佣金50万元。

取得该股权时，相对于最终控制方而言的A公司可辨认净资产账面价值为23 000万元，甲公司所在集团最终控制方此前合并A公司时确认的商誉为200万元。进一步取得投资后，甲公司能够对A公司实施控制。假定甲公司和A公司采用的会计政策、会计期间相同。不考虑其他因素，甲公司2016年1月1日进一步取得股权投资时应确认的资本公积为（　　）万元。

A.6 850　　B.6 900　　C.6 950　　D.6 750

【答案】A

【解析】合并日长期股权投资的初始投资成本=23 000×65%+200=15 150（万元），原25%股权投资在合并日的账面价值=6 000+1 000×25%=6 250（万元），新增部分长期股权投资成本=15 150-6 250=8 900（万元），甲公司2016年1月1日进一步取得股权投资时应确认的资本公积=8 900-2 000（股本）-50（发行费用）=6 850（万元）。

【2018年考题·单选题】下列关于非同一控制下企业合并会计处理的表述中，错误的是（　　）。

A.合并中发生的各项直接费用计入合并成本

B.以实际取得对被购买方控制权的日期确定购买日

C.合并财务报表中合并成本高于合并取得的可辨认净资产公允价值份额的差额作为商誉确认

D.合并财务报表中合并成本低于合并取得的可辨认净资产公允价值份额的差额计入当期损益

【答案】A

【解析】合并中发生的各项直接费用计入当期损益（管理费用），选项A错误。

精讲练习题

一、单选题

1.下列各项中属于企业合并的是（　　）。

A.购买子公司的少数股权

B.两方或多方形成合营企业的企业合并

C.仅通过合同而不是所有权份额将两个或者两个以上的企业合并形成一个报告主体的交易或事项

D.企业A通过增发自身的普通股自企业B原股东处取得企业B的全部股权，该交易事项发生后，企业B仍持续经营

2.企业之间的合并是否属于同一控制下的企业合并，应综合构成企业合并交易的各方面情况，进行判断时应遵循的会计信息质量要求是（　　）。

A.重要性　　B.可靠性　　C.实质重于形式　　D.可理解性

3.甲公司持有乙公司70%的股权，2019年1月1日自购买日持续计算的公允价值为55 000万元，当日又取得乙公司10%股权，支付价款6 000万元，则该业务影响合并报表所有者权益的金额是（　　）万元。

A.0　　B.-500　　C.600　　D.500

4.非同一控制下控股企业合并，应在购买日按企业合并成本，借记“长期股权投资”科目，按支付合并对价的固定资产账面价值，贷记“固定资产清理”科目，其差额处理方法是（　　）。

A.贷记“营业外收入”或借记“营业外支出”科目

B.贷记或借记“投资收益”科目

C.借记或贷记“商誉”科目

D.贷记或借记“资本公积——资本溢价（股本溢价）”科目

5.同一控制下吸收合并，合并方在合并中取得的净资产的入账价值相对于为进行企业合并支付的对价账面价值之间的差额（　　）。

A.调整所有者权益相关项目

B.作为资产的处置损益，计入合并当期损益

C.取得的净资产的入账价值大于合并对价账面价值之间的差额计入所有者权益相关项目，取得的净资产的入账价值小于合并对价账面价值之间的差额计入合并当期损益

D.取得的净资产的入账价值大于合并对价账面价值之间的差额计入合并当期损益，取得的净资产的入账价值小于合并对价账面价值之间的差额确认为商誉

6.甲公司拥有乙公司30%的股权，截止到2018年1月1日账面价值为3 750万元，2018年因乙公司实现利润确认的投资收益为350万元，当年无其他事项。2019年1月5日支付了9 400万元取得其他70%的股权进行吸收合并，当日被投资单位净资产公允价值为13 000万元，原30%部分的公允价值为5 350万元，则吸收合并过程中确认的商誉为（　　）万元。

A.1 750　　B.500　　C.150　　D.0

二、多选题

1.下列关于同一控制下企业合并的说法中，正确的有（　　）。

A.同一控制下企业合并过程中发生的中介费等相关费用，一般应于发生时计入当期损益

B.合并方在合并中取得的被合并方各项资产、负债应维持其在被合并方的原账面价值不变

C.合并方在合并中取得的净资产的入账价值与为进行企业合并支付的对价账面价值之间的差额，不作为资产的处置损益

D.以发行权益性证券进行企业合并的，发行费用计入当期损益

2.关于非同一控制下企业合并下被购买方可辨认资产、负债的确认原则，下列说法中正确的有（　　）。

A.合并中取得的被购买方的各项资产（无形资产除外），其所带来的未来经济利益预期能够流入企业且公允价值能够可靠计量的，应单独作为资产确认

B.合并中取得的被购买方的各项负债（或有负债除外），履行有关的义务预期会导致经济利益流出企业且公允价值能够可靠计量的，应单独作为负债确认

C.企业合并中对于或有负债的确认条件，与企业在正常经营过程中因或有事项需要确认负债的条件不同

D.在购买日，可能相关的或有事项导致经济利益流出企业的可能性还比较小，但其公允价值能够合理确定的情况下，即需要作为合并中取得的负债确认

E.企业合并中取得的无形资产在其公允价值能够可靠计量的情况下应单独予以确认

3.非同一控制下的企业合并中，计入管理费用的直接相关费用不包括（　　）。

A.发行债券手续费

B.发行股票佣金

C.为企业合并支付的审计费

D.为企业合并支付的资产评估费

E.为企业合并支付的法律服务费

4.下列关于企业合并的说法中，正确的有（　　）。

A.企业合并的结果通常是一个企业取得了对一个或多个业务的控制权

B.如果一个企业取得了对另一个或多个企业的控制权，则该交易或事项形成企业合并

C.企业取得了不形成业务的一组资产或是净资产时，应将购买成本基于购买日所取得各项可辨认资产、负债账面价值基础上进行分配

D.是否形成企业合并，关键要看有关交易或事项发生前后，是否引起报告主体的变化

E.子公司需要纳入到母公司合并财务报表的范围

5.同一控制下以发行证券作为合并对价取得股权，关于支付的相关佣金、手续费等的处理说法中，正确的有（　　）。

A.在溢价发行股票的情况下，计入管理费用

B.在溢价发行股票的情况下，自溢价收入中扣除，溢价金额不足以扣减的情况下计入财务费用

C.在发行股票无溢价的情况下，冲减留存收益

D.在溢价发行债券的情况下，冲减应付债券

E.在折价发行债券的情况下，增加应付债券

三、业务计算题

A公司于2017年3月取得B公司20%的股份，成本为5 000万元，当日B公司可辨认净资产公允价值为20 000万元。取得投资后A公司派人参与B公司的生产经营决策（采用权益法核算）。2017年确认投资收益400万元。在此期间，B公司未宣告发放现金股利或利润，不考虑相关税费影响。

2018年2月，A公司以15 000万元的价格进一步购入B公司40%的股份，购买日B公司可辨认净资产的公允价值为35 000万元。此时，持股比例为60%，实现企业合并，采用成本法核算。2018年1月份B公司的净利润为－550万元。假定盈余公积计提比例为10%。

要求：

（1）做出A公司2017年度的相关处理。

（2）做出A公司2018年购买日的账务处理。

（3）确定购买日长期股权投资的成本。

（4）计算达到合并时点应确认的商誉。

（5）对合并日的资产增值部分进行处理。

第十一章精讲练习题参考答案

第十二章

企业合并——合并财务报表

案例导入

长江公司为母公司，2017年1月1日，长江公司用银行存款33 000万元从证券市场上购入大海公司发行在外80%的股份并能够控制大海公司。同日，大海公司账面所有者权益为40 000万元（与可辨认净资产公允价值相等），其中：股本为30 000万元，资本公积为2 000万元，盈余公积为800万元，未分配利润为7 200万元。长江公司和大海公司不属于同一控制的两个公司。

（1）大海公司2017年度实现净利润4 000万元，提取盈余公积400万元；2017年宣告分派2016年现金股利1 000万元，无其他所有者权益变动。2018年实现净利润5 000万元，提取盈余公积500万元，2018年宣告分派2017年现金股利1 100万元。

（2）长江公司2017年销售100件A产品给大海公司，每件售价5万元，每件成本3万元。大海公司2017年对外销售A产品60件，每件售价6万元。2018年长江公司出售100件B产品给大海公司，每件售价6万元，每件成本3万元。大海公司2018年对外销售A产品40件，每件售价6万元；2018年对外销售B产品80件，每件售价7万元。

（3）长江公司2017年6月20日出售一件产品给大海公司，产品售价为100万元，增值税税额为17万元，成本为60万元，大海公司购入后作管理用固定资产入账，预计使用年限5年，预计净残值为零，按年限平均法计提折旧。

假定编制合并财务报表调整分录和抵销分录时不考虑递延所得税的影响。

要求：

（1）编制长江公司2017年和2018年与长期股权投资业务有关的会计分录。

（2）计算2017年12月31日和2018年12月31日按权益法调整后的长期股权投资的账面余额。

（3）编制该集团公司2017年和2018年的合并抵销分录。（金额单位用万元表示）

学习目标

了解合并财务报表编制意义、目的和基本条件；理解合并财务报表的合并理论和合并范围；了解合并报表编制的前期准备事项及其程序；掌握股权取得日合并财务报表的编制方法，包括同一控制下的企业合并和非同一控制下的企业合并。

第一节 合并财务报表概述

一、合并财务报表的定义

（一）合并财务报表的概念

合并财务报表，是指反映母公司和其全部子公司形成的企业集团整体财务状况、经营成果和现金流量的财务报表。

（二）合并财务报表的特点

1.合并财务报表与个别财务报表的区别（见表12-1）

表12-1 合并财务报表与个别财务报表的区别

不同点	个别财务报表	合并财务报表
反映的对象不同	单个独立的法人企业	反映的对象是由若干法人企业组成的企业集团
编制单位不同	由每个独立的法人企业编制	由对其他企业拥有控制权的母公司编制
编制基础不同	以账簿为依据	以母公司和子公司的个别报表为依据
编制方法不同	编制有其固有的方法和程序	通过设置工作底稿，在个别财务报表加总的基础上，进行调整和抵销处理

2.合并财务报表与汇总财务报表的区别（见表12-2）

表12-2 合并财务报表与汇总财务报表的区别

不同点	汇总财务报表	合并财务报表
编制的目的不同	主要是满足有关行政部门的需要	为满足企业集团的所有者、债权人及其他有关方面的需要
确定编报范围的依据不同	以企业的行政隶属关系作为确定依据	以控制权作为确定合并范围的依据
编制方法不同	采用简单加总的方法编制	在加总的基础上，通过对个别报表的调整和内部交易的抵销编制

（三）合并财务报表的意义

合并财务报表可以弥补母公司个别会计报表的不足，为有关方面提供决策有用的信息，从而满足报表使用者了解企业集团整体财务状况、经营成果和现金流量信息的需要。

编制合并会计报表的意义在于：（1）为母公司的股东提供决策有用的信息；（2）为母公司债权人提供对决策有用的信息；（3）为母公司管理者提供有用的信息；（4）为有关政府管理机关提供有用的信息。

（四）合并财务报表的局限性

如果有不能对其实施控制但能对其施加重大影响的被投资公司，合并财务报表就不能全面反映集团的完整财务信息；多元化经营的企业集团，会影响合并报表信息的可理解性和相关性；跨国公司由于需要外币折算会影响合并报表的相关性；对需要了解公司特定信息的使用者来讲，合并报表不能提供个体的偿债能力、股利支付能力、获利能力等信息。

二、合并财务报表的分类

对合并报表可以从不同的角度进行分类。

（一）按编制时间及目的不同进行分类

合并财务报表按编制时间及目的不同，分为股权取得日合并报表和股权取得日后合并报表两类。

（二）按反映的具体内容不同进行分类

按合并报表反映的具体内容不同，分为合并资产负债表、合并利润表、合并所有者权益变动表及合并现金流量表。

第二节　合并财务报表的合并范围

我国合并财务报表准则规定：合并财务报表的合并范围应当以控制为基础予以确定。母公司应当将其全部子公司纳入合并财务报表的合并范围。

一、控制的定义

控制，是指一个企业能够决定另一个企业的财务和经营政策，并能据以从另一个企业的经营活动中获取利益的权利。

控制通常具有如下特征：

（1）控制的主体是唯一的，不是两方或多方，即对被投资单位的财务和经营政策的提议不必要征得其他方同意，就可以形成决议，由被投资单位付诸执行。

（2）控制的内容是另一个企业的日常生产经营活动的财务和经营政策，这些财务和经营政策一般是通过表决权来决定的。在某些情况下，也可以通过法定程序严格限制董事会、受托人或管理层对特殊目的主体经营活动的决策权，如规定除设立者或发起人外，其他人无权决定特殊目的主体经营活动的政策。

（3）控制的目的是获取经济利益，包括为了增加经济利益、维持经济利益、保护经济利益，或者降低所分担的损失等。

（4）控制的性质是一种权利，是一种法定权利，也可以是通过公司章程或协议、投资者之间的协议授予的权利。这种权利可以实际行使，也可以不实际行使。有权利实施控制力并不一定意味着有能力实施控制力。

二、母公司和子公司的定义

企业集团是由母公司和其全部子公司构成的。如图12-1（a）所示，假定P公司能够控制D公司，P公司和D公司构成了企业集团。如图12-1（b）所示，假定P公司能够同时控制D1公司、D2公司、D3公司和D4公司，P公司和D1公司、D2公司、D3公司、D4公司构成了企业集团。母公司和子公司是相互依存的。有母公司必然存在子公司，同样，有子公司必然存在母公司。

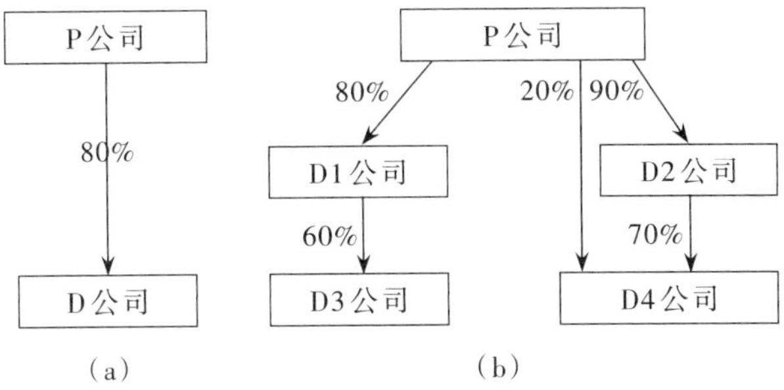

图12-1　企业集团

《企业会计准则第33号——合并财务报表》（以下简称合并报表准则）对母公司和子公司作了定义。

（一）母公司的定义

母公司是指有一个或一个以上子公司的企业（或主体）。从母公司的定义可以看出母公司要求同时具备两个条件：

一是必须有一个或一个以上的子公司，即必须满足合并报表准则所规定的控制的要求，能够决定另一个企业的财务和经营政策，并能据以从另一个企业的经营活动中获取利益的权利。母公司可以只控制一个子公司，也可以同时控制多个子公司。

如图12-1（a）所示，假定P公司能够控制D公司，P公司是D公司的母公司。

如图12-1（b）所示，假定P公司能够同时控制D1公司、D2公司、D3公司和D4公司，P公司为D1公司、D2公司、D3公司和D4公司的母公司。

二是母公司可以是企业，如《中华人民共和国公司法》（以下简称《公司法》）所规范的股份有限公司、有限责任公司；也可以是主体，如非企业形式的但形成会计主体的其他组织，如基金等。

（二）子公司的定义

子公司是指被母公司控制的企业。从子公司的定义可以看出。子公司也要求同时具备两个条件：

一是作为子公司必须被母公司控制，并且只能由一个母公司控制，不可能也不允许被两个或多个母公司同时控制。被两个或多个公司共同控制的被投资单位是合营企业，而不是子公司。

如图12-1（a）所示，假定P公司能够控制D公司，D公司是P公司的子公司。

如图12-1（b）所示，假定P公司能够同时控制D1公司、D2公司、D3公司和D4公司，D1公司、D2公司、D3公司和D4公司均为P公司的子公司。

二是子公司可以是企业，如《公司法》所规范的股份有限公司、有限责任公司；也可以是主体，如非企业形式但形成会计主体的其他组织，如基金以及信托项目等特殊目的主体等。

三、控制标准的具体应用

（一）母公司拥有其半数以上的表决权的被投资单位应当纳入合并财务报表的合并范围

母公司直接或通过子公司间接拥有被投资单位半数以上的表决权，表明母公司能够控制被投资单位，应当将该被投资单位认定为子公司，纳入合并财务报表的合并范围。但是，有证据表明母公司不能控制被投资单位的除外。

表决权是指对被投资单位经营计划、投资方案、年度财务预算方案和决算方案、利润分配方案和弥补亏损方案、内部管理机构的设置、聘任或解聘公司经理及其报酬、公司的基本管理制度等事项持有的表决权，不包括对修改公司章程、增加或减少注册资本、发行公司债券、公司合并、分立、解散或变更公司形式等事项持有的表决权。表决权比例通常与其出资比例或持股比例是一致的，但是对于有限责任公司，公司章程另有规定的除外。

当母公司拥有被投资单位半数以上表决权时，母公司就拥有对该被投资单位的控制权，能够主导该被投资单位的股东大会（或股东会），特别是董事会，并对其生产经营活动和财务政策实施控制。在这种情况下，子公司处在母公司的直接控制和管理下进行日常生产经营活动，子公司的生产经营活动成为事实上的母公司生产经营活动的一个组成部分，母公司与子公司生产经营活动已一体化。拥有被投资单位半数以上表决权，是母公司对其拥有控制权的最明显的标志，应将其纳入合并财务报表的合并范围。

母公司拥有被投资单位半数以上表决权，通常包括如下三种情况：

1.母公司直接拥有被投资单位半数以上表决权

如图12-1（a）所示，P公司直接拥有D公司80%的表决权。在这种情况下，D公司就成为P公司的子公司，P公司编制合并财务报表时，则必须将D公司纳入其合并范围。

2.母公司间接拥有被投资单位半数以上表决权

间接拥有半数以上表决权，是指母公司通过子公司而对子公司的子公司拥有半数以上表决权。如图12-1（b）所示，P公司拥有D1公司80%的表决权，而D1公司又拥有D3公司60%的表决权。在这种情况下，P公司作为母公司通过其子公司D1公司，间接拥有D3公司60%的表决权，从而D3公司也是P公司的子公司，P公司编制合并财务报表时也应当将D3公司纳入其合并范围。这里必须注意的是，P公司间接拥有D3公司的表决权形成控制是以D1公司为P公司的子公司为前提的。

3.母公司直接和间接方式合计拥有被投资单位半数以上表决权

直接和间接方式合计拥有半数以上表决权，是指母公司以直接方式拥有某一被投资单位半数以下的表决权，同时又通过其他方式如通过子公司拥有该被投资单位一部分的表决权，两者合计拥有被投资单位半数以上表决权。如图12-1（b）所示，P公司拥有D2公司90%的表决权，拥有D4公司20%的表决权；D2公司拥有D4公司70%的表决权。在这种情况下，D2公司是P公司的子公司，P公司通过其子公司D2公司间接拥有D4公司70%的表决权，与直接拥有的20%表决权合计，P公司共拥有D4公司90%的表决权，从而D4公司也是P公司的子公司，P公司编制合并财务报表时，也应当将D4公司纳入其合并范围。

拥有被投资单位半数以上表决权是母公司对其拥有控制权的最明显的标志，但是如果有证据表明母公司不能控制被投资单位的除外。比如拥有其半数以上表决权的公司被政府或有关部门接管，控制权已经转移，则不构成母子公司关系，不将其纳入合并范围。

（二）母公司拥有其半数以下的表决权的被投资单位纳入合并财务报表的合并范围的情况

在母公司通过直接或间接方式没有拥有被投资单位半数以上表决权的情况下，如果母公司通过其他方式对被投资单位的财务或经营政策能够实施控制时，这些被投资单位也应作为子公司纳入其合并范围。

1.通过与被投资单位其他投资者之间的协议，拥有被投资单位半数以上表决权

这种情况是指母公司与其他投资者共同投资某企业，母公司与其中的某些投资者签订书面协议，受托管理和控制该被投资单位，从而在被投资单位的股东大会和董事会上拥有该被投资单位半数以上表决权。在这种情况下，母公司对这一被投资单位的财务和经营政策拥有控制权，使该被投资单位成为事实上的子公司，为此必须将其纳入合并财务报表的合并范围。

2.根据公司章程或协议的规定，有权决定被投资单位的财务和经营政策

这种情况是指在被投资单位的公司章程等文件中明确母公司对其财务和经营政策能够实施控制。企业的财务和经营政策直接决定着企业的日常生产经营活动，决定着企业的未来发展。能够控制企业财务和经营政策也就是等于能控制整个企业日常生产经营活动。这样，也就使得该被投资单位成为事实上的子公司，从而应当纳入母公司的合并财务报表的合并范围。

3.有权任免被投资单位的董事会或类似机构的多数成员

这种情况是指母公司能够通过任免被投资单位董事会的多数成员控制该被投资单位的日常生产经营活动，被投资单位成为事实上的子公司，从而应当纳入母公司的合并财务报表的合并范围。这里的“多数”是指超过半数以上（不包括半数）。需要注意的是，在这种情况下，董事会或类似机构必须能够控制被投资单位；否则，该条件不适用。

4.在被投资单位董事会或类似机构占多数表决权

这种情况是指母公司能够控制董事会或类似机构的会议，从而主导公司董事会的经营决策，使该公司的生产经营活动在母公司的控制下进行，使被投资单位成为事实上的子公司。因此，也应当将其纳入母公司的合并财务报表的合并范围。这里的“多数”是指超过半数以上（不包括半数）。需要注意的是，在这种情况下，董事会或类似机构必须能够控制被投资单位；否则，该条件不适用。

在母公司拥有被投资单位半数或以下的表决权，满足上述四个条件之一，视为母公司能够控制被投资单位，应当将该被投资单位认定为子公司，纳入合并财务报表的合并范围。但是，如果有证据表明母公司不能控制被投资单位的除外。比如，尽管P公司有权任免D5公司由11人董事组成的董事会的6名董事，但是，如果公司章程规定，D5公司所有日常生产经营活动的董事会表决，必须经全体董事的过半数通过，与此同时，还必须经第二大股东派出的至少1名董事同意，在这种情况下，D5公司董事会决议的形成要得到第二大股东派出的至少1名董事的同意，实质上P公司无法单方面主导D5公司的董事会，也就无法单方面控制D5公司的财务和经营政策。P公司不符合合并报表准则所规定的控制标准，P公司不能控制D5公司，D5公司不是P公司的子公司，P公司也不是D5公司的母公司，P公司不应当D5公司纳入其合并财务报表的合并范围。

（三）在确定能否控制被投资单位时对潜在表决权的考虑

在确定能否控制被投资单位时，应当考虑企业和其他企业持有的被投资单位的当期可转换的可转换公司债券、当期可执行的认股权证等潜在表决权因素。

（1）所称潜在表决权，是指当期可转换的可转换公司债券、当期可执行的认股权证等，不包括在将来某一日期或将来发生某一事项才能转换的可转换公司债券或才能执行的

认股权证等，也不包括诸如行权价格的设定使得在任何情况下都不可能转换为实际表决权的其他债务工具或权益工具。

（2）应当考虑影响潜在表决权的所有事项和情况，包括潜在表决权的执行条款、需要单独考虑或综合考虑的其他合约安排等。但是，本企业和其他企业或个人执行潜在表决权的意图和财务能力对潜在表决权的影响除外。

（3）不仅要考虑本企业在被投资单位的潜在表决权，还要考虑其他企业或个人在被投资单位的潜在表决权。

（4）不仅要考虑可能会提高本企业在被投资单位持股比例的潜在表决权，还要考虑可能会降低本企业在被投资单位持股比例的潜在表决权。

（5）潜在表决权仅作为判断是否存在控制的考虑因素，不影响当期母公司股东和少数股东之间的分配比例。

（四）判断母公司能否控制特殊目的主体应当考虑的主要因素

（1）母公司为融资、销售商品或提供劳务等特定经营业务的需要直接或间接设立特殊目的主体。

（2）母公司具有控制或获得控制特殊目的主体或其资产的决策权。比如母公司拥有单方面终止特殊目的主体的权力、变更特殊目的主体章程的权力、对变更特殊目的主体章程的否决权等。

（3）母公司通过章程、合同、协议等具有获取特殊目的主体大部分利益的权力。

（4）母公司通过章程、合同、协议等承担了特殊目的主体的大部分风险。

四、所有子公司都应纳入母公司的合并财务报表的合并范围

母公司应当将其全部子公司纳入合并财务报表的合并范围，只要是由母公司控制的子公司，不论子公司的规模大小、子公司向母公司转移资金能力是否受到严格限制，也不论子公司的业务性质与母公司或企业集团内其他子公司是否有显著差别，都应当纳入合并财务报表的合并范围。

需要说明的是，受所在国外汇管制及其他管制、资金调度受到限制的境外子公司，在这种情况下，如果该被投资单位的财务和经营政策仍然由本公司决定，资金调度受到限制并不妨碍本公司对其实施控制，应将其纳入合并财务报表的合并范围。

下列被投资单位不是母公司的子公司，不应当纳入母公司的合并财务报表的合并范围：

（一）已宣告被清理整顿的原子公司

已宣告被清理整顿的原子公司，是指在当期宣告被清理整顿的被投资单位，该被投资单位在上期是本公司的子公司。在这种情况下，根据《公司法》的规定，被投资单位实际上在当期已经由股东、董事或股东大会指定的人员组成的清算组或人民法院指定的有关人员组成的清算组对该被投资单位进行日常管理，在清算期间，被投资单位不得开展与清算无关的经营活动，因此，本公司不能再控制该被投资单位，不能将该被投资单位继续认定为本公司的子公司。

（二）已宣告破产的原子公司

已宣告破产的原子公司，是指在当期宣告破产的被投资单位，该被投资单位在上期是

本公司的子公司。在这种情况下，根据《中华人民共和国企业破产法》的规定，被投资单位的日常管理已转交到由人民法院指定的管理人，本公司不能控制该被投资单位，不能将该被投资单位认定为本公司的子公司。

（三）母公司不能控制的其他被投资单位

母公司不能控制的其他被投资单位，是指母公司不能控制的除上述两种情形以外的其他被投资单位，如联营企业等。

【例 12-1 · 多选题】关于合并范围，下列说法中正确的有（　　）。

A.在判断投资方是否拥有对被投资方的权利时，应仅考虑投资方及其他方享有的实质性权利

B.在判断投资方是否拥有对被投资方的权利时，应同时考虑投资方及其他方享有的实质性权利和保护性权利

C.投资方仅持有保护性权利不能对被投资方实施控制，也不能阻止其他方对被投资方实施控制

D.在判断投资方是否拥有对被投资方的权利时，应仅考虑投资方及其他方享有的保护性权利

【答案】AC

【解析】在判断投资方是否拥有对被投资方的权利时，应仅考虑投资方及其他方享有的实质性权利，不考虑保护性权利，选项 B 和 D 错误。

【例 12-2 · 多选题】下列项目中，应纳入 A 公司合并范围的有（　　）。

A.A 公司持有被投资方半数以上投票权，但当这些投票权不是实质性权利

B.A 公司持有被投资者 48% 的投票权，剩余投票权由数千位股东持有，但没有股东持有超过 1% 的投票权，没有任何股东与其他股东达成协议或能够作出共同决策

C.A 公司持有被投资者 40% 的投票权，其他 12 位投资者各持有被投资方 5% 的投票权，股东协议授予 A 公司任免负责相关活动的管理人员及确定其薪酬的权利，若要改变协议，须获得 2/3 的多数股东表决权同意

D.E 公司拥有 4 名股东，分别为 A 公司、B 公司、C 公司和 D 公司，A 公司持有 E 公司 40% 的普通股，其他 3 位股东各持有 20%，董事会由 6 名董事组成，其中 4 名董事由 A 公司任命，剩余 2 名分别由 B 公司、C 公司和 D 公司任命

【答案】BCD

【解析】投资方虽然持有被投资方半数以上投票权，但当这些投票权不是实质性权利时，其并不拥有对被投资方的权利，选项 A 不纳入合并范围。

第三节　合并财务报表的编制原则、前期准备事项及程序

一、合并财务报表的编制原则

合并会计报表不仅要遵守《企业会计准则》的相关规范，还要遵循如下一些特定编制原则：

（1）一体性原则：指合并会计报表将纳入合并范围的各成员企业视同一个会计主体，

以此为基础来处理有关内部会计事务，合并会计报表的编制主要通过抵销分录和抵销内部会计事项的影响来完成。

（2）个别会计报表原则：指合并会计报表必须纳入合并范围内各成员企业的个别会计报表，运用相关方法进行编制。

（3）重要性原则：由于合并会计报表涉及的法人主体较多，合并范围较广，重要性原则的运用较个别会计报表更为必要，主要可从如下两方面理解：一方面，对于重要的经济业务，应当单独反映，以便为决策者提供相关的重要信息；另一方面，对于不影响大局的一般性事项，可以进行适当取舍。

二、合并财务报表编制的前期准备事项

（一）统一母子公司的会计政策

会计政策是企业进行会计核算和编制会计报表时所采用的会计原则、会计程序和会计处理方法，是编制会计报表的基础，是保证会计报表各项目反映内容一致的基础。只有在会计报表各项目反映的内容一致的情况下，才能对其进行加总，编制合并财务报表。为此，合并财务报表准则规定："母公司应当统一子公司所采用的会计政策，使子公司采用的会计政策与母公司保持一致。子公司所采用的会计政策与母公司不一致的，应当按照母公司的会计政策对子公司财务报表进行必要的调整；或者要求子公司按照母公司的会计政策另行编报财务报表。"

需要注意的是，《合并会计报表暂行规定》（现已废止）中有一个例外情况，即当子公司与母公司所规定的会计政策差异不大，并且对财务状况和经营成果的影响不大时，母公司也可直接利用该会计报表编制合并财务报表。在准则中取消了这一例外情况，即使差异不大，对财务状况和经营成果影响不大，也必须进行调整。

（二）统一母子公司的资产负债表日及会计期间

会计报表是反映一定日期的财务状况和一定会计期间的经营成果和现金流量，母公司和子公司的个别会计报表只有在反映财务状况的日期和反映经营成果与现金流量的期间一致的情况下，才能进行合并。因此，准则中规定："母公司应当统一子公司的会计期间，使子公司的会计期间与母公司保持一致。子公司的会计期间与母公司不一致的，应当按照母公司的会计期间对子公司财务报表进行调整；或者要求子公司按照母公司的会计期间另行编报财务报表。"

（三）对子公司以外币表示的财务报表进行折算

（四）收集编制合并财务报表的相关资料

在实际工作中，属于合并范围的子公司不仅要提供个别会计报表，还应提供合并会计报表应具备的其他有关资料，这些资料起码包括：

（1）采用的与母公司不一致的会计政策及其影响金额；

（2）与母公司不一致的会计期间的说明；

（3）与母公司、其他子公司之间发生的所有内部交易的相关资料；

（4）所有者权益变动的有关资料；

（5）编制合并财务报表所需要的其他资料。

三、合并财务报表的编制程序

（一）编制合并工作底稿

合并工作底稿的作用是为合并财务报表的编制提供基础。在合并工作底稿中，对母公司和子公司的个别财务报表各项目的金额进行汇总和抵销处理，最终计算得出合并财务报表各项目的合并金额（见表12-3）。

表12-3 合并工作底稿

2018年 单位：万元

项目	母公司			子公司			合计金额	抵销分录		少数股东权益	合并金额
	报表金额	借方	贷方	报表金额	借方	贷方		借方	贷方		
（利润表项目）											
营业收入											
⋮											
净利润											
少数股东损益											
归属于母公司所有者的净利润											
（所有者权益变动表项目）											
未分配利润——年初											
⋮											
盈余公积——年末											
（资产负债表项目）											
流动资产											
⋮											
负债和所有者权益合计											
（现金流量表项目）											
经营活动产生的现金流量											
⋮											
年末现金及现金等价物余额											

（二）合并工作底稿

将母公司、子公司个别资产负债表、利润表、现金流量表、所有者权益变动表各项目的数据过入合并工作底稿，并在合并工作底稿中对母公司和子公司个别财务报表各项目的数据进行加总，计算得出个别资产负债表、利润表、现金流量表、所有者权益变动表各项目合计金额。

（三）编制调整分录和抵销分录

在合并工作底稿中编制调整分录和抵销分录，将内部交易对合并财务报表有关项目的影响进行抵销处理。

编制抵销分录、进行抵销处理是合并财务报表编制的关键和主要内容，其目的在于将个别财务报表各项目的加总金额中重复的因素予以抵销。但是，对属于非同一控制下企业合并中取得的子公司的个别财务报表进行合并时，还应当首先根据母公司为该子公司设置的备查簿的记录，以记录的该子公司各项可辨认资产、负债及或有负债等在购买日的公允价值为基础，通过编制调整分录，对该子公司提供的个别财务报表进行调整，以使子公司的个别财务报表反映为在购买日公允价值基础上确定的可辨认资产、负债及或有负债在本期资产负债表日的金额。对于子公司所采用的会计政策与母公司不一致的和子公司的会计期间与母公司不一致的，如果母公司自行对子公司的个别财务报表进行调整，也应当在合并工作底稿中通过编制调整分录予以调整。

在编制合并财务报表时，对子公司的长期股权投资调整为权益法，也需要在合并工作底稿中通过编制调整分录予以调整，而不改变母公司“长期股权投资”账簿记录。

在合并工作底稿中编制的调整分录和抵销分录，借记或贷记的均为财务报表项目（即资产负债表项目、利润表项目、现金流量表项目和所有者权益变动表项目），而不是具体的会计科目。比如，在涉及调整或抵销固定资产折旧、固定资产减值准备等均通过资产负债表中的“固定资产”项目而不是“累计折旧”“固定资产减值准备”等科目来进行调整和抵销。

（四）计算合并财务报表各项目的合并金额

在母公司和子公司个别财务报表各项目加总金额的基础上，分别计算出合并财务报表中各资产项目、负债项目、所有者权益项目、收入项目和费用项目等的合并金额。其计算方法如下：

1.资产类各项目

$$\frac{\text{资产类各项目}}{\text{合并金额}}=\frac{\text{该项目}}{\text{加总金额}}+\frac{\text{该项目抵销分录}}{\text{有关的借方发生额}}-\frac{\text{该项目抵销分录}}{\text{有关的贷方发生额}}$$

2.负债类各项目和所有者权益类各项目

$$\frac{\text{负债类各项目和所有者}}{\text{权益类各项目合并金额}}=\frac{\text{该项目}}{\text{加总金额}}-\frac{\text{该项目抵销分录}}{\text{有关的借方发生额}}+\frac{\text{该项目抵销分录}}{\text{有关的贷方发生额}}$$

3.收入类各项目和所有者权益变动各项目

收入类各项目和有关所有者权益变动各项目合并金额 = 该项目加总金额 − 该项目抵销分录的借方发生额 + 该项目抵销分录的贷方发生额

4.费用类项目

费用类项目合并金额 = 该项目加总金额 + 该项目抵销分录的借方发生额 − 该项目抵销分录的贷方发生额

（五）填列合并财务报表

根据合并工作底稿中计算出的资产、负债、所有者权益、收入、费用类以及现金流量表中各项目的合并金额，填列生成正式的合并财务报表。

四、编制合并财务报表需要调整抵销的项目

作为企业集团不存在的事项均应抵销，参见后续内容。

第四节　同一控制下企业合并会计报表

一、同一控制下取得子公司合并日合并财务报表的编制

如果同一控制下的企业合并形成母子公司关系的，母公司应当编制合并日的合并财务报表。也就是说，吸收合并的情况下不需要编制合并财务报表，只有控股合并的情况下，才需要编制合并日的合并财务报表。

（一）拥有子公司全部股权

将全资子公司股东权益各项目余额与母公司对该子公司长期股权投资余额相抵销。

借：股本（子公司股东权益合并日账面价值）

　　资本公积（子公司股东权益期末账面余额）

　　盈余公积（子公司股东权益期末账面余额）

　　未分配利润（子公司股东权益期末账面余额）

　贷：长期股权投资（母公司对子公司股权投资价值）

【例12-3·实务题】假设甲、乙企业是同一控制下的企业，2018年1月1日甲企业以现金2 500万元购买了乙企业100%的股权，乙企业2018年1月1日固定资产的公允价值为3 600万元，存货的公允价值为900万元，负债的公允价值与账面价值相同（甲企业和乙企业合并当日的资产负债表见表12-4）。甲企业在2018年1月1日应如何进行会计处理（会计分录金额单位用万元表示）？

表12-4　　甲企业和乙企业合并当日的资产负债表

2018年1月1日　　单位：万元

甲企业资产负债表		乙企业资产负债表	
库存现金	3 000	库存现金	1 000
存货	2 000	存货	1 000
固定资产	7 000	固定资产	3 000
各种负债	4 000	各种负债	3 000
股本	5 000	股本	1 000
资本公积	2 000	资本公积	400
盈余公积	200	盈余公积	100
未分配利润	800	未分配利润	500

借：长期股权投资——乙公司　　2 000

　　资本公积　　500

　贷：库存现金　　2 500

对于乙公司的公允价值与账面价值的差异，甲公司不做任何处理。乙公司也不允许按公允价值调整相关的账簿资料。

甲、乙企业控股合并日各自的资产负债表见表12-5。

表12-5 甲、乙企业控股合并日各自的资产负债表

合并日 单位：万元

甲企业资产负债表		乙企业资产负债表	
库存现金	2 000	库存现金	1 000
存货	2 000	存货	1 000
长期股权投资	7 000	固定资产	3 000
固定资产	4 000	各种负债	3 000
各种负债	5 000	股本	1 000
股本	1 500	资本公积	400
资本公积	200	盈余公积	100
盈余公积	800	未分配利润	500
未分配利润	500		

甲公司2018年1月1日合并会计报表抵销分录：

借：股本 1 000
　　资本公积 400
　　盈余公积 100
　　未分配利润 500
　贷：长期股权投资——乙公司 2 000
借：资本公积 600
　贷：盈余公积 100
　　　未分配利润 500

合并日合并资产负债表工作底稿见表12-6。

表12-6 合并日合并资产负债表工作底稿 单位：万元

项　目	母公司	子公司	合　计	借　方	贷　方	合并数
库存现金	500	1 000	1 500			1 500
存货	2 000	1 000	3 000			3 000
长期股权投资	2 000	0	2000		2 000	0
固定资产	7 000	3 000	10 000			10 000
各种负债	4 000	3 000	7 000			7 000
股本	5 000	1 000	6 000	1 000		5 000
资本公积	1 500	400	1 900	1 000		900
盈余公积	200	100	300	100	100	300
未分配利润	800	500	1 300	500	500	1 300

（二）拥有子公司部分股权

一方面，将非全资子公司股东权益各项目余额中按母公司持股比例计算的份额与母公司对该子公司权益性资本投资余额相抵销；另一方面，确认少数股东权益。

借：股本（子公司股东权益合并日账面价值）
　　资本公积（子公司股东权益期末账面余额）
　　其他综合收益（子公司股东权益期末账面余额）
　　盈余公积（子公司股东权益期末账面余额）
　　未分配利润（子公司股东权益期末账面余额）
　贷：长期股权投资（母公司对子公司股权投资价值）
　　　少数股东权益（子公司股东权益合并日余额×少数股权比例）

【提示】

（1）同一控制下企业合并不产生新商誉。

（2）同一控制下企业合并按一体化存续原则，在合并财务报表上，对被合并方在企业合并前实现的留存收益中归属于合并方的部分，应自合并方资本公积（资本溢价或股本溢价）转入留存收益。

【例12-4·实务题】甲公司2018年1月1日以28 600万元的价格取得A公司80%的股权，A公司净资产的公允价值为35 000万元。甲公司在购买A公司过程中发生审计、评估和法律服务等相关费用120万元。上述价款均以银行存款支付。甲公司与A公司为同一控制下的企业。A公司采用的会计政策与甲公司一致（会计分录金额单位用万元表示）。

A公司股东权益总额为32 000万元，其中股本为20 000万元、资本公积为8 000万元，盈余公积为1 200万元、未分配利润为2 800万元。合并后，甲公司在A公司股东权益中所拥有的份额为25 600万元。

甲公司对A公司长期股权投资的初始投资成本为25 600万元。购买该股权过程中发生的审计、估值等相关费用直接计入当期损益，即计入当期管理费用。

借：长期股权投资——A公司	25 600	
管理费用	120	
资本公积	3 000	
贷：银行存款		28 720

在本例中，对于甲公司为购买A公司所发生的审计及评估等费用实际上已支付给会计师事务所等中介机构，不属于甲公司与A公司所构成的企业集团内部交易，不涉及抵销处理的问题。编制合并日合并资产负债表时，甲公司应当进行如下抵销处理：

借：股本	20 000	
资本公积	8 000	
盈余公积	1 200	
未分配利润	2 800	
贷：长期股权投资		25 600
少数股东权益		6 400
借：资本公积	3 200	

贷：盈余公积 960

未分配利润 2 240

二、直接投资及同一控制下取得子公司合并日后的资产负债表日合并财务报表的编制

编制合并财务报表时应进行抵销处理的项目：

（1）母公司对子公司的长期股权投资由成本法转为权益法；

（2）母公司长期股权投资与子公司所有者权益的抵销处理；

（3）母公司长期股权投资的投资收益与子公司利润分配项目的抵销处理。

（一）长期股权投资成本法核算的结果调整为权益法核算的结果

调整分录如下：

1.投资当年

（1）调整被投资单位盈利

借：长期股权投资

贷：投资收益

（2）调整被投资单位亏损

借：投资收益

贷：长期股权投资

（3）调整被投资单位分派现金股利

借：投资收益

贷：长期股权投资

（4）调整子公司其他综合收益变动（假定其他综合收益增加）

借：长期股权投资

贷：其他综合收益——本年

（若减少做相反分录）

（5）调整子公司除净损益、其他综合收益以及利润分配以外的所有者权益的其他变动（假定所有者权益增加）

借：长期股权投资

贷：资本公积——本年

（若减少做相反分录）

2.连续编制合并财务报表

应说明的是，本期合并财务报表中年初“所有者权益”各项目的金额应与上期合并财务报表中的期末“所有者权益”对应项目的金额一致，因此，上期编制合并财务报表时涉及股本（或实收资本）、资本公积、其他综合收益、盈余公积项目的，在本期编制合并财务报表调整和抵销分录时均应用“股本——年初”、“资本公积——年初”、“其他综合收益——年初”和“盈余公积——年初”项目代替；对于上期编制调整和抵销分录时涉及利润表中的项目及所有者权益变动表“未分配利润”的项目，在本期编制合并财务报表调整分录和抵销分录时均应用“未分配利润——年初”项目代替。

(1) 调整以前年度被投资单位盈亏

借：长期股权投资

　贷：未分配利润——年初

(若为亏损则做相反分录)

(2) 调整被投资单位本年盈利

借：长期股权投资

　贷：投资收益

(3) 调整被投资单位本年亏损

借：投资收益

　贷：长期股权投资

(4) 调整被投资单位以前年度分派现金股利

借：未分配利润——年初

　贷：长期股权投资

(5) 调整被投资单位当年分派现金股利

借：投资收益

　贷：长期股权投资

(6) 调整子公司以前年度其他综合收益变动（假定其他综合收益增加）

借：长期股权投资

　贷：其他综合收益——年初

(若减少做相反分录)

(7) 调整子公司本年其他综合收益变动（假定其他综合收益增加）

借：长期股权投资

　贷：其他综合收益——本年

(若减少做相反分录)

(8) 调整子公司以前年度除净损益、其他综合收益以及利润分配以外的所有者权益的其他变动（假定所有者权益增加）

借：长期股权投资

　贷：资本公积——年初

(若减少做相反分录)

(9) 调整子公司本年除净损益、其他综合收益以及利润分配以外的所有者权益的其他变动（假定所有者权益增加）

借：长期股权投资

　贷：资本公积——本年

(若减少做相反分录)

(二) 合并抵销处理

1.母公司长期股权投资与子公司所有者权益的抵销

借：股本（实收资本）

　　资本公积

　　其他综合收益

借：盈余公积

　　未分配利润——年末

　　贷：长期股权投资（母公司）

　　　　少数股东权益（子公司所有者权益×少数股东持股比例）

【提示】在合并财务报表中，子公司少数股东分担的当期亏损超过了少数股东在该子公司期初所有者权益中所享有的份额的（即发生超额亏损），其余额仍应当冲减少数股东权益，即少数股东权益可以出现负数。

2.母公司对子公司、子公司相互之间持有对方长期股权投资的投资收益的抵销

借：投资收益

　　少数股东损益

　　未分配利润——年初

　　贷：提取盈余公积

　　　　对所有者（或股东）的分配

　　　　未分配利润——年末

【注意】少数股东是否承担未实现内部交易损益？

《企业会计准则第33号——合并财务报表》第三十六条规定：母公司向子公司出售资产所发生的未实现内部交易损益，应当全额抵销“归属于母公司所有者的净利润”。子公司向母公司出售资产所发生的未实现内部交易损益，应当按照母公司对该子公司的分配比例在“归属于母公司所有者的净利润”和“少数股东损益”之间分配抵销。子公司之间出售资产所发生的未实现内部交易损益，应当按照母公司对出售方子公司的分配比例在“归属于母公司所有者的净利润”和“少数股东损益”之间分配抵销。

在进行会计处理时有两种方法：一种方法是，在调整子公司盈亏时考虑逆流交易未实现的内部交易损益，在编制抵销分录时确定的少数股东损益中含有少数股东相关的未实现内部交易损益；另一种方法是，在调整子公司盈亏时不考虑未实现内部交易损益，对逆流交易少数股东相关的未实现内部交易损益，单独编制分录，借记“少数股东权益”，贷记“少数股东损益”。两种会计处理方法最终结果相同。

【例12-5·计算题】P公司2017年10月1日取得S公司80%的股份，能够控制S公司。2018年P公司实现净利润1 000万元，S公司按购买日公允价值持续计算的净利润200万元。2018年3月1日，S公司向P公司出售一批存货，成本为80万元，售价为100万元。至2018年12月31日，P公司将上述存货对外出售70%，假定不考虑所得税等其他因素的影响。

要求：

（1）计算2018年合并净利润。

（2）计算2018年少数股东损益。

（3）计算2018年归属于P公司净利润。

【答案】

（1）2018年存货中未实现利润=（100-80）×（1-70%）=6（万元）

2018年合并净利润=（1 000+200）-6=1 194（万元）

（2）2018年少数股东损益=200×20%-6×20%=38.8（万元）

（3）2018年归属于P公司净利润=1 194−38.8=1 155.2（万元）

或　2018年归属于P公司净利润=1 000+200×80%−6×80%=1 155.2（万元）

【例12-6·计算题】甲公司2017年10月1日取得A公司80%的股份，能够控制A公司；2017年12月1日取得B公司60%的股份，能够控制B公司。2018年甲公司实现净利润1 000万元，A公司按购买日公允价值持续计算的净利润200万元，B公司按购买日公允价值持续计算的净利润100万元。2018年3月1日，A公司向B公司出售一批存货，成本为80万元，售价为100万元。至2018年12月31日，B公司将上述存货对外出售70%，A公司和B公司之间无投资关系，假定不考虑所得税等其他因素的影响。

要求：

（1）计算2018年合并净利润。

（2）计算2018年少数股东损益。

（3）计算2018年归属于甲公司净利润。

【答案】

（1）2018年存货中未实现利润=（100−80）×（1−70%）=6（万元）

2018年合并净利润=（1 000+200+100）−6=1 294（万元）

（2）A公司少数股东损益=200×20%−6×20%=38.8（万元）

B公司少数股东损益=100×40%=40（万元）

2018年少数股东损益=38.8+40=78.8（万元）

（3）2018年归属于甲公司净利润=1 294−78.8=1 215.2（万元）

或　2018年归属于甲公司净利润=（1 000+200×80%+100×60%）−6×80%=1 215.2（万元）

【例12-7·实务题】接【例12-4·实务题】甲公司于2018年1月1日以28 600万元的价格取得A公司80%的股权，使其成为子公司。

A公司2018年1月1日股东权益总额为32 000万元。其中：股本为20 000万元，资本公积为8 000万元，盈余公积为1 200万元，未分配利润为2 800万元；2018年12月31日，股东权益总额为38 000万元，其中：股本为20 000万元，资本公积为8 000万元，盈余公积为3 200万元，未分配利润为6 800万元。

A公司2018年全年实现净利润10 500万元，经公司董事会提议并经股东会批准，2018年提取盈余公积2 000万元，向股东宣告分派现金股利4 500万元。

本例中，A公司当年实现净利润10 500万元，经公司董事会提议并经股东会批准，2018年提取盈余公积2 000万元，向股东宣告分派现金股利4 500万元。甲公司对A公司长期股权投资取得时的账面价值为25 600万元，2018年12月31日仍为25 600万元，甲公司当年确认投资收益为3 600万元。

将成本法核算的结果调整为权益法核算结果的相关的调整分录如下（金额单位：万元）：

借：长期股权投资——A公司	8 400	
贷：投资收益		8 400
借：投资收益	3 600	
贷：长期股权投资——A公司		3 600

经过上述调整分录后，甲公司对A公司长期股权投资的账面价值为30 400万元（25 600+8 400−3 600）。甲公司对A公司长期股权投资账面价值30 400万元正好与母公司

在A公司股东权益中所拥有的份额相等。

本例中，经过调整后甲公司对A公司长期股权投资的金额为30 400万元；A公司股东权益总额为38 000万元，甲公司拥有80%的股权，即在子公司股东权益中拥有30 400万元；其余20%则属于少数股东权益。

长期股权投资与子公司所有者权益抵销时，其抵销分录如下：

借：股本　　20 000
　　资本公积　　8 000
　　盈余公积　　3 200
　　未分配利润　　6 800
　贷：长期股权投资　　30 400
　　　少数股东权益　　7 600

另外，还必须将对子公司的投资收益与子公司当年利润分配相抵销，使合并财务报表反映母公司股东权益变动的情况，其抵销分录如下：

借：投资收益　　8 400
　　少数股东损益　　2 100
　　未分配利润——年初　　2 800
　贷：提取盈余公积　　2 000
　　　向股东分配利润　　4 500
　　　未分配利润　　6 800

另外，本例中A公司2018年宣告分派现金股利4 500万元，股利款项尚未支付，A公司已将其计列应付股利4 500万元。甲公司根据A公司宣告的分派现金股利的公告，按照其所享有的金额，已确认应收股利，并在其资产负债表中计列应收股利3 600万元。这属于母公司与子公司之间的债权债务，在编制合并资产负债表时必须将其予以抵销，其抵销分录如下：

借：应付股利　　3 600
　贷：应收股利　　3 600

第五节　非同一控制下企业合并会计报表

一、非同一控制下取得子公司购买日合并财务报表的编制

（一）按公允价值对非同一控制下取得子公司的财务报表进行调整

调整分录（以固定资产为例，假定固定资产公允价值大于账面价值）如下：

借：固定资产——原价（调增固定资产价值）
　贷：资本公积
借：资本公积
　贷：递延所得税负债

（二）母公司长期股权投资与子公司所有者权益抵销处理

借：股本（实收资本）
　　资本公积

借：其他综合收益
　　盈余公积
　　未分配利润
　　商誉（借方差额）
　贷：长期股权投资
　　　少数股东权益
　　　盈余公积和未分配利润（贷方差额，母公司购买日不编制合并利润表故不能使用利润表项目的营业外收入）

1.拥有子公司全部股权

【例12-8·实务题】北方公司和大华公司无关联关系。2018年12月31日，北方公司向大华公司的股东支付银行存款190 000元，购入大华公司100%发行在外的股份，此外发生有关合并手续费和法律费60 000元、其他间接费用42 000元。

合并前北方公司和大华公司2018年12月30日的个别资产负债表见表12-7。

表12-7　**北方公司与大华公司个别资产负债表**

2018年12月30日　单位：元

项　目	北方公司	大华公司（公允价值）
资产：		
货币资金	300 000	1 000
交易性金融资产	5 000	48 000
应收票据及应收账款	300 000	111 000
存货	140 000	130 000
持有至到期投资	40 000	
固定资产	660 000	100 000
无形资产	15 000	30 000
资产总计	1 460 000	420 000
负债及股东权益：		
应付票据及应付账款	178 000	17 000
应付职工薪酬	30 000	3 000
应付债券		160 000
长期借款	140 000	
负债合计	348 000	180 000
股本	400 000	50 000
资本公积	430 000	90 000
盈余公积	235 000	97 000
未分配利润	47 000	3 000
股东权益合计	1 112 000	240 000
负债及股东权益总计	1 460 000	420 000

取得大华公司的股权时，北方公司做会计分录：

借：长期股权投资——大华公司（成本）（190 000 + 60 000）　　250 000

　贷：银行存款　　250 000

支付有关间接费用时：

借：管理费用　　42 000

　贷：银行存款　　42 000

合并后北方公司和大华公司2018年12月31日的个别资产负债表见表12-8。

表12-8　**北方公司与大华公司个别资产负债表**

2018年12月31日　　单位：元

项　目	北方公司	大华公司（公允价值）
资产：		
货币资金	8 000	1 000
交易性金融资产	5 000	48 000
应收票据及应收账款	300 000	111 000
存货	140 000	130 000
长期股权投资	250 000	
持有至到期投资	40 000	
固定资产	660 000	100 000
无形资产	15 000	30 000
资产总计	1 418 000	420 000
负债及股东权益：		
应付票据及应付账款	178 000	17 000
应付职工薪酬	30 000	3 000
应付债券		160 000
长期借款	140 000	
负债合计	348 000	180 000
股本	400 000	50 000
资本公积	430 000	90 000
盈余公积	235 000	97 000
未分配利润	5 000	3 000
股东权益合计	1 070 000	240 000
负债及股东权益总计	1 418 000	420 000

根据以上资料，编制合并会计报表：

（1）将按成本法反映的长期股权投资中对子公司的投资项目按权益法进行调整：

“长期股权投资——大华公司（成本）”250 000元＞子公司（大华公司）可辨认净资产公允价值240 000元，因此不需对其股权投资成本进行调整。

（2）将母公司中长期股权投资项目中对“子公司的投资”与子公司股东权益项目相抵销。

借：股本	50 000	
资本公积	90 000	
盈余公积	97 000	
未分配利润	3 000	
商誉	10 000	
贷：长期股权投资——大华公司		250 000

（3）合并资产负债表工作底稿见表12-9。

表12-9 合并资产负债表工作底稿

2018年12月31日 单位：元

项　目	资产负债表		调整抵销分录		合并资产负债表
	母公司（北方公司）	子公司（大华公司）	借　方	贷　方	
资产：					
货币资金	8 000	1 000			9 000
交易性金融资产	5 000	48 000			53 000
应收票据及应收账款	300 000	111 000			411 000
存货	140 000	130 000			270 000
长期股权投资	250 000			250 000	0
持有至到期投资	40 000				40 000
固定资产	660 000	100 000			760 000
无形资产	15 000	30 000			45 000
商誉			10 000		10 000
资产总计	1 418 000	420 000	10 000	250 000	1 598 000
负债及股东权益：					
应付票据及应付账款	178 000	17 000			195 000
应付职工薪酬	30 000	3 000			33 000
应付债券		160 000			160 000
长期借款	140 000				140 000
负债合计	348 000	180 000			528 000
股本	400 000	50 000	50 000		400 000
资本公积	430 000	90 000	90 000		430 000
盈余公积	235 000	97 000	97 000		235 000
未分配利润	5 000	3 000	3 000		5 000
股东权益合计	1 070 000	240 000	240 000		1 070 000
负债及股东权益总计	1 418 000	420 000	240 000		1 598 000

若上例中北方公司向大华公司的股东支付银行存款160 000元，购入大华公司100%发行在外的股份，此外发生有关合并手续费和法律费60 000元、其他间接费用42 000元。

取得大华公司的股权时，北方公司作会计分录：

借：长期股权投资——大华公司（成本）（160 000 + 60 000）　　220 000

　贷：银行存款　　220 000

支付有关间接费用时：

借：管理费用　　42 000

　贷：银行存款　　42 000

合并后北方公司和大华公司2018年12月31日的个别会计报表见表12-10。

表12-10　　**北方公司与大华公司个别资产负债表**

2018年12月31日　　单位：元

项　目	北方公司	大华公司（公允价值）
资产：		
货币资金	38 000	1 000
交易性金融资产	5 000	48 000
应收票据及应收账款	300 000	111 000
存货	140 000	130 000
长期股权投资	220 000	
持有至到期投资	40 000	
固定资产	660 000	100 000
无形资产	15 000	30 000
资产总计	1 418 000	420 000
负债及股东权益：		
应付票据及应付账款	178 000	17 000
应付职工薪酬	30 000	3 000
应付债券		160 000
长期借款	140 000	
负债合计	348 000	180 000
股本	400 000	50 000
资本公积	430 000	90 000
盈余公积	235 000	97 000
未分配利润	5 000	3 000
股东权益合计	1 070 000	240 000
负债及股东权益总计	1 418 000	420 000

根据以上资料，编制合并会计报表：

（1）将按成本法反映的长期股权投资中对子公司的投资项目按权益法进行调整：

"长期股权投资——大华公司（成本）"220 000元<子公司（大华公司）可辨认净资产公允价值240 000元，因此需对其股权投资成本进行调整，做调整分录：

借：长期股权投资——大华公司（成本）　　20 000

　贷：营业外收入（调整"未分配利润"项目）　　20 000

（2）将母公司中长期股权投资项目中对"子公司的投资"与子公司股东权益项目相抵销。

借：股本　　50 000

　　资本公积　　90 000

　　盈余公积　　97 000

　　未分配利润　　3 000

　贷：长期股权投资——大华公司　　240 000

（3）合并资产负债表工作底稿见表12-11。

表12-11

合并资产负债表工作底稿

2018年12月31日

单位：元

项　目	资产负债表		调整抵销分录		合并资产负债表
	母公司（北方公司）	子公司（大华公司）	借　方	贷　方	
资产：					
货币资金	38 000	1 000			39 000
交易性金融资产	5 000	48 000			53 000
应收票据及应收账款	300 000	111 000			411 000
存货	140 000	130 000			270 000
长期股权投资	220 000		20 000	240 000	0
持有至到期投资	40 000				40 000
固定资产	660 000	100 000			760 000
无形资产	15 000	30 000			45 000
资产总计	1 418 000	420 000	20 000	240 000	1 618 000
负债及股东权益：					
应付票据及应付账款	178 000	17 000			195 000
应付职工薪酬	30 000	3 000			33 000
应付债券		160 000			160 000
长期借款	140 000				140 000
负债合计	348 000	180 000			528 000
股本	400 000	50 000	50 000		400 000
资本公积	430 000	90 000	90 000		430 000
盈余公积	235 000	97 000	97 000		235 000
未分配利润	5 000	3 000	3 000	20 000	25 000
股东权益合计	1 070 000	240 000	240 000	20 000	1 090 000
负债及股东权益总计	1 418 000	420 000	240 000	20 000	1 618 000

2.拥有子公司部分股权

【例12-9·实务题】接【例12-8·实务题】，若北方公司以银行存款210 000元购入大华公司80%发行在外的股份，取得大华公司的股权时，北方公司做如下会计分录：

借：长期股权投资——大华公司（成本）　　210 000

　贷：银行存款　　210 000

合并后北方公司和大华公司2018年12月31日的个别会计报表见表12-12。

表12-12　北方公司与大华公司个别资产负债表

2018年12月31日　　单位：元

项　目	北方公司	大华公司
资产：		
货币资金	18 000	1 000
交易性金融资产	5 000	48 000
应收票据及应收账款	300 000	111 000
存货	140 000	130 000
长期股权投资	210 000	
持有至到期投资	40 000	
固定资产	660 000	100 000
无形资产	15 000	30 000
资产总计	1 388 000	420 000
负债及股东权益：		
应付票据及应付账款	178 000	17 000
应付职工薪酬	30 000	3 000
应付债券		160 000
长期借款	140 000	
负债合计	348 000	180 000
股本	400 000	50 000
资本公积	400 000	90 000
盈余公积	235 000	97 000
未分配利润	5 000	3 000
股东权益合计	1 040 000	240 000
负债及股东权益总计	1 388 000	420 000

根据以上资料，编制合并会计报表：

（1）将按成本法反映的长期股权投资中对子公司的投资项目按权益法进行调整：

“长期股权投资——大华公司（成本）”210 000元>子公司（大华公司）可辨认净资产公允价值中母公司享有的份额192 000元（240 000×80%），因此不需对其长期股权投资成本进行调整。

（2）将母公司中长期股权投资项目中对“子公司的投资”与子公司股东权益项目相抵销。

借：股本　　50 000

　　资本公积　　90 000

　　盈余公积　　97 000

　　未分配利润　　3 000

　　商誉　　18 000

　贷：长期股权投资——大华公司　　210 000

　　　少数股东权益　　48 000

（3）合并资产负债表工作底稿见表12-13。

表12-13　　合并资产负债表工作底稿

2018年12月31日　　单位：元

项　目	资产负债表		调整抵销分录		合并资产负债表
	母公司（北方公司）	子公司（大华公司）	借　方	贷　方	
资产：					
货币资金	18 000	1 000			19 000
交易性金融资产	5 000	48 000			53 000
应收票据及应收账款	300 000	111 000			411 000
存货	140 000	130 000			270 000
长期股权投资	210 000			210 000	
持有至到期投资	40 000				40 000
固定资产	660 000	100 000			760 000
无形资产	15 000	30 000			45 000
商誉			18 000		18 000
资产合计	1 388 000	420 000	18 000	210 000	1 616 000
负债及股东权益：					
应付票据及应付账款	178 000	17 000			195 000
应付职工薪酬	30 000	3 000			33 000
应付债券		160 000			160 000
长期借款	140 000				140 000
负债合计	348 000	180 000			528 000
股本	400 000	50 000	50 000		400 000
资本公积	400 000	90 000	90 000		400 000
盈余公积	235 000	97 000	97 000		235 000
未分配利润	5 000	3 000	3 000		5 000
归属于母公司股东权益合计	1 040 000	240 000	240 000		1 040 000
少数股东权益				48 000	48 000
股东权益合计			240 000	48 000	1 088 000
负债及股东权益合计	1 388 000	420 000	240 000	48 000	1 616 000

【例12-10·实务题】甲公司2018年1月1日以定向增发公司普通股票的方式，购买取得A公司70%的股权。甲公司定向增发普通股股票10 000万股（每股面值为1元），甲公司普通股股票面值为每股1元，市场价格为每股2.95元。甲公司并购A公司属于非同一控制下的企业合并，假定不考虑所得税、甲公司增发该普通股股票所发生的审计以及发行等相关的费用。

A公司在购买日股东权益总额为32 000万元，其中股本为20 000万元、资本公积为8 000万元、盈余公积为1 200万元、未分配利润为2 800万元。A公司购买日应收账款账面价值为3 920万元、公允价值为3 820万元；存货的账面价值为20 000万元、公允价值为21 100万元；固定资产账面价值为18 000万元、公允价值为21 000万元。购买日股东权益公允价值总额为36 000万元。

甲公司将购买取得A公司70%的股权作为长期股权投资入账，其账务处理如下（单位：万元）：

借：长期股权投资——A公司　　29 500
　贷：股本　　10 000
　　　资本公积　　19 500

编制购买日的合并资产负债表时，将A公司资产和负债的评估增值或减值分别调增或调减相关资产和负债项目的金额。在合并工作底稿中调整分录如下（单位：万元）：

借：存货　　1 100
　　固定资产　　3 000
　贷：应收账款　　100
　　　资本公积　　4 000

【例12-11·实务题】接【例12-10·实务题】，基于资产和负债的公允价值对A公司财务报表调整后，有关计算如下（单位：万元）：

甲公司合并成本=2.95×10 000=29 500（万元）

A公司调整后的股东权益总额=32 000+4 000=36 000（万元）

合并商誉=29 500-36 000×70%=4 300（万元）

少数股东权益=36 000×30%=10 800（万元）

借：股本　　20 000
　　资本公积　　12 000
　　盈余公积　　1 200
　　未分配利润　　2 800
　　商誉　　4 300
　贷：长期股权投资——A公司　　29 500
　　　少数股东权益　　10 800

二、非同一控制下取得子公司购买日后合并财务报表的编制

（一）对子公司个别财务报表进行调整

对于非同一控制下企业合并中取得的子公司，应当根据母公司在购买日设置的备查簿中登记的该子公司有关可辨认资产、负债的公允价值，对子公司的个别财务报表进行调整，使子公司的个别财务报表反映为在购买日公允价值基础上确定的可辨认资产、负债等

在本期资产负债表日应有的金额。

被购买方一项固定资产，采用年限平均法计提折旧，无残值，预计尚可使用年限为10年，购买日2017年1月1日该项固定资产的公允价值为300万元，账面价值为100万元，如图12-2所示。

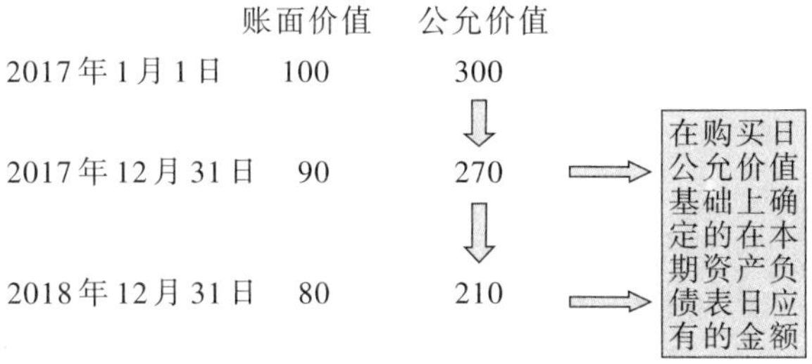

图12-2　个别财务报表调整示意图

调整分录（以固定资产为例，假定固定资产公允价值大于账面价值）如下：

1.投资当年

借：固定资产——原价（调整固定资产价值）

　贷：资本公积

借：资本公积

　贷：递延所得税负债

借：管理费用（当年按公允价值应补提折旧）

　贷：固定资产——累计折旧

借：递延所得税负债

　贷：所得税费用

2.连续编制合并财务报表

借：固定资产——原价（调整固定资产价值）

　贷：资本公积——年初

借：资本公积——年初

　贷：递延所得税负债

借：未分配利润——年初（年初累计补提折旧）

　贷：固定资产——累计折旧

借：递延所得税负债

　贷：未分配利润——年初

借：管理费用（当年补提折旧）

　贷：固定资产——累计折旧

借：递延所得税负债

　贷：所得税费用

【例12-12·实务题】2017年1月1日，P公司用银行存款3 000万元购得S公司80%的股权（假定P公司与S公司的企业合并属于非同一控制下的企业合并）。购买日，S公司有一办公楼，其公允价值为700万元，账面价值为600万元，按年限平均法计提折旧额，预计使用年限为20年，无残值。假定A办公楼用于S公司的总部管理。其他资产和负债的公允价值与其账面价值相等。

假定S公司的会计政策和会计期间与P公司一致，不考虑P公司和S公司的内部交易及合并资产、负债的所得税影响。

要求：

（1）在合并财务报表中编制2017年12月31日对S公司个别报表的调整分录。

（2）在合并财务报表中编制2018年12月31日对S公司个别报表的调整分录（单位：万元）。

【答案】

（1）借：固定资产　100

　　贷：资本公积　100

借：管理费用　5

　贷：固定资产——累计折旧　5

（2）借：固定资产　100

　　贷：资本公积　100

借：未分配利润——年初　5

　贷：固定资产——累计折旧　5

借：管理费用　5

　贷：固定资产——累计折旧　5

（二）长期股权投资由成本法调整为权益法

长期股权投资成本法核算的结果调整为权益法核算的结果的会计处理与同一控制相同。

（三）抵销分录

1.母公司长期股权投资与子公司所有者权益的抵销

借：股本（实收资本）

　资本公积

　其他综合收益

　盈余公积

　未分配利润

　商誉（借方差额）

　贷：长期股权投资（母公司）

　　少数股东权益（子公司所有者权益×少数股东投资持股比例）

2.母公司对子公司、子公司相互之间持有对方长期股权投资的投资收益的抵销

借：投资收益

　少数股东损益

　未分配利润——年初

　贷：提取盈余公积

　　对所有者（或股东）的分配

　　未分配利润

【例12-13·实务题】接【例12-10·实务题】，甲公司2018年1月1日以定向增发普通股票的方式，购买持有A公司70%的股权。甲公司对A公司长期股权投资的金额为

29 500万元，甲公司购买日编制的合并资产负债表中确认合并商誉4 300万元。

A公司在购买日股东权益总额为32 000万元，其中股本为20 000万元、资本公积为8 000万元、盈余公积为1 200万元、未分配利润为2 800万元。A公司购买日应收账款账面价值为3 920万元、公允价值为3 820万元；存货的账面价值为20 000万元、公允价值为21 100万元；固定资产账面价值为18 000万元、公允价值为21 000万元。

A公司2018年12月31日股东权益总额为38 000万元，其中股本为20 000万元、资本公积为8 000万元、盈余公积为3 200万元、未分配利润为6 800万元。A公司2018年全年实现净利润10 500万元，A公司当年提取盈余公积2 000万元、向股东分配现金股利4 500万元。截至2018年12月31日，应收账款按购买日确认的金额收回，确认的坏账已核销；购买日存货公允价值增值部分，当年已全部实现对外销售。

购买日固定资产原价公允价值增加系公司用办公楼增值。该办公楼采用的折旧方法为年限平均法，该办公楼剩余折旧年限为20年，假定该办公楼评估增值在未来20年内平均摊销。

1.甲公司2018年年末编制合并财务报表时相关项目计算如下：

$$\begin{array}{c}\text{A公司调整}\\\text{后本年净利润}\end{array}=10\,500+\left[100\left(\begin{array}{c}\text{购买日应收账款公允}\\\text{价值减值的实现而调}\\\text{减资产减值损失}\end{array}\right)-1\,100\left(\begin{array}{c}\text{购买日存货公允}\\\text{价值增值的实现}\\\text{而调增营业成本}\end{array}\right)-150\left(\begin{array}{c}\text{固定资产公允价值}\\\text{增值计算的折旧}\\\text{而调增管理费用}\end{array}\right)\right]$$

$=9\,350$（万元）

150万元系固定资产公允价值增值3 000万元按剩余折旧年限摊销。

A公司调整后本年年末未分配利润=2 800（年初）+9 350−2 000（提取盈余公积）−4 500（分派股利）

=5 650（万元）

权益法下甲公司对A公司投资的投资收益=9 350×70%=6 545（万元）

权益法下甲公司对A公司长期股权投资本年年末余额=29 500+6 545−4 500（分派股利）×70%

=32 895（万元）

少数股东损益=9 350×30%=2 805（万元）

少数股东权益的年末余额=10 800+2 805−4 500×30%=12 255（万元）

2.甲公司2018年编制合并财务报表时，应当进行如下调整与抵销处理：

（1）按公允价值对A公司财务报表项目进行调整。根据购买日A公司资产和负债的公允价值与账面价值之间的差额，调整A公司相关公允价值变动的资产和负债项目及资本公积项目。

在合并工作底稿中，其调整分录如下（单位：万元）：

借：存货	1 100	
固定资产	3 000	
贷：应收账款		100
资本公积		4 000
借：营业成本	1 100	
贷：存货		1 100
借：管理费用	150	
贷：固定资产		150
借：应收账款	100	
贷：资产减值损失		100

（2）按照权益法对甲公司财务报表项目进行调整。

借：长期股权投资——A公司	6 545	
贷：投资收益		6 545
借：投资收益	3 150	
贷：长期股权投资		3 150

（3）长期股权投资与所有者权益的抵销。

借：股本	20 000	
资本公积	12 000	
盈余公积	3 200	
未分配利润	5 650	
商誉	4 300	
贷：长期股权投资		32 895
少数股东权益		12 255

（4）投资收益与子公司利润分配等项目的抵销。

借：投资收益	6 545	
少数股东损益	2 805	
未分配利润——年初	2 800	
贷：提取盈余公积		2 000
向股东分配利润		4 500
未分配利润		5 650

（5）应收股利与应付股利的抵销。

借：应付股利	3 150	
贷：应收股利		3 150

【例12-14·实务题】接【例12-13】，A公司在购买日相关资产和负债等资料同上，即购买日A公司股东权益总额为32 000万元，其中股本为20 000万元、资本公积为8 000万元、盈余公积为1 200万元、未分配利润为2 800万元。A公司购买日应收账款账面价值为3 920万元、公允价值为3 820万元；存货的账面价值为20 000万元、公允价值为21 100万元；固定资产账面价值为18 000万元、公允价值为21 000万元。截至2019年12月31日，应收账款按购买日公允价值的金额收回；购买日的存货，当年已实现对外销售；购买日公司管理用办公楼公允价值增加，该办公楼采用的折旧方法为年限平均法。

该办公楼剩余折旧年限为20年，假定该办公楼评估增值在未来20年内平均摊销。

A公司2019年12月31日股东权益总额为44 000万元，其中股本为20 000万元、资本公积为8 000万元、盈余公积为5 600万元、未分配利润为10 400万元。A公司2019年全年实现净利润12 000万元，A公司当年提取盈余公积2 400万元、向股东分配现金股利6 000万元。

1.甲公司编制2019年度合并财务报表时，相关项目计算如下：

A公司调整后本年净利润=12 000−150（固定资产公允价值增值计算的折旧）=11 850（万元）

A公司调整后本年年初未分配利润=6 800+100（上年实现的购买日应收账款公允价值减值）−1 100（上年实现的购买日存货公允价值增值）−150（固定资产公允价值增值计算的折旧）

=5 650（万元）

A公司调整后本年年末未分配利润=5 650+11 850−2 400（提取盈余公积）−6 000（分派股利）=9 100（万元）

权益法下甲公司对A公司投资的投资收益=11 850×70%=8 295（万元）

权益法下甲公司对A公司长期股权投资本年年末余额=32 895（上年年末长期股权投资余额）+8 295−6 000（分配股利）×70%=36 990（万元）

少数股东损益=11 850×30%=3 555（万元）

少数股东权益的年末余额=12 255+3 555−6 000×30%=14 010（万元）

2.甲公司2019年编制合并财务报表时，应当进行的调整与抵销处理如下：

（1）按公允价值对A公司财务报表项目进行调整，其调整分录如下（单位：万元）：

借：存货	1 100	
固定资产	3 000	
贷：应收账款		100
资本公积		4 000
借：未分配利润——年初	1 100	
贷：存货		1 100
借：未分配利润——年初	150	
贷：固定资产		150
借：应收账款	100	
贷：未分配利润——年初		100
借：管理费用	150	
贷：固定资产		150

或：

借：固定资产	2 850	
未分配利润——年初	1 150	
贷：资本公积		4 000
借：管理费用	150	
贷：固定资产		150

（2）按照权益法对甲公司财务报表项目进行调整：

借：长期股权投资	6 545	
贷：未分配利润——年初		6 545
借：未分配利润——年初	3 150	
贷：长期股权投资		3 150
借：长期股权投资	8 295	
贷：投资收益		8 295
借：投资收益	4 200	
贷：长期股权投资		4 200

（3）长期股权投资与子公司所有者权益的抵销：

借：股本	20 000	
资本公积	12 000	

借：盈余公积	5 600	
未分配利润	9 100	
商誉	4 300	
贷：长期股权投资		36 990
少数股东权益		14 010

（4）投资收益与子公司利润分配等项目的抵销：

借：投资收益	8 295	
少数股东损益	3 555	
未分配利润——年初	5 650	
贷：提取盈余公积		2 400
向股东分配利润		6 000
未分配利润		9 100

（5）应收股利与应付股利的抵销：

借：应付股利	4 200	
贷：应收股利		4 200

注册会计师考试真题

【2017年考题·单选题】下列各项关于合并财务报表合并范围的表述中，正确的是（　　）。

A.合并财务报表的合并范围应当以控制为基础予以确定

B.投资方在判断是否拥有对被投资方的权利时应当仅考虑与被投资方相关的保护性权利

C.投资方持有被投资方半数或以下的表决权时表明投资方对被投资方不拥有权利

D.母公司应当将其全部子公司纳入合并财务报表的合并范围

【答案】A

【解析】投资方在判断是否拥有被投资方的权利时应当考虑与被投资方相关的实质性权利，选项B错误；除非有确凿证据表明投资方不能主导被投资方相关活动，投资方持有被投资方半数或以下的表决权但通过与其他表决权人之间的协议能够控制半数以上表决权的，表明投资方对被投资方拥有权利，选项C错误；母公司应当将其全部子公司纳入合并范围，但如果母公司是投资性主体，则只应将那些为投资主体的投资活动提供相关服务的子公司纳入合并范围，对其他子公司不应予以合并，选项D错误。

【2018年考题·单选题】2×17年1月1日，甲公司以银行存款5 300万元为对价取得乙公司80%的股权，能够对乙公司实施有效控制。购买日，乙公司可辨认净资产公允价值为6 000万元。假定乙公司只有资产，没有负债或或有负债。至2×17年12月31日，乙公司可辨认资产账面价值为7 400万元。乙公司资产组的可收回金额为7 500万元。假定不考虑其他因素，则下列说法中正确的是（　　）。

A.2×17年1月1日，甲公司合并报表中应确认的商誉为625万元

B.2×17年12月31日，甲公司合并报表中商誉的列报金额为0

C.2×17年12月31日，甲公司应确认的商誉减值损失为420万元

D.2×17年12月31日，乙公司可辨认净资产发生减值100万元

【答案】C

【解析】本题考查的知识点：资产组、总部资产、商誉减值的综合处理。

【2017年考题·多选题】与个别报表相比，合并报表具有的特点有（　　）。

A.反映的对象是由母公司和其全部子公司组成的会计主体

B.编制者是母公司，但所对应的会计主体是由母公司及其控制的所有子公司所构成的企业集团

C.合并财务报表是站在合并财务报表主体的立场上，以纳入合并范围的企业个别财务报表为基础进行编制

D.编制合并报表需要抵销母公司与子公司、子公司相互之间发生的内部交易，并考虑特殊交易事项对合并财务报表的影响

【答案】ABCD

【解析】与个别报表相比，合并报表具有以下特点：

（1）反映的对象是由母公司和其全部子公司组成的会计主体；

（2）编制者是母公司，但所对应的会计主体是由母公司和其全部子公司所构成的企业集团；

（3）合并财务报表是站在合并财务报表主体的立场上，以纳入合并范围的企业个别财务报表为基础，根据其他有关资料，抵销母公司与子公司、子公司相互之间发生的内部交易，考虑了特殊交易事项对合并财务报表的影响后编制的，旨在反映合并财务报表主体作为一个整体的财务状况、经营成果和现金流量。

【2018年考题·综合题】甲股份有限公司（以下简称甲公司）2×16年发生的有关交易和事项如下：

（1）1月2日甲公司支付3 600万元银行存款，取得丙公司30%的股权，当日丙公司可辨认净资产公允价值为14 000万元，相关可辨认资产、负债的公允价值与账面价值相同，甲公司取得该股权后，向丙公司董事会分派出一名成员，参与丙公司的日常经营决策。

2×16年丙公司实现净利润2 000万元，持有可供出售金融资产当年市场价格下跌300万元，但尚未达到丙公司确定的应对可供出售金融资产计提减值准备的标准。

12月31日丙公司引入新投资者，新投资者向丙公司投入4 000万元，新投资者加入后，甲公司持有丙公司的股权比例降至25%，但仍能够对丙公司施加重大影响。

（2）6月30日，甲公司将原作为办公用房的一栋房产对外出租，该房产原值为3 000万元，至租赁期开始日已计提折旧1 200万元，未计提减值。房产公允价值为1 680万元。2×16年12月31日，周边租赁市场租金水平上升，甲公司采用公允价值进行后续计量，当日根据租金折现法估计，甲公司估计该房产的公允价值为1 980万元。

（3）8月20日，甲以一项土地使用权为对价，自母公司购入其持有的一项对乙公司60%的股权（甲公司的母公司自2×14年2月起持有乙公司股权），另以银行存款向母公司支付补价3 000万元。当日甲土地使用权成本为12 000万元，累计摊销1 200万元，未计提减值损失，公允价值为19 000万元。乙公司可辨认净资产的公允价值为3 800万元，所有者权益账面价值为8 000万元（含原吸收合并时产生的商誉1 200万元）。取得乙公司60%

股权当日，甲公司与母公司办理完成了相关资产的所有权转让及乙公司工商登记手续，甲公司能够对乙公司实际控制。

其他相关资料：除上述交易或事项外，甲公司2×16年未发生其他可能影响其他综合收益的交易或事项。本题中不考虑所得税等相关税费影响以及其他因素。

要求：（1）就甲公司2×16年发生的有关交易和事项，分别说明是否影响甲公司2×16年利润表中列报的其他综合收益，并编制与所发生交易或事项相关的会计分录（金额单位：万元）。

（2）计算甲公司2×16年利润表中其他综合收益总额。

【答案】（1）事项（1）影响其他综合收益。

借：长期股权投资　4 200

　贷：银行存款　3 600

　　营业外收入　600

借：长期股权投资（2 000×30%）　600

　贷：投资收益　600

借：其他综合收益（300×30%）　90

　贷：长期股权投资　90

借：银行存款　4 000

　贷：实收资本　4 000

增资后，甲公司享有丙公司净资产的份额=（14 000+2 000-300+4 000）×25%=4 925（万元）。

增资前，甲公司享有丙公司净资产的份额=（14 000+2 000-300）×30%=4 710（万元）。

因股权稀释导致增加的净资产份额=4 925-4 710=215（万元）

借：长期股权投资——其他权益变动　215

　贷：资本公积——其他资本公积　215

事项（2）不影响其他综合收益。

借：投资性房地产　1 680

　累计折旧　1 200

　公允价值变动损益　120

　贷：固定资产　3 000

借：投资性房地产（1 980-1 680）　300

　贷：公允价值变动损益　300

事项（3）不影响其他综合收益。

借：长期股权投资［（8 000-1 200）×60%+1 200］　5 280

　累计摊销　1 200

　资本公积　8 520

　贷：无形资产　12 000

　　银行存款　3 000

（2）影响其他综合收益的金额为-90万元。

精讲练习题

一、单选题

1.甲公司为乙公司的母公司。2018年1月1日，甲公司以1 400万元从本集团外部购入丁公司70%的股权（属于非同一控制下企业合并）并能够控制丁公司的财务和经营政策，购买日，丁公司可辨认净资产的公允价值为2 000万元，账面价值为1 900万元，除一项存货外，其他资产、负债的公允价值与账面价值相等，该存货的公允价值为300万元，账面价值为200万元。2018年度，丁公司将上述存货对外销售60%。2019年1月1日，乙公司购入甲公司所持丁公司70%的股权，实际支付款项1 500万元，形成同一控制下的企业合并。2018年度丁公司实现的净利润为500万元，无其他所有者权益变动。2019年1月1日，乙公司购入丁公司70%股权的初始投资成本为（　　）万元。

A.2 440　　B.1 500　　C.1 708　　D.1 400

2.2019年1月1日，A公司以定向增发普通股票的方式，购买乙公司80%的股份从而能够对其实施控制，投资时乙公司可辨认净资产公允价值为3 100万元，账面价值为3 000万元，差额系一项应收账款所致。为取得该股权，A公司增发1 000万股普通股，每股面值为1元，每股公允价值为3元，另支付承销商佣金50万元。A公司、乙公司适用的所得税税率均为25%，且在此之前无关联方关系。A公司的该项合并符合特殊性税务处理条件，属免税合并。2019年1月1日，A公司取得乙公司80%股权时，合并财务报表中确认商誉的金额为（　　）万元。

A.0　　B.520　　C.540　　D.600

3.甲公司和乙公司没有关联方关系，甲公司2017年1月1日投资1 000万元购入乙公司80%股权。当日，乙公司可辨认净资产公允价值为1 000万元，账面价值为800万元，其差额为应在5年内采用直线法摊销的管理用无形资产（预计净残值为0）形成的。2017年乙公司实现净利润200万元，分配现金股利120万元，所有者权益其他项目不变；2018年乙公司实现净利润240万元，资本公积增加200万元，所有者权益其他项目不变。2018年12月31日乙公司可辨认净资产的公允价值为1 500万元。假定不考虑内部交易、所得税等因素的影响。2018年12月31日，甲公司编制合并财务报表时将长期股权投资调整为权益法后的金额为（　　）万元。

A.1 192　　B.1 352　　C.1 320　　D.1 240

4.甲公司及其子公司适用的所得税税率均为25%。甲公司2017年3月10日从其拥有80%股份的子公司购进设备一台，该设备为子公司所生产的产品，成本1 700万元，售价2 340万元（含增值税，增值税税率为17%），另付安装费8万元，甲公司已付款且该设备当月投入使用，预计使用年限为5年（与税法相同），预计净残值为零，采用年数总和法计提折旧（与税法相同）。2018年年末甲公司编制合并财务报表时，应抵销的“固定资产——累计折旧”的金额为（　　）万元。

A.100　　B.160　　C.85　　D.80

5.甲、乙两家公司属于非同一控制下的独立公司。甲公司于2018年7月1日以本公司的办公楼出资，取得乙公司80%的股份。该办公楼原值为1 500万元，已计提折旧额为300万元，已计提减值准备为50万元，7月1日公允价值为1 250万元。甲公司取得该项投资时另发生相关手续费20万元。2018年7月1日，乙公司可辨认净资产公允价值为2 000万元（等于账面价值）。2018年7月1日至2018年12月31日乙公司实现净利润200万元。2018年12月31日乙公司可辨认净资产的公允价值为2 500万元。2018年12月31日该项长期股权投资在合并报表中列示的金额为（　　）万元。

A.0　　B.1 250　　C.1 760　　D.2 000

6.甲公司是乙公司的母公司，2018年甲公司销售一批产品给乙公司，售价5 000元（不含增值税），甲公司的销售毛利率为20%。截至2018年年末，乙公司已将该批产品对外销售50%，取得收入6 000元。不考虑所得税和其他因素，编制2018年合并报表中应抵销的未实现内部销售利润为（　　）元。

A.0　　B.1 000　　C.500　　D.3 500

7.甲公司是乙公司的母公司，且甲公司与乙公司均为增值税一般纳税人，适用的增值税税率均为17%。2017年发生如下事项：

（1）2017年5月2日，甲公司出售200件商品给乙公司，每件售价为6万元（不含增值税），每件成本3万元。截至2017年12月31日，乙公司从甲公司购买的上述商品尚有100件未对外出售，其可变现净值为每件2.5万元。

（2）2017年12月31日，甲公司自乙公司购入一台乙公司生产的设备，售价为400万元，增值税税额为68万元，成本为360万元。甲公司购入后作为管理用固定资产核算，甲公司在运输过程中另发生运输费、保险费等10万元。2017年甲公司编制合并利润表时，“营业成本”项目抵销的金额是（　　）万元。

A.1 200　　B.600　　C.1 260　　D.1 000

8.甲公司为增值税一般纳税人，适用的增值税税率为17%。甲公司对其所得税采用资产负债表债务法核算，其适用的所得税税率为25%。2017年2月10日从其拥有80%股份的子公司购进管理用设备一台，该设备系其子公司生产的产品，其成本140万元，售价200万元（不含增值税），作为固定资产核算，另支付运输安装费10万元，甲公司已付款且该设备当月投入仍作为固定资产使用，预计使用5年，采用年限平均法计提折旧，净残值为0。甲公司于2017年年末编制合并报表时，合并报表中该项固定资产的金额为（　　）万元。

A.95　　B.161　　C.88.67　　D.150

9.甲公司只有一个子公司乙公司，2018年度甲公司和乙公司个别现金流量表中“销售商品、提供劳务收到的现金”项目的金额分别为500万元和250万元，“购买商品、接受劳务支付的现金”项目的金额分别为450万元和200万元。2018年甲公司向乙公司销售商品收到现金25万元，不考虑其他事项，甲公司2018年编制的合并现金流量表中“销售商品、提供劳务收到的现金”项目的金额为（　　）万元。

A.750　　B.650　　C.625　　D.725

二、多选题

1.对于长江公司来说，下列各项属于控制的有（　　）。

A.长江公司拥有A公司50%的权益性资本，A公司拥有C公司100%的权益性资本，长江公司和C公司

B.长江公司拥有B公司51%的权益性资本，长江公司和B公司

C.长江公司在D公司董事会会议上有半数以上投票权，长江公司和D公司

D.长江公司拥有E公司60%的股权，拥有F公司10%的股权，E公司拥有F公司41%的股权，长江公司和F公司

2.下列各项中，在合并现金流量表中反映的有（　　）。

A.子公司向母公司支付现金股利

B.子公司A公司向子公司B公司销售商品所产生的现金流量

C.子公司吸收少数股东投资收到的现金

D.子公司依法减资向少数股东支付的现金

3.关于非同一控制下，母公司在报告期内增加子公司在合并财务报表中的反映，下列说法中不正确的有（　　）。

A.不应调整合并资产负债表的期初数

B.将控制权日至报告期期末的收入、费用、利润纳入合并利润表

C.将期初至报告期期末的收入、费用、利润纳入合并利润表

D.将期初至报告期期末的现金流量纳入合并现金流量表

4.甲公司于2018年7月1日以本公司的办公楼出资，取得乙公司80%的股份。该办公楼原值为1 500万元，已计提折旧额为300万元，已计提减值准备为50万元，7月1日公允价值为1 250万元。甲公司取得该项投资时另发生相关手续费20万元。2018年7月1日，乙公司可辨认净资产公允价值为2 000万元（等于账面价值）。2018年7月1日至2018年12月31日乙公司实现净利润200万元。下列有关甲公司对乙公司投资的会计处理中，正确的有（　　）。

A.甲公司取得乙公司80%股权的交易为非同一控制下的企业合并

B.2018年12月31日甲公司个别财务报表中对乙公司的长期股权投资为1 250万元

C.2018年12月31日甲公司个别财务报表中对乙公司的长期股权投资为1 410万元

D.2018年12月31日甲公司合并财务报表中对乙公司的长期股权投资为0

5.甲公司拥有乙公司80%有表决权资本，能够对乙公司实施控制。甲公司和乙公司采用资产负债表债务法核算所得税，适用的所得税税率均为25%。其他有关资料如下：

（1）2017年乙公司从甲公司购入A产品，累计购入800件，购入价格为0.8万元/件。甲公司A产品的销售成本为每件0.6万元。

（2）2017年12月31日，乙公司从甲公司购入的A产品尚有600件未对外出售，600件A产品的可变现净值为420万元。

（3）2018年12月31日，乙公司存货中包含上述从甲公司购入的A产品100件，其账面成本总额为80万元。

（4）2018年12月31日，100件A产品的可变现净值为40万元。

2018年编制合并财务报表时，下列关于递延所得税的说法中正确的有（　　）。

A.递延所得税资产年初余额为30万元

B.递延所得税资产年初余额为15万元

C.2018年抵销递延所得税资产年初数15万元

D.2018年递延所得税资产年末余额为0

6.某企业集团母子公司坏账准备计提比例均为应收账款余额的3%，所得税税率均为

25%。2017年年末母公司对其子公司内部应收账款余额为4 000万元（假定在此之前母公司对其子公司的应收款项余额为0），2018年年末该应收账款余额增至5 000万元。下列母公司2018年编制合并财务报表的分录中（单位：万元），正确的有（　　）。

A.借：应付账款　5 000
　　贷：应收账款　5 000

B.借：应付账款　1 000
　　贷：应收账款　1 000

C.借：应收账款——坏账准备　150
　　贷：未分配利润——年初　120
　　　　资产减值损失　30

D.借：未分配利润——年初　30
　　　所得税费用　7.5
　　贷：递延所得税资产　37.5

7.关于报告期内增减子公司，下列说法中不正确的有（　　）。

A.因非同一控制下的企业合并增加的子公司，应调整合并资产负债表的期初数

B.因同一控制下的企业合并增加的子公司，编制合并资产负债表时，应调整合并资产负债表的期初数

C.母公司在报告期内处置子公司，应当将该子公司期初至处置日的收入、费用、利润纳入合并利润表

D.报告中期新增的符合纳入合并财务报表范围条件的子公司，如无法提供可比中期合并财务报表，可不将其纳入合并范围

8.下列各项中，在合并现金流量表中应予以反映的现金流量是（　　）。

A.子公司依法减资向少数股东支付的现金

B.子公司向其少数股东支付的现金股利

C.子公司吸收母公司投资收到的现金

D.子公司吸收少数股东投资收到的现金

三、综合题

1.新华股份有限公司（以下简称新华公司）为上市公司，系增值税一般纳税人，适用的增值税税率为17%，所得税税率为25%。

（1）2017年1月1日，新华公司以银行存款4 400万元，自M公司购入N公司80%的股权。在此之前，新华公司与M公司无关联方关系。

N公司2017年1月1日所有者权益的账面价值为4 600万元，其中股本为1 600万元、资本公积为2 000万元、盈余公积为100万元、未分配利润为900万元。

N公司2017年1月1日可辨认净资产的公允价值为5 000万元，N公司账上除一项管理用固定资产的公允价值高于账面价值外，其他可辨认资产、负债的公允价值与账面价值相同，该项固定资产的预计使用年限为10年，预计净残值为0，采用年限平均法计提折旧。

（2）N公司2017年度实现净利润2 400万元，提取盈余公积240万元。当年购入的可供出售金融资产因公允价值上升确认资本公积400万元。

2017年8月新华公司向N公司销售甲商品200件，该批商品的购买价格为每件4万元。

甲商品每件成本为3万元。

至2017年12月31日N公司对外销售甲商品100件，每件销售价格为4.4万元（不含增值税）；年末结存甲商品100件。

2017年12月31日，甲商品每件可变现净值为3.6万元；N公司对甲商品计提存货跌价准备40万元。

（3）N公司2018年度实现净利润3 000万元，提取盈余公积300万元，分配现金股利1 000万元。2018年N公司可供出售金融资产公允价值上升确认资本公积100万元。

截至2018年12月31日，N公司对外销售甲商品20件，每件销售价格为3.6万元（不含增值税）。

2018年12月31日，N公司年末存货中包括从新华公司购进的甲商品80件，甲商品每件可变现净值为2.8万元。甲商品存货跌价准备的期末余额为96万元。

（4）假定不考虑可供出售金融资产公允价值变动的所得税影响。合并报表调整处理中，在对子公司的净利润进行调整的时候，不考虑抵销分录中所得税费用项目的影响。合并财务报表时，不考虑调整子公司时所得税的影响。

要求：

（1）判断新华公司合并N公司的合并类型、说明理由，并计算新华公司取得长期股权投资的入账价值。

（2）编制新华公司2017年12月31日合并财务报表时与内部商品销售相关的抵销分录。

（3）编制新华公司2017年12月31日合并财务报表时对N公司个别报表调整、对N公司长期股权投资的调整分录及相关的抵销分录。

（4）编制新华公司2018年12月31日合并财务报表时与内部商品销售相关的抵销分录。

（5）编制新华公司2018年12月31日合并财务报表时对N公司个别报表调整、对N公司长期股权投资的调整分录及相关的抵销分录。

2.长江股份有限公司（以下简称长江公司）2016年至2018年与投资业务有关的资料如下：

2016年1月1日，长江公司取得A公司25%的股权，实际支付价款6 000万元，能够对A公司施加重大影响，同日A公司可辨认净资产账面价值为22 000万元（与公允价值相等）。2016年度，A公司实现净利润1 200万元，无其他所有者权益变动的交易和事项。

2017年1月1日，长江公司再次购买A公司25%的股权，实际支付价款6 200万元，能和其他方共同控制A公司，同日A公司可辨认净资产账面价值为23 500万元，公允价值为24 000万元，差额系一批存货引起，该存货至年末已经全部对外销售。2017年度A公司实现净利润1 700万元，持有的可供出售金融资产公允价值上升300万元。

2018年1月1日，长江公司以定向增发股票的方式购买同一集团内另一企业持有的A公司15%的股权。为取得该股权，甲公司增发1 000万股普通股，每股面值为1元，每股公允价值为1.68元，支付承销商佣金100万元。取得该股权时，A公司净资产相对于最终控制方的账面价值为28 000万元。进一步取得投资后，长江公司能够对A公司实施控制。假定长江公司和A公司采用的会计政策、会计期间相同。

要求：

（1）判断2017年1月1日长江公司再次购买A公司25%股权交易的性质，并说明理由；

（2）计算长江公司2017年1月1日再次购买A公司25%股权时点确认的资本公积金额；

（3）计算2017年12月31日长江公司对A公司长期股权投资的账面价值；

（4）判断长江公司2018年1月1日以增发股票取得A公司15%股权的交易的性质，并说明理由；

（5）计算长江公司2018年1月1日再次取得A公司15%股权时确认的资本公积的金额；

（6）如果长江公司能控制A公司，请编制合并日合并财务报表中与长期股权投资有关的抵销分录。

第十二章精讲练习题参考答案

第十三章

企业合并——集团内部交易事项抵销处理

案例导入

P公司为正林集团控制母公司，P公司2019年1月1日出售一套机电设备给其子公司S公司，售价900 000元，成本600 000元，S公司购入此产品后作为固定资产使用，双方款项已结清。固定资产于当日交给S公司使用，该固定资产预计使用年限为3年，预计净残值为零。

在上述资料中，如果P公司确认主营业务收入900 000元，同时结转主营业务成本600 000元，并且产生利润300 000元，S公司把固定资产的初始入账价按900 000元确认，同时按原始入账价值计提折旧，那么P公司与S公司间的交易及账务处理对于整个正林集团又有什么影响呢？

学习目标

明确集团内部所发生的各种经济事项的性质以及其对企业集团资产、负债、所有者权益、收入、费用、利润数额的影响及在编制合并报表中应当进行相应抵销的原则；掌握集团内部商品交易、内部债权债务、内部固定资产交易、内部无形资产交易的合并处理；掌握合并工作底稿的编制方法以及购并后合并财务报表的编制。

第一节 集团内部交易事项概述

集团内部交易事项是指集团内部母公司与其所属的子公司之间以及各子公司之间发生的除股权投资以外的各种交易事项。集团内部交易事项，造成个别财务报表对集团总体的资产、负债、所有者权益以及收入、费用和利润的重复确认，因而在编制合并财务报表时应当加以抵销。编制抵销分录，抵销集团内部交易事项对个别财务报表的影响是编制控制权取得日后合并财务报表的中心内容。

一、集团内部交易事项的类别及其对合并财务报表的影响

集团内部交易事项按不同的标志有不同的分类方法，主要包括以下两种：

（一）按内部交易事项是否涉及损益分类

1.涉及损益的内部交易事项

涉及损益的内部交易事项是指集团内部母公司与子公司及子公司之间发生的，产生集团内部损益的事项。如母公司将其生产的产品出售给其子公司，导致母公司利润表中利润增加。涉及损益的内部交易事项按其损益是否实现，又可以分为涉及已实现内部损益的交易事项和涉及未实现内部损益的交易事项。

2.不涉及损益的内部交易事项

不涉及损益的内部交易事项是指集团内部母公司与子公司及子公司之间发生的交易事项与各公司的损益确定无关，如集团内部的无息贷款业务等。

（二）按内部交易事项的具体内容分类

1.内部存货交易

2.内部债权债务

3.内部固定资产交易

4.内部无形资产交易

5.其他内部交易

【例13-1·单选题】下列选项中属于集团内部交易事项的是（　　）。

A.母公司向本企业职工发放工资

B.母公司在资本市场上出售所持有的子公司股票给集团外投资者

C.子公司购入母公司发行的债券

D.子公司在债券市场中出售所持有的母公司债券给集团外投资者

【答案】C

【解析】A选项属于企业内部经济业务事项；B、D选项属于母子公司与集团外部发生的业务。

二、合并财务报表编制的抵销项目

集团内部交易事项的发生，虽然会造成集团内部各企业资产、负债、所有者权益、收入、费用和利润的增减变动，但是从整个企业集团的角度看，这种集团内部交易事项的发生，只是造成财产、物资和资金在集团内部的转移，并不会导致整个集团总的资产、负债、所有者权益、收入、费用和利润的增减变动。由于母公司和子公司的个别财务报表都是站在自身作为独立会计核算主体的角度来反映自身的财务状况、经营成果和现金流量及所有者权益变动情况，所以对于母公司和子公司，以及子公司相互之间发生的集团内部经济业务事项，都从各自的角度在个别财务报表中分别加以确认和反映。在编制合并财务报表时，如果只是简单地将集团内母公司和子公司的各项资产、负债、所有者权益、收入、费用和利润简单地归类相加，势必虚增整个企业集团的资产、负债、所有者权益以及收入、费用和利润。因此在编制合并财务报表时，应当将涉及集团内部交易事项被重复确认和反映的项目进行抵销处理，以便真实、完整、准确地反映整个企业集团的财务状况、经营成果和现金流量及所有者权益变动情况。现将在编制合并财务报表时需要进行抵销处理的具体项目按合并财务报表的种类分别列示如下：

（一）编制合并资产负债表需进行抵销处理的项目

在编制合并资产负债表时，需要进行抵销的项目通常包括：

（1）母公司对子公司的权益性投资项目与子公司相应的所有者权益项目；

（2）内部债权性投资与相应的负债项目；

（3）母公司与子公司、子公司相互之间发生的内部债权债务项目；

（4）集团内部购进存货中包含未实现内部销售利润的存货项目；

（5）集团内部购进固定资产价值中包含的未实现内部销售利润；

（6）集团内部购进无形资产价值中包含的未实现内部销售利润。

（二）编制合并利润表需进行抵销处理的项目

在编制合并利润表时，需要进行抵销处理的项目通常包括：

（1）营业收入和营业成本项目中的内部销售收入和内部销售成本的数额；

（2）管理费用项目中的内部应收账款计提的坏账准备等；

（3）财务费用项目中的内部利息费用；

（4）投资收益项目中的内部权益性资本投资收益和内部债券投资收益等；

（5）纳入合并范围的子公司利润分配项目等。

（三）编制合并现金流量表需进行抵销处理的项目

在编制合并现金流量表时，需要进行抵销处理的项目通常包括：

1.经营活动产生的现金流量项目

（1）集团内部企业间销售商品、提供劳务收付的现金项目；

（2）集团内部企业间经营租赁收付的租金项目。

2.投资和筹资活动产生的现金流量项目

（1）集团内部企业间权益性投资、支付股利或利润及收回投资收付的现金项目；

（2）集团内部企业间债权性投资、本金及利息偿付的现金项目；

（3）集团内部企业间融资租赁收付的现金项目；

（4）集团内部企业间借款、本金及利息偿付的现金项目；

（5）集团内部企业间转让固定资产、无形资产和其他长期资产收付的现金项目。

第二节　集团内部存货交易的抵销

一、内部销售业务的抵销处理

内部交易事项涉及内部利润问题。例如，集团内部甲公司向乙公司销售某商品1 000件，其生产成本为每件80元，内部销售价格为每件100元，内部销售价格与生产成本的差额20 000元即为内部利润。在许多情况下，集团内部交易事项最终会转化为集团对外交易事项。比如，甲公司在本年内将从乙公司购入的该商品全部销售给集团外丁公司，这样集团内部交易最终转化为对集团外部交易。如果在合并报表期间，内部交易的货物已经全部实现了对外交易，则在编制合并财务报表时，内部交易所体现的销售利润就成为已实现内部利润，在合并财务报表中应当全部加以反映。比如，前述甲公司当年利润表中包含的上述20 000元内部利润应当全部纳入合并利润表中，作为整个企业集团利润的一部分。但如果合并财务报表期内，内部交易货物尚未全部实现对外交易，比如，甲公司从乙公司购入的上述商品在本年内均未售出，或者只卖出了其中的一部分，那么，内部交易所体现的内部利润全部或者有一部分为未实现的利润，这被称为未实现内部销售利润。对于未实现内部销售利润，应当与存货的账面价值抵销，待下一个合并期实现对外交易后，未实现内部销售利润转化为已实现内部利润，再按规定在合并利润表中加以反映。内部交易事项如只涉及存货，则其终结期不会延续太长；如涉及固定资产、无形资产等长期资产，则其未实现内部销售利润的转换期会延续较长，直至该项资产摊销完毕或报废退出企业集团为止。显然，未终结内部交易事项的抵销较为复杂。

二、集团内部存货交易的抵销

从编制合并财务报表的角度来讲，集团内部存货交易存在如下三种情况：（1）购入的存货已经全部向集团外售出；（2）购入的存货全部未对集团外售出；（3）购入的存货一部分已经对集团外售出，还有一部分没有售出。在第一种情况下，内部利润已经全部实现，不存在未实现内部利润；在第二种情况下，全部内部利润均为未实现内部利润；在第三种情况下，内部利润一部分已经成为已实现内部利润，还有一部分为未实现内部利润。在编制合并财务报表时，应当区别上述不同情况，一并将内部销售收入、内部销售成本和未实现内部利润予以抵销。

（一）购入的存货已经全部向集团外售出的抵销处理

从日常会计核算和编制个别财务报表的角度来看，对购销双方来说，这种情况下的内部存货交易与对集团外存货交易的会计处理方法并无差异。

【例13-2·实务题】某企业集团内甲公司（母公司）将1 000件某商品销售给乙公司（子公司），销售价格每件100元，该商品的生产成本为每件80元；同年内，乙公司将该批商品全部销售给集团外企业丁公司，销售价格为每件150元。结算款项均通过银行存款。（不考虑增值税）

甲公司（母公司）账务处理：

借：银行存款	100 000	
贷：主营业务收入		100 000

同时结转成本：

借：主营业务成本	80 000	
贷：库存商品		80 000

乙公司（子公司）账务处理：

借：库存商品	100 000	
贷：银行存款		100 000
借：银行存款	150 000	
贷：主营业务收入		150 000

在上述例题中，同一商品在集团内部两个企业进行的两次销售业务在两个企业的个别利润表中都作出反映。但从企业集团整体来看，第一次销售只是存放的地点发生了变动，并没有真正实现销售，因此整个企业集团在这项业务中的销售成本只是销售企业（甲公司）销售该产品的成本，销售收入只是购买企业（乙公司）销售该产品的销售收入。因

此，在编制合并财务报表时，就必须将销售企业（母公司甲）在个别利润表中反映的销售收入与购买企业（子公司乙）在个别利润表中反映的销售成本予以抵销。

甲公司利润表中的销售利润，由于是已实现的内部利润，应当纳入合并范围，则整个企业集团总的利润应当是甲公司的销售利润20 000元加上乙公司的销售利润50 000元，共计70 000元。抵销分录中，抵销的都是报表项目，因此抵销分录为：

借：营业收入　　100 000

　贷：营业成本　　100 000

（二）购入的存货全部未对集团外售出的抵销处理

在内部购进的商品全部未实现对外销售的情况下，销售企业按照内部交易价格确认销售收入，并结转销售成本，在个别利润表中加以反映；购买企业以支付的购货价款作为存货成本入账并在其个别资产负债表中作为资产列示。对于销售企业的内部销售收入与内部销售成本之间的差额，即销售企业销售利润，则属于未实现内部利润。这部分未实现内部销售利润在购买企业已经作为存货成本的一个组成部分计入存货的成本，因此在编制合并财务报表时，应将存货价值中包含的该项未实现内部利润予以抵销。

【例13-3·实务题】承【例13-2·实务题】，乙公司本期未将该批存货对外售出，则抵销分录为：

借：营业收入　　100 000

　贷：营业成本　　80 000

　　存货（库存商品）　　20 000

（三）购入的存货部分已经对集团外售出的抵销处理

对于已经向集团外销售的商品包含的内部利润，作为已实现内部利润，在编制合并财务报表时应当纳入合并范围；而对于未向集团外销售的存货所包含的内部利润，作为未实现内部销售利润，在编制合并财务报表时，应当予以抵销。编制抵销分录如下：

借：营业收入（内部售价）

　贷：营业成本（差额）

　　存货（内部未实现的利润）

因此，对于内部商品交易，在编制合并财务报表时，不论哪种情况下的存货交易，都可做上述抵销分录。

【例13-4·实务题】假定乙公司（子公司）本期从甲公司（母公司）购入的存货（价值为2 000万元）对集团外企业出售了80%。甲公司的销售毛利率为30%。根据销售毛利率，甲公司销售该批存货取得的内部利润为600万元，由于这批存货中有20%尚未对外出售，因而乙公司有400万元（2 000×20%）的存货，有120万元（400×30%）的未实现内部利润。因此，在编制合并财务报表时，应当将甲公司的内部销售收入与内部销售成本和乙公司存货价值中所包含的未实现内部利润予以抵销，其抵销分录为（单位：万元）：

借：营业收入　　2 000

　贷：营业成本　　1 880

　　存货　　120

【提示】存货中未实现内部利润可以应用毛利率计算确定。

毛利率=（销售收入-销售成本）÷销售收入×100%

存货中未实现内部销售利润=未实现销售收入-未实现销售成本

或　存货中未实现内部销售利润=购货方内部存货结存价值×销售方毛利率

（四）存在存货跌价准备的内部存货交易的抵销处理

在企业编制合并资产负债表和合并利润表时，不但要将企业内部交易所形成的存货价值中所包含的未实现内部销售利润进行抵销处理，还应该在期末对存货计提的跌价准备与内部交易存货相关部分进行抵销。

【例13-5·实务题】A股份有限公司于2017年1月1日以现金投资取得B公司60%的股权。在2017年12月31日由于公布年度会计报告需要对公司纳入合并范围的会计报表进行合并处理；已知A公司在2017年从B公司购入一批价值为3 000万元的商品（不包括增值税），B公司的账面成本为2 000万元，目前尚有50%未销售出去。期末A公司按成本与可变现净值就低计提存货跌价准备。2017年12月31日，A公司存货的账面余额为3 000万元，其中1 500万元为从B公司购入的库存商品的未出售部分，其可变现价值为1 200万元，A公司对之计提了300万元的跌价准备。要求编制2017年公司合并财务报表与存货跌价准备相关的抵销分录。（不考虑内部交易中存货未实现内部销售利润的抵销处理）

A公司对内部交易存货实现了50%的销售，因此期末存货价值中所包括的未实现内部销售利润为：（3 000-2 000）×50%=500（万元），合并报表期末应计提的存货跌价准备为：300-500=-200（万元）＜0，说明内部交易存货的实际成本小于可变现净值，无须计提跌价准备，应将计提的跌价准备全部从资产减值损失中抵减，则抵销分录为（单位：万元）：

借：存货跌价准备　300

　贷：资产减值损失　300

【例13-6·实务题】承【例13-5·实务题】，假设其他条件不变，内部交易未出售部分的可变现价值为900万元，A公司对之计提了600万元的跌价准备。要求编制2017年公司合并会计报表与存货跌价准备相关的抵销分录。

合并财务报表的跌价准备为：600-500=100（万元）＞0，说明内部交易存货的实际成本大于可变现净值，需计提跌价准备，同时应将期末存货价值中所含的未实现内部销售利润从资产减值损失中抵减。抵销分录为（单位：万元）：

借：存货跌价准备　500

　贷：资产减值损失　500

（五）连续编制合并财务报表时内部购进存货的抵销处理

如前所述，对于在内部购进的商品全部未实现对外销售的情况下，在编制合并财务报表时，应将存货价值中包含的该项未实现内部销售损益予以抵销。这样处理的结果，会直接造成合并报表中合并净利润的减少，最终影响到合并报表中合并所有者权益变动表中的期末未分配利润的减少。由于本期合并财务报表是以个别财务报表为基础编制的，而母公司和子公司本期个别财务报表的期初未分配利润中已经包含了上期未实现内部销售利润，因此以母公司和子公司本期个别财务报表的期初未分配利润加总得出的期初未分配利润金额，可能与上期合并报表中的期末未分配利润金额不相等。因此，在编制本期合并财务报表时，需要对上期未实现内部销售利润对本期期初未分配利润的影响予以抵销。其具体方法为：

借：未分配利润——年初（年初存货中未实现内部销售利润）

　贷：营业成本（上期存货在本期已全部售出）

或　　　　存货（上期存货在本期未出售）

【例13-7·实务题】2017年年末甲公司本期个别利润表的营业收入有5 000万元，系向A公司销售产品取得的销售收入，该产品销售成本为3 500万元，销售毛利率为30%。A公司在本期将该批内部购进商品的60%实现销售，其销售收入为3 750万元，销售成本为3 000万元，销售毛利率为20%，并列示于其个别利润表中；该批商品的另外40%则形成A公司期末存货，即期末存货为2 000万元，列示于A公司的个别资产负债表中。

在编制合并财务报表时，其抵销分录如下（单位：万元）：

借：营业收入　　5 000

　贷：营业成本　　4 400

　　　存货（（5 000-3 500）×40%）　　600

【例13-8·实务题】承【例13-7·实务题】，2018年年末甲公司个别财务报表中向A公司销售商品取得销售收入6 000万元，销售成本为4 200万元，甲公司销售毛利率与上期相同，为30%。A公司个别财务报表中从甲公司购进商品本期实现对外销售收入为5 625万元，销售成本为4 500万元，销售毛利率为20%；期末内部购进形成的存货为3 500万元（期初存货2 000万元+本期购进存货6 000万元-本期销售成本4 500万元），存货价值中包含的未实现内部销售利润为1 050万元。此时，编制合并财务报表时应进行如下合并处理（单位：万元）：

（1）调整期初未分配利润的数额：

借：未分配利润——年初　　600

　贷：营业成本　　600

（2）抵销本期内部销售收入：

借：营业收入　　6 000

　贷：营业成本　　4 950

　　　存货（3 500×30%）　　1 050

【例13-9·实务题】甲公司系A公司的母公司，甲公司本期向A公司销售商品2 000万元，其销售成本为1 400万元；A公司购进的该商品当期全部未实现对外销售而形成期末存货。A公司期末对存货进行检查时，发现该商品已经部分陈旧，其可变现净值已降至1 840万元。为此，A公司期末对该存货计提存货跌价准备160万元，并在其个别财务报表中列示。

在本例中，该存货的可变现净值降至1 840万元，高于抵销未实现内部销售利润后的金额1 400万元。

此时，在编制本期合并财务报表时，应进行如下合并处理（单位：万元）：

（1）将内部销售收入与内部销售成本抵销：

借：营业收入　　2 000

　贷：营业成本　　1 400

　　　存货　　600

（2）将A公司本期计提的存货跌价准备抵销：

借：存货——存货跌价准备　　160

　贷：资产减值损失　　160

【例 13-10 · 实务题】承【例 13-9 · 实务题】，A 公司与甲公司之间本期未发生内部销售。本例期末存货系上期内部销售结存的存货。A 公司本期期末对存货清查时，该内部购进存货的可变现净值为 1 200 万元，A 公司期末存货跌价准备余额为 800 万元。

本例中，该内部购进存货的可变现净值由上期期末的 1 840 万元降至 1 200 万元，既低于 A 公司从甲公司购买时的取得成本，也低于抵销未实现内部销售利润后的金额（即甲公司销售该商品的成本 1 400 万元）。A 公司本期期末存货跌价准备余额 800 万元，从计提时间来看，包括上期期末计提结存的存货跌价准备 160 万元，还包括本期期末计提的存货跌价准备 640 万元。上期计提的部分，在编制上期合并财务报表时已将其与相应的资产减值损失相抵销，从而影响到本期的“未分配利润——年初”项目。

为此，对于这一部分在本期编制合并财务报表时需要调整“未分配利润——年初”项目的数额。而对于本期计提的 640 万元存货跌价准备，其中 440 万元是相对上期计提存货跌价准备后存货净额与甲公司该内部销售商品的销售成本之间的差额计提的，而另外 200 万元则是相对甲公司该内部销售商品的销售成本与其可变现净值之间的差额计提的。从整个企业集团来说，对前者应当予以抵销，后者则是属于应当计提的。

甲公司在编制本期合并财务报表时，应进行如下合并处理（单位：万元）：

（1）借：存货——存货跌价准备　160

　　　贷：未分配利润——年初　160

（2）借：未分配利润——年初（440+160）　600

　　　贷：存货　600

（3）借：存货——存货跌价准备　440

　　　贷：资产减值损失　440

第三节　集团内部固定资产交易的抵销

企业集团内部固定资产交易是指企业集团内部交易的某一方发生了固定资产及无形资产有关的购销业务。根据销售方销售的是产品还是固定资产，可划分为三种情况：第一种是企业集团内部某企业将自身生产的商品销售给集团内部的其他企业作为固定资产使用；第二种是企业集团内部某企业将自身使用的固定资产变卖给集团内部的其他企业作为固定资产使用；第三种是企业集团内部某企业将自身使用的固定资产变卖给集团内部的其他企业作为普通商品对外销售。其中第三种情况极少发生，因此下面只就第一种和第二种情况分别进行讨论。

固定资产在使用期内，是以其原值作为基数分期计提折旧的。由于购买方的固定资产原价中含有未实现的内部销售利润，并据此计提了折旧，所以每期计提的折旧额必大于按建造成本计算的折旧额。因此编制合并财务报表时，还应将多提的折旧与多计的折旧费用予以抵销。

一、一方销售的商品，另一方作为固定资产使用

企业集团内部某企业将自身生产的商品销售给集团内部的其他企业作为固定资产使用，从销售方的角度看，已将销售商品的收入和成本计入了当期的损益，列示在利润表中；从购买方的角度看，按销售方的销售价格作为固定资产原价列示在资产负债表中。但

从企业集团角度出发，应相当于自建固定资产然后交付使用，不可能产生利润。因此，编制合并财务报表时，必须将该项交易所形成的内部销售收入和内部销售成本及未实现的内部销售利润予以抵销，使合并财务报表上反映的固定资产原价是内部转让企业的原价。而对其中多计提的折旧与多计的折旧费用也应予以抵销。

（1）借：营业收入（内部销售方的销售收入）

　　贷：营业成本（内部销售方的销售成本）

　　　　固定资产——原价（差额，即未实现的毛利）

（2）借：固定资产——累计折旧

　　贷：管理费用

【例13-11·实务题】A公司和B公司同为甲公司控制下的两个子公司。A公司于2015年1月1日将自己生产的产品销售给B公司作为固定资产使用，A公司销售该产品的销售收入为1 680万元，销售成本为1 200万元。B公司以1 680万元的价格作为该固定资产的原价入账。B公司购买的该固定资产用于公司的行政管理，该固定资产属于不需要安装的固定资产，当月投入使用，其折旧年限为4年，预计净残值为零。为简化合并处理，假定该内部交易固定资产在交易当年按12个月计提折旧。

甲公司在编制合并财务报表时，应当进行如下抵销处理：

（1）将该内部交易固定资产相关销售收入与销售成本及原价中包含的未实现内部销售利润予以抵销。本例中，A公司因该内部交易确认销售收入1 680万元，结转销售成本1 200万元；B公司该固定资产的原价为1 680万元，其中包含的未实现内部销售利润为480万元（1 680-1 200）。

在合并财务报表中应进行如下抵销处理（单位：万元）：

借：营业收入	1 680	
贷：营业成本		1 200
固定资产——原价		480

（2）将当年计提的折旧和累计折旧中包含的未实现内部销售利润予以抵销。该固定资产在B公司按4年的折旧年限计提折旧，每年计提折旧420万元，其中每年计提的折旧和累计折旧中均包含未实现内部销售利润的摊销额120万元。

在合并财务报表中应进行如下抵销处理：

借：固定资产——累计折旧	120	
贷：管理费用		120

通过上述抵销分录，在合并财务报表中累计折旧额减少120万元，其合并数为300万元；管理费用减少120万元，其合并数为300万元。

二、一方的固定资产，另一方购入后仍作为固定资产使用

企业集团内部某企业将自身使用的固定资产变卖给集团内部的其他企业作为固定资产使用，从销售方的角度看，处置固定资产在资产负债表中表现为固定资产原价和累计折旧的减少，处置净损益，作为营业外收入或营业外支出列示在利润表中；从购买方的角度看，按销售方的转让价格计入，固定资产净值增加。因此在购买方的固定资产原价中既包含了该资产在原销售方的净值，也包含了销售方因变卖固定资产所实现的收益。但从企业

集团的角度出发，这一交易属于企业集团内部固定资产调拨性质，只是使用地点发生了变化，既不能实现收益，也不会使固定资产交易未实现的销售利润与固定资产净值的增加金额相抵销。

（1）抵销固定资产净值的增加金额

借：营业外收入（内部销售方未实现的毛利）

　贷：固定资产——原价

（2）抵销多计提的折旧额

借：固定资产——累计折旧

　贷：管理费用

【例13-12·实务题】A公司和B公司同为甲公司控制下的两个子公司。A公司将其净值为1 280万元的某厂房，以1 500万元的价格变卖给B公司作为固定资产使用。A公司因该内部固定资产交易实现收益220万元，并列示于其个别利润表之中。B公司以1 500万元的金额将该厂房作为固定资产的原价入账，B公司购买的该固定资产用于公司的行政管理，该固定资产属于不需要安装的固定资产，当月投入使用，其折旧年限为5年，预计净残值为零，并列示于其个别资产负债表之中。

在该内部固定资产交易中，A公司因交易实现营业外收入220万元。

（1）编制合并财务报表时，甲公司必须将因该固定资产交易实现的营业外收入与固定资产原值中包含的未实现内部销售利润的数额予以抵销。其抵销分录如下（以下分录单位：万元）：

借：营业外收入　　220

　贷：固定资产——原价　　220

通过上述抵销处理后，对该内部固定资产交易所实现的利润予以抵销，该厂房的原价通过抵销处理后调整为1 280万元。

（2）将当年计提的折旧和累计折旧中包含的未实现内部销售利润予以抵销。该固定资产在B公司按5年的折旧年限计提折旧，每年计提折旧300万元，其中每年计提的折旧和累计折旧中均包含未实现内部销售利润的摊销额44万元。

在合并财务报表中应进行如下抵销处理：

借：固定资产——累计折旧　　44

　贷：管理费用　　44

通过上述抵销分录，在合并财务报表中累计折旧额减少44万元，其合并数为256万元；管理费用减少44万元，其合并数为256万元。

三、固定资产交易发生的以后各期抵销处理

固定资产的使用往往跨越几个会计期间，内部交易的固定资产不仅与交易发生当期相关，而且与以后使用该固定资产的会计期间相关，在编制合并财务报表时，不仅在该交易发生的当期要考虑固定资产原价中包含的未实现内部销售利润的抵销，而且在以后持有该固定资产的期间每年都要考虑原价中包含的未实现内部销售利润的抵销。

在固定资产交易以后的各会计期间，内部交易的固定资产购买方仍然以其含有内部销售利润的原价在个别会计报表中列示。相应地，销售方以前年度由于该内部交易的固定资

产所实现的内部销售利润，形成销售当期的净利润结转到以后各期的期初未分配利润，列示于个别利润表中。因此在以后各期编制合并财务报表时，首先，必须将其固定资产原价中包含的未实现的内部销售利润与销售方的期初未分配利润予以抵销。其次，对于购买方来说，该固定资产因在以前期间多计提的折旧而增加的费用使各期的利润减少，也已逐年结转而影响期初未分配利润，因此在编制合并财务报表时，还必须按照以前会计期间累计多计提的折旧额抵销期初累计折旧和期初未分配利润。最后对该内部交易固定资产在本期多计提折旧导致本期有关费用项目的增加和累计折旧的增加，也应予以抵销。

1.调整上期内部固定资产交易的本期期初未分配利润的影响额

（1）调整固定资产原价中包含的未实现内部销售利润。

借：期初未分配利润

  贷：固定资产——原价

（2）调整上期多计提的折旧额对本期期初未分配利润的影响。

贷：固定资产——累计折旧

  贷：期初未分配利润

2.抵销本期多计提的折旧额

借：固定资产——累计折旧

  贷：管理费用

【例13-13·实务题】承【例13-11·实务题】，B公司2016年个别资产负债表中，该内部交易固定资产原价为1 680万元，累计折旧为840万元，该固定资产净值为840万元。

甲公司编制2016年度合并财务报表时，应当进行如下抵销处理（单位：万元）：

（1）借：未分配利润——年初	480	
贷：固定资产——原价		480
（2）借：固定资产——累计折旧	120	
贷：未分配利润——年初		120
（3）借：固定资产——累计折旧	120	
贷：管理费用		120

【例13-14·实务题】承【例13-13·实务题】，B公司2017年个别资产负债表中，该内部交易固定资产原价为1 680万元，累计折旧为1 260万元，该固定资产净值为420万元。该内部交易固定资产2017年计提折旧为420万元。

甲公司编制2017年度合并财务报表时，应当进行如下抵销处理（单位：万元）：

（1）借：未分配利润——年初	480	
贷：固定资产——原价		480
（2）借：固定资产——累计折旧	240	
贷：未分配利润——年初		240
（3）借：固定资产——累计折旧	120	
贷：管理费用		120

四、内部固定资产清理期间的抵销处理

对于内部交易的固定资产，购买企业在报废固定资产时，该固定资产原价和已计提的

折旧都通过“固定资产清理”账户予以转销，期末已不包含在资产负债表中。一般情况下，报废当年需要抵销的只有当年多计提的折旧费。由于固定资产的折旧年限是估计的使用年限，实际工作中固定资产清理的时间可能会出现三种情形：(1) 如期清理；(2) 超期清理；(3) 提前清理。

(一) 内部固定资产如期清理的抵销

在固定资产如期清理的情况下，内部固定资产的折旧已提足，购买企业将固定资产原价与其计提的折旧均已转账注销，固定资产原价中包含的未实现的内部销售利润和累计折旧中包含的因未实现内部销售利润多提的折旧在个别财务报表中均不复存在，因此不必再予以抵销。只有本期管理费用中包含的多计提的折旧费需要抵销。

借：未分配利润——年初

　贷：管理费用（本期计提折旧额）

【例13-15·实务题】承【例13-14·实务题】，2018年12月该内部交易固定资产使用期满，B公司于2018年12月对其进行清理。B公司对该固定资产清理时实现固定资产清理净收益14万元，在2018年度个别利润表中以营业外收入项目列示。随着对该固定资产的清理，该固定资产的原价和累计折旧转销，在2018年12月31日个别资产负债表固定资产项目中已无该固定资产的列示。

此时，甲公司编制合并财务报表时，应当进行如下抵销处理（单位：万元）：

(1) 按照内部交易固定资产原价中包含的未实现内部销售利润，调整“未分配利润——年初”项目：

借：未分配利润——年初　　480

　贷：营业外收入　　480

(2) 按以前会计期间因固定资产原价中包含的未实现内部销售利润而多计提累计折旧的数额，调整“未分配利润——年初”科目：

借：营业外收入　　360

　贷：未分配利润——年初　　360

(3) 将本期因固定资产原价中包含的未实现内部销售利润而多计提的折旧额抵销：

借：营业外收入　　120

　贷：管理费用　　120

随着内部交易固定资产的清理，该固定资产的原价、累计折旧和净值在B公司个别资产负债表中均无列示，故涉及调整“未分配利润——年初”项目的抵销处理，均通过营业外收入项目或营业外支出项目进行。

以上三笔抵销分录，可以合并为以下抵销分录：

借：未分配利润——年初　　120

　贷：管理费用　　120

(二) 内部固定资产超期清理的抵销

(1) 当内部固定资产超期使用时，该固定资产在预计的使用期限内的最后一个会计期间，仍然要计提折旧，同时，该固定资产的原价及其已经计提的折旧仍然列示在购买企业的个别财务报表中。因此，内部固定资产在最后一个使用年限里的抵销分录如下：

①调整期初未分配利润金额：

借：未分配利润——年初（内部销售方未实现的毛利）
　贷：固定资产原价
借：固定资产——累计折旧（以前会计期间累计多计提的折旧额）
　贷：未分配利润——年初
②抵销最后一期多计提的折旧额：
借：固定资产——累计折旧（本期多计提的折旧额）
　贷：管理费用

（2）在内部固定资产超期使用的各个会计期间内，虽然企业不再计提折旧，但由于固定资产仍然在使用，并将其列示在个别财务报表中，因此编制合并财务报表时必须将固定资产原价中包含的未实现的内部销售利润与多计提的折旧予以抵销。本期不再计提累计折旧，只需要调整期初未分配利润即可。超期使用的各个期间的抵销分录如下：

借：未分配利润——年初（内部销售方未实现的毛利）
　贷：固定资产原价
借：固定资产——累计折旧（以前会计期间累计多计提的折旧额）
　贷：未分配利润——年初

（3）在内部固定资产超期使用后进行清理的会计期间内，因购买企业将固定资产原价与其计提的折旧均已注销，该内部的固定资产对合并财务报表不再产生影响，也不必做任何抵销分录。

【例13-16·实务题】承【例13-14·实务题】，2018年12月31日，该内部交易固定资产使用期满，但该固定资产仍处于使用之中，B公司未对其进行清理。B公司2018年度个别资产负债表固定资产项目中仍列示该固定资产的原价1 680万元，累计折旧1 260万元；在其个别利润表中列示固定资产当年计提的折旧420万元。此时，甲公司在编制2018年度合并财务报表时，应当进行如下抵销处理（单位：万元）：

（1）将内部交易固定资产原价中包含的未实现内部销售利润抵销，并调整“未分配利润——年初”项目：

借：未分配利润——年初　　480
　贷：固定资产——原价　　480

（2）将因固定资产原价中包含的未实现内部销售利润而多计提的累计折旧抵销，并调整“未分配利润——年初”项目：

借：固定资产——累计折旧　　360
　贷：未分配利润——年初　　360

（3）将本期因固定资产原价中包含的未实现内部销售利润而多计提的折旧额抵销：

借：固定资产——累计折旧　　120
　贷：管理费用　　120

【例13-17·实务题】承【例13-15·实务题】，该内部交易固定资产2019年仍处于使用之中。B公司个别资产负债表中内部交易固定资产为1 680万元，累计折旧为1 680万元；由于固定资产超期使用不计提折旧，B公司个别利润表中无该内部固定资产计提的折旧费用。

（1）将固定资产原价中包含的未实现内部销售利润抵销，调整“未分配利润——年初”项目：

此时，甲公司编制合并财务报表时，应进行如下抵销处理：

借：未分配利润——年初　480

　贷：固定资产——原价　480

（2）将累计折旧包含的未实现内部销售利润抵销，调整“未分配利润——年初”项目：

借：固定资产——累计折旧　480

　贷：未分配利润——年初　480

（三）内部固定资产提前清理的抵销

在内部固定资产使用期限未满提前进行清理的情况下，购买企业将固定资产原价与其计提的折旧均已注销，固定资产原价中的未实现内部销售利润和累计折旧中包含的因未实现内部销售利润而多计提的折旧已不复存在，所以对这些已不必再予以抵销。

但是由于固定资产提前报废，购买企业计入“营业外支出”的固定资产清理净损失中含有固定资产原价中一部分未实现的内部利润，需要与销售企业的期初未分配利润予以抵销。因此，固定资产提前清理的抵销分录如下：

A.抵销当年多计提的折旧额

借：期初未分配利润

　贷：管理费用（本期多计提的折旧额）

B.抵销多确认的清理净损失

借：期初未分配利润

　贷：营业外支出

【例13-18·实务题】承【例13-14·实务题】，B公司于2017年12月对该内部交易固定资产进行清理处置，在对其清理过程中取得清理净收入25万元，在其个别利润表中作为营业外收入列示。该内部交易固定资产已经使用3年，B公司对该固定资产累计计提折旧1 260万元。

此时，编制合并财务报表时，应编制如下抵销分录（单位：万元）：

（1）借：未分配利润——年初　480

　　贷：营业外收入　480

（2）借：营业外收入　240

　　贷：未分配利润——年初　240

（3）借：营业外收入　120

　　贷：管理费用　120

【例13-19·单选题】甲公司及其子公司（乙公司）20×7年至20×9年发生的有关交易或事项如下：

（1）20×7年12月25日，甲公司与乙公司签订设备销售合同，将生产的一台A设备销售给乙公司，售价（不含增值税）为500万元。20×7年12月31日，甲公司按合同约定将A设备交付乙公司，并收取价款。A设备的成本为400万元。乙公司将购买的A设备作为管理用固定资产，于交付当日投入使用。乙公司采用年限平均法计提折旧，预计A设备可使用5年，预计净残值为零。

（2）20×9年12月31日，乙公司以260万元（不含增值税）的价格将A设备出售给独立的第三方，设备已经交付，价款已经收取。

甲公司和乙公司均为增值税一般纳税人，适用的增值税税率均为17%。根据税法规定，乙公司为购买A设备支付的增值税进项税额可以抵扣；出售A设备按照适用税率缴纳增值税。甲公司在20×9年度合并利润表中因乙公司处置A设备确认的损失是（　　）万元。

A.-60　　B.-40　　C.-20　　D.40

【答案】C

【解析】甲公司在20×9年度合并利润表中因乙公司处置A设备确认的损失=（400-400÷5×2）-260=-20（万元）。

【例13-20·单选题】甲公司拥有乙和丙两家子公司。2017年6月15日，乙公司将其产品以市场价格销售给丙公司，售价为100万元（不考虑相关税费），销售成本为76万元。丙公司购入后作为固定资产使用，按4年的期限、采用年限平均法对该项资产计提折旧，预计净残值为零。假定不考虑所得税的影响，甲公司在编制2018年年末合并资产负债表时，应调减"未分配利润"项目的金额为（　　）万元。

A.15　　B.6　　C.9　　D.24

【答案】A

【解析】应调减"未分配利润"项目的金额=（100-76）-（100-76）÷4×1.5=15（万元）。

第四节　集团内部无形资产交易的合并处理

《企业会计准则第6号——无形资产》第四章第十七条规定，无形资产的摊销一般应当计入当期损益，其他会计准则另有规定的除外。本书主要针对内部发生的无形资产交易专门用于生产某种产品或者其他资产在合并财务报表编制中的抵销处理问题进行探讨，以使合并报表更能真实客观地反映企业集团整体的财务状况和经营成果，为企业集团财务报表的相关使用者提供该企业集团相关的真实可靠的会计信息，这样更有利于这些报表的相关使用者作出正确的经济决策。无形资产内部交易的抵销处理又可分为交易当期的抵销处理和以后会计期间的抵销处理。下面将分别进行讨论。

一、内部生产用无形资产交易当期的抵销处理

在这种情况下，购买企业购进的无形资产，在其个别资产负债表中以支付价款作为该无形资产的原价列示。因此，首先必须将该无形资产原价中包含的未实现内部利润予以抵销。其抵销的未实现内部利润金额=内部该无形资产的交易价格-该无形资产的账面价值（假定交易价格大于账面价值）。会计抵销分录分情况如下（为方便讨论，以下资产假定均未发生减值）：

（一）该无形资产生产的产品当期全部实现对外销售

在这种情况下，由于当期该无形资产生产出的产品全部实现对外销售，当期无形资产多摊销的金额随着产品成本的结转进入了"库存商品"科目，随着产品的全部对外销售全部计入了当期的营业成本。从该企业集团角度看，这就造成了销售成本的虚增。因此，在做抵销分录时，需要将当期多摊销的金额和当期虚增的销售成本全部予以抵销。

其会计分录如下：

借：无形资产——累计摊销

　贷：营业成本

（二）该无形资产生产的产品当期全部未实现对外销售

在这种情况下，当期多摊销的金额先是计入制造费用，随后结转到了“库存商品”，最后又反映在“存货”项目中。因此，在将当期多摊销的金额抵销的同时还需要将存货进行抵销。用公式可以表示为：抵销当期该无形资产多摊销的金额=未实现的内部交易利润×当年折旧率=（内部该无形资产的交易价格-该无形资产的账面价值）×当年的折旧率。假定当年该无形资产摊销采用直线法，此时抵销分录为：

借：无形资产——累计摊销

　贷：存货

（三）该无形资产生产的产品当期部分实现对外销售

在这种情况下，当期多摊销金额，一部分以“营业成本”列示在个别利润表中，另一部分以“存货”项目列示在个别资产负债表中，因此在编制抵销分录时，在对累计摊销抵销的同时，还需要同时对“存货”和“营业成本”进行抵销。用公式可以表示为：

对营业成本抵销的金额=抵销多摊销的金额×销售部分占此部分存货的百分比

抵销销售成本的金额=抵销当期的多摊销的金额-抵销的存货的价值

=抵销当期的多摊销的金额×（1-销售部分占此部分存货的百分比）

抵销分录如下：

借：无形资产——累计摊销

　贷：存货

　　营业成本

【例13-21·实务题】甲公司为乙公司的子公司，2017年1月1日甲公司以1 000万元的市场价格向乙公司购买某商标使用权（假定该商标使用权交易为独占使用许可），甲公司使用该商标的年限为5年，该商标使用权在乙企业的账面价值为800万元。甲公司购买该商标使用权专门用于生产A产品，甲公司每年生产A产品1 000万件，假定甲公司按直线法摊销无形资产。

1.第一种情况：2017年生产的A产品当年全部售出

（1）由于2017年该无形资产生产的A产品全部售出，无形资产摊销的金额已经随着销售的结转记入到了“营业成本”科目，因此，在抵销多摊销的40万元（200÷5）的同时要把虚增销售成本200万元一起抵销。2017年的抵销分录如下（以下分录单位：万元）：

借：营业外收入　200

　贷：无形资产——原价　200

借：无形资产——累计摊销　40

　贷：营业成本　40

（2）在连续编制合并报表情况下，2018年的抵销分录如下：

借：未分配利润——年初　200

　贷：无形资产——原价　200

借：无形资产——累计摊销　　40
　贷：未分配利润——年初　　40

2.第二种情况：2017年生产的A产品当年全部未售出

由于当年存货没有实现对外销售，因此需将“存货”项目抵销40万元，以避免存货的虚增，同时还应确认可抵扣暂时性差异10万元（40×25%）。抵销分录如下：

（1）2017年当年抵销分录如下：

借：营业外收入　　200
　贷：无形资产——原价　　200
借：无形资产——累计摊销　　40
　贷：存货　　40

（2）在连续编制合并报表情况下，2018年的抵销分录如下：

借：未分配利润——年初　　200
　贷：无形资产——原价　　200
借：无形资产——累计摊销　　40
　贷：存货　　40

3.第三种情况：2017年生产的A产品当年售出400件，即售出了40%

（1）当年营业成本应抵销的金额=40×40%=16（万元），存货应抵销的金额=40-16=40×（1-40%）=24（万元），递延所得税资产=24×25%=6（万元）。2017年的抵销分录如下：

借：营业外收入　　200
　贷：无形资产——原价　　200
借：无形资产——累计摊销　　40
　贷：营业成本　　16
　　　存货　　24

（2）在连续编制报表情况下，2018年的抵销分录如下：

借：未分配利润——年初　　200
　贷：无形资产——原价　　200
借：无形资产——累计摊销　　40
　贷：未分配利润——年初　　16
　　　存货　　24

综上所述，根据购买企业用该无形资产生产出的产品不同的销售情况，进行了不同的抵销处理，从而避免了该企业集团无形资产、存货等资产的虚增，避免了营业成本和所得税费用虚增，从而夯实了企业集团的利润。通过上述处理，能更真实地反映该企业集团的财务状况和经营成果，从而能为该合并报表的使用者提供更真实可靠的相关财务信息。

二、内部生产用无形资产交易以后会计期间的抵销处理

在连续编制合并财务报表的情况下，在以后会计期间，由于以前的内部交易影响到了本期财务报表，而本期合并报表时，母公司和子公司提供的本期个别的财务报表中包含了以前会计期间的未实现内部销售利润、无形资产多计金额和多摊销金额。因此，首先将该

内部交易形成的销售利润、无形资产虚增金额和以前会计期间因无形资产虚增而多计提的摊销金额予以抵销。这时的抵销分录只需将上面抵销分录中的“营业外收入”、“营业成本”和“所得税费用”用“未分配利润——年初”替换。因为“营业外收入”、“营业成本”和“所得税费用”上期随着期末的结转最后全部影响了“未分配利润”项目，但本期合并报表时，其提供的个别财务报表中的“未分配利润”项目仍然包括了从该企业集团角度上看上述未实现的“营业外收入”、“营业成本”和“所得税费用”。其次对于本期多计提的摊销金额按照上述方法处理。

第五节 集团内部债权债务的抵销

内部债权债务项目是指母公司与子公司、子公司相互之间因内部资金调拨、交易事项而产生的应收账款与应付账款、应收票据和应付票据、预付账款与预收账款、其他应收款和其他应付款等项目。发生在母公司与子公司、子公司相互之间的这些项目，在一方的个别资产负债表中反映为资产，而在另一方的个别资产负债表中则反映为负债，但从企业集团的集体角度考察，它们只是集团内部资金转移，既不能增加整个企业集团的资产，也不能增加整个企业集团的负债。比如，母公司欠子公司材料款10 000元，则在母公司的个别资产负债表中则表现为负债（应付账款）10 000元，在子公司个别资产负债表中则表现为资产（应收账款）10 000元，但从整个企业集团本身来讲，这只是其内部资金转移，其资产和负债总额并没有增加。为此，在编制合并资产负债表时应当将其予以抵销。在编制合并资产负债表时，需要进行抵销处理的内部债权债务项目主要包括：

（1）应收账款与应付账款；

（2）应收票据与应付票据；

（3）预付账款与预收账款；

（4）持有至到期投资（假定该项债券投资被持有方划归为持有至到期投资，也可能作为交易性金融资产等，原理相同）与应付债券；

（5）应收股利与应付股利；

（6）其他应收款与其他应付款。

对于以上内部债权债务项目，在编制合并财务报表时，应当编制抵销分录，将一方的债权与另一方的债务相互抵销。抵销分录为：

借：债务类项目

　贷：债权类项目

一、内部投资收益（利息收入）和利息费用的抵销

企业集团内部母公司与子公司、子公司相互之间可能发生持有对方债券等内部交易。编制合并财务报表时，应当在抵销内部发行的应付债券和持有至到期投资等内部债权债务的同时，将内部应付债券和持有至到期投资相关的利息费用与投资收益（利息收入）相互抵销。应编制的抵销分录为：

借：投资收益

　贷：财务费用（在建工程等）

在某些情况下，债券投资企业持有的企业集团内部成员企业的债券并不是从发行债券的企业直接购进，而是在证券市场上从第三方手中购进的。在这种情况下，持有至到期投资中的债券投资与发行债券企业的应付债券抵销时，可能会出现差额，应当计入合并利润表的投资收益或财务费用项目，即此种情况下：

（1）当应付债券的摊余成本大于持有至到期投资的摊余成本时

借：应付债券（个别报表的摊余成本）

　贷：持有至到期投资（个别报表的摊余成本）

　　财务费用（差额倒挤）

（2）当应付债券的摊余成本小于持有至到期投资的摊余成本时

借：应付债券（个别报表的摊余成本）

　投资收益（差额倒挤）

　贷：持有至到期投资（个别报表的摊余成本）

【例13-22·实务题】母公司长期投资中包括持有子公司发行的债券2 000万元，对此，应当将母公司债券予以抵销。编制抵销分录如下（单位：万元）：

借：应付债券	2 000	
贷：持有至到期投资		2 000

母公司上述债券投资收到利息收入200万元。对此，还需要将该200万元的债券投资利息收入予以抵销。编制抵销分录如下：

借：投资收益	200	
贷：财务费用		200

二、内部应收账款计提坏账准备的抵销

【例13-23·实务题】在甲公司（母公司）2017年年末资产负债表中，应收账款余额为42 000元，其中3 000元为乙公司（子公司）的应付账款；坏账准备余额为210元（坏账准备提取率为0.5%）；年末未分配利润为168 000元。乙公司年末未分配利润为36 000元。

对于甲公司的3 000元应收账款和乙公司的3 000元应付账款，虽然从甲公司的角度看资产（应收账款）增加了3 000元，从乙公司的角度看负债（应付账款）增加了3 000元，但从整个企业集团的角度看，其资产和负债都没有增加，所以这两者应当相互抵销，则在编制合并财务报表工作底稿时，编制抵销分录如下：

借：应付账款	3 000	
贷：应收账款		3 000

在应收账款采用备抵法核算其坏账损失的情况下，在日常会计核算中，集团内部各企业对于母公司与子公司、子公司之间的应收账款，和对待其他的应收账款一样，应提取坏账准备，这一方面使企业的管理费用增加，另一方面使企业的坏账准备增加。但是，从整个企业集团的角度看，其资产并不会增加，所以应当予以抵销，相应地因为这种内部应收账款计提的坏账准备也应当予以抵销，则在编制合并财务报表工作底稿时，应当编制抵销分录将因内部应收账款而计提的坏账准备和资产减值损失予以冲销。甲公司坏账准备金提取比例为0.5%，编制抵销分录如下：

借：应收账款——坏账准备　15

　贷：资产减值损失　15

由于资产减值损失减少15元，相应地，合并后的未分配利润总额由合并前的204 000元（168 000+36 000）增加到合并后的204 015元。到下一个合并期（2018年）的期初，母公司账面上应收账款余额仍为42 000元，坏账准备余额仍为210元，未分配利润仍为204 000元，均又恢复到了上一期合并前的状况。这样就会产生一个问题：2017年合并所有者权益变动表的未分配利润期末余额为204 015元，在编制2018年合并所有者权益变动表时该数字就成了未分配利润的期初余额；而按照2018年个别财务报表编制的合并所有者权益变动表，其未分配利润期初数应当为204 000元。为此，在编制合并财务报表时，首先应当将上期因内部应收账款而计提的坏账准备和未分配利润恢复到上一期合并后的状况，编制抵销分录如下：

借：应收账款　15

　贷：未分配利润——年初　15

在应收账款采用备抵法核算其坏账损失的情况下，某一会计期间坏账准备的数额是以当期应收账款为基础计提的。在编制合并财务报表时，随着内部应收账款的抵销，与此相联系也需将内部应收账款计提的坏账准备抵销。其抵销程序如下：

首先抵销坏账准备的期初数，抵销分录为：

借：应收账款——坏账准备

　贷：未分配利润——年初

然后将本期计提（或冲回）的坏账准备数额抵销，抵销分录与计提（或冲回）分录借贷方向相反。

借：应收账款——坏账准备

　贷：资产减值损失

或：借：资产减值损失

　贷：应收账款——坏账准备

具体做法是：

先抵期初数，然后抵销期初数与期末数的差额。

最后，应当将母公司应收账款与子公司相应的应付账款抵销，编制会计分录如下：

借：应付账款

　贷：应收账款

同样，对于集团内部母公司与子公司以及子公司之间相对应的应收票据和应付票据、预付账款与预收账款、应收股利与应付股利、其他应收款和其他应付款，在编制合并财务报表工作底稿时，也应当采用上述相同的方法予以抵销。

【例13-24·实务题】若在甲公司（母公司）年末资产负债表中，“预收账款”2 000元中有1 000元为乙公司（子公司）预付账款；“应收票据”8 000元中有4 000元为乙公司的应付票据；“其他应收款”6 000元中有2 000元为乙公司的其他应付款，“应收股利”6 500元中有3 000元为乙公司应付股利，则在编制合并财务报表工作底稿时，编制抵销分录如下：

借：预收账款　1 000

贷：预付账款　　1 000

借：应付票据　　4 000

贷：应收票据　　4 000

借：其他应付款　　2 000

贷：其他应收款　　2 000

借：应付股利　　3 000

贷：应收股利　　3 000

【例 13-25·实务题】P公司2017年12月31日个别资产负债表中的内部应收账款为500万元，坏账准备余额为25万元。假定P公司2017年系首次编制合并财务报表。

抵销分录为（以下分录单位：万元）：

借：应付账款　　500

贷：应收账款　　500

借：应收账款——坏账准备　　25

贷：资产减值损失　　25

连续编制合并财务报表情况：

（1）若P公司2018年12月31日个别资产负债表中的内部应收账款仍为500万元，坏账准备余额仍为25万元。

抵销分录为：

借：应付账款　　500

贷：应收账款　　500

借：应收账款——坏账准备　　25

贷：未分配利润——年初　　25

（2）若P公司2018年12月31日个别资产负债表中的内部应收账款为600万元，坏账准备余额为30万元。

借：应付账款　　600

贷：应收账款　　600

借：应收账款——坏账准备　　25

贷：未分配利润——年初　　25

借：应收账款——坏账准备　　5

贷：资产减值损失　　5

（3）若P公司2018年12月31日个别资产负债表中的内部应收账款项目为400万元，坏账准备账户期末余额为20万元。

借：应付账款　　400

贷：应收账款　　400

借：应收账款——坏账准备　　25

贷：未分配利润——年初　　25

借：资产减值损失　　5

贷：应收账款——坏账准备　　5

（4）若P公司2018年12月31日个别资产负债表中的内部应收账款项目为0。

抵销分录为：

借：应收账款——坏账准备　　25

　贷：未分配利润——年初　　25

借：资产减值损失　　25

　贷：应收账款——坏账准备　　25

第六节　综合应用举例

为了便于理解和掌握合并财务报表编制的全过程，现将控制权取得日后合并财务报表编制方法的应用综合举例加以说明。

一、集团内部个别财务报表资料

某母公司拥有某子公司80%的股份，母公司和子公司2017年年末个别资产负债表、利润表、所有者权益变动表的综合资料分别如表13-1、表13-2和表13-3所示。

表13-1　资产负债表

2017年12月31日　单位：万元

资　产	母公司	子公司	负债及所有者权益	母公司	子公司
流动资产：			流动负债：		
货币资金	3 000	2 000	短期借款	2 500	1 500
交易性金融资产	1 800	1 200	应付票据	3 000	2 500
应收票据	2 000	1 300	应付账款	5 000	2 000
应收账款	2 985	995	预收账款	2 000	500
预付账款	1 100	1 000	应付职工薪酬	2 185	1 095
存货	5 200	6 100	其他流动负债	1 000	0
流动资产合计	16 085	12 595	流动负债合计	15 685	7 595
非流动资产：			非流动负债：		
持有至到期投资	2 000	0	长期借款	3 000	1 000
长期股权投资	9 000	0	应付债券	4 000	2 000
固定资产	12 000	4 000	长期应付款	1 000	1 000
在建工程	7 000	5 000	非流动负债合计	8 000	4 000
无形资产	1 250	0	负债合计	23 685	11 595
长期待摊费用	1 350	0	所有者权益：		

续表

资 产	母公司	子公司	负债及所有者权益	母公司	子公司
长期待摊费用	1 350	0	所有者权益：		
非流动资产合计	32 600	9 000	股本	10 000	6 000
			资本公积	5 000	1 200
			盈余公积	6 000	1 500
			未分配利润	4 000	1 300
			所有者权益合计	25 000	10 000
资产总计	48 685	21 595	负债和所有者权益总计	48 685	21 595

表13-2 **利 润 表**

2017年度

单位：万元

项 目	母公司	子公司
一、营业收入	25 400	16 200
减：营业成本	16 000	11 000
税金及附加	200	100
销售费用	1 200	800
管理费用	800	400
财务费用	300	200
资产减值损失	0	0
加：公允价值变动收益	0	0
投资收益	2 200	0
其中：对联营企业和合营企业的投资收益	600	0
二、营业利润	9 100	3 700
加：营业外收入	400	600
减：营业外支出	500	600
其中：非流动资产处置损失	0	0
三、利润总额	9 000	3 700
减：所得税费用	3 000	1 200
四、净利润	6 000	2 500

表13-3　　所有者权益变动表　　单位：万元

项目	母公司					子公司				
	实收资本（或股本）	资本公积	盈余公积	未分配利润	所有者权益合计	实收资本（或股本）	资本公积	盈余公积	未分配利润	所有者权益合计
一、上年年末余额	10 000	5 000	5 400	2 600	23 000	6 000	1 200	1 250	550	9 000
加：会计政策变更										
前期差错更正										
二、本年年初余额	10 000	5 000	5 400	2 600	23 000	6 000	1 200	1 250	550	9 000
三、本年增减变动金额（减少以“-”号填列）										
（一）净利润				6 000	6 000				2 500	2 500
（二）直接计入所有者权益的利得和损失										
可供出售金融资产公允价值变动净额										
（三）利润分配			600	-4 600	-4 000			250	-1 750	-1 500
1.提取盈余公积			600	-600	0			250	-250	0
2.对所有者（或股东）的分配				-4 000	-4 000				-1 500	-1 500
四、本年年末余额	10 000	5 000	6 000	4 000	25 000	6 000	1 200	1 500	1 300	10 000

二、编制合并财务报表工作底稿的抵销会计分录

根据上述资料，母公司首先应当设计合并财务报表工作底稿，将母公司和子公司个别资产负债表的数据过入合并财务报表工作底稿，并将各项目的数额加总（见表13-4）。其次，应编制抵销会计分录，将母公司与子公司的内部经济业务事项对个别财务报表的影响予以抵销。在编制合并财务报表时，应进行如下抵销：

（一）集团内部权益性投资的抵销

首先，应当将母公司按成本法对子公司的投资进行核算调整为按权益法进行核算，其调整分录为（以下分录单位：万元）：

（1）借：长期股权投资——子公司（2 500×80%）　　2 000

　　贷：投资收益　　2 000

子公司当年分配利润1 500万元，则调整分录为：

（2）借：投资收益（1 500×80%）　　1 200

　　贷：长期股权投资——子公司　　1 200

表 13-4

合并工作底稿

2017 年度

单位：万元

项　目	母公司	子公司	合计数	抵销分录		少数股东权益	合并数
				借方	贷方		
营业收入	25 400	16 200	41 600	（12）2 000 （14）8 000 （15）2 000			29 600
营业成本	16 000	11 000	27 000		（12）1 600 （14）8 000 （15）1 600		15 800
税金及附加	200	100	300				300
销售费用	1 200	800	2 000				2 000
管理费用	800	400	1 200		（13）40		1160
财务费用	300	200	500		（11）200		300
资产减值损失	0	0	0	（7）1			1
投资收益	2 200	0	2 200	（11）200 （2）1 200 （4）2 000	（1）2 000		800
营业利润	9 100	3 700	12 800	15 401	13 440		10 839
营业外收入	400	600	1 000				1 000
营业外支出	500	600	1 000				1 100
利润总额	9 000	3 700	12 700	15 401	13 440		10 739
所得税费用	3 000	1 200	4 200				4 200
净利润	6 000	2 500	8 500	15 401	13 440		6 539
少数股东损益				（4）500		500	500
归属于母公司所有者的净利润							6 039
未分配利润——年初	2 600	550	3 150	（4）550	（6）11		2 611
对所有者（或股东）分配	4 000	1 500	5 500		（4）1 500		4 000
提取盈余公积	600	250	850		（4）250		600
未分配利润——年末	4 000	1 300	5 300	550* 15 901* 1 300*	（4）1 300 1 761* 13 440		4 050
流动资产：							
货币资金	3 000	2 000	5 000				5 000
交易性金融资产	1 800	1 200	3 000				3 000
应收票据	2 000	1 300	3 300		（8）1 000		2 300

续表

项目	母公司	子公司	合计数	抵销分录		少数股东权益	合并数
				借方	贷方		
应收账款	2 985	995	3 980	（6）11	（5）2 000 （7）1		1 990
预付账款	1 100	1 000	2 100		（9）1 000		1 100
存货	5 200	6 100	11 300		（15）400		10 900
非流动资产：							
持有至到期投资	2 000	0	2 000		（10）2000		4 200
长期股权投资	9 000	0	9 000	（1）2 000	（2）1 200 （3）8 300		1 500
固定资产	12 000	4 000	16 000	（13）40	（12）400		15 640
在建工程	7 000	5 000	12 000				12 000
无形资产	1 250	0	1 250				1 250
商誉				（3）300			300
长期待摊费用	1 350	0	1 350				1 350
资产总计	48 685	21 595	70 280	2 351	16 301		56 330
流动负债：							
短期借款	2 500	1 500	4 000				4 000
应付票据	3 000	2 500	5 500	（8）1 000			4 500
应付账款	5 000	2 000	7 000	（5）2 000			5 000
预收账款	2 000	500	2 500	（9）1 000			1 500
应付职工薪酬	2 185	1 095	3 280				3 280
其他流动负债	1 000	0	1 000				1 000
非流动负债：							
长期借款	3 000	1 000	4 000				4 000
应付债券	4 000	2 000	6 000	（10）2000			4 000
长期应付款	1 000	1 000	2 000				2 000
负债合计	23 685	11 595	35 280	6 000			10 000
所有者权益：							
股本	10 000	6 000	16 000	（3）6 000			10 000
资本公积	5 000	1 200	6 200	（3）1 200			5 000
盈余公积	6 000	1 500	7 500	（3）1 500			6 000

续表

项　目	母公司	子公司	合计数	抵销分录		少数股东权益	合并数
				借方	贷方		
未分配利润	4 000	1 300	5 300	（3）1 300 15 901* 550*	12 440* 3 061*		4 050
少数股东权益					（3）2 000	2 000	2 000
所有者权益合计	25 000	10 000	35 000	26 451	18 501		27 050
负债及所有者权益总计	48 685	21 595	70 280	32 451	18 501	2 000	56 330

*在上述抵销分录中，借贷方往往并不都是资产负债表项目，比如在抵销分录（1）中，借方为资产负债表项目，而贷方为利润表项目，这样就会造成合并后资产负债表中资产方与负债和所有者权益方不相等。为平衡资产负债表，需要将合并工作底稿中利润表项目和所有者权益变动表项目的抵销分录借贷方合并数过入资产负债表，经过这样处理后，合并资产负债表的资产方与负债和所有者权益方才能相等。其原理很简单：资产负债表项目抵销分录借方+利润表项目抵销分录借方和所有者权益变动表抵销分录借方=资产负债表项目抵销分录贷方+利润表项目抵销分录贷方和所有者权益变动表抵销分录贷方。其具体处理方法为：将合并工作底稿中利润表项目抵销分录借方合计数和所有者权益变动表抵销分录借方合计数过入合并工作底稿中资产负债表项目“未分配利润”的借方，将合并工作底稿中利润表项目抵销分录贷方合计数和所有者权益变动表抵销分录贷方合计数过入合并工作底稿中资产负债表项目“未分配利润”的贷方。

其次，应当根据个别资产负债表抵销母公司投资与子公司相应的所有者权益。母公司拥有子公司80%的股份，子公司所有者权益总额为10 000万元，少数股东权益为2 000万元，母公司拥有的份额为8 000万元，而母公司对子公司投资额为8 300万元，两者之间的差额为300万元，即商誉。编制抵销分录如下：

（3）借：股本　　6 000
　　　　资本公积　　1 200
　　　　盈余公积　　1 500
　　　　未分配利润　　1 300
　　　　商誉　　300
　　　贷：长期股权投资——子公司　　8 300
　　　　　少数股东权益　　2 000

最后，应当根据所有者权益变动表将母公司投资收益与子公司提取盈余公积、对所有者分配利润和年末未分配利润等进行抵销。子公司本年度实现利润2 500万元，母公司确认投资收益2 000万元，少数股东权益500万元。子公司期初未分配利润为550万元，本期提取盈余公积250万元，分配利润1 500万元，其中：母公司1 200万元，少数股东300万元；期末未分配利润1 300万元。因此应将母公司投资收益、少数股东权益与母公司相应的利润分配进行抵销，编制抵销分录如下：

（4）借：投资收益　　2 000
　　　　少数股东权益　　500
　　　　年初未分配利润　　550

贷：提取盈余公积　250

利润分配——对所有者的分配　1 500

年末未分配利润　1 300

（二）集团内部债权债务的抵销

经查母公司本年年末应收账款3 000万元中有2 000万元为子公司应付账款，应当将其相互抵销。编制抵销分录如下（单位：万元）：

（5）借：应付账款　2 000

贷：应收账款　2 000

经查母公司上年年末应收账款3 400万元中有2 200万元为子公司应付账款，坏账准备金提取比例为0.5%，坏账准备余额为11万元；本年年末应收账款3 000万元中有2 000万元为子公司应付账款，坏账准备余额为10万元。对此，应当将坏账准备和未分配利润恢复到上一期合并后的状况，编制抵销分录如下：

（6）借：应收账款——坏账准备　11

贷：年初未分配利润　11

其次，应当根据年末坏账准备余额与年初坏账准备余额的差额，将冲减的坏账准备与冲减的资产减值损失予以抵销。编制抵销分录如下：

（7）借：资产减值损失　1

贷：应收账款——坏账准备　1

母公司应收票据中有1 000万元为子公司应付票据。为此，需将母公司应收票据与子公司应付票据1 000万元予以抵销。编制抵销分录如下：

（8）借：应付票据　1 000

贷：应收票据　1 000

母公司预收账款中有1 000万元为子公司预付账款。对此，需要将母公司预收账款与子公司预付账款1 000万元予以抵销。编制抵销分录如下：

（9）借：预收款项　1 000

贷：预付款项　1 000

（三）集团内部债权性投资的抵销

母公司长期投资中包括持有子公司发行的债券2 000万元，对此，应当将母公司债券予以抵销。编制抵销分录如下（单位：万元）：

（10）借：应付债券　2 000

贷：持有至到期投资　2 000

母公司因上述债券投资收到利息收入200万元。对此，还需要将该200万元的债券投资利息收入予以抵销。编制抵销分录如下：

（11）借：投资收益　200

贷：财务费用　200

（四）集团内部固定资产交易的抵销

本期子公司从母公司购进价格为2 000万元的产品作为固定资产使用。该产品的毛利率为20%，母公司销售该产品的销售成本为1 600万元。子公司购入该固定资产当期投入使用，并对该固定资产计提折旧40万元。为此，需要将母公司销售该产品的销售收入、销售成本以及子公司购进该固定资产中包含的未实现内部销售利润予以抵销，还必须将子公司当期计提折旧包含的未实现内部销售利润予以抵销。编制抵销分录如下：

（12）借：营业收入	2 000	
贷：营业成本		1 600
固定资产——原价		400
（13）借：固定资产——累计折旧	40	
贷：管理费用		40

（五）集团内部存货交易的抵销

母公司本期向子公司销售产品10 000万元，其产品销售成本为8 000万元，销售毛利率20%。子公司从母公司购进产品，其中80%在本期实现销售，另外20%形成期末存货。为此，应当将内部销售收入、内部销售成本和子公司存货2 000万元中包含的未实现内部销售利润予以抵销。编制抵销分录如下（单位：万元）：

（14）借：营业收入	8 000	
贷：营业成本		8 000
（15）借：营业收入	2 000	
贷：营业成本		1 600
存货		400

三、编制合并工作底稿

根据上述资料和抵销分录，可编制合并工作底稿，见表13-4。

四、编制合并财务报表

根据合并工作底稿编制合并资产负债表（见表13-5）、合并利润表（见表13-6）和合并所有者权益变动表（见表13-7）。

表13-5 **合并资产负债表**

2017年12月31日 单位：万元

资　产	年初数	年末数	负债及所有者权益	年初数	年末数
流动资产：			流动负债：		
货币资金		5 000	短期借款		4 000
交易性金融资产		3 200	应付票据		4 500
应收票据		2 300	应付账款		5 000
应收账款		1 990	预收款项		1 500
预付款项		1 100	应付职工薪酬		3 280
存货		10 900	其他流动负债		1 000
流动资产合计		24 290	流动负债合计		19 280
非流动资产：			非流动负债：		

续表

资 产	年初数	年末数	负债及所有者权益	年初数	年末数
持有至到期投资		0	长期借款		4 000
长期股权投资		1 500	应付债券		4 000
固定资产		15 640	长期应付款		2 000
在建工程		12 000	非流动负债合计		10 000
无形资产		1 250	负债合计		29 280
长期待摊费用		1 350	所有者权益：		
商誉		300	股本		10 000
非流动资产合计		32 040	资本公积		5 000
			盈余公积		6 000
			未分配利润		4 050
			归属于母公司所有者权益合计		25 050
			少数股东权益		2 000
			所有者权益合计		27 050
资产总计		56 330	负债和所有者权益总计		56 330

表13-6　**合并利润表**

2017年度　　单位：万元

项 目	上期累计数	本期累计数
一、营业总收入		29 600
二、营业总成本		19 561
其中：营业成本		15 800
税金及附加		300
销售费用		2 000
管理费用		1 160
财务费用		300
资产减值损失		1
加：公允价值变动损益		0
投资收益		800
三、营业利润		10 839
加：营业外收入		1 000
减：营业外支出		1 100

续表

项　目	上期累计数	本期累计数
其中：非流动资产处置损失		0
四、利润总额		10 739
减：所得税费用		4 200
五、净利润		6 539
归属母公司所有者的净利润		6 039
少数股东权益		500
六、每股收益		
（一）基本每股收益		
（二）稀释每股收益		

表 13-7　**合并所有者权益变动表**

2017 年度　单位：万元

项　目	本年金额									上年金额								
	归属于母公司的所有者权益							少数股东权益	所有者权益合计	归属于母公司的所有者权益							少数股东权益	所有者权益合计
	实收资本（或股本）	资本公积	减：库存股	盈余公积	一般风险准备	未分配利润	其他			实收资本（或股本）	资本公积	减：库存股	盈余公积	一般风险准备	未分配利润	其他		
一、上年年末余额																		
加：会计政策变更																		
前期差错更正																		
二、本年年初余额	10 000	5 000		5 400		2 611		1 800	24 811									
三、本年增减变动金额（减少以“-”号填列）																		
（一）净利润						6 039		500	6 539									
（二）直接计入所有者权益的利得和损失																		
1.可供出售金融资产公允价值变动净值																		
2.权益法下被投资单位其他所有者权益变动的影响																		
3.与计入所有者权益项目相关的所得税影响																		
4.其他																		
（一）和（二）小计						6 039		500	6 539									

续表

项目	本年金额									上年金额								
	归属于母公司的所有者权益							少数股东权益	所有者权益合计	归属于母公司的所有者权益							少数股东权益	所有者权益合计
	实收资本（或股本）	资本公积	减：库存股	盈余公积	一般风险准备	未分配利润	其他			实收资本（或股本）	资本公积	减：库存股	盈余公积	一般风险准备	未分配利润	其他		
（三）所有者投入和减少资本																		
1.所有者投入资本																		
2.股份支付计入所有者权益余额																		
3.其他																		
（四）利润分配				600		-4 600		-300	-4 300									
1.提取盈余公积				600		-600			0									
2.提取一般风险准备																		
3.对所有者（或股东）的分配						-4 000		-300	-4 300									
4.其他																		
（五）所有者权益内部结转																		
1.资本公积转增资本（或股本）																		
2.盈余公积转增资本（或股本）																		
3.盈余公积弥补亏损																		
4.其他																		
四、本年年末余额	10 000	5 000		6 000		4 050		2 000	27 050									

第七节　合并现金流量表的编制

一、合并现金流量表概述

（一）合并现金流量表的作用

合并现金流量表是综合反映母公司及其子公司组成的企业集团，在一定会计期间现金流入、现金流出的数量以及其增减变动情况的财务报表。现金流量表要求按照收付实现制反映企业经济业务引起的现金流入和现金流出。它是以合并资产负债表、合并利润表、合并所有者权益变动表以及其他有关影响现金流量的资料为依据编制而成的。其重要作用在于：

（1）有利于投资者、债权人评价企业集团未来的现金流量，评估企业集团偿债能力、支付股利能力和对外筹资能力。

（2）有利于报表使用者分析企业集团本期净利润与经营活动现金流量的差异及其原因，便于评估报告期内与现金有关或无关的投资及筹资活动。

（二）合并现金流量表的编制方法

合并现金流量表可以以合并资产负债表、合并利润表为基础来编制，也可以以个别现金流量表为基础直接编制。以合并资产负债表、合并利润表为基础编制合并现金流量表，其编制方法和个别现金流量表的编制方法基本相同；而以个别现金流量表为基础编制合并现金流量表，其编制方法则与合并资产负债表、合并利润表的编制方法基本相同，相对而言，以个别现金流量表为基础编制合并现金流量表较为简便易行。

二、编制合并现金流量表需要抵销的项目

编制合并现金流量表时，需要对以下四个方面的内部经济事项进行抵销：

1.集团内部销售商品、提供劳务产生的现金流量的抵销

集团内部企业之间相互提供商品和劳务、进行经营性租赁等而产生的现金流量，由于只是现金在集团内部的转移，并不会导致整个集团总的现金流量的增减变动，因而应当予以抵销。

例如，子公司用现金向母公司购买商品，在母公司现金流量表中通过“销售商品、提供劳务收到的现金”项目进行了反映，而在子公司现金流量表中则通过“购买商品、接受劳务支付的现金”项目进行了反映，因此，在编制合并现金流量表时，编制抵销分录如下：

借：购买商品、接受劳务支付的现金

　贷：销售商品、提供劳务收到的现金

2.集团内部以现金投资或收购股权产生的现金流量的抵销

企业集团内部各企业之间相互以现金进行权益性投资、债权性投资，或者以现金收购股权，由此产生的现金流量，也只是现金在集团内部的转移，并不会导致整个集团总的现金流量的增减变动，因而应当予以抵销。

例如，母公司用现金向子公司进行权益性投资，在母公司现金流量表中作为投资活动的现金流量，在“投资支付的现金”项目中进行了反映，而在子公司现金流量表中则作为筹资活动产生的现金流量通过“收回投资收到的现金”项目进行了反映，因此，在编制合并现金流量表时，编制抵销分录如下：

借：投资支付的现金

　贷：收回投资收到的现金

3.集团内部分配股利、利润和偿付利息产生的现金流量的抵销

集团内部企业之间分配股利、利润和偿付利息产生的现金流量，也只是现金在集团内部的转移，并不会导致整个集团总的现金流量的增减变动，因而应当予以抵销。

例如，子公司用现金向母公司支付股利，在子公司现金流量表中作为筹资活动的现金流量，在“分配股利、利润或偿付利息支付的现金”项目中进行了反映，而在母公司现金流量表中作为投资活动产生的现金流量通过“取得投资收益收到的现金”项目进行了反映，因此，在编制合并现金流量表时，编制抵销分录如下：

借：分配股利、利润或偿付利息支付的现金

贷：取得投资收益收到的现金

4.集团内部以现金结算债权债务产生的现金流量的抵销

集团内部企业之间以现金结算债权债务而产生的现金流量，也只是现金在集团内部的转移，并不会导致整个集团总的现金流量的增减变动，因而应当予以抵销。

例如，某子公司用现金偿还母公司欠款，在母公司现金流量表中作为经营活动产生的现金流量通过“收到其他与经营活动有关的现金”项目进行了反映，而在子公司现金流量表中是作为经营活动产生的现金流量通过“支付其他与经营活动有关的现金”项目进行了反映，因此，在编制合并现金流量表时，编制抵销分录如下：

借：支付其他与经营活动有关的现金

贷：收到其他与经营活动有关的现金

【例13-26·实务题】A公司拥有B公司80%的股份，拥有C公司60%的股份，2018年年末，A公司、B公司和C公司的个别现金流量表资料见表13-8。

表13-8　　　　现金流量表

编制单位：　　　　2018年度　　　　单位：元

项　目	金　额		
	A公司	B公司	C公司
一、经营活动产生的现金流量			
销售商品、提供劳务收到的现金	40 994 974	26 744 700	9 986 200
收到的税费返还	74 000	0	660 000
收到其他与经营活动有关的现金	746 000	326 000	188 000
经营活动现金流入小计	41 814 974	27 070 700	10 834 200
购买商品、接受劳务支付的现金	20 427 360	11 344 587	7 533 468
支付给职工以及为职工支付的现金	1 620 352	880 346	454 784
支付的各项税费	5 813 370	2 980 205	1 812 624
支付其他与经营活动有关的现金	6 103 021	3 142 112	1 557 884
经营活动现金流出小计	33 964 103	18 347 250	11 358 760
经营活动产生的现金流量净额	7 850 871	8 723 450	-524 560
二、投资活动产生的现金流量			
收回投资收到的现金	169 460	439 800	0

续表

项目	金额		
	A公司	B公司	C公司
取得投资收益收到的现金	1 249 300	40 000	16 000
处置固定资产、无形资产和其他长期资产收回的现金净额	90 000	30 000	0
处置子公司及其他营业单位收到的现金净额	0	0	0
收到其他与投资活动有关的现金	0	10 000	0
投资活动现金流入小计	1 508 760	519 800	16 000
购建固定资产、无形资产和其他长期资产支付的现金	1 112 260	684 900	1 887 600
投资支付的现金	3 000 000	2 000 000	800 000
取得子公司及其他营业单位支付的现金净额	0	0	0
支付其他与投资活动有关的现金	240 000	0	0
投资活动现金流出小计	4 352 260	2 684 900	2 687 600
投资活动产生的现金流量净额	-2 843 500	- 2 165 100	-2 671 600
三、筹资活动产生的现金流量			
吸收投资收到的现金	0	0	5 000 000
其中：子公司吸收少数股东投资收到的现金	0		2 000 000
发行债券收到的现金	10 000 000	0	0
取得借款收到的现金	3 294 000	1 620 000	0
收到其他与筹资活动有关的现金	0	0	0
筹资活动现金流入小计	13 294 000	1 620 000	5 000 000
偿还债务支付的现金	3 100 000	680 000	0
分配股利、利润或偿付利息支付的现金	3 830 744	1 398 000	0
其中：子公司支付给少数股东的股利、利润	0	180 000	0
支付其他与筹资活动有关的现金	930 000	0	782 167
筹资活动现金流出小计	7 860 744	2 078 000	782 167
筹资活动产生的现金流量净额	5 433 256	-458 000	4 217 833
四、汇率变动对现金及现金等价物的影响	0	0	0
五、现金及现金等价物净增加额	10 440 627	6 100 350	1 021 673
加：期初现金及现金等价物余额	0	0	0
六、期末现金及现金等价物余额	10 440 627	6 100 350	1 021 673

根据有关资料，A公司与B公司、C公司之间发生的经济业务如下：

（1）A公司以现金300万元向C公司投资；

（2）A公司发行债券1 000万元，其中，B公司购买其中的200万元，C公司购买80万元；

（3）B公司向投资者支付利润90万元，其中，向A公司支付利润72万元；

（4）A公司向B公司支付债券利息4万元，向C公司支付债券利息1.6万元；

（5）A公司向B公司销售商品一批，价款88万元全部收到；

（6）C公司以现金向A公司支付劳务款32万元。

在编制合并现金流量表时，编制抵销分录如下：

（1）借：投资支付的现金 3 000 000
　　贷：吸收投资收到的现金 3 000 000

（2）借：投资支付的现金 2 800 000
　　贷：吸收投资收到的现金 2 800 000

（3）借：分配股利、利润或偿付利息支付的现金 720 000
　　贷：取得投资收益收到的现金 720 000

（4）借：分配股利、利润或偿付利息支付的现金 56 000
　　贷：取得投资收益收到的现金 56 000

（5）借：购买商品、接受劳务支付的现金 880 000
　　贷：销售商品、提供劳务收到的现金 880 000

（6）借：购买商品、接受劳务支付的现金 320 000
　　贷：销售商品、提供劳务收到的现金 320 000

根据上述资料编制合并工作底稿和合并现金流量表（略）。

注册会计师考试真题

【2017年考题·多选题】2×15年12月31日，甲公司以某项固定资产及现金与其他三家公司共同出资设立乙公司，甲公司持有乙公司60%股权，能够对其实施控制，当日，双方办理了与固定资产所有权转移相关的手续。该固定资产的账面价值为2 000万元，公允价值为2 600万元。乙公司预计上述固定资产可以使用10年，预计净残值为零，采用年限平均法计提折旧，每年计提折旧额直接计入当期管理费用，不考虑其他。下列各项关于甲公司在编制合并财务报表时所做的会计处理的表述中正确的有（　　）。

A.2×15年合并利润表营业外收入项目抵销600万元

B.2×16年合并利润表管理费用项目抵销60万元

C.2×17年年末合并资产负债表未分配利润项目的年初数抵销540万元

D.2×17年年末合并资产负债表固定资产项目抵销480万元

【答案】ABCD

【解析】甲公司向乙公司投出资产属于内部交易，其抵销分录如下（单位：万元）：

2×15年：

借：营业外收入（2 600−2 000） 600
　贷：固定资产——原价 600

2×16年：

借：年初未分配利润　600

　贷：固定资产——原价　600

借：固定资产——累计折旧（600÷10）　60

　贷：管理费用　60

2×17年：

借：年初未分配利润　600

　贷：固定资产——原价　600

借：固定资产——累计折旧　60

　贷：年初未分配利润　60

借：固定资产——累计折旧　60

　贷：管理费用　60

因此，2×15年合并利润表中营业外收入抵销600万元；2×16年合并利润表中管理费用抵销60万元；2×17年年末合并资产负债表中未分配利润年初抵销金额=600-60=540（万元）；2×17年年末合并资产负表中抵销固定资产项目的金额=600-60-60=480（万元）。

【2018年考题·多选题】2×17年甲公司与其子公司（乙公司）发生的有关交易或事项如下：(1) 甲公司收到乙公司分派的现金股利600万元；(2) 甲公司将其生产的产品出售给乙公司用于对外销售，收到价款及增值税585万元；(3) 乙公司偿还上年度自甲公司购买产品的货款900万元；(4) 乙公司将工地使用权及其地上厂房出售给甲公司用于其生产，收到现金3 500万元。下列各项关于甲公司上述交易或事项在编制合并现金流量表应予抵消的表述中，正确的有（　　）。

A. 甲公司投资活动收到的现金900万元与乙公司筹资活动支付的现金900万元抵销

B. 甲公司经营活动收到的现金585万元与乙公司经营活动支付的现金585万元抵销

C. 甲公司投资活动支付的现金3 500万元与乙公司筹资活动收到的现金3 500万元抵销

D. 甲公司投资活动收到的现金600万元与乙公司筹资活动支付的现金600万元抵销

【答案】CD

【2017年考题·多选题】按照我国企业会计准则的规定，编制合并现金流量表时，抵销处理包括的内容有（　　）。

A. 企业集团内部当期以现金投资或收购股权增加的投资所产生的现金流量的抵销处理

B. 企业集团内部当期取得投资收益收到的现金与分配股利、利润或偿付利息支付的现金的抵销处理

C. 企业集团内部以现金结算债权与债务所产生的现金流量的抵销处理

D. 企业集团内部处置固定资产等收回的现金净额与购建固定资产等支付的现金的抵销处理

【答案】ABCD

【2017年考题·多选题】长江公司系甲公司的母公司，2016年6月30日，长江公司向甲公司销售一件产品，销售价格为900万元，增值税税额为153万元，成本为800万元，未计提存货跌价准备，相关款项已收存银行。甲公司将购入的该产品确认为管理用固定资

产（增值税进项税额可抵扣）并于当日投入使用，预计使用寿命为10年，预计净残值为零，采用年限平均法计提折旧。长江公司采用资产负债表债务法核算所得税，适用的所得税税率为25%，不考虑其他因素。长江公司编制2016年合并财务报表时的抵销调整中正确的有（　　）。

A.抵销营业收入900万元　　B.抵销营业成本900万元

C.抵销管理费用10万元　　D.调增递延所得税资产23.75万元

【答案】AD

【解析】正确处理为：①抵销营业收入900万元；②抵销营业成本800万元；③抵销管理费用=（900-800）÷10×6÷12=5(万元)；④调增递延所得税资产=（100-5)×25%=23.75(万元)。

精讲练习题

综合题

1.目的：练习企业集团内部商品交易的抵销处理。

资料：母公司和其全资子公司有关事项如下：

（1）母公司2017年1月1日结存的存货中含有从其全资子公司购入的存货60万元，该批存货子公司的销售毛利率为15%。2017年度子公司向母公司销售商品，售价为351万元(含增值税)，母公司另支付运杂费等支出2万元。子公司2017年度的销售毛利率为20%。母公司2017年度将子公司的一部分存货对外销售，实现的销售收入为300万元，销售成本为250万元。母公司对该批存货的发出采用先进先出法核算。

（2）2017年3月20日子公司向母公司销售一件商品，售价为23.4万元（含增值税)，销售成本为16万元，母公司购入上述商品后作为固定资产并于当月投入到行政管理部门使用，母公司另支付运杂费等支出1万元，固定资产预计使用年限为5年，无残值，按平均年限法计提折旧。母公司和子公司均为增值税一般纳税企业，适用的增值税税率均为17%。

要求：

（1）编制2017年度与存货相关的抵销分录。

（2）计算母公司从子公司购入的固定资产的入账价值，编制2017年度与固定资产相关的抵销分录。

2.目的：练习企业集团内部存货交易的抵销处理。

资料：大海公司和长江公司为同一母公司的子公司，存货期末计价均采用成本与可变现净值孰低法。2017年年初，长江公司出售库存商品给大海公司，售价（不含增值税）2 000万元，成本1 500万元，截至2017年12月31日，该批存货中尚有40%未出售给集团外部其他单位。2018年长江公司又出售库存商品给大海公司，售价（不含增值税）3 000万元，成本2 000万元，大海公司2018年从长江公司购入的存货至2018年12月31日全部未出售给集团外部其他单位。

要求：编制2017年和2018年与存货有关的抵销分录。

3.目的：练习企业集团内部固定资产交易的抵销处理。

资料：荣华股份有限公司（以下简称荣华公司）2016年1月1日与另一投资者共同组

建昌盛有限责任公司（以下简称昌盛公司）。荣华公司拥有昌盛公司75%的股份，从2016年开始将昌盛公司纳入合并范围编制合并财务报表。

（1）荣华公司2016年6月15日从昌盛公司购进不需安装的设备一台，用于公司行政管理，设备价款192万元（含增值税）以银行存款支付，增值税税率为17%，于7月20日投入使用。该设备系昌盛公司生产，其生产成本为144万元。荣华公司对该设备采用直线法计提折旧，预计使用年限为4年，预计净残值为零。

（2）荣华公司2018年8月15日变卖该设备，收到变卖价款160万元，款项已收存银行。变卖该设备时支付清理费用3万元。

要求：

（1）代荣华公司编制2016年度与该设备相关的抵销分录。

（2）代荣华公司编制2017年度与该设备相关的抵销分录。

（3）代荣华公司编制2018年度与该设备相关的抵销分录。

4.目的：练习企业集团内部股权投资交易抵销的处理。

资料：假设P公司能够控制S公司，S公司为股份有限公司。2018年12月31日，P公司个别资产负债表中对S公司的长期股权投资的金额为3 000万元，拥有S公司80%的股份。P公司在个别资产负债表中采用成本法核算该项长期股权投资。2017年1月1日，S公司股东权益总额为3 500万元，其中股本为2 000万元，资本公积为1 500万元，盈余公积为0，未分配利润为0。

2018年，S公司全年实现净利润1 000万元，提取法定盈余公积100万元，向P公司分派现金股利480万元，向其他股东分派现金股利120万元，未分配利润为300万元。S公司因持有的可供出售金融资产的公允价值变动计入当期资本公积的金额为100万元。

要求：根据上述资料，编制2018年年末合并财务报表的抵销分录（非同一控制下企业合并）。

5.目的：练习企业集团内部债权债务交易抵销的处理。

资料：A公司拥有B公司80%的股份。2018年A公司出售商品给B公司，售价100万元，成本价80万元，商品销售货款尚未结算。假定A公司的本年营业收入总额为1 500万元，营业成本为1 100万元。B公司本年营业收入总额为800万元，营业成本为600万元。2018年年末，A公司对应收B公司的货款提取坏账准备5万元。到年末B公司购入的上述存货全部未出售。

要求：编制2018年年末合并财务报表的抵销分录。

6.目的：练习企业集团内部商品交易抵销的处理。

资料：某母公司2017年向子公司销售商品售价10 000万元，其销售成本为8 000万元，子公司2017年未销售该商品，形成期末存货，该存货2017年年末可变现净值为9 200万元。2018年子公司又从母公司购进该种商品15 000万元，母公司的销售成本为12 000万元。子公司2017年从母公司购进的商品在2018年全部销售，销售价格为13 000万元；2018年从母公司购进的商品销售40%，销售价格为7 500万元，另60%形成期末存货，该存货2018年年末可变现净值为8 000万元。

要求：编制2018年年末合并财务报表的抵销分录。

7.目的：练习编制合并财务报表的抵销分录。

资料：甲股份有限公司（以下简称“甲公司”）系上市公司，需要对外提供合并财务报表。甲公司拥有一家子公司——乙公司，乙公司系甲公司于2017年1月5日以3 000万元购买其60%股份而取得的子公司。购买时乙公司的可辨认净资产总额为6 000万元，其中实收资本为4 000万元，资本公积为2 000万元。

乙公司2017年度、2018年度分别实现净利润1 000万元和800万元。乙公司除按净利润的10%提取法定盈余公积外，未进行其他利润分配。假定除净利润外，乙公司无其他所有者权益变动事项。

甲公司2018年12月31日应收乙公司账款余额为600万元，年初应收乙公司账款余额为700万元。假定甲公司采用应收账款余额百分比法计提坏账准备，计提坏账准备的比例为10%。

甲公司2018年12月31日固定资产中包含一项从乙公司购入的固定资产。该固定资产系2016年12月10日以500万元的价格购入的；乙公司转让该项固定资产的账面价值为400万元。假定甲公司对该项固定资产采用直线法计提折旧，预计使用年限为5年。

2018年2月5日，甲企业销售一批商品给乙企业。销售价格为800万元（不含增值税额，下同)，销售成本为600万元，销售毛利率为25%。截至2018年12月31日，乙企业已销售该批商品的60%，乙企业对外销售的价格为甲企业销售价格的110%。

要求：

（1）编制甲公司对乙公司投资的会计分录。

（2）编制甲公司合并工作底稿中的调整分录。

（3）编制2018年年末合并财务报表的抵销分录。

8.目的：练习编制合并财务报表的抵销分录。

资料：京雁公司和甲公司均为增值税一般纳税人，适用的增值税税率为17%；年末均按实现净利润的10%提取法定盈余公积。假定产品销售价格均为不含增值税的公允价值。2017年度发生的有关交易或事项如下：

（1）1月1日，京雁公司以3 200万元取得甲公司有表决权股份的60%作为长期股权投资。当日，甲公司可辨认净资产的账面价值和公允价值均为5 000万元；所有者权益总额为5 000万元，其中股本2 000万元，资本公积1 900万元，盈余公积600万元，未分配利润500万元。在此之前，京雁公司和甲公司之间不存在关联方关系。

（2）6月30日，京雁公司向甲公司销售一件A产品，销售价格为500万元，销售成本为300万元，款项已于当日收存银行。甲公司购买的A产品作为管理用固定资产，于当日投入使用，预计可使用年限为5年，预计净残值为零，采用年限平均法计提折旧。

（3）7月1日，京雁公司向甲公司销售B产品200件，单位销售价格为10万元/件，单位销售成本为9万元，款项尚未收取。甲公司将购入的B产品作为存货入库；截至2018年12月31日，甲公司已对外销售B产品40件，单位销售价格为10.3万元/件；2018年12月31日，对尚未销售的B产品每件计提存货跌价准备1.2万元。

（4）12月31日，京雁公司尚未收到向甲公司销售200件B产品的款项；当日，对该笔应收账款计提了20万元坏账准备。

（5）4月12日，甲公司对外宣告发放上年度现金股利300万元；4月20日，京雁公司收到甲公司发放的现金股利180万元。甲公司2017年度利润表列报的净利润为400万元。

要求：

（1）编制京雁公司2017年12月31日合并甲公司财务报表时按照权益法调整相关长期股权投资的会计分录。

（2）编制京雁公司2017年12月31日合并甲公司财务报表的各项相关抵销分录（不要求编制与合并现金流量表相关的抵销分录；不要求编制与抵销内部交易相关的递延所得税抵销分录）。

第十三章精讲练习题参考答案

第十四章

清算会计

案例导入

北京鼓风机厂成立于1980年11月，隶属于北京京城机电控股有限责任公司，为全民所有制企业。企业经营范围为风机、阀门、环保涂装设备制造、喷漆、风机安装和修理；承担本单位运输及部分社会货物运输等。企业在职职工847人，退休人员1 053人，离休人员14人。

近几年，北京鼓风机厂经营管理不善，设备老化，工艺落后，缺乏拳头产品，造成已有市场份额不断减少，生产量严重不足。另外，企业退休职工较多、企业费用负担沉重等多方面原因，导致企业连年亏损，扭亏无望，无法清偿到期债务。北京鼓风机厂于2001年7月9日向北京市第二中级人民法院（以下简称“二中院”）申请破产清算。二中院受理该案后，经审理，认为鼓风机厂已不能清偿到期债务，符合法律规定的破产条件，于2001年9月29日开庭，裁定宣告北京鼓风机厂破产。

破产清算过程如下：

北京鼓风机厂宣告破产后，二中院决定成立北京鼓风机厂破产清算组（以下简称清算组）。清算组在二中院的指导下开展清算工作，并委托北京产权交易所（以下简称北交所）对鼓风机厂破产清算工作进行组织、协调。企业破产工作中有两大难点：破产财产变现难和职工安置难。北交所以这两个难点为重点，有步骤、有计划地开展工作。

1.理清企业债权债务

清算组全面接管企业后，即组织留守配合人员对企业财产进行全面清理，委托北交所组织协调清算日常工作。北交所根据破产企业的具体情况，重点对破产财产进行分类盘查核实、登记造册；组织破产财产审计评估工作；组织清理企业长期投资和联营关系；组织清理、追讨企业债权。

企业错综复杂的债权债务关系，直接影响了破产财产的整体变现。就此问题，北交所通过对企业情况的详细深入调查，收集整理了大量的资料，协助企业破产清算组先后召开了三次债权人会议，逐步理清了企业的债权债务关系。

2.公开变现破产财产

由于该企业的地理位置优越，具有很高的市场潜在价值，经企业清算组研究决定，对其破产财产采取公开拍卖的方式进行变现。

北交所于北京鼓风机厂宣告破产日起，先后在北交所网站等各种媒体上发布破产财产拍卖信息，并于2002年7月1日在《劳动午报》上发布拍卖公告，同时，通过会员在更广泛的范围内传递此信息。

2002年8月3日，受北京鼓风机厂破产清算组的委托，北交所、长城国际拍卖有限公司在北交所交易厅对北京鼓风机厂破产财产进行整体公开拍卖。拍卖采取减价与增价相结合的方式进行，起拍价为5 560万元。经过七十几轮竞价，最后168号竞买人北京市丰台区城市建设综合开发公司以6 110万元的价格成交，实现了国有资产的保值增值。

3.妥善安置破产企业职工

妥善安置破产企业的职工生活，不仅关系到破产案件能否及时审结的问题，亦关系到社会的安定团结。

企业破产财产的成功变现，为企业的下一步清算工作打下了良好的基础。企业的职工安置工作在北交所的协调和组织下有条不紊地展开。根据该企业的行业特点，北交所为其设计了最佳的职工安置方案，800余名在职职工仅在一个月左右就安置完毕：大部分实现了重新就业，一部分自谋职业，少数继续待业。由于及时进行了法制宣传教育，依法妥善安排破产企业的职工生活，这为及时审结案件创造了良好环境，也为社会的安定团结作出了努力。

学习目标

了解企业清算的原因、类型和业务程序以及企业破产的处理程序；理解企业清算会计工作的内容以及清算会计对传统财务会计理论的改变；掌握破产清算会计和普通清算会计的核算账务处理。

第一节　清算会计概述

一、企业清算概述

（一）企业清算的原因

企业清算是指企业按章程规定解散以及由于破产或其他原因宣布终止经营后，对企业的财产、债权、债务进行全面清查，并进行收取债权、清偿债务和分配剩余财产的经营活动。

导致企业清算的原因很多，通常有以下几种：

（1）企业的经营期限届满，投资方无意继续经营；

（2）企业合并或者分立，需要解散；

（3）投资一方或各方不履行协议、合同、章程规定的义务，致使企业无法继续经营；

（4）企业发生严重亏损，无力继续经营；

（5）企业因自然灾害、战争等不可抗拒因素遭受严重损失，无法继续经营；

（6）企业因违反国家法律、法规，危害社会公共利益，被依法撤销；

（7）企业宣告破产；

（8）股份有限公司和有限责任公司的股东会议决定解散公司；

（9）法律、企业章程所规定的其他解散事由已经出现。

无论是上述哪种原因，都会使企业解体，失去法人资格；而清算是企业解体过程中最重要的业务事项。

【例14-1·多选题】企业发生下列情况，需要清算的是（　　）。

A.企业的经营期限届满，投资方无意继续经营

B.企业合并或者分立，需要解散

C.有限责任公司的全体董事同意解散公司

D.企业发生严重亏损，无力继续经营

【答案】ABCD

（二）企业清算的类型及其关系

1.企业清算的类型

企业的清算，按清算的原因，可以分为普通清算和破产清算两种类型。

（1）普通清算

普通清算，又称“解散清算”，是指对因经营期满或者其他经营方面的原因，导致不宜或不能继续经营而自愿或被迫解散的企业所进行的清算。普通清算又可分为非完全解散清算和完全解散清算。非完全解散清算，又称“产权转让清算”，是指对因营业期满或其他原因，由合营一方将其所拥有的产权转让给另一方继续经营的解散企业所进行的清算。完全解散清算，是指对宣告解散并且各方都不再继续经营的企业所进行的清算。

（2）破产清算

破产清算是指对依法宣告破产的企业所进行的清算。

2.普通清算与破产清算的关系

普通清算和破产清算，二者之间既有联系又有区别。二者的联系表现在都是结束被清算企业的各种债权、债务和法律关系。二者的区别主要有：一是清算的性质不同。普通清算属于自愿清算或行政清算；而破产清算属于司法清算。二是处理利益关系的侧重点不同。普通清算的重点是将剩余财产在企业内部各投资者之间进行分配（投资者之间的利益关系）；破产清算则主要是将有限的财产在企业外部各债权人之间进行分配（债权人之间的利益关系）。

（三）企业清算的业务程序

无论哪种清算，其清算的业务程序基本一致。清算的一般业务程序为：

1.成立清算组

企业宣布经营终止时，应当在规定的期限内成立清算组。有限责任公司的清算组，由股东组成；股份有限公司的清算组，由股东大会确定其人选；宣告破产的企业，则由人民法院组成清算组。清算组负责企业清算期间的一切事宜。

2.清查债务

清算组成立后，应按规定时间通知或公告债权人；债权人应在规定时间内向清算组申报债权，并提供证明材料和有关债权的说明；清算组要逐笔审核、登记、编制企业债务明细表。

3.清查财产和债权

清算企业的财产，包括宣布清算时企业的财产和清算期间取得的财产（如收回的债权

等）。已经作为担保的财产，相当于债务数额的部分不属于清算财产，超过所担保的债务数额的部分属于清算财产。租入、借入、代外单位加工和代销的财产，因企业对其不拥有所有权，因此也不属于清算财产。

【例 14-2 · 多选题】破产企业的下列资产不属于破产资产的是（　　）。

A.破产宣告前购入的存货　　B.已抵押的固定资产

C.宣告破产后收回的应收账款　　D.未到期的长期债券投资

【答案】B

4.清偿债务

清算组在全面清查企业财产和债务后，对货币资金以外的清算财产要进行变价处理。对支付清算费用后的剩余财产，应依照下列顺序逐项清偿企业的债务：

（1）支付应付未付的职工工资、劳动保险费等；

（2）缴纳所欠税款；

（3）清偿其他各项无担保债务。

如果企业财产不足清偿债务，要立即向法院申请宣告破产，待法院宣告破产后，清算组应将清算债务移交给法院。对宣告破产的企业，当破产财产不足清偿同一顺序债务时，则在同一顺序内按比例清偿。

5.分配剩余财产

企业清偿债务后的剩余财产，应在投资者之间进行分配。其中，有限责任公司，应按投资各方的出资比例或企业章程、协议规定的办法进行分配。股份有限公司，应按优先股股份面值对优先股股东分配；优先股股东分配后的剩余部分，应按普通股股东的股份比例分配给普通股股东。如果剩余财产不足全额偿付优先股股本，则按优先股股东股份面值的比例分配。

6.编制清算报告和办理企业注销手续

企业清算结束，清算组应编制清算报告，清算报告经注册会计师鉴证后，报股东大会或企业主管机关，并报企业原注册登记机关，办理注销手续，同时公告企业终止。

二、清算会计工作的内容

清算会计是指对被宣告解散企业各项清算业务进行反映和监督，向有关债权人、投资人及政府主管部门披露企业的财务状况、清算过程和结果等会计信息的一种专门会计。

按企业清算的程序，清算会计工作的内容主要包括：

（一）进行财产清查，编制资产负债表和财产目录

资产负债表是企业一定日期财务状况的综合反映，也是清算企业进行财产、债权、债务清查的重要依据。为此，对清算企业财产、债权、债务进行全面清查，对企业财产合理作价，并将有关凭证、账簿及报表凭证进行核对，在保证账证、账账、账表相符的基础上，编制清算开始日的资产负债表。

（二）变价清算财产

对于货币资金以外的清算财产，其变价处理方法通常有以下几种：

（1）账面价值法，指以财产的账面净值为标准对清算财产作价的一种方法。该方法适用于账面价值与实际价值相差不大的财产。

（2）重估价值法，指以资产的现行市场价格为依据来对清算财产作价的一种方法。该方法适用于账面价值与实际价值相差很大，或企业合同、章程、投资各方协议中规定企业解散时应按重估价值作价的财产。

（3）变现收入法，是指以清算财产出售或处理时的成交价为依据对清算财产作价的一种方法。该方法适用于价值较小、数量零星的清算财产。

（4）拍卖作价法，是指通过拍卖对清算财产作价的一种方法。破产企业财产的作价通常采用此法。

（5）收益现值法，是指以财产的收益现值为依据对清算财产作价的一种方法。该方法适用于清算企业的整体财产或某些特殊的资产，如无形资产等。

【例 14-3·多选题】下列属于破产资产计量方法的是（　　）。

A.账面价值法　　B.变现收入法　　C.历史成本法　　D.重估价值法

【答案】ABD

（三）核算和监督清算费用的支付

清算费用是指清算过程中所发生的各项费用支出，包括清算组人员工资、办公费、公告费、差旅费、诉讼费、审计费、公证费、财产估价费和变卖费等。清算会计应监督各项清算费用的合理开支，并保证其从企业的清算财产中优先支付。

【例 14-4·多选题】下列属于清算费用的是（　　）。

A.破产财产保管费　　B.清算期间财产变卖损失

C.破产安置费　　D.破产诉讼费

【答案】ACD

（四）核算和监督债券的收回和债务的偿还

企业清算会计应对清算期间收回的债权及时反映，对确定无法收回的款项，报经批准后，作为坏账损失予以核销；对于各项债务，应按规定的日期通知债权人办理债权登记，并及时反映各项债务的偿还。

（五）核算和监督企业的清算损益

清算损益是企业清算过程中发生的清算收益同清算损失和清算费用相抵后的余额。清算过程中的清算收益大于清算损失、清算费用的部分为清算净收益；反之，为清算净损失。

清算收益是企业清算过程中所取得的全部收益，主要包括：

（1）经营收益，是指清算过程中处理没有完结的经营业务取得的收入；

（2）财产变现收益，是指财产变卖取得的收入大于账面价值的差额；

（3）财产估价收益，是指对不需变现的财产的估价大于其账面价值的差额；

（4）财产盘盈收益，是指盘盈财产的实际变现收益；

（5）无法偿付的债务，是指由于债权人自身的原因而导致确实无法偿付或不用偿付的债务。

清算损失主要有经营损失、财产变现损失、财产估价损失、财产盘亏损失和无法收回的债权造成的坏账损失。

将清算期间的全部收益与全部的清算费用和清算损失相抵，可确定清算结果是清算净收益还是净损失。

（六）核算和监督剩余财产的分配

企业清算会计应正确计算企业清偿债务后可供分配的剩余财产，并依据法规或合同规定的分配方法，核算和监督剩余财产的分配。

（七）编制清算财务报表

为全面系统地反映清算过程和结果，清算完毕清算会计应按规定编制清算财务报表。清算财务报表主要包括：清算资产负债表、清算利润表和债务清偿表。

三、清算会计对传统财务会计理论的改变

清算会计属于财务会计的范畴，是高级财务会计的一个分支。作为一个分支，清算会计无论在会计理论上还是在会计实务上，都与传统财务会计有着紧密联系。但是，清算会计同时又在新的会计环境下对会计对象、会计目标、会计假设、会计原则和会计信息质量要求等方面有所改变，形成一些具有自身特点的会计理论。

（一）会计对象的改变

传统财务会计的对象是企业生产经营过程中的资金运动，包括资金的筹集、投放、耗费、收入和分配的全过程。而清算企业由于在清算期间不得开展新的经营活动，因而其会计对象是企业在清算过程中债权的回收、债务的清偿、财产的处理、各项损益和费用的发生以及剩余财产的分配等资金运动。

（二）会计目标的改变

传统的财务会计目标是向企业外部投资者、债权人、政府有关部门等提供企业财务状况、经营成果和现金流量等会计信息。而清算会计的目标尽管仍然是向企业外部提供信息，但信息的使用者除企业的债权人、投资人、政府有关部门外，还包括管理破产案件的法院。从所提供的会计信息的内容看，清算会计主要是提供破产企业债务偿还和清算财产处理的会计信息。可见，无论是会计信息的使用者还是所提供会计信息的内容，清算会计与传统财务会计都有所不同。

（三）会计假设的改变

清算会计尽管依旧遵循货币计量假设，但否定了持续经营和会计分期假设。另外，在会计主体假设方面，也与传统的财务会计有所不同。

1.会计主体假设的改变

企业在正常经营情况下，会计主体是企业自身；进入清算后，在普通清算中，企业仍是独立的主体，清算组只是一个代理机构，其业务活动是一种代理行为；但在破产清算中，企业被宣告破产后失去了法人资格，会计主体的地位也不复存在。

2.对持续经营假设的否定

企业进入清算后，持续经营假设显然不再成立，而代之以终止经营假设。在此假设基础上，清算会计采用了一系列不同于持续经营假设下的会计处理方法、计量基础和报告形式。

3.对会计分期假设的否定

企业进入清算后，在终止经营假设的基础上，已没有按公历年度分期考核经营成果和编制财务报表的必要。因此，从企业宣告解散之日到清算终了之时这一段时间为清算会计期间，其长短具有不确定性。

（四）会计原则的改变

在清算中，一些传统的会计原则也变得不再适应，如历史成本原则、权责发生制原则、划分收益性支出与资本性支出原则等，而相应地代之以可变现价格计价原则、收付实现制原则以及收益性支出原则。

（五）会计信息质量要求的改变

传统会计信息的质量要求包括可靠性、相关性、明晰性、可比性、实质重于形式、重要性、谨慎性和及时性等。清算会计依然遵循大部分的会计信息质量要求，但有的会计信息质量要求则不再适用。如可比性要求同一企业对于不同时期发生的相同或相似的交易或者事项，应当采用一致的会计政策，而在企业清算期间，此会计信息质量要求因为会计分期假设的否定也不再适用。

【例 14-5 · 单选题】下列属于清算会计确认收入和费用的原则的是（　　）。

A.配比原则　　B.权责发生制原则

C.历史成本原则　　D.收付实现制原则

【答案】D

【例 14-6 · 多选题】企业进入破产清算后，下列属于不再适用的会计原则的是（　　）。

A.可靠性原则　　B.可比性原则

C.明晰性原则　　D.资本性支出原则

【答案】BD

第二节　破产清算会计

一、破产清算会计概述

（一）破产清算会计的含义

破产清算会计是财务会计的一个特殊分支。它是以现有的各种会计方法为基础，以破产法律制度为依据，反映和监督企业破产清算过程中的各种会计事项，对破产财产、破产债权、破产净资产、破产损益等进行确认、计量、记录和报告的一种程序和方法。

（二）破产清算会计的对象

破产清算会计的对象是破产企业在清算期间的资金运动。与财务会计相比，其资金运动具有一次性、终极化的特性。企业在整顿期间，如整顿良好，则企业资金运动呈良性循环与周转；如整顿无效，则企业转入破产清算。在此过程中，清算组变现财产，偿还债务，分配剩余财产。在资金形态上，逐渐灭失固定资金、储备资金、成品资金等形态的并存与继起性，实现所有非货币资金向货币资金的转化，时间的继起性被中断，这种资金流动呈现单向、一次性、终极性的特点。

（三）破产清算会计的要素

《企业会计准则》确定的六要素中资产、负债、所有者权益三要素对破产清算会计依然适用，因为它们是偿债和清算损益确认时必将涉及的内容，而清算的目的就是偿债。正常的收入、费用、利润则完全废弃了，取而代之的是清算收入、清算支出、清算损益三要素，这是因为企业在终止经营条件下，不需要再核算经营期的经营成果，收入、费用、利润的核算基础已失去且无必要。

资产是指破产企业所有并现时控制的能带来清偿能力且以货币计量的各种财产、债权和其他权利。负债是破产企业承担的以货币计量需以资产偿付的债务。企业资产减去负债就是所有者权益，其值小于零时意味着资不抵债，进入事实的破产状态。进入清算状态后，资产不再按流动性区分，而只区分为货币形态资产和非货币形态资产；所有债务都需清偿，也不再按流动性分类；清偿债务与缴纳税收之后如有剩余财产可供分配，将对所有者权益进行最后一次分配。清算收入是从总体上反映破产企业的偿债能力状况，主要包括清算初期企业的货币资金，清算期间资产变现收入、收回债权及对外投资收入直接偿债的资产价值等；清算支出是从总体上反映企业的负债规模、结构和偿债顺序、数量等，主要包括清算费用、清算损失，支付职工工资和劳动保险费，缴纳应交未交税金、偿债等。清算损益表现的是二者之差，清算损益的核算是对清算收入、清算损失、清算费用及清算净收益等进行反映。

二、破产清算会计的会计原则

破产清算会计的会计原则与传统会计有一定的差异。传统会计的会计原则包括可靠性、相关性、明晰性、可比性、重要性、谨慎性、及时性、实质重于形式以及历史成本等。破产清算会计作为传统财务会计的一个特殊分支，遵循传统会计的一般原则。但为了规范破产会计行为，维护债权人、债务人及投资人的合法权益，破产清算会计又有自己特有的原则。

（一）合法性原则

合法性原则是指破产会计应以法律规定为准绳，严格按《中华人民共和国企业破产法》《中华人民共和国公司法》《中华人民共和国民法通则》《中华人民共和国民事诉讼法》等规定组织破产会计核算，对破产财产进行合法处置。企业破产及破产清算过程不仅是一种经济行为，更重要的是一种法律行为。破产企业的整个破产清算过程要在人民法院的监督之下按照规范的程序进行，因此合法性原则是破产清算会计最基本的原则。

（二）可变现净值原则

为了最大限度地保护债权人的利益，兼顾债务人的利益，需要对破产企业的全部财产按可变现净值进行重新计价，而不论其破产清算前的账面价值是多少。对不具备偿债条件的财产（如长期待摊费用等）应一次转化为费用，根据变现后破产财产的数额偿付债务。

（三）划分破产费用与非破产费用原则

企业在破产清算过程中也会发生各种费用，包括破产财产管理费用、变卖费用、破产案件诉讼费用、债权人申报债权费用等，这些费用的支付直接关系到债权人的切身利益。因此，应正确划分破产费用和非破产费用，凡是为破产债权人的共同利益而支付的费用，应属于破产费用，于破产财产中支付；凡是债权人为个人利益而支付的费用，应属于非破产费用，不应于破产财产中支付。

（四）对等偿债原则

在破产清算会计中，应依据《中华人民共和国企业破产法》的有关规定，正确区分各种不同性质的债务，如担保债务、抵销债务、优先偿付债务、破产债务等，并分别按其债务与相应资产的对等关系，依据一定的顺序进行清偿。如以担保资产偿付担保债务，以抵销资产偿付抵销债务，以破产财产优先清偿应优先偿付的债务后，再偿付破产债务。这一原则能够充分维护不同债权人的合法权益。

三、破产清算会计的主要内容与程序

根据《中华人民共和国企业破产法》、《中华人民共和国公司法》及《国有企业试行破产有关会计处理问题暂行规定》，破产清算会计的主要内容与程序如下：

（1）接管破产企业的会计资料和其他文书档案，设置新账，并对破产企业的资产、负债按破产清算会计的要求进行再分类，结束旧账；

（2）全面清查破产企业的财产、债务，确认计量破产资产和破产债务，编制清查后的资产负债表；

（3）变现破产资产，记录变现价值和变现损益；

（4）核算破产损益，包括清算费用、清算收益、清算损失等；

（5）按法定顺序清偿破产债务，并分配剩余资产；

（6）编制破产清算会计报表，结束清算工作。

根据《国有企业试行破产有关会计处理问题暂行规定》，清算组应设立23个会计科目，其按科目的性质可分为三大类。

第一类，资产类科目，包括“库存现金”、“银行存款”、“应收票据”、“应收账款”、“材料”、“半成品”、“产成品”、“投资”、“固定资产”、“在建工程”和“无形资产”共11个科目。

第二类，负债表科目，包括“借款”、“应付票据”、“应付账款”、“其他应付款”、“应付职工薪酬”、“应交税费”、“应付利润”、“其他应付款”和“应付债券”共9个科目。

第三类，清算损益类科目，包括“清算费用”、“土地转让收益”和“清算损益”共3个科目。

【例14-7·单选题】甲公司被依法宣告破产，清算组的清算结果表明：甲公司的破产财产共2 000万元，发生破产清算费用120万元，欠职工工资150万元，欠税款1 600万元，破产债权2 000万元，其中乙公司拥有破产债权500万元。则根据《中华人民共和国企业破产法》的规定，乙公司就破产债权受偿的金额为（　　）万元。

A.200　　B.30　　C.32.5　　D.60

【答案】C

【解析】乙公司受偿的金额=破产债权×清偿率=（2 000−120−150−1 600）÷2 000×500=32.5（万元）。

四、破产清算会计与企业财务会计的区别

（一）起点和终点不同

企业会计在企业经过工商注册成立后开始建账，建立新账时各个科目的起点均为零。会计要根据《企业会计制度》的规定设立会计科目，核算生产成本、财务费用、管理费用，核算利润，进行利润分配等。随着企业的不断发展壮大，最终达到资本积累的目的。

而破产清算会计是破产企业在宣告破产并成立破产清算审计组后开始的。破产清算会计建账的起点是以企业破产前的专项审计报告为基准数，在清算开始日另立新账。会计应接受清算组的指导，协助清算组对企业的各种资产（包括流动资产、固定资产、长期投资、无形资产及其他资产）进行全面的清理登记，编造清册；同时，对各项资产损失、债权债务进行全面核定查实。破产清算会计要根据财政部关于《国有企业试行破产有关会计处理问题暂行规定》的通知进行会计处理。破产企业经过破产清算后，各个科目的账务最终归为零。破产清算的过程也就是如何将破产企业的债权、债务和资产归为零的过程。会计账务将记录这一过程。破产案件终结后，经过工商注销，破产企业消亡。

（二）会计原则不同

企业财务会计的原则之一是持续经营的原则。会计记账要有连续性，不得因为企业会计人员的更换而中断。只要企业在发展、在持续经营，会计就要连续地反映企业生产、经营的全过程。

而破产清算会计的原则之一是一次性原则。从清算之日开始，到清算终结，破产企业经过清算后各个科目的金额最终归为零，企业消亡，会计工作终止。

（三）设置会计科目不同

在设置会计科目方面，破产清算会计与企业财务会计是有区别的，企业财务会计要严格按照《企业会计准则》的规定设置会计科目；而企业破产进入清算阶段后，会计要根据财政部关于《国有企业试行破产有关会计处理问题暂行规定》的通知进行会计处理，在设置会计科目和结转期初余额时有些科目需要合并，如：

1.资产类

（1）“银行存款”在结转期初余额时，将原企业科目中“银行存款”“银行汇票存款”“银行本票存款”“信用证存款”等明细科目的余额合并转入新设置的“银行存款”科目。

（2）将“材料采购”“原材料”“包装物”“材料成本差异”“低值易耗品”“委托加工材料”等材料科目的余额全部转入新设置的“材料”科目。

（3）将“短期投资”和“长期投资”科目的余额合并转入新设置的“投资”科目。

（4）将“固定资产”科目的余额减去“累计折旧”科目余额后的差额（即固定资产净值）转入新设置的“固定资产”科目等。

2.负债类

将“短期借款”“长期借款”科目余额合并转入新设置的“借款”科目。

其他各科目可根据清算需要决定是否合并。

3.损益类

（1）将原企业的“实收资本”“资本公积”“盈余公积”“利润分配”“坏账准备”“待处理财产损益”等科目的余额合并转入新设置的“清算损益”科目。清算损益主要核算企业破产清算过程中所形成的财务成果，借方登记提前兑付的自谋职业职工安置费、统计的账外欠发职工工资性款项、债权申报的账外欠款等潜在的损失，贷方登记其收益性的款项。在债权清偿后调整账务时，将本科目的余额全部转入投资人净权益科目。

【例14-8·多选题】下列应作为清算损益核算内容的是（　　）。

A.财产变卖收入高于其账面成本的差额

B.清算期间发生的清算费用

C.因债权人原因确实无法偿还的债务

D.破产安置费用

【答案】ABCD

(2)要根据债权人大会及人民法院核准的清算费用支出计划设置“清算费用”明细科目，核算被清算企业在清算期间发生的各项费用。清算费用主要核算破产清算过程中发生的职工生活费、劳动保险费、案件受理费、资产评估费、财产维护费、职工医疗费、清欠差旅费、汽车燃修费、财产变现费、清算办公费（电费、水费、邮电费、打印费、会议费、办公用品费)、其他费用等。清算费用发生支付时，借记本科目，贷记货币资金科目。对已发生尚欠的清算费用，应在制订分配方案时以预算的形式从清偿财产中优先预留，待财产变现后优先偿还，本科目偿还后无余额。

(3)设置“土地转让收益”科目，核算被清算企业转让土地使用权取得的收入和发生的有关成本、税费等。取得土地使用权转让收入时，记入该账户的贷方；结转转让成本、用土地使用权所得支付职工安置费以及支付转让的税费时，记入该账户的借方；清算终结应将本账户的余额转入“清算损益”账户。

清算组可根据被清算企业的具体情况，增设、减少或合并某些会计科目。

(四)账务处理不同

在清算期间，处置破产财产、发生零星的产品销售收入和其他业务收入要分别以下情况进行账务处理：

1.处置破产财产的账务处理

(1)收回应收款债权，按实际收回的金额或预计可变现金额（即收回以物抵债资产）借记“银行存款”“产成品”等科目，按应收金额和实收金额或预计可变现金额，借记（或贷记）“清算损益”科目，按应收金额，贷记“应收账款”“应收票据”等科目。对于不能收回的应收款项，根据相关法律规定及《债务追索调账报告》的要求，按核销的金额，借记“清算损益”科目，贷记“应收账款”等科目。

(2)变卖材料、产成品等存货，按实际变卖收入，借记“银行存款”等科目，按其账面价值和变卖收入的差额，借记（或贷记）“清算损益”科目，按账面价值，贷记“材料”“产成品”等科目。

(3)清算期间取得的其他业务收入，应按实际收入金额借记“银行存款”等科目，贷记“清算损益”科目；发生的税金支出，借记“清算损益”科目，贷记“应交税费”等科目。

(4)拍卖（或变卖）机器设备、房屋等固定资产以及在建工程，按实际收入，借记“银行存款”等科目，按其账面价值和拍卖（变卖）收入的差额，借记（或贷记）“清算损益”科目，按账面价值，贷记“固定资产”“在建工程”等科目。转让相关资产应缴纳的有关税费等，借记“清算损益”科目，贷记“应交税费”等科目。

(5)转让商标权、专利权、对外投资等比照上述规定进行会计处理。

2.破产费用的账务处理

在优先清偿破产费用和共益债务后，破产财产应依照下列顺序清偿：

第一，破产人所欠职工的工资和医疗、伤残补助、抚恤费用，所欠的应当划入职工个人账户的基本养老保险、基本医疗保险费用，以及法律、行政法规规定应当支付给职工的补偿金；

第二，破产人欠缴的除前项规定以外的社会保险费用和破产人所欠税款；

第三，普通破产债权，破产财产不足以清偿同一顺序的清偿要求的，按照比例分配。

支付的破产清算费用，如清算期间的职工生活费，破产财产管理、拍卖和分配所需费用；破产案件诉讼费用，清算期间企业设施和设备维护费用，审计、评估费用，为债权人共同利益而支付的其他费用（包括债权人会议会务费、破产企业催收债务差旅费及其他费用），应于支付有关费用时，按照实际发生额，借记“清算费用”科目，贷记“库存现金”“银行存款”等科目。除此之外，支付破产清算费用，应严格执行债权人大会及人民法院核准的清算费用支出计划，不得超支。

3.转让土地使用权、支付职工有关费用、支付离退休职工有关费用和职工安置费，应分别情况进行账务处理

4.清偿债务的账务处理

破产财产收入优先支付破产费用后，按法定的顺序清偿债务，应分别以下情况进行处理：

（1）支付所欠职工工资和社会保险费用等，按照实际支付金额，借记“应付职工薪酬”等科目，贷记“库存现金”“银行存款”。在清算过程中发生的支付给职工的各种费用，应直接计入清算费用，不通过“应付职工薪酬”科目核算。

（2）缴纳所欠的税费，按实际缴纳的金额，借记“应交税费”“其他应付款”科目，贷记“银行存款”等科目。

（3）清偿其他破产债务，按人民法院裁定及实际清偿各种债务的金额，借记“其他应付款”“借款”“应付票据”等有关科目，贷记“库存现金”“银行存款”等科目。

5.结转清算损益

清算终结时，应将有关科目的余额转入清算损益：

（1）将“清算费用”科目的余额转入清算损益，借记“清算损益”科目，贷记“清算费用”科目。

（2）将土地使用权转让净收益转入清算损益，借记“土地转让收益”科目，贷记“清算损益”科目。

（3）将需要核销的各项资产、不能抵扣的期初进项税额转入清算损益，借记“清算损益”科目，贷记“材料”“产成品”“无形资产”“投资”“应交税费”等科目。

（4）依据人民法院裁定将应予注销的不再清偿的债务转入清算损益，借记“应付票据”“其他应付款”“借款”等科目，贷记“清算损益”科目。

（5）如实际清算收入小于清算费用，应立即终止清算程序，未清偿的破产债务不再清偿，有关清算费用、清算损益的结转按上述规定处理。

清算终结时，财务账有关科目的余额及清算损益的余额全部为零。

【例14-9·实务题】伊格公司于2018年9月15日经法院宣告破产，主要的清算业务如下：

（1）收回应收账款352 000元，存入银行，而应收账款的账面余额为466 820元。

（2）变卖各种材料的收入计150 000元，收取的应交增值税为25 500元，一并存入银行，而各种材料的账面价值为193 000元。

（3）处置各项在建工程的收入计432 000元，存入银行，而在建工程的账面价值为480 000元。

（4）处置无形资产收入计640 000元存入银行，而无形资产的账面价值为500 000元。

（5）计算处置无形资产的应交增值税为32 000元。

要求：编制会计分录。

（1）借：银行存款　352 000
　　　　清算损益　114 820
　　贷：应收账款　466 820

（2）借：银行存款　175 500
　　　　清算损益　43 000
　　贷：原材料　193 000
　　　　应交税费——增值税额（销项税额）　25 500

（3）借：银行存款　432 000
　　　　清算损益　48 000
　　贷：在建工程　480 000

（4）借：银行存款　640 000
　　贷：无形资产　500 000
　　　　清算损益　140 000

（5）借：清算损益　32 000
　　贷：应交税费——应交增值税（销项税额）　32 000

（五）会计报表不同

企业会计报表分为月报表、季度报表、年度报表。会计每月要编制“资产负债表”“利润表”；每季度、每年要编制季度报表和年度报表，一年一度，周而复始。

破产清算会计报表分为“清算资产负债表”、“清算财产表”、“债务清偿表”和“清算利润表”等。

（1）清算开始时，将审计报告确认的有关科目余额转入新账后，应当编制“清算资产负债表”。

（2）清算期间，应当按照人民法院、主管财政机关和同级国有资产管理部门规定的期限编制“清算资产负债表”“清算财产表”“清算利润表”。

（3）清算终结时，应当编制“清算利润表”“债务清偿表”。

综上所述，破产企业在进入破产清算阶段后，会计的原则、起点和终点、会计科目的设置、账务的处理和会计报表等都发生了改变，只有分清破产清算会计与企业财务会计的不同之处，才能在破产清算期间充分发挥会计的反映、核算和监督的职能，完成破产清算会计的使命。

需要说明的是：清算组也可不沿用破产企业账户，而建立新的账户体系，并结转各破产清算账户的期初余额。本教材采取沿用破产企业旧账的做法。

下面以蓝天公司为例，说明破产清算的会计处理（明细科目全部略去，计算结果取整数)。

【例 14-10 · 实务题】蓝天公司因经营管理不善，严重亏损，不能清偿到期债务，于2017年4月25日经法院宣告破产。法院指定有关部门组成清算组接管企业。蓝天公司截止到2018年4月25日的账户余额表，如表14-1所示。

表 14-1

账户余额表

2018年4月25日

单位：元

总账科目	借方余额	贷方余额	总账科目	借方余额	贷方余额
库存现金	3 000		应付账款		442 000
银行存款	250 000		应付职工薪酬		809 000
应收账款	489 200		应交税费		802 800
其他应收款	60 000		其他应付款		916 200
原材料	193 000		长期借款		1 753 000
库存商品	248 200		实收资本		500 000
长期股权投资	716 000		资本公积		63 000
固定资产	1 038 000		盈余公积		88 280
累计折旧		164 000	利润分配		171 120
在建工程	480 000				
无形资产	560 000				
长期待摊费用	1 065 000				
待处理财产损溢	607 000				
合　计	5 709 400	164 000			5 545 400

蓝天公司清算组将蓝天公司旧账中的所有者权益以及待处理财产损溢、长期待摊费用等余额转入“清算损益”账户，编制会计分录如下：

借：清算损益　849 600
　　实收资本　500 000
　　资本公积　63 000
　　盈余公积　88 280
　　利润分配　171 120
　贷：待处理财产损溢　607 000
　　　长期待摊费用　1 065 000

清算组接管企业后，对于破产企业的财产和债务要进行全面的清查，并根据财产清查的结果进行账务处理，然后编制清查后的资产负债表。

【例14-11·实务题】蓝天公司清算组在对蓝天公司的债务清查后，确认各项债务的余额与账面余额一致；对财产清查后，编制财产盘点表（略）。根据以下财产的清查结果，分别进行账务处理：

（1）将确实无法收回的应收账款45 180元核销，列入清算损益。编制会计分录如下：

借：清算损益　　45 180

　贷：应收账款　　45 180

（2）将清查中发现的短缺库存商品26 940元，列入清算损益。编制会计分录如下：

借：清算损益　　26 940

　贷：库存商品　　26 940

（3）将已无实际价值的商标权60 000元注销，列入清算损益。编制会计分录如下：

借：清算损益　　60 000

　贷：无形资产　　60 000

该破产企业的财产，除库存商品发现短缺外，其余均账实相符。该破产企业不存在担保的资产和担保的债务。

在财产清查的基础上编制清查后的财产盘点表（略）和资产负债表（如表14-2所示）。

表14-2

清算资产负债表

编制单位：蓝天公司清算组　　2018年4月25日　　单位：元

资　产	账面余额	负债及清算净损益	账面余额
用作担保的资产	—	有担保的债务	—
合计	—	合计	—
普通资产		普通债务	
货币资金	253 000	应付账款	442 000
应收账款	444 020	应付职工薪酬	809 000
其他应收款	60 000	应交税费	802 800
存货	414 260	其他应付款	916 200
长期股权投资	716 000	长期借款	1 753 000
固定资产	874 000	小计	4 723 000
在建工程	480 000	债务合计	4 723 000
无形资产	500 000	清算损益：	
合计	3 741 280	清算净收益（净损失以“–”号列示）	–981 720
资产总计	3 741 280	负债及清算净损益总计	3 741 280

变价破产企业财产的核算如下：

1.收回债权的核算

【例 14-12·实务题】蓝天公司清算组在清算期间收回应收账款、其他应收款等的账务处理如下：

（1）收回应收账款 333 600 元，存入银行。应收账款的账面余额为 444 020 元。编制会计分录如下：

借：银行存款　　333 600

　　清算损益　　110 420

　贷：应收账款　　444 020

（2）收回其他应收款 50 000 元，存入银行。其他应收款的账面余额为 60 000 元。编制会计分录如下：

借：银行存款　　50 000

　　清算损益　　10 000

　贷：其他应收款　　60 000

2.变卖原材料、产成品等存货的核算

【例 14-13·实务题】蓝天公司清算组在清算期间变卖原材料、库存商品等存货，账务处理如下：

（1）变卖各原材料收入货款 150 000 元及增值税销项税额 25 500 元，一并存入银行。各种原材料的账面价值为 193 000 元。编制会计分录如下：

借：银行存款　　175 500

　　清算损益　　43 000

　贷：原材料　　193 000

　　　应交税费——应交增值税（销项税额）　　25 500

（2）处置各种库存商品收入货款 202 000 元及增值税销项税额 34 340 元，一并存入银行。各种库存商品价值为 221 260 元。编制会计分录如下：

借：银行存款　　236 340

　　清算损益　　19 260

　贷：库存商品　　221 260

　　　应交税费——应交增值税（销项税额）　　34 340

3.变卖固定资产和在建工程的核算

【例 14-14·实务题】蓝天公司清算组在清算期间变卖固定资产和在建工程，其账务处理如下：

（1）处置各项固定资产的收入计 745 000 元，存入银行。各项固定资产的账面原值总额为 1 038 000 元，累计折旧为 164 000 元。编制会计分录如下：

借：银行存款　　745 000

　　累计折旧　　164 000

　　清算损益　　129 000

　贷：固定资产　　1 038 000

（2）处置各项在建工程的收入计 432 000 元，存入银行。在建工程的账面价值为 480 000 元。编制会计分录如下：

借：银行存款　432 000
　　清算损益　48 000
　贷：在建工程　480 000

（3）经计算，处置固定资产和在建工程应交的增值税税额为58 850元。编制会计分录如下：

借：清算损益　58 850
　贷：应交税费——应交增值税（销项税额）　58 850

（注：2016年5月1日开始，我国全面实施“营改增”，销售建筑物或构筑物及相关土地使用权，税率11%，征收率5%，2018年5月1日起，该税率改为10%）

4.转让无形资产的核算

【例14-15·实务题】蓝天公司清算组在清算期间转让无形资产，其账面处理如下：

（1）处置无形资产收入640 000元存入银行，无形资产的账面价值为500 000元。编制会计分录如下：

借：银行存款　640 000
　贷：无形资产　500 000
　　　清算损益　140 000

（2）经计算，处置无形资产应交的增值税为38 400元。编制会计分录如下：

借：清算损益　38 400
　贷：应交税费　38 400

5.转让长期股权投资的核算

【例14-16·实务题】蓝天公司清算组在清算期间转让长期股权投资的收入为629 000元，存入银行。长期股权投资的账面价值为716 000元。编制会计分录如下：

借：银行存款　629 000
　　清算损益　87 000
　贷：长期股权投资　716 000

6.转让土地使用权的核算

企业的土地使用权依据取得方式的不同分为无偿划拨取得和有偿转让取得。清算组在对转让土地使用权进行核算时，应区分两种不同的取得情况进行处理。

对于无偿划拨取得的土地使用权，转让时应按实际转让收入，借记“银行存款”账户，贷记“土地转让收益”账户。

对于有偿转让取得的土地使用权，因为破产企业取得时已经记入“无形资产”账户，所以在转让时，应按其实际收入，借记“银行存款”账户，按累计摊销额，借记“累计摊销”账户；按无形资产的账面余额，贷记“无形资产”账户；按借贷方的差额，借记或贷记（一般应为贷记）“土地转让收益”账户。

无论是有偿转让还是无偿转让，其所得依据有关规定，首先应该用于破产企业职工的安置，安置后的剩余部分列入破产企业财产。清算组在以土地使用权转让所得支付职工安置费时，应按实际支付金额，借记“土地转让收益”账户，贷记“库存现金”或“银行存款”账户。

对于转让土地使用权所缴纳的增值税等税费，应借记“土地转让收益”账户，贷记

“应交税费”账户。

将土地使用权转让净收益转入清算损益时，应借记或贷记“土地转让收益”账户，贷记或借记“清算损益”账户。

【例 14-17・实务题】蓝天公司清算组在清算期间转让土地使用权的账务处理如下：

（1）转让原无偿划拨取得的未入账土地，实际取得价款 1 530 000 元，按规定应缴纳的增值税为 76 500 元。编制会计分录如下：

借：银行存款　　1 530 000

　贷：土地转让收益　　1 530 000

借：土地转让收益　　76 500

　贷：应交税费——应交增值税　　76 500

（2）通过银行以土地使用权转让所得向再就业中心划转职工安置费用 1 209 000 元。编制会计分录如下：

借：土地转让收益　　1 209 000

　贷：银行存款　　1 209 000

（3）将土地使用权转让净收益 244 500 元转入“清算损益”账户，编制会计分录如下：

借：土地转让收益　　244 500

　贷：清算损益　　449 500

7.计提转让各项资产应交城市维护建设税和教育费附加的核算

清算组对于清算期间处置各项资产应缴纳的城市维护建设税和教育费附加应予计提。计提时，借记“清算损益”账户，贷记“应交税费”账户。

【例 14-18・实务题】蓝天公司清算组在对蓝天公司清算时，各项资产均已变现。应交城市维护建设税和教育费附加的账务处理举例如下：

借：清算损益　　23 359

　贷：应交税费　　23 359

需要注意的是：对于无法变现的各项资产，清算组应予核销，核销的损失列入清算损益，借记“清算损益”账户，贷记“原材料”“库存商品”“固定资产”“无形资产”等账户。

蓝天公司清算组在对蓝天公司清算时，各项资产均已变现，没有需要核销的资产。

清算组在对破产财产的处置进行核算后，根据上述“清算损益”账户的全部记录，结出其借方金额为 1 549 009 元，贷方金额为 384 500 元，二者相抵后为清算损失 1 164 509 元。

8.支付清算费用的核算

【例 14-19・实务题】蓝天公司清算组在清算期间支付办公费、审计费、破产案件诉讼费等清算费用 869 600 元，其中 3 000 元以库存现金支付，其余以银行存款支付。编制会计分录如下：

借：清算费用　　869 600

　贷：库存现金　　3 000

　　　银行存款　　866 600

9. 支付所欠职工的工资和各种保险费的核算

【例 14-20 · 实务题】蓝天公司清算组在清算期间以银行存款支付所欠职工薪酬809 000元，其账务处理如下：

借：应付职工薪酬　　809 000

　贷：银行存款　　809 000

需要注意的是，清算期间支付给职工的各项费用，直接计入清算费用，不通过“应付职工薪酬”账户核算。

10. 上缴所欠税费的核算

【例 14-21 · 实务题】蓝天公司清算组在清算期间以银行存款余额缴纳所欠的税费1 059 749元。编制会计分录如下：

借：应交税费　　1 059 749

　贷：银行存款　　1 059 749

11. 清偿其他破产债务的核算

【例 14-22 · 实务题】蓝天公司由于剩余的破产财产不足清偿其他破产债务，因此按比例清偿如下（清偿比例的计算结果保留两位小数）：

清偿比例=银行存款余额÷其他破产债务余额×100%

1 077 091÷3 111 200×100%=34.62%

根据清偿比例，计算各有关破产债务的清偿金额为：

长期借款：1 753 000×34.62%=606 888.6（元）

应付账款：442 000×34.62%=153 020.4（元）

其他应付款：1 077 091−606 888.6−153 020.4=317 182（元）

以银行存款偿付各项债务时，编制会计分录如下：

借：长期借款　　606 888.6

　　应付账款　　153 020.4

　　其他应付款　　317 182

　贷：银行存款　　1 077 091

12. 结转“清算费用”账户发生额的核算

清偿债务后，应结平“清算费用”账户。

【例 14-23 · 实务题】蓝天公司清算组在清算终结时，将“清算费用”账户的发生额转入“清算损益”账户。编制会计分录如下：

借：清算损益　　869 600

　贷：清算费用　　869 600

13. 注销不再清偿债务的核算

【例 14-24 · 实务题】蓝天公司清算组注销蓝天公司不再清偿的债务情况如下：

注销的长期借款为：1 753 000 − 606 888.6=1 146 111.4（元）

注销的应付账款为：442 000 − 153 020.4=288 979.6（元）

注销的其他应付款为：916 200 − 317 182=599 018（元）

将不再清偿的债务金额转入“清算损益”账户，编制会计分录如下：

借：长期借款　　1 146 111.4

借：应付账款　　288 979.6

　　其他应付款　　599 018

　贷：清算损益　　2 034 109

至此，所有账户余额均已结清，其中“清算损益”账户借贷方金额合计数均为2 027 069元，余额为0。

14.编制清算财务报表

清算工作结束，清算组应根据破产清算的账务处理结果，编制清算利润表和债务清偿表，并向破产企业原登记机关办理注销登记。

【例14-25·实务题】蓝天公司2018年8月20日清算工作结束，清算组根据上述账务处理结果，编制清算利润表（见表14-3）和债务清偿表（见表14-4）。

表14-3　清算利润表

编制单位：蓝天公司清算组　　2018年4月25日—2018年8月20日　　单位：元

项　目	本期数	累计数
一、清算收益	−1 409 009*	−1 409 009
二、清算费用	869 600	869 600
三、土地转让净收益	244 500	244 500
其中：土地转让收入	1 530 000	1 530 000
安置职工支出	1 209 000	1 209 000
应交税费	76 500	76 500
四、清算净收益	−2 034 109*	−2 034 109

*1 409 009=981 720＋110 420 ＋10 000＋43 000＋19 260＋129 000＋48 000＋58 850−140 000＋38 400＋87 000+23 359

2 034 109=1 409 009+869 600−244 500

表14-4　债务清偿表

编制单位：蓝天公司清算组　　2018年4月25日—2018年8月20日　　金额单位：元

债务项目	账面金额	确认金额	偿还比例	实际需要偿还金额	本期偿还金额	累计偿还金额	尚未偿还金额
有担保的债务							
小计							
普通债务							
应付职工薪酬	809 000	809 000	100%	809 000	809 000	809 000	0
应交税费	1 059 749	1 059 749	100%	1 059 749	1 059 749	1 059 749	0
长期借款	1 753 000	1 753 000	34.62%	1 753 000	606 888.6	606 888.6	0
应付账款	442 000	442 000	34.62%	442 000	153 020.4	153 020.4	0
其他应付款	916 200	916 200	34.62%	916 200	317 182	317 182	0
小计	4 979 949	4 979 949	—	4 979 949	2 945 840	2 945 840	0
合计	4 979 949	4 979 949	—	4 979 949	2 945 840	2 945 840	0

第三节 普通清算会计

一、普通清算会计的一般核算程序

普通清算分为非完全解散清算和完全解散清算。由于非完全解散清算的核算与完全解散清算的核算基本相同，故本书仅介绍完全解散清算的核算，非完全解散清算的核算不再赘述。

在完全解散清算的情况下，由于企业终止经营，因此，清算组应变卖企业所有的财产，清偿所有的债务，并将剩余财产在投资者之间分配。完全解散清算会计的核算程序一般为：

（1）全面清查财产，编制清查后的财产盘点表和资产负债表；

（2）核算和监督财产物资的处置、债权的回收、债务的偿付以及清算费用的支付和结转；

（3）计算清算损益，编制清算利润表和清算结束日的资产负债表；

（4）归还投资各方资本，分配剩余财产并结平各账户。

二、普通清算的会计核算

普通清算属于对企业正常终止的清算，不需另设新的账户体系（沿用旧账）。但清算组对普通清算进行核算时，要增设“清算费用”和“清算损益”两个账户。“清算费用”账户核算清算过程中发生的各项费用；“清算损益”账户核算清算过程中变卖资产等发生的收益或损失。由于普通清算沿用旧账，因此也就不需结转账户的余额。

下面以正方有限责任公司为例，说明企业普通清算的会计核算。

【例14-26·实务题】正方有限责任公司由A、B两方投资组成，其中A、B两方投资占注册资本的比例分别为60%和40%。由于经营期满，该公司于2018年4月1日解散，4月30日清算结束。其截至解散清算前一日的资产负债表如表14-5所示。

资产负债表中有关项目金额的构成如下：货币资金1 292 500元，其中库存现金14 750元，银行存款为1 277 750元；存货300 500元，其中原材料为85 000元，库存商品为195 000元，低值易耗品为20 500元；固定资产原值为637 000元，累计折旧为147 000元；无形资产成本为22 700元，累计摊销为4 200元；应交税费40 000元中，应交各种税金为38 860元，应交教育费附加为1 140元；实收资本860 000元，其中，A、B双方投资额分别为516 000元和344 000元。假设该公司的资产均未计提减值准备。

清算组对该清算企业清算的核算过程如下：

1.全面清查财产，编制清查后的财产盘点表和资产负债表

在企业清算工作开始时，应进行全面财产清查，编制财产盘点表（略）与清查后的资产负债表，根据财产清查结果进行账务处理如下：

（1）将确实无法收回的应收账款5 000元核销，列为坏账损失。编制会计分录如下：

借：清算损益　　5 000

　贷：应收账款　　5 000

表 14-5

资产负债表

编制单位：正方有限责任公司　　2018年3月31日　　单位：元

资　产	金　额	负债及所有者权益	金　额
流动资产：		流动负债：	
货币资金	1 292 500	短期借款	182 500
应收票据	22 500	应付账款	140 000
应收账款	150 500	应付职工薪酬	69 500
其他应收款	40 000	应交税费	40 000
存货	300 500	流动负债合计	432 000
流动资产合计	1 806 000	所有者权益：	
非流动资产：		实收资本	860 000
固定资产	490 000	资本公积	205 000
无形资产	18 500	盈余公积	267 500
非流动资产合计	508 500	未分配利润	550 000
		所有者权益合计	1 882 500
资产总计	2 314 500	负债及所有者权益总计	2 314 500

（2）存货中原材料盘盈15 000元，库存商品盘亏20 000元。编制会计分录如下：

借：原材料　　15 000

　　清算损益　　5 000

　贷：库存商品　　20 000

（3）清查固定资产，发现短少机器一台，原价80 000元，已提折旧24 000元。编制会计分录如下：

借：累计折旧　　24 000

　　清算损益　　56 000

　贷：固定资产　　80 000

（4）核销确实无法支付的应付账款10 000元。编制会计分录如下：

借：应付账款　　10 000

　贷：清算损益　　10 000

根据以上账务处理后的账户余额，编制清查后的资产负债表如表14-6所示。

2.核算和监督财产物资的处置、债权的回收、债务的偿付以及清算费用的支付和结转

清算期间，正方有限责任公司财产物资的处置、债权的回收、债务的偿付以及清算费用的支付和结转情况如下：

（1）将面值为22 500元的应收票据进行贴现（不附追索权），贴现利息为225元，贴现款为22 275元存入银行。贴现利息记入“清算损益”科目。编制会计分录如下：

表 14-6

资产负债表

编制单位：正方有限责任公司　　2018年4月1日　　单位：元

资　产	金　额	负债及所有者权益	金　额
流动资产：		流动负债：	
货币资金	1 292 500	短期借款	182 500
应收票据	22 500	应付账款	130 000
应收账款	145 500	应付职工薪酬	69 500
其他应收款	40 000	应交税费	40 000
存货	295 500	流动负债合计	422 000
流动资产合计	1 796 000	所有者权益：	
非流动资产：		实收资本	860 000
固定资产	434 000	资本公积	205 000
无形资产	18 500	盈余公积	267 500
非流动资产合计	452 500	未分配利润	550 000
		清算损益	−56 000
		所有者权益合计	1 826 500
资产总计	2 248 500	负债及所有者权益总计	2 248 500

借：银行存款　　22 275
　　清算损益　　225
　贷：应收票据　　22 500

（2）收回各项应收账款145 500元存入银行。编制会计分录如下：

借：银行存款　　145 500
　贷：应收账款　　145 500

（3）收回其他应收款40 000元存入银行。编制会计分录如下：

借：银行存款　　40 000
　贷：其他应收款　　40 000

（4）变卖各项存货，实得销售收入为429 700元（其中，应缴纳增值税62 435元），所得款项存入银行。各项存货的账面价值分别为：原材料100 000元，库存商品175 000元，低值易耗品20 500元。销售收入与账面价值之差记入“清算损益”科目。编制会计分录如下：

借：银行存款　429 700
　贷：原材料　100 000
　　库存商品　175 000
　　周转材料　20 500
　　清算损益　71 765
　　应交税费　62 435

（5）出售各项固定资产，收到价款610 000元存入银行，同时按出售收入的5%计算应交增值税。出售收入与账面价值之差记入“清算损益”科目。编制会计分录如下：

借：累计折旧　123 000
　银行存款　610 000
　贷：固定资产　557 000
　　清算损益　145 500
　　应交税费——应交增值税（销项税额）　30 500

（注：2016年5月1日开始，我国全面实施“营改增”，销售建筑物或构筑物及相关土地使用权，税率11%，征收率5%，2018年5月1日起，该税率改为10%；销售或转让知识产权、专利技术和商标权等无形资产税率为6%。）

（6）出售无形资产（专利权），收到价款16 000元存入银行，按出售收入的6%计算应交增值税。出售收入与账面价值之差记入“清算损益”科目。编制会计分录如下：

借：银行存款　16 000
　累计摊销　4 200
　清算损益　3 460
　贷：无形资产　22 700
　　应交税费——应交增值税（销项税额）　960

（7）计算清算过程中应交的城市维护建设税为6 573元，教育费附加为2 817元。编制会计分录如下：

借：清算损益　9 390
　贷：应交税费　9 390

（8）以银行存款归还短期借款182 500元，支付借款利息2 750元。借款利息记入“清算损益”科目。编制会计分录如下：

借：短期借款　182 500
　清算损益　2 750
　贷：银行存款　185 250

（9）以银行存款偿付应付账款130 000元。编制会计分录如下：

借：应付账款　130 000
　贷：银行存款　130 000

（10）从银行提取现金69 500元，支付应付职工薪酬。编制会计分录如下：

借：库存现金　69 500
　贷：银行存款　69 500
借：应付职工薪酬　69 500

贷：库存现金 69 500

（11）以银行存款缴纳各种应交税费139 328元和应交的教育费附加3 957元。编制会计分录如下：

借：应交税费 143 285

贷：银行存款 143 285

（12）支付各项清算费用53 000元，其中14 750元以库存现金支付，其余以银行存款支付。编制会计分录如下：

借：清算费用 53 000

贷：库存现金 14 750

银行存款 38 250

（13）将清算费用53 000元转入"清算损益"账户。编制会计分录如下：

借：清算损益 53 000

贷：清算费用 53 000

3.计算清算损益并编制清算损益和清算结束日的资产负债表

将正方有限责任公司上述各项清算损益登账并结账，计算出"清算损益"账户余额为贷方余额92 440元，为清算净收益。依据有关规定，清算净收益应视同利润，在按规定抵补以前年度亏损后缴纳所得税。假设该公司没有以前年度未弥补的亏损事项，因此净收益应按25%计算缴纳所得税。计算出应缴纳的所得税为23 110元。计提所得税和以银行存款上交所得税时，编制会计分录如下：

借：清算损益 23 110

贷：应交税费——应交所得税 23 110

借：应交税费——应交所得税 23 110

贷：银行存款 23 110

将税后的清算净收益69 330元转入"利润分配——未分配利润"账户。编制会计分录如下：

借：清算损益 69 330

贷：利润分配——未分配利润 69 330

依据上述清算结果，编制正方有限责任公司清算利润表和清算结束日的资产负债表，如表14-7和表14-8所示。其中，资产负债表中只剩银行存款项目，其金额1 951 830元为清算开始日的银行存款余额加减清算期间银行存款增减变动发生额。

4.归还投资各方资本和分配剩余财产并结平各账户

按投资比例计算，A、B双方应收回的投资和分配的剩余财产如下：

A方：516 000+（205 000+267 500+619 330）×60%=1 171 098（元）

B方：344 000+（205 000+267 500+619 330）×40%=780 732（元）

根据以上分配结果，以银行存款支付时，编制会计分录如下；

借：实收资本——A方 516 000

——B方 344 000

资本公积 205 000

盈余公积 267 500

借：利润分配——未分配利润　　619 330

　贷：银行存款　　1 951 830

表 14-7

清算利润表

编制单位：正方有限责任公司　　2018年4月1日—4月30日　　单位：元

项　　目	本期数	累计数
一、清算收益	227 265	227 265
其中：1.核销的应付账款收益	10 000	10 000
2.出售存货的净收益	71 765	71 765
3.出售固定资产的净收益	145 500	145 500
二、清算损失	134 825	134 825
其中：1.坏账损失	5 000	5 000
2.存货盘存净损失	5 000	5 000
3.固定资产盘亏	56 000	56 000
4.应收票据贴现利息	225	225
5.出售无形资产损失	3 460	3 460
6.城建税和教育费附加	9 390	9 390
7.短期借款利息	2 750	2 750
8.结转的清算费用	53 000	53 000
三、清算净收益	92 440	92 440
减：所得税费用	23 110	23 110
四、税后净收益	69 330	69 330

表 14-8

资产负债表

编制单位：正方有限责任公司　　2018年4月30日　　单位：元

资　产	金　额	负债及所有者权益	金　额
银行存款	1 951 830	实收资本	860 000
		资本公积	205 000
		盈余公积	267 500
		未分配利润	619 330
		其中：清算损益	69 330
资产总计	1 951 830	负债及所有者权益总计	1 951 830

至此，正方有限责任公司所有账户均已结平，企业解散清算结束。

精讲练习题

一、单选题

1.清算会计对于收入和费用确认采用的原则是（　　）。

A.收付实现制原则　　B.权责发生制原则

C.历史成本原则　　D.收益性支出原则

2.人民法院宣告企业破产清算后，在清算组接管企业后会计主体将变为（　　）。

A.被清算企业　　B.清算组　　C.不存在　　D.人民法院

3.下列不属于企业破产的原因的是（　　）。

A.资金暂时困难，不能清偿到期债务

B.自破产申请之日起6个月内无法清偿债务

C.经营管理不善引起严重亏损，致使不能清偿到期债务

D.发生重大灾害不能清偿到期债务

4.破产清算组工作人员的酬金及劳务费应计入（　　）

A.管理费用　　B.工资费用　　C.清算损益　　D.清算费用

5.清算会计依旧遵循的传统财务会计假设是（　　）。

A.会计主体假设　　B.持续经营假设　　C.会计分期假设　　D.货币计量假设

6.清算净收益是（　　）。

A.清算收益大于清算损失的差额

B.清算收益小于清算损失的差额

C.清算收益大于清算损失、清算费用的差额

D.清算收益大于清算费用的差额

7.下列关于企业清算财产支付顺序正确的是（　　）。

A.支付清算费用、支付未付工资、缴纳所欠税款、清偿其他无担保债务

B.支付未付工资、支付清算费用、缴纳所欠税款、清偿其他无担保债务

C.缴纳所欠税款、支付清算费用、支付未付工资、清偿其他无担保债务

D.清偿其他无担保债务、支付清算费用、支付未付工资、缴纳所欠税款

8.下列不属于破产财产的是（　　）。

A.宣告破产时破产企业经营管理的全部财产

B.已作为担保物的财产

C.应当由破产企业行使的其他财产权利

D.破产企业在破产宣告后至破产程序终结前取得的财产

9.公司解体的实质是指（　　）消失的法律行为。

A.自然人资格　　B.公司法人资格　　C.公司会计主体　　D.公司会计个体

10.企业进入破产清算后，废止的会计原则是（　　）。

A.客观性原则　　B.重要性原则

C.明晰性原则　　D.资本性支出原则

11.企业进入破产清算后，“固定资产”科目核算的是（　　）。

A.固定资产变现价值　　B.固定资产原值

C.固定资产重置价值　　D.固定资产净值

二、多选题

1.破产企业的原下列账户余额直接转入清算组新设置的“清算损益”账户的有（　　）。

A.递延所得税资产　　B.应交税费

C.实收资本　　D.待处理财产损溢

2.清算会计中清算收益主要包括（　　）。

A.经营收益　　B.无法收到的债权　　C.财产估价收益

D.无法偿付的债务　　E.财产盘亏

3.清算会计报表包括（　　）。

A.清算资产负债表　　B.清算利润表

C.债务清偿表　　D.清算财产表

4.属于清算损益类科目的有（　　）。

A.清算费用　　B.土地转让收益

C.清算损益　　D.待处理财产损溢

5.企业清算财产的作价方法通常有（　　）。

A.账面价值法　　B.变现收入法　　C.招标作价法

D.重估价值法　　E.重置成本法

6.向法院提出破产申请，一般可以由（　　）提出。

A.债务人的上级主管部门　　B.债权人的上级主管部门

C.债务人　　D.债权人

E.受托人

7.清算期间清算机构的（　　）可计入清算费用。

A.人员工资　　B.差旅费　　C.公告费

D.办公费　　E.清算损失

三、判断题

1.债权人在确认债权清理损失时，应将已计提的坏账准备予以扣除。（　　）

2.在破产清算过程中，清算组会计人员在沿用破产企业旧账时，要设置“清算损益”账户进行核算；而在另立新账册时，则不需设置。（　　）

3.破产企业对破产可变现价值的清偿顺序，首先是偿还有担保的债权，其次是清偿无担保但有优先权的债权，然后才清偿无担保无优先权的债权。（　　）

4.破产企业的清算组对破产财产分配完毕，结平所有账户，即可终结破产程序，宣告企业终止。（　　）

5.当债务人出现财务困难，不能按期偿还债务时，债权人只能通过法律程序要求债务人破产，以清偿债务。（　　）

四、业务核算题

1.某清算企业清算期间发生以下经济业务：

（1）将企业对外投资800 000元转让，收进价款600 000元存入银行；

（2）计算处置固定资产和无形资产应缴纳增值税为87 200元，予以转账。

要求：编制上述经济业务的会计分录。

2.华明企业为增值税一般纳税人，2018年3月17日申请破产，在清算阶段发生如下经济业务：

（1）账面价值300 000元的应收账款中，清算组确认坏账50 000元，实际收回230 000元，存入银行。

（2）处置产成品获得价款58 500元（含增值税），该批商品成本为55 000元，适用的增值税税率为16%。

（3）清算组支付财产估价费10 000元。

要求：根据以上经济业务编制会计分录。

3.明龙公司因经营不利申请破产清算，清算期间发生以下经济业务：

（1）处置固定资产获得收入450 000元，固定资产账面价值500 000元。处置固定资产应交增值税22 500元。

（2）转让原购入的土地使用权，实际获得收入1 000 000元，该资产账面净值为600 000元。处置无形资产应交增值税60 000元。

（3）因处置上述资产，用银行存款缴纳增值税82 500元。

（4）将土地使用权转让收益转入清算损益。

要求：编制上述经济业务的会计分录。

第十四章精讲练习题参考答案

主要参考书目

［1］中国注册会计师协会. 会计（2018年注册会计师全国统一考试辅导教材）［M］. 北京：中国财政经济出版社，2018.

［2］财政部会计资格评价中心. 中级会计实务（2018年度全国会计专业技术资格考试辅导教材）［M］. 北京：经济科学出版社，2018.

［3］中华会计网校，郭建华. 会计应试指南（2018注册会计师全国统一考试）［M］. 北京：人民出版社，2018.

［4］张志凤. 会计（2018年注册会计师考试应试指导及全真模拟测试）［M］. 北京：北京科学技术出版社，2018.

［5］胡燕. 高级财务会计（全国高等教育自学考试指定教材）［M］. 北京：中国财政经济出版社，2016.

［6］中华人民共和国财政部. 企业会计准则应用指南［M］. 北京：中国时代经济出版社，2007.

［7］企业会计准则编审委员会. 企业会计准则案例讲解（2018年版）［M］. 上海：立信会计出版社，2018.

［8］财政部会计资格评价中心. 高级会计实务［M］. 北京：经济科学出版社，2018.

［9］邓小洋. 高级财务会计学［M］. 3版. 上海：立信会计出版社，2018.

［10］刘颖斐，余国杰，许新霞. 高级财务会计理论与实务［M］. 北京：清华大学出版社，2015.

［11］陈信元，钱逢胜，朱红军. 高级财务会计［M］. 2版. 上海：上海财经大学出版社，2011.